基于教与学的普通高中地理学业质量标准

官山明　郝鹏翔◎编著

本书编委会

官山明	郝鹏翔	张毓平	刘　磊	汪保源
罗　辉	孙智慧	程　阔	孔雯雯	徐喜珍
李　国	鲁　旺	何玉身	吴　娟	丁连刚
刘　媛	何建伟	文如付	王　波	黄伟燕
陈土森				

广东高等教育出版社
Guangdong Higher Education Press
·广州·

图书在版编目（CIP）数据

基于教与学的普通高中地理学业质量标准/官山明，郝鹏翔编著.—广州：广东高等教育出版社，2023.1
ISBN 978-7-5361-7366-8

Ⅰ.①基… Ⅱ.①官…②郝… Ⅲ.①中学地理课-教学研究-高中 Ⅳ.①G633.552

中国版本图书馆 CIP 数据核字（2022）第 233056 号

审图号：GS 粤（2023）099 号

出版发行	广东高等教育出版社
	社址：广州市天河区林和西横路
	邮编：510500　营销电话：（020）87554152　87553735
	http://www.gdgjs.com.cn
印　　刷	广州市友盛彩印有限公司
开　　本	787 毫米×1 092 毫米　1/16
印　　张	26.25
字　　数	630 千
版　　次	2023 年 1 月第 1 版
印　　次	2023 年 1 月第 1 次印刷
定　　价	68.00 元

（版权所有，翻印必究）

前　言

新一轮普通高中课程改革方案和课程标准已于2017年完成（修订版2020年完成），现已有部分省市进入全面实验和推进阶段。新的课程标准最大的亮点是提出了学科核心素养及水平表现和学业质量标准。普通高中地理学业质量标准是结合地理学科高中课程内容，对学生在地理学科核心素养上的表现水平及其特征的总体刻画，引导教学更加关注育人目的，更加注重培养学生核心素养，更加强调提高学生综合运用知识解决实际问题的能力。同时高中地理学业质量标准直接源于地理学科核心素养，是指导地理教学与评价、学业水平考试和升学考试命题、教材编写的重要依据，所以精准把握和理解《普通高中地理课程标准》（2017年版2020年修订）具有重大意义。

以往的课程标准没有系统渗透和明确规定不同年级和学段要培养的核心素养以及所应达到的表现水平，导致了课程实施程度和学业质量模糊不清，使教学改进、学业评价缺乏明确的参考依据。虽然新的《普通高中地理课程标准》（2017年版2020年修订）增加了学业质量标准，与以往的课标比较，有助于教师更好地把握教学要求和教学重点，有利于对学生的地理学习进行评价；但在制订和表述课程目标时，还是出现了大量诸如"描述""说明""分析""说出""解释"等内涵宽泛的行为动词，而这些行为动词要求学生对所学内容掌握到什么程度，并没有明确、清晰的界定，缺乏统一规范且共同认可的学科能力标准，容易导致教学活动变得单一和呆板，考试和评价没有一个明确的尺度，使得课程编制人员、教学人员和考卷编制人员在课程目标和学习水平要求上的理解常常大相径庭。由于这些行为动词丰富的内涵和外延，教学和考试评价时都只能根据个人的理解而主观性猜测，特别是教学人员和考卷编制人员在课程目标的理解上的差异，导致教学难度大大超过了课程目标的要求，从而走向了繁、难、偏、旧。

为此，我们组织地理课程与教学领域的名师、骨干教师合作编写了此书。本书旨在通过对新课标的学业质量标准进行水平划分，并且基于高考真题研制学业质量标准不同水平的典例示范，指导从事地理教育教学工作的教师从容应对指向核心素养的教学及备考要求，从而能够在课堂教学中及时准确地落实课改要求，做到有的放矢。

我们的研究主要聚焦于两个方面：

第一，细化了学业质量标准不同水平的划分内容。高中地理学业质量标准直接源于地理学科核心素养，学业质量标准的划分和核心素养水平划分相对应，分为4级，学业质量水平的划分主要依据两个维度：一个是"情境"，测评学生在不同的情境状态下，能够做什么。"情境"的设计从低水平到高水平，由简单到复杂，由具有良好结构的情境到不良结构的情境。另一个是"深度和广度"，测评学生在一定的情境状态下，能够怎样做。"深度和广度"的设计从低水平到高水平，也由易到难，由单一维度到多维度。这两个向度相辅相成，构成了不同的学业质量层级水平。对每一个学业质量层级水平的描述，主要对应于核心素养的不同层级水平。

为了制订广大教师读得懂、能把握的地理学业质量标准，比如，有关内容目标的表达应足够清晰、有关水平差异的特征应易辨识、有关素养指向的验证应可操作等，我们将每一条课标进行了"拆分"，即细化课标内容，逐条参照每个素养要素的水平划分，结合相应的地理课程内容，分四个水平描述。每个条目的基本句式都包含行为条件、行为动词、行为表现三个元素，共同显示行为目标。简言之，就是在什么条件下，做了什么事，表现了什么。

第二，研制了学业质量标准不同水平的典例示范。学业质量标准体例是对于学业质量标准表达的具体示范，为教师教学和学生自主学习对知识掌握程度提供范例，是对学业质量标准的要求做更加具体的说明界定。学业质量标准体例来自于教学实践，具有可操作性和可效仿性。教师在合适的情境中能直接使用该体例，也可以模仿或改变体例，方便教师理解和运用学业质量标准。

我们对每一条细化后的课标内容制定了具体明确的有信度的教学质量标准，让教师的教学、学生的学习有明确的标准，包括知识的掌握程度、学科素养和能力的培养层次、教学目标的落实等变得更加具体和清晰，然后研制了具有可操作性和可模仿性的范例，并对不同水平的学业质量标准进行了水平表现说明，从而使我们的课堂教学真正达到"以标定教"的目标。

本书主要面向教学一线的地理教师和地理学科教学方面的本科生、研究生。期望本书能在新课程的教师培训和教学中发挥高效、实用的独特作用，成为教师教学的良师益友和必备工具书，成为实用的新课程教师培训用书，帮助一线教师和教研人员在较短时间内准确理解和掌握新课标要求、适应新课标教材的教学需要，为新课程的实施贡献绵薄之力。

本书也是2021年广东省教育厅批准的省第一批基础教育教研基地（中山市高中地理）项目的研究成果之一。教研基地（中山市高中地理）项目分为三个研究主题：一是由官山明老师主持的"基于学科核心素养的高中地理质量标准建设实践研究"；二是由郝鹏翔老师主持的"落实高考评价体系的'指导教学'核心功能的高中地理实践研究"；三是由杨雪华老师主持的"基于三系统的高中地理必修教材（人教版2019年）系统研究与实践"。三个主题既相互独立，又是高中地理质量标准建设的内存逻辑关系的组成部分，为高中地理高质量的课堂教学提供精准的指导。为总结中山市高中地理基地项目教研经验，发挥教研基地的引领和辐射作用，提高中山市高中地理基地的影响力，我们编著了本书。

由于时间与水平有限，书中对部分学业质量水平要求的划分可能还不够精准，甚至可能会出现一些错误及不足之处，恳请广大读者批评指正。

官山明

写于中山市教育教学研究室

2022年9月1日

目 录

必修一

必修 1.1　运用资料，描述地球所处的宇宙环境，说明太阳对地球的影响 / 1

必修 1.2　运用示意图，说明地球的圈层结构 / 9

必修 1.3　运用地质年代表等资料，简要描述地球的演化过程 / 23

必修 1.4　通过野外观察或运用视频、图像，识别 3~4 种地貌，描述其景观的主要特点 / 30

必修 1.5　运用图表等资料，说明大气的组成和垂直分层，及其与生产和生活的联系 / 39

必修 1.6　运用示意图等，说明大气受热过程与热力环流原理，并解释相关现象 / 47

必修 1.7　运用示意图，说明水循环的过程及其地理意义 / 62

必修 1.8　运用图表等资料，说明海水性质和运动对人类活动的影响 / 71

必修 1.9　通过野外观察或运用土壤标本，说明土壤的主要形成因素 / 80

必修 1.10　通过野外观察或运用视频、图像，识别主要植被，说明其与自然环境的关系 / 91

必修 1.11　运用资料，说明常见自然灾害的成因，了解避灾、防灾的措施 / 99

必修二

必修 2.1　运用资料，描述人口分布、迁移的特点及其影响因素，并结合实例，解释区域资源环境承载力、人口合理容量 / 108

必修 2.2　结合实例，解释城镇和乡村内部的空间结构，说明合理利用城乡空间的意义 / 120

必修 2.3　结合实例，说明地域文化在城乡景观上的体现 / 128

必修 2.4　运用资料，说明不同地区城镇化的过程和特点，以及城镇化的利弊 / 134

必修 2.5　结合实例，说明工业、农业和服务业的区位因素 / 144

必修 2.6　结合实例，说明运输方式和交通布局与区域发展的关系 / 157

必修 2.7　以国家某项重大发展战略为例，运用不同类型的专题地图，说明其地理背景 / 164

必修 2.8　结合实例，说明国家海洋权益、海洋发展战略及其重要意义 / 168

必修 2.9　运用资料，说明南海诸岛是中国领土的组成部分，钓鱼岛及其附属岛屿是中国固有领土，中国对其拥有无可争辩的主权 / 175

必修 2.10　运用资料，归纳人类面临的主要环境问题，说明协调人地关系和可持续发展的主要途径及其缘由 / 181

必修 2.11　通过探究有关人文地理问题，了解地理信息技术的运用 / 192

选择性必修 1

选择性必修 1.1　结合实例，说明地球运动的地理意义 / 197

选择性必修 1.2　运用示意图，说明岩石圈物质循环过程 / 205

选择性必修 1.3　结合实例，解释内力和外力对地表形态变化的影响，并说明人类活动与地表形态的关系 / 210

选择性必修 1.4　运用示意图，分析锋、低压（气旋）、高压（反气旋）等天气系统，并运用简易天气图，解释常见天气现象的成因 / 218

选择性必修 1.5　运用示意图，说明气压带、风带的分布，并分析气压带、风带对气候形成的作用，以及气候对自然地理景观形成的影响 / 229

选择性必修 1.6　绘制示意图，解释各类陆地水体之间的相互关系 / 243

选择性必修 1.7　运用世界洋流分布图，说明世界洋流的分布规律，并举例说明洋流对地理环境和人类活动的影响 / 253

选择性必修 1.8　运用图表，分析海—气相互作用对全球水热平衡的影响，解释厄尔尼诺、拉尼娜现象对全球气候和人类活动的影响 / 259

选择性必修 1.9　运用图表并结合实例，分析自然环境的整体性和地域分异规律 / 266

选择性必修 2

选择性必修 2.1　结合实例，说明区域的含义及类型 / 276

选择性必修 2.2　结合实例，从地理环境整体性和区域关联的角度，比较不同区域发展的异同，说明因地制宜对于区域发展的重要意义 / 281

选择性必修 2.3　以某大都市为例，从区域空间组织的视角出发，说明大都市辐射功能 / 290

选择性必修2.4	以某地区为例，分析地区产业结构变化过程及原因 / 295
选择性必修2.5	以某资源枯竭型城市为例，分析该类城市发展的方向 / 303
选择性必修2.6	以某生态脆弱区为例，说明该类地区存在的环境与发展问题，以及综合治理措施 / 310
选择性必修2.7	以某区域为例，说明产业转移和资源跨区域调配对区域发展的影响 / 319
选择性必修2.8	以某流域为例，说明流域内部协作开发水资源、保护环境的意义 / 327
选择性必修2.9	结合"一带一路"建设，说明国际合作的重要意义 / 334

选择性必修3

选择性必修3.1	结合实例，说明自然资源的数量、质量、空间分布与人类活动的关系 / 341
选择性必修3.2	以某种战略性矿产资源为例，分析其分布特点及开发利用现状 / 353
选择性必修3.3	运用图表，解释中国耕地资源的分布，说明其开发利用现状，以及耕地保护与粮食安全的关系 / 361
选择性必修3.4	结合实例，说明海洋空间资源开发对国家安全的影响 / 374
选择性必修3.5	运用碳循环和温室效应原理，分析碳排放对环境的影响，说明碳排放国际合作的重要性 / 382
选择性必修3.6	结合实例，说明设立自然保护区对生态安全的意义 / 386
选择性必修3.7	结合实例，说明污染物跨境转移对环境安全的影响 / 393
选择性必修3.8	举例说明环境保护政策、措施与国家安全的关系 / 401

必修一

★ 必修1.1　运用资料，描述地球所处的宇宙环境，说明太阳对地球的影响

一、课程标准

运用资料，描述地球所处的宇宙环境，说明太阳对地球的影响。

二、课标解读

1. 行为条件和行为动词

该课标可细化为：①运用资料，描述地球所处的宇宙环境。②运用资料，说明太阳对地球的影响。

课标所指向的教学内容是地球的宇宙环境以及太阳对地球的影响。

在开始学习高中地理，以及研究"人地关系"的具体内容之前，学生需要先了解地球处在什么样的宇宙环境中，地球所处的宇宙环境是地球及其表层之所以如此的重要原因；在研究地球的宇宙环境时，学生也需要弄清楚：在地球所处的太阳系中，对地球影响最大的天体——太阳是如何影响地球的。

该课标的行为条件是"运用示意图"，指学生会阅读、分析各类天体的图片以及"太阳系模式"示意图等图文资料；行为动词是"描述""说明"。学生应达到"会读"太阳系结构示意图和太阳活动结构示意图、"会说"地球在宇宙环境中的位置和太阳对地球的影响的程度。

2. 主要概念和知识结构

该课标涉及的主要概念是宇宙、天体、太阳活动、恒星、行星、星云、流星体、彗星、太阳系、太阳辐射等。

该课标知识结构的逻辑是："关系"视角下从整个宇宙聚焦到太阳系。

具体知识结构如图1所示。

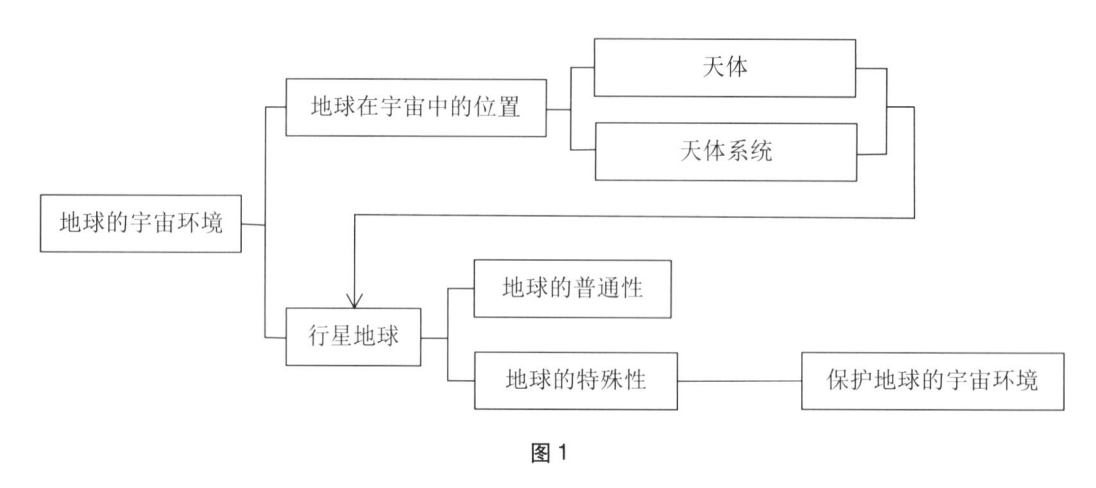

图1

3. 地理核心素养指向

（1）区域认知。

以"尺度思维"构建区域认知方法，课本教学内容注意引导学生关注空间尺度的变化。

通过在宇宙背景、太阳系背景、八大行星背景中寻找地球，体现了思维的空间尺度从大到小或从小到大的感知变换。

让学生通过阅读相关材料，对与学生相关的具体生活、生产实例进行探究讨论，从具体情境出发，从区域的角度归纳不同地区太阳辐射的空间变化规律。

（2）综合思维。

在太阳系八大行星的比较中，研究地球与其他行星的相同与不同，即通过八大行星物理性质的共性与差异的对比，找到地球所具有的普通性和特殊性，体现了"比较和综合"的思维方法。

采用归纳比较和综合分析的思维方式，从时空角度归纳太阳辐射的纬度变化规律、时空变化规律和全球太阳辐射的时空分布特点。

通过认识地球在宇宙中的特殊性，形成珍爱地球的情感和意识，建立科学的宇宙观和正确的地球观、自然演化观，理解地球成为唯一一颗孕育生命的星球是长时间演变和宇宙环境、地球自身运动以及地球的自身演变等多种因素综合作用的结果。

（3）地理实践力。

涉及的地理现象都是真实存在于自然界中的，学生是可以在实际生活中遇到、听到、看到的。学生通过读图表，可学会从身边事物开始探讨，把学习与生活融于一体，培养洞察能力和分析能力；通过从具体生活、生产实例的讨论入手，分析太阳辐射、太阳活动对人类的影响，理解大力发展使用太阳能资源可以缓减能源枯竭和减轻环境污染的压力，培养热爱生活、善于观察生活中的现象，以及理论联系实际的能力。在进行相关内容的教学时，教师会用到文字信息提取、图表内容分析、相关数据对比等多种教学形式；学习本课标内容后，学生能具备提取有效信息、综合分析的能力，具备一定的运用演示、模拟、调查、假设、论证等方式进行科学探究的意识与能力。

（4）人地协调观。

本课标地理学科知识所具有的遥远神秘的特点会激发学生对宇宙的好奇心，增强科学探索精神，通过探究地球存在生命的原因，增强"只有一个地球"的意识，提高关注人类未来生存空间的责任感。

地球的自然状态，例如地球在宇宙中的环境，宇宙环境对地球的影响，特别是太阳对地球的影响等，是地球自然现象形成和发展的基础。学生能够对给定区域的自然现象做出解释，分析人类生产、生活与自然地理环境的关系，具备辩证分析问题的能力，便能落实人地协调观。

4. **学业质量水平要求（表1）**

表1

课标内容	水平层次	具体要求
①地球所处的宇宙环境	水平1	能够通过分析图表、数据，基本认识不同类型的天体且能够正确区分（区域认知）
	水平2	能结合示意图，归纳说明地球在宇宙环境中的位置、宇宙中各个天体系统的构成，并正确划分天体系统（区域认知）
	水平3	对于给定的情境，通过分析地球的宇宙环境特征，说明地球是一颗普通的行星以及存在生命的条件（综合思维、区域认知）
	水平4	对于现实中的其他天体研究，结合相关资料，运用"地球存在生命的条件"规律，解释其他天体是否存在生命（综合思维）
②太阳对地球的影响	水平1	能根据图片资料辨识太阳大气结构、特点和各种太阳活动现象概念、分布及特点，识记太阳辐射、太阳活动的概念，说明太阳辐射、太阳活动的本质（区域认知）
	水平2	简单说明太阳辐射和太阳活动对地球的影响（综合思维、区域认知）
	水平3	对于给定的某区域情境，从区域的角度，根据太阳辐射的分布规律，分析该区域的太阳辐射分布成因，综合分析太阳辐射与地球环境和人类生产生活的关系，并能分析某些现象与太阳活动的关系（综合思维、区域认知、人地协调观）
	水平4	能从时空尺度变化角度分析太阳辐射分布的时空差异；能结合材料中的各要素，通过对与学生相关的具体生活、生产实例的探究讨论，辩证分析太阳辐射、太阳活动对人类生产、生活的综合影响（综合思维、区域认知、人地协调观）

三、典例示范

1. 课标内容①：地球所处的宇宙环境

(1) 水平1示例。

【试题呈现】

下列天体属于恒星的是（　　）

A. 火星　　　　B. 太阳　　　　C. 月球　　　　D. 金星

【参考答案】

B

【水平表现说明】

试题以简单文字材料和设问，考查了不同类型天体的正确区分。解题的关键是从材料中获取信息和掌握恒星的相关知识。据课本知识可知，恒星是指能够自己发光发热的天体。本题考查难度小，属于基础题，对学生的要求水平相对较低。综合来看，该题属于水平1的层次要求。

(2) 水平2示例。

【试题呈现】

(2022·云南·高二学业考试) 2020年12月17日凌晨，"嫦娥五号"返回器携带月球土壤样品在内蒙古四子王旗预定区域安全着陆。据此完成下题。

下列天体系统中不包括月球的是（　　）

A. 河外星系　　B. 银河系　　C. 地月系　　D. 总星系

【参考答案】

A

【水平表现说明】

根据所学知识可知，月球属于地月系，地月系属于太阳系，太阳系属于银河系，银河系属于总星系，而河外星系不包括月球。

试题通过简短的文字信息构造了一个相对简单的情境，给定的地理事物较为简单，信息的联系也相对单一。试题主要考查了学生的区域认知和综合思维能力，只需要在情境中进行信息的提取、分析出月球所在的天体系统即可得出正确结论。综合判断，该试题属于水平2层次。

(3) 水平3示例。

【试题呈现】

题干见上文水平2示例。

与月球相比较，地球存在生命是因为（　　）

A. 有土壤和岩石　　　　　　B. 有适宜的温度和液态水

C. 表面比较平坦　　　　　　D. 有来自太阳的光和热

【参考答案】

B

【水平表现说明】

试题给定简单情境，以简单文字材料和设问，考查了地球作为一颗行星存在生命的条件。据课本知识可知，地球上出现生命的原因有：稳定的太阳光照、相对安全的宇宙环境、适宜的温度及有液态水、适合生物呼吸的大气。试题的行为动词是说出，解题的关键是从材料中获取信息和掌握行星地球的相关知识，考查了学生的区域认识和综合思维能力，属于水平 3 层次。

（4）水平 4 示例。

【试题呈现】

阅读图文材料，完成下列要求。

木卫二（Europa）是距离木星第二近的卫星。它比月球体积还要小一些，不到地球体积的 2%。木卫二的组成与类地行星相似，含水量巨大。木卫二的表面温度很低，在赤道地区平均为 –163℃，两极更低，只有 –223℃，所以表面形成永久冻结的冰层。由于其存在内部能量源，冰下深处或拥有液态水。有资料表明木卫二有内部分层结构，并可能有一个小型金属内核。1994 年，哈勃空间望远镜的光谱仪观测到，木卫二的表面包裹着一层极其稀薄的大气，含有氧气。

木卫二上是否存在生命是科学界长期争论的话题，请根据材料和所学知识，判断并说明理由。

【参考答案】

判断结论一：不存在生命。理由：木卫二体积和质量太小，大气层极其稀薄；远离太阳，温度极低，生命难以产生和存续；虽然液态水深处冰层之下，但压力极大；科学探测并未发现真正意义上的生命体存在。

判断结论二：存在生命。理由：木卫二存在大量的液态水，水是孕育生命的必要条件；有大气层，而且还有氧气存在；内能的释放为生命提供热能；有与地球相似的元素构成；科学探测的新发现，如黏土质矿物的存在、海底可能有火山等，间接为生命存在提供了有力证据。

【水平表现说明】

本题给定的材料信息复杂，同时具备地理学术情境的背景，要求学生能在情境中对信息进行提炼、总结、分析并结合所学知识"地球存在生命的条件"，判定木卫二是否有存在生命的条件。试题体现出地理学科试题的创新性和应用性，要求学生有较强的知识迁移能力和语言组织表达能力，以及较强的综合思维和地理实践力，难度较大，属于水平 4 层次的要求。

2. 课标内容②：太阳对地球的影响

（1）水平1示例。

【试题呈现】

（2021·吉林油田高级中学高一开学考试）2020年6月21日，全国大部分地区共同目睹了"日环食"这一奇观。日环食是日食的一种，发生时中间部分呈现黑暗，边缘仍然明亮（图2），因月球在地球和太阳之间，并距地球较远，不能完全遮住太阳而形成。据此完成1～2题。

1. 图中月球遮住的是太阳的（　　）
  A. 日冕层　　B. 色球层　　C. 光球层　　D. 大气层
2. 若太阳表面出现大而亮的斑块，体现的太阳活动现象是（　　）
  A. 太阳黑子　　B. 太阳耀斑　　C. 日珥　　D. 日冕抛射物质

图2

【参考答案】

1. C　2. B

【水平表现说明】

题目通过简单的图文材料，构建了一个非常简约但又直接有效的问题情境，方便学生调取熟悉的学习情境和地理知识、原理。试题考查了太阳大气的分层以及常见的太阳活动，整体上符合"综合思维"素养水平划分中的水平1——"能够说出简单、熟悉的地理事象所包含的相关要素，并能从两个地理要素相互作用的角度进行分析"的要求，较为简单。综合来看，该题属于水平1层次。

（2）水平2示例。

【试题呈现】

（2021·辽宁·辽师大附中高一阶段练习）2017年9月6日，太阳连续发生两次剧烈的耀斑爆发（图3），本次爆发的具体时间是在国际标准时间9：10左右，爆发等级为X级，达到X 2.2水平。仅仅3个小时之后，在国际标准时间当天12：02（北京时间20：02）左右，又发生了一次更加剧烈的爆发，强度达到惊人的X 9.3级。据此完成1～2题。

1. 伴随着太阳的剧烈活动，可能产生的影响是（　　）
  A. 造成气候类型的变化　　B. 影响无线电短波通信
  C. 改变卫星的轨道　　D. 干扰汽车的运行

图3

2. 在太阳剧烈活动的时期，人们可以采取的保护措施有（　　）
①适当调控人造卫星的运转　②尽量减少室外活动　③关闭所有的通信设施　④控制大型发电设施的发电量
  A. ①②　　B. ②③　　C. ③④　　D. ①④

【参考答案】
1. B 2. A
【水平表现说明】
题目通过一幅太阳活动示意图和一段简洁明了的题干文字，创造了一个较为简单的探究情境，重点考查了太阳辐射和太阳活动对地球的影响。在素养考查上，题目兼具了"人地协调观"和"综合思维"两个方面的考查。伴随着太阳的剧烈活动，可能产生的影响是扰动电离层，使无线电短波通信产生中断。在太阳剧烈活动的时期，人们可以采取的保护措施有适当调控人造卫星的运转和尽量减少室外活动。以上信息既是简单的基础知识的考查，同时也体现出地理现象对人类生产生活的影响，属于"能够从区域的视角认识给定简单地理事象，收集、整理区域重要的信息"两项要求。综合来看，该题组属于水平 2 层次。

(3) 水平 3 示例。

【试题呈现】

（2021·陕西·咸阳市实验中学高一阶段练习）阅读图文材料，完成下列要求。

我国太阳能资源在近 40 年来，不论是在总辐射量、年日照时数还是在年有效日照天数上都存在着明显的减少，只是在减少幅度上存在着差异。不少学者对变化原因也进行了一定范围内的分析，总结前人研究结果，在太阳能资源变化上，我国东部与西部的主导因素并不一致。东部地区主要是人为原因，西部地区主要是自然原因。图 4 为我国多年平均太阳辐射总量（单位：亿焦耳/平方米）分布图。

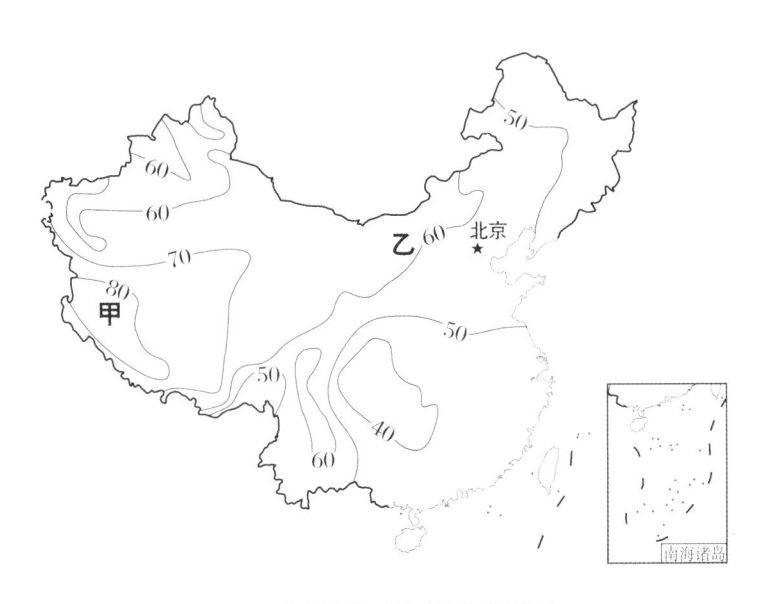

图 4 我国多年平均太阳辐射总量

简述甲地年平均太阳辐射总量比乙地大的主要原因。

【参考答案】

甲地位于我国青藏高原地区，纬度较低，太阳高度大；地势较高，空气稀薄，大气对太阳辐射的削弱作用弱。

【水平表现说明】

题目通过给定的某区域情境，即我国多年平均太阳辐射总量分布图和较为复杂的文字材料，创设出了一个基于关键信息和典型现象的复杂情境，考查太阳辐射的分布规律以及影响太阳辐射的因素。题目考查学生获取和解读地理信息、调动和运用地理知识的能力，同时考查学生的区域认知水平和综合思维能力。在素养考查上，题目兼具了"区域认知"和"综合思维"两个方面的考查。题目通过甲地的太阳辐射总量分布图标注，结合所学知识"青藏高原海拔高，空气稀薄"等相关基础知识，隐性地给出了影响太阳辐射的相关地理要素，考生通过合理的思维逻辑和语言表达，可得出本题的正确答案。题目符合"综合思维"素养水平划分中的水平3——"能够说明……大气、水……的运动与变化规律"，以及"区域认知"素养水平划分中的水平3——"能够从空间格局的角度，解释自然环境整体性与差异性"的要求。综合来看，该题属于水平3层次。

(4) 水平4示例。

【试题呈现】

题干见上文水平3示例。

根据材料和所学知识分析我国东部地区和西部地区近几十年来太阳辐射量减少的原因。

【参考答案】

我国东部地区经济较为发达，人类活动相对更加剧烈，对环境的影响更大，大气污染更加严重，雾霾的出现和增加导致太阳辐射量减少；我国西部地区近几十年来降水增加，云雨天气增多，导致太阳辐射量呈减少的趋势。

【水平表现说明】

题目通过给定的某区域情境，即我国多年平均太阳辐射总量分布图和较为复杂的文字材料，通过对与学生相关的具体生活、生产实例的探究讨论，辩证分析太阳辐射、太阳活动对人类生产、生活的综合影响。题目考查学生获取和解读地理信息，调动和运用地理知识的能力，同时考查学生的区域认知水平和综合思维能力。在素养考查上，题目兼具"区域认知""综合思维"和"人地协调观"三个方面的考查。题目通过材料信息，提醒考生近些年来影响东西部太阳辐射变化的因素各不相同，考生可结合知识储备，分析出不同时空尺度下影响太阳辐射的相关地理要素，再通过合理的思维逻辑和语言表达，得出本题的正确答案。题目符合"综合思维"素养水平划分中的水平4——"从自然环境各要素的物质运动和能量交换角度，分析大气的变化规律，以及各要素之间的相互影响"和"区域认知"素养水平划分中的水平3——"能够从空间格局的角度，解释自然环境整体性与差异性""能够收集区域的环境信息，并利用信息解释环境问题及其成因"的要求，同时也体现出基于相关环境问题的人地协调观。综合来看，该题属于水平4层次。

★ 必修1.2　运用示意图，说明地球的圈层结构

一、课程标准

运用示意图，说明地球的圈层结构。

二、课标解读

1. **行为条件和行为动词**

该课标可细化为：①知道利用地震波研究地球内部结构的基本方法。②运用相关图表，描述地球内部、外部圈层的范围、物质组成，并说明地球内部结构特点。③运用相关资料，知道岩石圈的构成及其在自然环境中的地位，说明地球各圈层的相互关系。④理解各圈层在自然环境形成和发展中的作用，及其与人类活动的关系。

该课标的行为条件是"运用相关图表""运用相关资料"，行为动词是"知道""理解"和"说明"。

2. **主要概念和知识结构**

该课标涉及的主要概念是地震波、横波、纵波、地壳、地幔、地核、莫霍界面、古登堡界面、软流层、大气圈、水圈、岩石圈、生物圈等。

该课标知识结构的逻辑是：地理研究方法—地理事物概念与特点—地理事物的关系与影响。具体知识结构如图1所示。

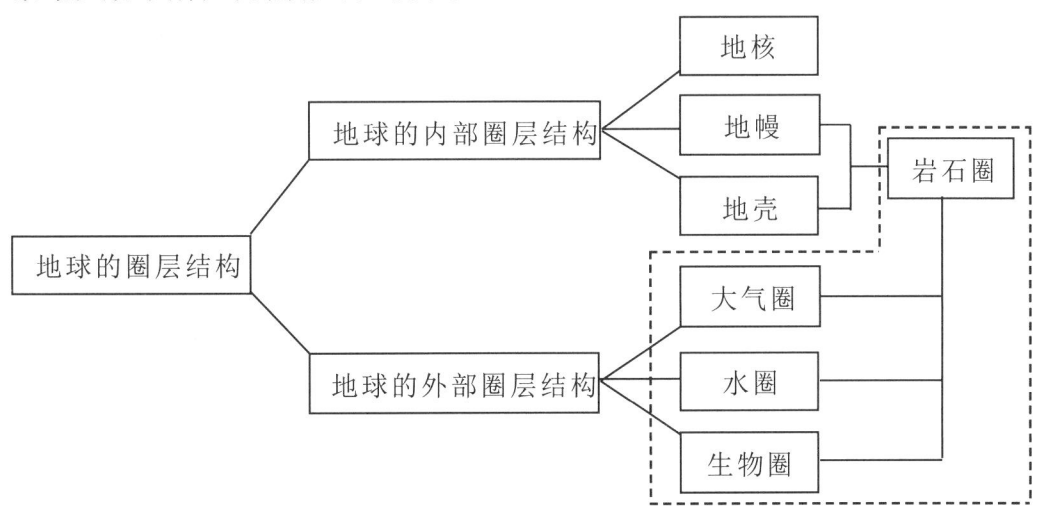

图1

3. 地理核心素养指向

（1）区域认知。

以"尺度思维"构建区域认知方法。课本教学内容注意引导学生从宏观尺度关注地球的内部和外部圈层结构及其特点。一般而言，空间尺度越大，局部和细节关注的程度越小，宏观规律关注的尺度越大。

"地球的内部圈层结构"以全球的视角对内部圈层进行粗略的划分与分析，研究地壳、地幔和地核的整体特点；在此基础上进行细分，如上地幔、下地幔、内核和外核等。"地球的外部圈层结构"包括大气圈、水圈、生物圈以及岩石圈。从宏观角度对以上几个圈层之间的相互关系进行探讨，并对各圈层的基本要素进行列举和梳理，让学生对自然地理环境的整体性有初步的认识和理解。

（2）综合思维。

以时空、要素、具体区域培养学生的综合思维。综合思维要求学生能够从空间和时间综合的角度分析地理事象的发生、发展和演化。"地球的内部圈层结构"以地壳、地幔和地核作为空间研究尺度，以地震波在各圈层的传播特点作为串联线，引导学生认识各圈层的位置、物质组成等信息。"地球的外部圈层结构"需要引导学生对各圈层之间的相互关系进行探讨，并对各圈层的基本要素之间的相互联系有初步的认识，这是学生对自然地理环境的整体性原理的初步了解。

（3）地理实践力。

利用地理模型培养学生的地理实践力。地球的内部圈层结构内容较为抽象，学生缺乏相关的生活经验和知识基础，要求学生具有较强的空间思维和理解能力。为了加深学生对地球内部圈层结构的理解，教材通过"地球内部地震波传播速度与地球内部圈层结构示意图"，引导学生认识和理解地震波的特性，并能够借助地震波的传播特点理解圈层结构划分的原理及结果。

（4）人地协调观。

人地协调观是指人们对人类与地理环境之间的关系秉持的正确的价值观，人地关系是地理学研究的核心主题。人类属于生物圈的范畴，本节"地球的外部圈层结构"涉及生物圈与其他地理外部圈层通过物质循环和能量流动产生联系。教材内容强调"大气圈中的风、云、雨、雪等天气现象，与人类息息相关""水是最活跃的自然环境要素之一，是人类和其他生物生存和发展不可或缺的""生物从环境中获取物质和能量，同时也在促进太阳能转化、改变大气圈和水圈组成，以及改造地表形态等方面起着重要作用"等信息，帮助学生正确认识地理环境与人类的相互联系，初步认识建立人地协调观的重要性。

4. 学业质量水平要求（表1）

表1

课标内容	水平层次	具体要求
①知道利用地震波研究地球内部结构的基本方法	水平1	知道利用地震波的分类及其波速差异，能够说出依据地震波探测地球内部的基本方法
	水平2	能够据图说出地震波的分类及其波速差异；能够依据地震波在地球内部传播过程，说出划分地球内部结构的基本方法（综合思维、区域认知）
	水平3	能够运用图表说出地震波的分类及其波速差异；能够结合实例说出地震波在地球内部传播过程，说明划分地球内部结构的基本方法（综合思维、区域认知）
	水平4	能够运用图表说出地震波的分类及其波速差异，能够结合实例说出地震波在地球内部传播过程，能够借鉴科学家划分地球内部结构的基本方法对研究地球内部结构提出新的构想（综合思维）
②运用相关图表，描述地球内部、外部圈层的范围、物质组成，并说明地球内部结构特点	水平1	能够在图标上指出莫霍界面、古登堡界面，说出地球内部主要圈层；能够据图指出水圈、大气圈和生物圈的位置（区域认知）
	水平2	能够在图表上指出地球内部主要的不连续面，如莫霍界面、古登堡界面，据此说出地球内部主要圈层的范围、界面和物质组成；能够据图说出水圈、大气圈和生物圈的位置和组成（综合思维、区域认知）
	水平3	能够运用图表描述地球内部主要的不连续面，如莫霍界面、古登堡界面，据此说出地球内部主要圈层的范围和物质组成；能够运用图表说出水圈、大气圈和生物圈的位置和组成；能够描述地球整体结构的特点（综合思维、区域认知）
	水平4	能从时空、要素组合的角度分析地球各圈层结构的相互联系的特点（综合思维、区域认知）
③运用相关资料，知道岩石圈的构成及其在自然环境中的地位，说明地球各圈层的相互关系	水平1	能够说出岩石圈的概念，能够列举地球各圈层的相互联系、相互作用的实例，能够据图说出自然环境的构成要素（区域认知）
	水平2	能够说出岩石圈的概念，据图指出其范围；能够举例说明地球圈层之间的相互联系、相互作用；能够结合实例说出自然环境的构成要素（综合思维、区域认知）
	水平3	能够运用示意图说出岩石圈的概念、范围；能够举例说明地球各圈层的相互联系、相互作用；能够运用示意图说出自然环境的构成要素及其关系（综合思维、区域认知）
	水平4	能够运用示意图说出岩石圈的概念、范围，说明其在自然环境中的地位；能够概述地球各圈层的相互联系、相互作用；能够概述自然环境的构成要素及其关系（综合思维、区域认知）

续上表

课标内容	水平层次	具体要求
④理解各圈层在自然环境形成和发展中的作用，及其与人类活动的关系	水平1	能够简要说出地球各圈层对自然环境形成的作用，以及它们与人类的关系（综合思维）
	水平2	能够举例说明地球各圈层对自然环境形成的作用，举例说出它们与人类的关系（综合思维、区域认知）
	水平3	能够比较系统地说明地球各圈层对自然环境形成的作用；能够比较全面地说出它们与人类的关系（综合思维、区域认知）
	水平4	能够系统地说明地球各圈层对自然环境形成的作用；能够全面地说出它们与人类的关系，体现人地协调观（综合思维、区域认知）

三、典例示范

1. 课标内容①：知道利用地震波研究地球内部结构的基本方法

（1）水平1示例。

【试题呈现】

（2019·山东·济南一中高一学业考试）一段时间发生地震较多，震级较大，称为地震活跃期；另一段时间发生地震较少，震级较小，称为地震活动平静期。读2018年世界七级以上地震分布跟踪图（图2）。完成下题。

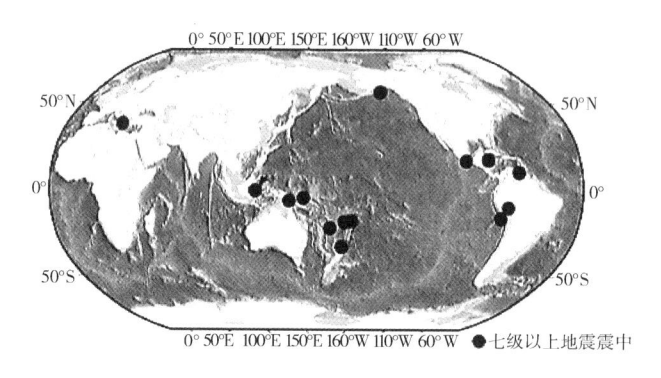

图2

地震发生时，震区的人们往往会感到"先颤后晃"，原因是（　　）
①纵波传播速度快，先到达　②纵波到达，左右摇晃　③横波传播速度快，先到达　④横波到达，左右摇晃

A. ①②　　　B. ①④　　　C. ②③　　　D. ③④

【参考答案】

B

【水平表现说明】

试题以2018年世界七级以上地震分布跟踪图构造了一个简单的地理地图情境，属于在简单、熟悉的情境中辨识地理信息，联系的要素较少；试题的行为动词的要求是理解，对学生的要求水平相对较低；试题通过在情境中的学习活动来培养和考查学生的区域认知和地理实践力。试题通过描述地震发生时，震区的人们往往会感到"先颠后晃"，考查学生对地震波的分类及其波速差异的理解与掌握，考查深度较浅，内容较少。该题属于水平1层次。

（2）水平2示例。

【试题呈现】

图3示意地震波波速的变化。分析地震波波速变化可以了解地球内部的圈层结构。据此完成1~2题。

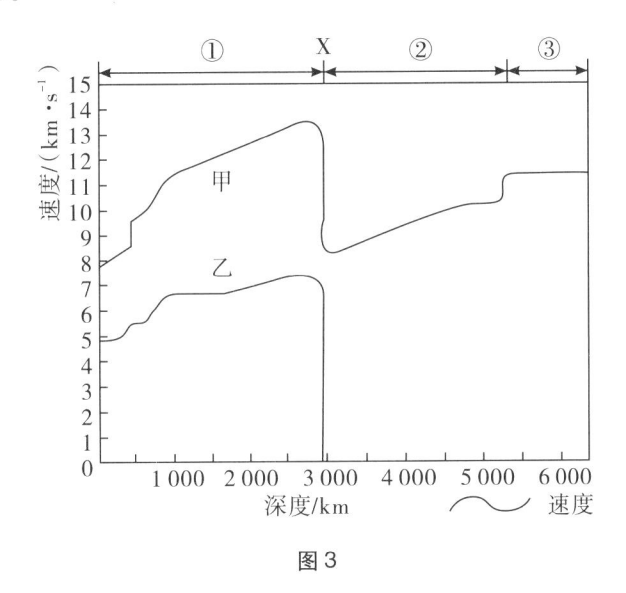

图3

1. 下列叙述正确的是（　　）

A. ①层主要由硅铝层和硅镁层构成

B. ③层可能是地球磁场产生的主要原因

C. 甲波在①层传播中会穿过软流层

D. 乙波无法穿过②层是因为②层为固体

2. 图中的X处为（　　）

A. 莫霍面　　　　　　　　B. 上地幔与下地幔交界处

C. 古登堡面　　　　　　　D. 内核与外核交界处

【参考答案】

1．C 2．C

【水平表现说明】

试题通过地震波波速在不同深度的变化营造了一个相对简单的情境。给定的地理事物较为简单，信息的联系也相对单一，但情境中的信息较多，对学生在情境中进行信息的提取、分析、综合、归纳的能力有一定要求。试题主要考查了学生的区域认知和综合思维能力。首先试题通过地震波波速变化图，要求学生能区分横波和纵波的传播特点并根据材料信息判断出地球内部的圈层结构及其物质组成特点，从而得出正确答案。此过程在考查学生对地震波传播特点的知识记忆基础上对学生的综合思维能力提出了较高的要求，是对地理多要素综合思维能力的考查。综合判断，该题组属于水平2层次。

（3）水平3示例。

【试题呈现】

（2021·河南·新蔡县第一高级中学高一阶段练习）阅读图文材料，完成下列要求。

地震预报在全球范围内还是一大难题，但无法预报不代表不能预警。地震预警是指在地震发生以后，抢在地震波传播到设防地区前，向设防地区提前几秒至数十秒发出警报，以减小当地的损失。2021年9月16日凌晨，四川省泸州市泸县发生6.0级地震，震后5秒，中国地震预警网成功发布地震预警警报；震后5秒到几十秒内，四川省泸州市、宜宾市、自贡市等地的学校、政府机构和重要企业等用户通过不同终端成功接收到这次地震不同预警级别的预警警报信息。图4为地球内部地震波传播速度与图层结构示意图。

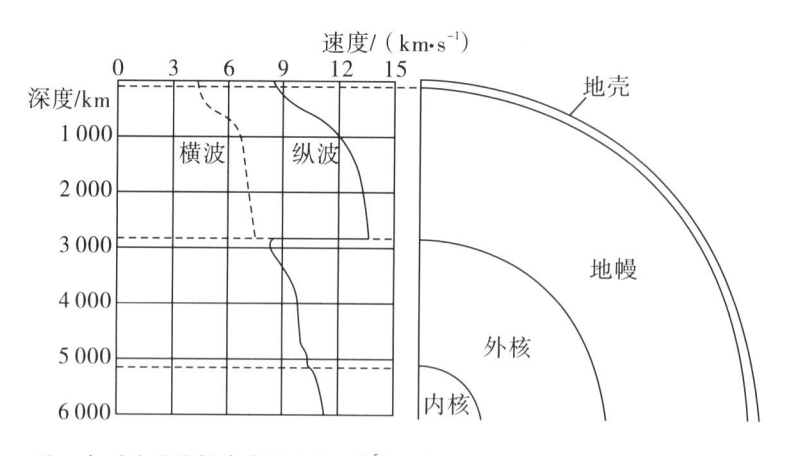

注：电磁波的传播速度约为 3×10^5 km/s

图4

简要说明建立地震预警系统的主要理论依据。

【参考答案】

地震波分为横波和纵波，纵波传播速度快但破坏力较小，横波传播速度慢但破坏力较大。地震发生后，地震预警系统监测到纵波时自动发出电磁波预警，而电磁波传播速度远大于横波，因此能在横波到来之前向周边发出预警，为民众争取到短暂的避难时间。

【水平表现说明】

本题以四川泸州某次地震灾害为背景材料，创设了一个相对复杂的、真实的情境。情境中的信息较多，给定的地理事物较为复杂，多个信息之间的联系也相对复杂，对学生在情境中进行信息的提取、分析、综合、归纳的综合思维能力要求较高。本题考查地震预警系统的原理、作用、逃生技巧等，考查在生活中有用的地理知识及地理实践力。综上所述，本题属于水平3层次。

(4) 水平4示例。

【试题呈现】

(2022·山西太原·高一期末) 阅读图文材料，完成下列要求。

根据天然月震和人为地震波的资料，科学家认为月球有与地球类似的内部圈层结构，自月面向下依次可分为月壳、月幔、月核三部分。据阿波罗月震仪探测，距月面约65千米处为月壳与月幔的分界面，其中最上部的1~2千米范围内主要是月壤和月岩碎块。图5示意地震波的传播速度随月面深度的变化情况。

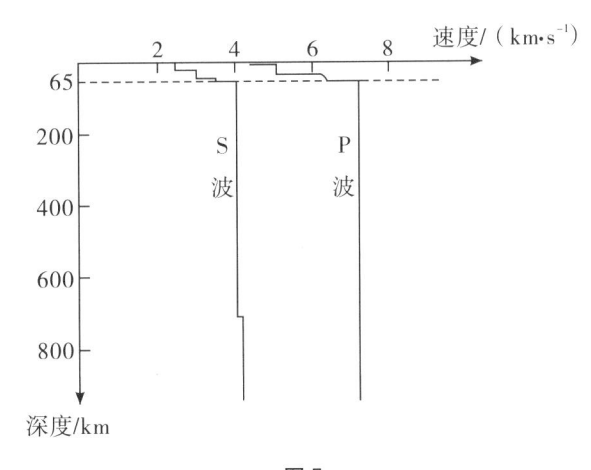

图5

指出科学家确定距月面约65千米处为月壳与月幔分界面的依据。

【参考答案】

距月面约65千米处，地震波传播速度明显加快，由此推测其两侧物质有较大差异。

【水平表现说明】

本题虽然给出的材料信息比较简单，对月球内部圈层结构的划分与地球相似，学生在情境认知方面并不太陌生；但材料所呈现的地理学术情境却相对复杂，要求学生能在新的情境中对地震波的知识进行创新性思维的应用。本题以地震波的传播速度随月面深度的变化情况为材料，涉及地震波、土壤相关知识。从图中看，距月面约65千米处横波和纵波的波速明显变化，可推测出为月壳与月幔的分界面。而题目的情境对学生来说是非常陌生而抽象的学术情境，情境的呈现方式非常简单，但题目的设问却要求学生将所学知识运用到陌生的学术情境中，是对学生所学地理知识应用性和创新性的考查，对学生的思维要求很高。本题考查学生灵活运用知识能力及综合思维等学科素养，属于水平4层次。

2. **课标内容②：运用相关图表，描述地球内部、外部圈层的范围、物质组成，并说明地球内部结构特点**

（1）水平1示例。

【试题呈现】

（2022·云南·高二学业考试）图6为"地震波波速与地球内部构造图"，据图完成下题。

图6

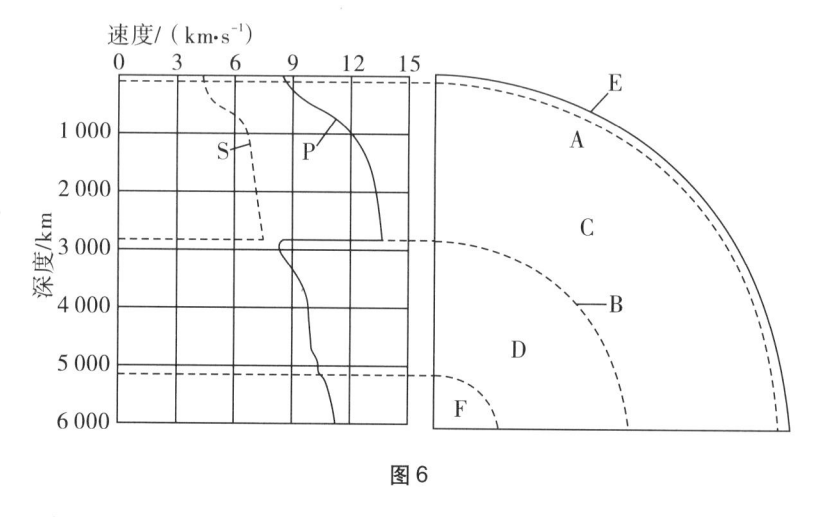

图中A表示（　　）

A. 地核　　　B. 古登堡界面　　　C. 莫霍界面　　　D. 地幔

【参考答案】

C

【水平表现说明】

题目构建了一个学生非常熟悉的问题情境，图形来自课本原图。学生能够根据图中熟悉的信息快速调取相关地理知识；题目整体上符合"综合思维"素养水平划分中的水平1——"能够说出简单、熟悉的地理事象所包含的相关要素，并能从两个地理要素相互作用的角度进行分析"的要求。综合来看，该题属于水平1层次。

(2)水平2示例。
【试题呈现】
题干见上文水平1示例。
作为重要建筑材料的花岗岩,其形成物质来源于(　　)
A. E层　　　　B. C层　　　　C. D层　　　　D. F层
【参考答案】
B
【水平表现说明】
题目构建了一个学生非常熟悉的问题情境,图形来自课本原图。学生能够根据图中熟悉的信息快速调取相关地理知识,但要解读设问信息"花岗岩的形成物质来源"——岩浆,而岩浆来自于软流层,要求学生掌握地球内部主要圈层的范围、界面和物质组成。题目整体上符合"综合思维"素养水平划分中的水平2——"对于给定的简单地理事象,能够简单分析自然地理要素中多个要素之间的联系"的要求。综合来看,该题属于水平2层次。

(3)水平3示例。
【试题呈现】
(2017·江苏卷)莫霍面深度不一。图7为长江中下游某区域莫霍面的等深线分布图。据此完成下题。

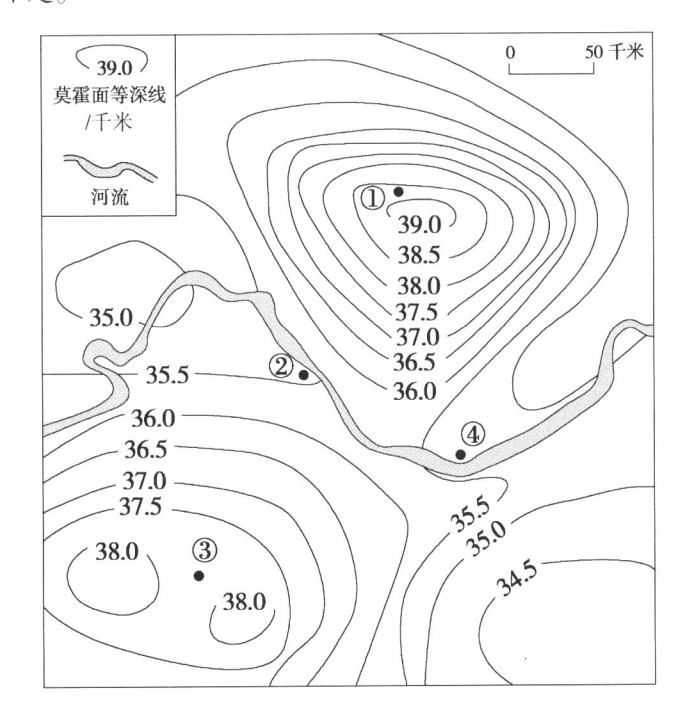

图7

据图可推断（   ）

A. ①地地壳厚度最薄　　　　　B. ②地金属矿产丰富

C. ③地地幔深度最浅　　　　　D. ④地地下水埋藏深

【参考答案】

B

【水平表现说明】

题目通过长江中下游某区域莫霍面的等深线分布图，创设出了一个基于关键信息和典型现象的复杂情境。在素养考查上，题目兼具了"区域认知"和"综合思维"两个方面的考查。通过莫霍面等深线分布图隐性地给出了地壳厚度和相关物质组成信息。结合所学知识，大陆地壳厚度一般为35～45千米。其中高山、高原地区地壳较厚，平原、盆地地区地壳相对较薄。大洋地壳则远比大陆地壳薄，厚度只有几千米。题目符合"综合思维"素养水平划分中的水平3——"能够说出地球内部主要圈层的范围和物质组成"的要求。综合来看，该题属于水平3层次。

3. 课标内容③：运用相关资料，知道岩石圈的构成及其在自然环境中的地位，说明地球各圈层的相互关系

（1）水平1示例。

【试题呈现】

（2021·云南·丽江第一高级中学高一期中）有关岩石圈的叙述，正确的是（   ）

A. 按成因可分为侵入岩、沉积岩和变质岩

B. 岩石圈包括地壳及上地幔顶部

C. 地壳就是整个岩石圈

D. 岩石圈位于软流层之下

【参考答案】

B

【水平表现说明】

本题属于对岩石圈概念的考查，情境属于给定的简单地理事象，学生根据所学知识"岩石圈包括上地幔顶部，即软流层以上的部分"，可以得出正确答案。本题对学生核心素养的要求主要体现在通过辨识某些自然地理要素特征从而达到一定的区域认知能力，是对岩石圈概念的考查。总体来看，该题属于水平1层次。

（2）水平2示例。

【试题呈现】

图8是地球内部圈层结构（部分）图，读图完成下题。

以下圈层属于岩石圈的是（   ）

A. A　　B. B

C. C　　D. D

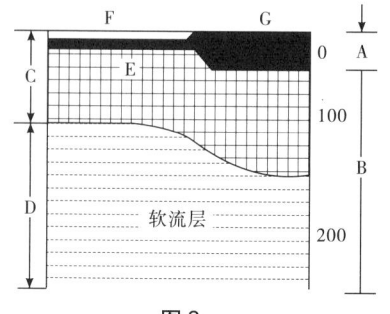

图8

【参考答案】

C

【水平表现说明】

本题情境设计非常简单，主要信息来自于圈层结构示意图，情境信息比较单一。从图中的直接信息点得到的就是软流层所在位置。学生根据所学知识"岩石圈包括上地幔顶部，即软流层以上的部分"，可以得出正确答案。本题对学生核心素养的要求主要体现在通过辨识某些自然地理要素特征从而达到一定的区域认知能力，是对岩石圈范围的考查。本题对学生的区域认知、综合思维和地理实践力等地理核心素养有所考查，但要求不太高，需要学生具备推测和简单分析能力。综合来看，属于水平2层次。

(3) 水平3示例。

【试题呈现】

(2021·北京四中高一期中) 图9为各大圈层关系示意图。读图，完成1~2题。

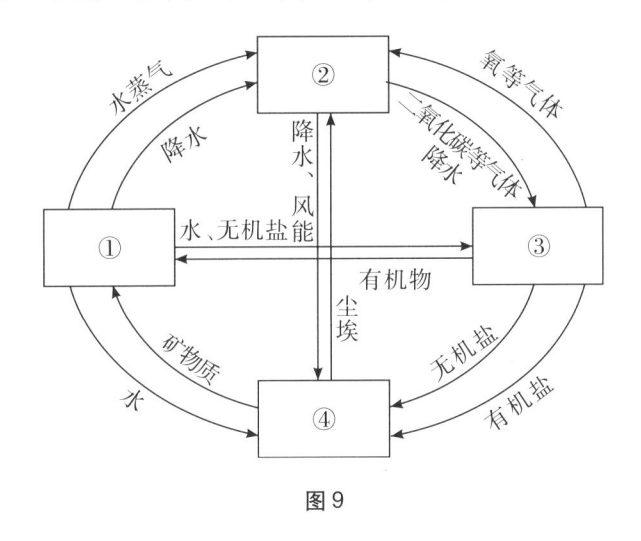

图9

1. ①圈层的主要特点是（   ）

A. 连续但不规则   B. 由气体和悬浮物质组成

C. 由坚硬岩石组成   D. 能够进行光合作用

2. 在地球各圈层的联系过程中，①圈层物质进入②圈层的方式是（   ）

A. 降水   B. 呼吸作用   C. 蒸发   D. 光合作用

【参考答案】

1. A 2. C

【水平表现说明】

本题通过各大圈层关系示意图营造了一个相对复杂的、具有宏观尺度且能够反映各大圈层自然要素之间相互关系的学术情境。试题着重考查了区域认知和综合思维，同时也渗透了地理实践力。试题首先通过图文判定①为水圈，②为大气圈，③为生物圈，④为岩石圈。水圈的水可以通过蒸发的方式进入大气圈，降水是大气圈物质进入水圈的方式。岩石圈并非生物存在的必需条件。生物圈通过光合作用和呼吸作用等方式影响大气圈的演化，生物圈占据岩石圈的上部，并非全部。整体来看，本题考查各圈层的自然地理要素之间的相互关系、相互作用，要求学生能够运用示意图说出自然环境的构成要素及其关系，属于水平3层次。

（4）水平4示例。

【试题呈现】

（2021·甘肃·民勤县第一中学高一阶段练习）读"地球圈层示意图"（图10），回答下列问题。

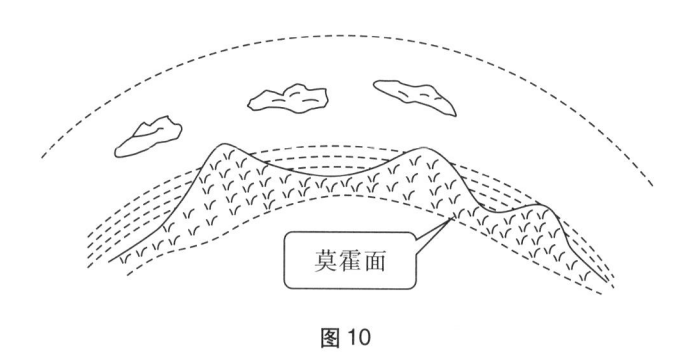

图10

大气圈包围着地球，它的主要成分是_____和_____；水圈中的水处于不间断地_____之中；生物圈占有_____圈的底部_____圈的全部和_____圈的上部。这些圈层之间相互_____，相互_____，形成人类赖以生存和发展的自然环境。

【参考答案】

氮气　氧气　循环运动　大气　水　岩石　联系　渗透

【水平表现说明】

本题通过一个宏观尺度区域背景和一般原理下的圈层结构示意图创设了并不复杂的问题情境。该试题情境对学生来说较为简单熟悉，但题目给定的地理事物较多，多个信息之间的联系侧重于空间属性，对学生在情境中进行信息的提取、分析、综合、归纳的能力有一定要求。该题要求学生能够概述自然环境的构成要素及其关系，综合来看，属于水平4层次。

4. 课标内容④：理解各圈层在自然环境形成和发展中的作用，及其与人类活动的关系

（1）水平1示例。

【试题呈现】

（2021·吉林·长春市第二十九中学高一阶段练习）2020年10月21日凌晨开始，一场大雾笼罩长春市，不少高速公路能见度不足10米，长白、京哈等多条高速公路关闭。据此完成下题。

关于大气成分及作用叙述正确的是（　　）

A. 水汽吸收紫外线，使大气增温　　B. 水汽能够吸收地面辐射

C. 二氧化碳被誉为"地球生命的保护伞"　　D. 氧气是光合作用的必需物质

【参考答案】

B

【水平表现说明】

本题考查大气圈对于自然环境形成的作用，情境属于给定的简单自然地理事象，学生根据所学知识，可以得出正确答案。本题对学生核心素养的要求是：通过辨识某些自然地理要素特征从而达到一定的综合思维能力。总体来看，该题属于水平1层次。

（2）水平2示例。

【试题呈现】

"落红不是无情物，化作春泥更护花。"这句诗体现了（　　）

A. 春季高温多雨，生物循环旺盛　　B. 落红化作春泥是风化作用的结果

C. 春泥可以保持土壤水分和温度　　D. 生物残体可以为土壤提供有机质

【参考答案】

D

【水平表现说明】

本题主要信息来自于古诗文，情境信息比较单一。学生根据所学知识"落红"和"春泥"得到的信息是"生物圈"和"岩石圈"，"落红"化作"春泥"，体现出生物圈和岩石圈的物质循环，各个圈层之间是相互联系的一个整体。本题对学生核心素养的要求主要体现在通过辨识某些自然地理要素特征从而达到一定的区域认知能力，对学生的区域认知、综合思维和地理实践力等地理核心素养有所考查，但要求不太高，需要学生具备推测和简单分析能力。综合来看，该题属于水平2层次。

（3）水平3示例。

【试题呈现】

当地时间2020年1月12日下午，菲律宾北部的塔阿尔火山剧烈活动并喷出大量火山灰，火山灰高度达到10～15千米。飘散的火山灰对马尼拉国际机场也产生严重影响，当天机场所有航班均暂停起降。图11为某游客拍摄的火山喷发照片。

火山灰喷出直接进入大气层，从大气受热过程角度，说明火山灰对当地气温的影响。

图11

【参考答案】

火山灰削弱太阳辐射，白天到达地面的热量减少，气温较低；夜晚增强大气逆辐射，气温较高；当地昼夜温差变小。

【水平表现说明】

本题通过某次火山喷发的图文材料，营造了一个并不复杂的生活和学术情境，但是考查的内容却有一定的难度。试题着重考查了各大圈层自然要素之间相互关系的学术情境区域、认知和综合思维，同时也渗透了地理实践力和人地协调观。学生首先要通过图文分析出火山灰进入大气圈影响了大气的组成成分，进而影响了太阳辐射及能量的传递过程。本题通过举例的方式，要求学生能够比较系统地说明地球各圈层对自然环境的影响。整体来看，该题属于水平3层次。

（4）水平4示例。

【试题呈现】

(2021·河南·高一阶段练习) 地球具有明显的圈层结构，各个圈层之间相互作用、相互影响。图12为地球圈层结构示意图。据此完成下列要求。

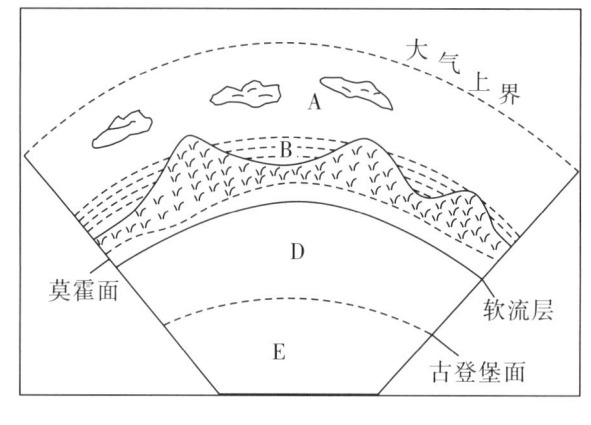

图12

地球各圈层对地球生命的存在和发展产生着重大影响，分别说明A圈层和B圈层对地球生命形成的作用。

【参考答案】

A圈层为大气圈，该圈层为地球生命提供了适合呼吸的大气成分；形成了地球表面适宜的温度；削弱宇宙射线，减轻了流星体对地表的撞击，对生命起到保护作用。B圈层为水圈，该圈层为地球生命提供了生存所必需的液态水，为水生生物提供生存空间。

【水平表现说明】

本题通过一个宏观尺度区域背景和一般原理下的圈层结构示意图创设了并不复杂的问题情境，但是设问要求学生能够系统地说明圈层之间的相互作用，属于比较高的要求。该试题情境对学生来说较为熟悉，但回答题目的设问需要学生具有较强的表达能力；给定的地理事物较多，多个地理要素之间的联系侧重于内在联系和相互影响，对学生提取、分析、综合、归纳所学知识的能力有一定要求；要求学生能够概述自然环境各个圈层的构成要素及其关系，以及自然环境对人类的影响。综合来看，该题属于水平4层次。

★ 必修1.3　运用地质年代表等资料，简要描述地球的演化过程

一、课程标准

运用地质年代表等资料，简要描述地球的演化过程。

二、课标解读

1. 行为条件和行为动词

该课标可细化为：①运用相关示意图，认识地层和化石，构建地质年代表。②运用示意图，通过地质年代表，描述地球的生命历史和古地理环境。

该课标的行为条件是"运用地质年代表"，行为动词是"描述"。

2. 主要概念和知识结构

该课标涉及的主要概念是地层、沉积岩、化石、地质年代表、宙、代、纪、古生代、中生代、新生代、前寒武纪、寒武纪、奥陶纪、志留纪、泥盆纪、石炭纪、二叠纪、三叠纪、侏罗纪、白垩纪、古近纪、新近纪、第四纪等。

该课标知识结构的逻辑是：认识地理现象—归纳地理规律—描述地理现象。具体知识结构如图1所示。

```
┌─────────────────────────────────────────────────────────┐
│   自然环境 → 生物 → 化石 ┐                               │
│           ↑         ├→ 地球演化的阶段性                  │
│           时间 → 地层 ┘                                  │
│      ↑_____↑                                  │
└─────────────────────────────────────────────────────────┘
                        ↓
                    地质年代表
                        ↓
┌─────────────────────────────────────────────────────────┐
│                      前寒武纪                            │
│                      古生代      地球环境                │
│   地球的演化历程 ─                    ⇅                  │
│                      中生代      生命现象                │
│                      新生代                              │
└─────────────────────────────────────────────────────────┘
```

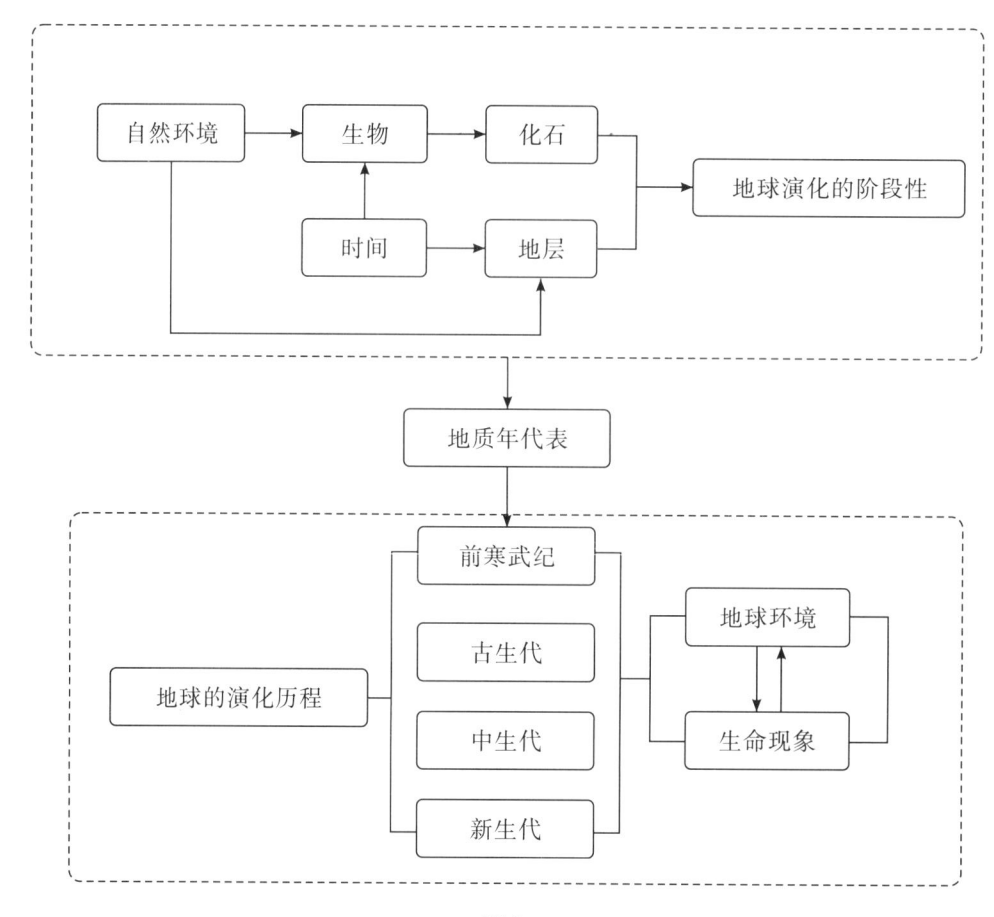

图 1

3. 地理核心素养指向

（1）区域认知。

以"尺度思维"构建区域认知方法。课本教学内容注意引导学生关注不同空间尺度下的地理信息。一般而言，空间尺度越大，局部和细节关注的程度越小，宏观规律关注的程度越大。例如在认识"地层"的概念时，以不同空间尺度的视角进行岩层的判读。在中小空间尺度下，认识同一岩层内的化石，并以此来了解其生物特征、演化历程，推测该地层形成的地理环境。通过认识不同岩层的化石，确定地球演化历程的相对顺序和不同演化阶段的环境特点，以此构建地质年代表。本节内容要求学生在不同尺度的区域视角下，描述地球演变历程，掌握不同时期地球的地理环境特点。

（2）综合思维。

以时空、要素、具体区域培养学生的综合思维。在综合思维方面，要求学生能够从空间和时间的综合角度分析地理事象的发生、发展和演化；要求学生能够依据生物演化特点及地质矿产等，结合地质年代表，辨别地球所处的地质年代以及相应地质年代的特征。本节内容的难点在地质年代表的运用和建立上，在教学上要始终强化学生的"过程"意识，在明确各地质年代地球"阶段性"特征的基础上，概括性地认识地球演化的"系统性"，即演化是有序的、作为一个整体进行的，逐步使学生明确地球历史即是一部演化史。这一演化过程伴随着生物从低级到高级、从简单向复杂的进化历程，且生物的生长深受当时当地地理环境的影响，突出地理事物的发展规律和动态过程，以及各地理事物之间具有整体性的特征。

（3）地理实践力。

利用地理模型培养学生的地理实践力。本节要求学生能够模拟沉积物的形成过程，说出化石及地层的形成过程，且能够通过不同时期化石的特征掌握地球的演变过程。考虑到高一学生的知识基础和认知水平，可引导学生阅读古生物学的相关研究资料，或者参观相应的化石标本，观看科教片，帮助学生展开基于古生物"证据"的推理，了解科学家通过目前发现的化石种类和特点复原古生物，再结合对应地层特征复原相应的古地理环境。

（4）人地协调观。

人地协调观指人们对人类与地理环境之间秉持的正确价值观。本节内容通过引导学生认识不同地质年代，通过漫长的地球历史感悟人类在宇宙空间中的地位，认识到人类的出现是在当前地质历史时期相应的环境条件下综合作用的结果，建立协调的人地关系、实现可持续发展才是实现人类与环境长期和谐相处的生存之道。

4. 学业质量水平要求（表1）

表1

课标内容	水平层次	具体要求
①运用相关示意图，认识地层和化石，构建地质年代表	水平1	知道地层、化石的基本概念和关系，知道地质年代表的划分依据（区域认知）
	水平2	知道可以依据地层和化石，了解地球的生命历史和古地理环境；知道地质年代表的划分依据和主要内容（综合思维、区域认知）
②运用示意图，通过地质年代表，描述地球的生命历史和古地理环境	水平1	知道地球的演化历史（区域认知）
	水平2	能结合地球的演化历程，说出生物从低级向高级的进化规律（综合思维、区域认知）
	水平3	对于给定的情境，从海陆变迁、气候变化、矿产形成、生命演化等角度了解地球的演化历程（综合思维、区域认知）

三、 典例示范

1. 课标内容①：运用相关示意图，认识地层和化石，构建地质年代表

（1）水平1示例。

【试题呈现】

读图2，据此完成1～2题。

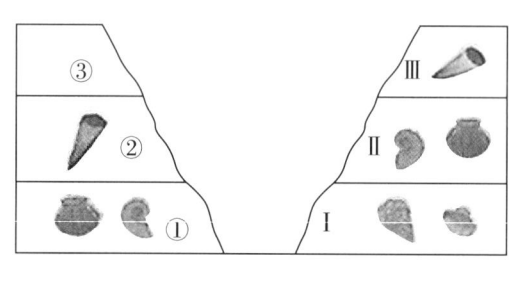

图2

1. 图中甲、乙两地位于同一时代的地层是（ ）
   A. ①、Ⅰ   B. ②、Ⅱ   C. ③、Ⅲ   D. ②、Ⅲ
2. 关于图中地层的说法，正确的是（ ）
   A. ①到③地层的厚度一样   B. 每个地层中都含有化石
   C. 年龄最老的是Ⅰ   D. 甲地地层比乙地相同高度地层形成早

【参考答案】

1. D 2. C

【水平表现说明】

试题以地层与化石的示意图创设了一个简单的地理情境，属于在简单、熟悉的情境中辨识地理要素，要素的联系较为单一；通过示意图引导学生认识地层、化石的基本概念和关系，试题的行为动词可归纳为说出，对学生的要求水平相对较低；通过在情境中的学习活动来培养和考查学生的区域认知和综合思维，难度较低。综合来看，该题组属于水平1层次。

（2）水平2示例。

【试题呈现】

辉腾锡勒湖区位于内蒙古中部，为现代季风气候的过渡地带，由于受西伯利亚和蒙古高原冷空气的影响，多寒潮大风，冬季寒冷而漫长，最低气温-39.9℃，年平均降水量385mm。该湖区地层出露完整、沉积厚度较大，是研究全新世地层、沉积特征及古气候变迁的理想场所。图3示意辉腾锡勒湖泊沉积年龄与深度的对应关系。据此完成1～2题。

图3

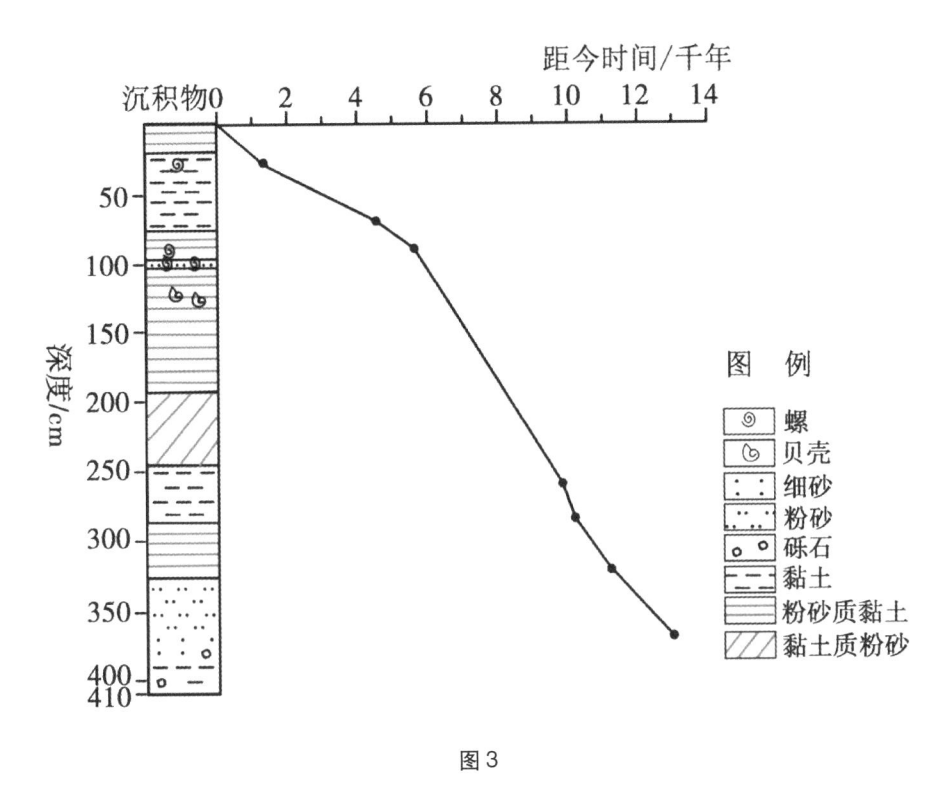

1. 该湖区沉积速度最快时段对应的沉积物是（　　）

A. 粉砂　　　B. 黏土　　　C. 粉砂质黏土　　　D. 黏土质粉砂

2. 从沉积地层上分析，图示时段该地经历的气候演变过程主要是（　　）

A. 湿润—干旱　　　　　　　　B. 湿润—干旱—湿润

C. 干旱—湿润　　　　　　　　D. 干旱—湿润—干旱

【参考答案】

1．B　2．D

【水平表现说明】

试题通过特定区域地层的时间、深度以及地层的物质组成创设了一个相对复杂的湖泊沉积示意图。文字材料和示意图给定的地理信息较多，信息的联系也较为复杂，对学生在情境中进行信息的提取、分析、综合、归纳的能力有较高要求；试题主要考查了学生的区域认知和综合思维。根据图中沉积物厚度的变化推断出单位时间内的沉积物厚度最大，沉积速度最快，进而结合图例推出该时段对应的沉积物。根据图中150cm深度以下沉积物主要由粉砂、黏土等构成，以风力沉积为主，说明气候较干旱；随后被覆盖了带有贝壳和螺的沉积层，说明气候较湿润，出现了湖泊，为湖底沉积层；后来表层再次覆盖风力沉积物（粉砂质黏土），说明气候再次干旱。因此图示时段该地经历的气候演变过程主要是干旱—湿润—干旱。本题需考生通过地层和化石的特征，了解地球的生命历史和古地理环境，综合分析的信息较多，难度较大，属于水平 2 层次。

2. 课标内容②：运用示意图，通过地质年代表，描述地球的生命历史和古地理环境

（1）水平 1 示例。

【试题呈现】

读图 4，完成 1～2 题。

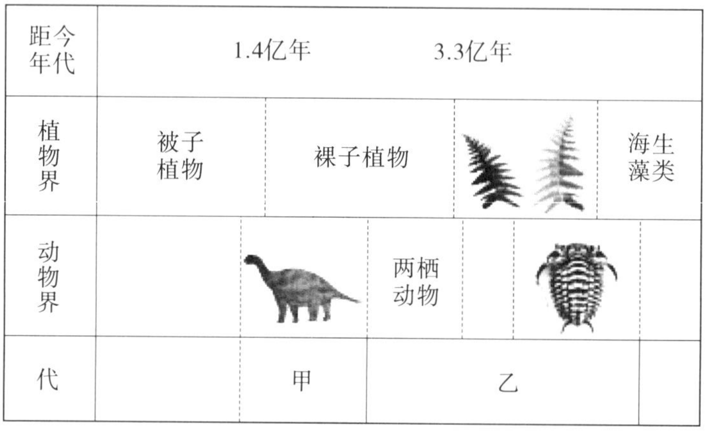

距今年代	1.4亿年		3.3亿年	
植物界	被子植物	裸子植物		海生藻类
动物界		两栖动物		
代	甲	乙		

图 4

1. 关于甲乙两个地质年代示意图，下列说法正确的是（　　）
   A. 甲是古生代，乙是中生代　　B. 甲是侏罗纪，乙是古生代
   C. 甲是白垩纪，乙是新生代　　D. 甲是寒武纪，乙是古生代
2. 海生藻类出现在（　　）
   A. 奥陶纪　　B. 三叠纪　　C. 前寒武纪　　D. 古近纪

【参考答案】

1. B　2. C

【水平表现说明】

题目构建了一个非常简约但又直接有效的问题情境，方便学生调取熟悉的学习情境和地理知识、原理。通过示意图，学生能快速认识地球的演化历程，并了解不同地层所蕴含的地理信息，即不同地质历史年代的生物，考查了区域认知和综合思维能力。题目整体上符合"综合思维"素养水平划分中的水平 1——"能够说出简单、熟悉的地理事象所包含的相关要素，并能从两个地理要素相互作用的角度进行分析"的要求。综合来看，该题组属于水平 1 层次。

(2) 水平 2 示例。

【试题呈现】

图 5 表示地球上部分生物类型出现的时间范围，甲、乙、丙、丁表示不同的地质年代，横向宽度越大，代表生物物种越多。读图，完成 1~2 题。

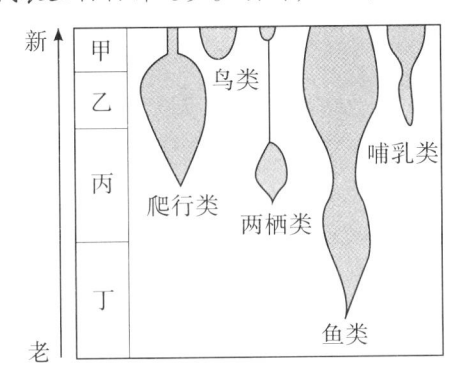

图 5

1. 下列生物中，出现最早的是（　　）
   A. 爬行类　　B. 鸟类　　C. 两栖类　　D. 鱼类
2. 爬行类动物种类最多的地质年代是（　　）
   ①甲　②乙　③丙　④中生代　⑤古生代
   A. ①④　　B. ②④　　C. ③⑤　　D. ③④
3. 随着环境变迁，生物在不断进化。甲时期生物发展阶段进入（　　）
   A. 爬行动物时代　　　　B. 哺乳动物时代
   C. 海生藻类时代　　　　D. 裸子植物时代

【参考答案】

1. D　2. B　3. B

【水平表现说明】

题目给定一幅简洁明了的示意图，提供了生物演化的进程和岩层的新老关系信息，创造了一个较为简单的问题探究情境。题目考查学生能结合地球的演化历程，说出生物从低级向高级的进化规律。在素养考查上，题目兼具了"区域认知"和"综合思维"两个方面的考查。可以判断，题目整体上符合"综合思维"素养水平划分中的水平2——"能够对给定的简单地理事象，从多个地理要素相互影响、相互制约的角度进行分析"，以及"区域认知"素养水平划分中的水平2——"能够从区域的视角认识给定的简单地理事象，收集整理区域重要的信息"两项要求。综合来看，该题组属于水平2层次。

(3) 水平 3 示例。

【试题呈现】

读某地层剖面示意图（图 6），完成下列要求。

① 含三叶虫化石
② 含鱼类化石
③ 含裸子植物化石
④ 含恐龙化石

图6

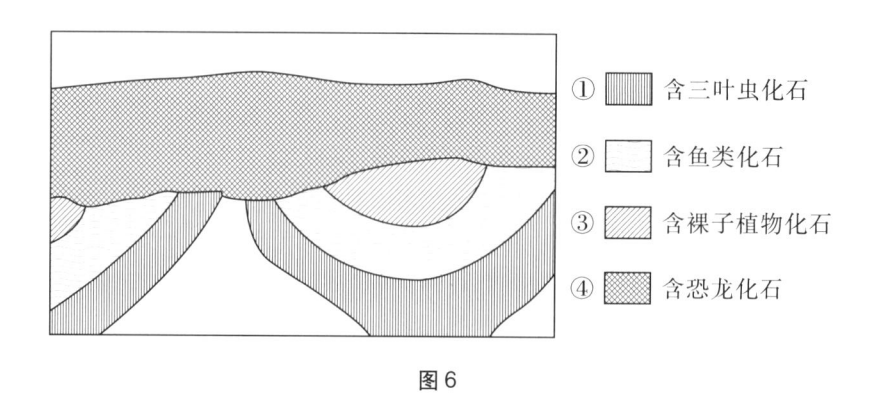

(1) 根据图中化石排列顺序,说出动物经历的演化过程。
(2) 指出地质历史上重要的成煤期,并分析当时的地理环境特点。

【参考答案】
(1) 动物经历的演化过程依次是:海洋无脊椎动物、脊椎动物、爬行动物。
(2) 成煤期:古生代和中生代。环境特点:气候温暖湿润,植被茂密。

【水平表现说明】
题目通过一幅信息呈现简约而清晰的地形剖面图和不同地层下的生物化石信息,创设出了一个基于关键信息和典型现象的地球演化情境。在素养考查上,题目兼具了"区域认知"和"综合思维"两个方面的考查。在考查内容上,对于给定的情境,从海陆变迁、气候变化、矿产形成、生命演化等角度了解地球的演化历程。通过地层信息,沉积岩层一般下老上新,因此图中岩层形成的先后顺序是①②③④,动物经历的演化过程是三叶虫为代表的海洋无脊椎动物,鱼类为代表的脊椎动物和恐龙为代表的爬行动物。从地质历史时期重要的成煤期是古生代的石炭—二叠纪和中生代的侏罗纪,进而可以推断出当时的地理环境应该适合植被生长,气候温暖湿润,植被茂盛。题目符合"综合思维"素养水平划分中的水平3——"能够结合给定的复杂地理事象,综合各要素,系统分析其相互影响、相互制约的关系,从时空综合维度对其发生、发展和演化进行分析"的要求。综合来看,该题属于水平3层次。

★ 必修1.4 通过野外观察或运用视频、图像,识别3~4种地貌,描述其景观的主要特点

一、课程标准

通过野外观察或运用视频、图像,识别3~4种地貌,描述其景观的主要特点。

二、课标解读

1. 行为条件和行为动词

该课标可细化为：①通过野外观察或运用视频、图像，识别3~4种地貌。②通过野外观察或运用视频、图像，描述3~4种地貌景观的主要特点。

该课标的行为条件是"通过野外观察或运用视频、图像"，行为动词是"识别、描述"。

2. 主要概念和知识结构

该课标涉及的主要概念是地貌景观、喀斯特地貌、溶沟、峰林、河流地貌、曲流、河流三角洲、风沙地貌、风蚀蘑菇、沙丘、海岸地貌、海滩、海蚀平台等。

该课标知识结构的逻辑是：地貌类型—地貌分布区—地貌景观特点。具体知识结构如图1所示。

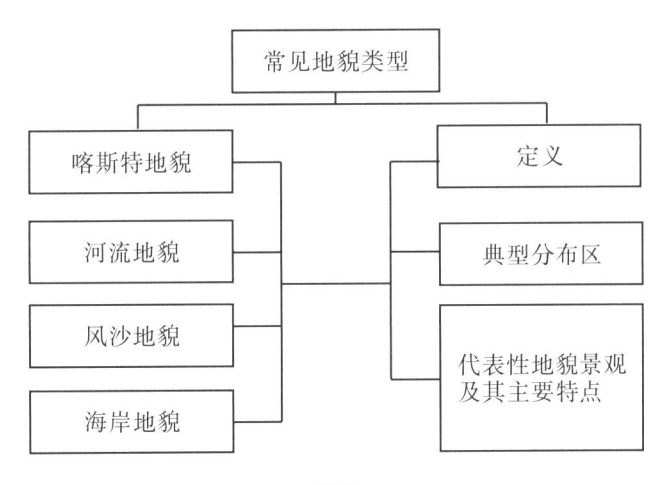

图1

3. 地理核心素养指向

（1）区域认知。

以不同地貌发育的条件来构建区域认知方法。课本教学内容一共讲解了四种常见的地貌，即喀斯特地貌、河流地貌、风沙地貌、海岸地貌。不同地貌发育的条件是不同的，如典型的喀斯特地貌是发育在湿热的气候地区，风沙地貌发育在干旱地区，海岸地貌则位于沿海地区，而河流地貌在上、中、下游则表现出了不同的特征，具体如表1所示。这样学生对各种地貌的分布从宏观上就有了认知。

表1

区域	环境特征	主导作用	主要地貌
干旱、半干旱区	昼夜温差大、降水少、风力大	风力作用	风沙地貌
湿润、半湿润区	降水丰富、地表径流量大	流水作用	河流地貌、喀斯特地貌
高山地区	气温低、冰川发育	冰川作用	冰川地貌
沿海地区	海水运动	海浪作用	海岸地貌

（2）综合思维。

本节内容可以通过理解地貌景观的演化来培养学生的综合思维。综合思维要求学生能够从空间和时间综合的角度分析地理事象的发生、发展和演化。在讲述喀斯特地貌时，呈现出了从"溶沟""洼地""峰丛""峰林""孤峰"到最后"残丘"的地貌景观演变。案例"年轻的黄河三角洲"中展现出了黄河三角洲海岸线从1984年到2004年的形态变迁和空间变化过程。自学窗"寻找隐藏在红柳沙包中的环境变化信息"要求学生能理解科学家通过观察和分析红柳沙包的沉积纹层，进而了解近百年或者近千年来沙漠地区的气候与环境变化。

（3）地理实践力。

本节内容可以通过实验、观察地理模型、野外考察或者参观地理园的方式来培养学生的地理实践力。如观察喀斯特地貌的模型，用水土沙石做有关河流地貌的实验，沿海有条件的学校还可组织学生考察海岸地貌，有地理园的学校可开展室外课堂，让学生直观地了解各种地貌的特点，从而加深对各种地貌形成过程和分布的理解。

（4）人地协调观。

地貌形态的演化既是一个自然地理过程，也受人类活动的影响。对地貌的了解和认识有利于指导人类的生产生活。活动"分析世界最大单口径球面射电望远镜选址贵州平塘的原因"中，分析大窝凼在基建工程方面和排水方面的优势。许多河流地貌也是重要的农业生产基地，但流动沙丘会埋没房屋、道路，侵吞农田、牧场。这些内容都从地貌的角度让学生理解人地协调的重要性，培养了学生的人地协调观。

4. 学业质量水平要求（表2）

表2

课标内容	水平层次	具体要求
①通过野外观察或运用视频、图像，识别3~4种地貌	水平1	能利用示意图，识别出1~2种地貌，对地貌的识别方法单一，仅能对教材图片或典型地貌照片进行识别（区域认知）
	水平2	能利用示意图或视频等资料，识别出3~4种地貌，对教材给出的图片或典型地貌照片能熟练识别（综合思维、区域认知）
	水平3	能运用示意图、视频和图像资料，观察出地貌特征，识别常见的4种地貌，能够在野外识别典型的地貌类型（综合思维、区域认知）
	水平4	对于给定的复杂情境，能够通过观察地貌特征，快速识别出常见的4种地貌，能够在野外识别不典型的地貌类型（综合思维、区域认知）

续上表

课标内容	水平层次	具体要求
②通过野外观察或运用视频、图像，描述3~4种地貌景观的主要特点	水平1	描述时语言单一，只能用简单、少数词语，不能抓住地貌景观的关键特征，语言缺少层次，呈碎片化（区域认知）
	水平2	描述基本能体现地貌景观的主要特征，用词比较多样，但缺少层次性和逻辑性（综合思维、区域认知）
	水平3	描述基本能体现地貌景观的主要特征，用词比较多样，有一定的层次性和逻辑性，语言较准确（综合思维、区域认知）
	水平4	描述时能抓住地貌景观的关键特征，具有层次性，能有清晰的描述顺序，既注重宏观描述，也有微观细节的刻画，用词精准、科学、形象（综合思维、区域认知）

三、典例示范

1. 课标内容①：通过野外观察或运用视频、图像，识别3~4种地貌

（1）水平1示例。

【试题呈现】

（2021·广东省学业水平测试）2020年12月8日，中国和尼泊尔共同向世界宣布，珠穆朗玛峰的最新高程为8 848.86米。图2为考察人员的合影照。结合所学知识，完成下题。

图2

考察人员合影地的地貌类型是（　　）
A. 冰川地貌　　B. 流水地貌　　C. 风成地貌　　D. 岩溶地貌

【参考答案】

A

【水平表现说明】

试题以珠穆朗玛峰科考人员的合影地景观图为情境，题干内容简单明了，不需要学生深入思考和分析，考点明确，即对简单景观图所属地貌的识别，考查了学生对区域的认知能力。综合来看，该题属于水平1层次。

（2）水平2示例。

【试题呈现】

（2020·广东省学业水平测试）图3为珠穆朗玛峰的大角峰景观图，形成该景观的外力作用主要来自（　　）

图3

A．陨石　　　B．风力　　　C．海浪　　　D．冰川

【参考答案】

D

【水平表现说明】

试题以珠穆朗玛峰的大角峰景观图为情境，要求学生能通过景观图快速准确识别出地貌类型，题目的设问为形成该景观的外力，因此需要学生对地貌形成的主要作用力有一定的了解和掌握，具有一定的思维力度，考查了学生的区域认知和综合思维。综合来看，该题属于水平2层次。

（3）水平3示例。

【试题呈现】

（2017·新课标卷Ⅱ）洪积扇是河流、沟谷的洪水流出山口进入平坦地区后，因坡度骤减，水流搬运能力降低，碎屑物质堆积而形成的扇形堆积体。图4示意贺兰山东麓洪积扇的

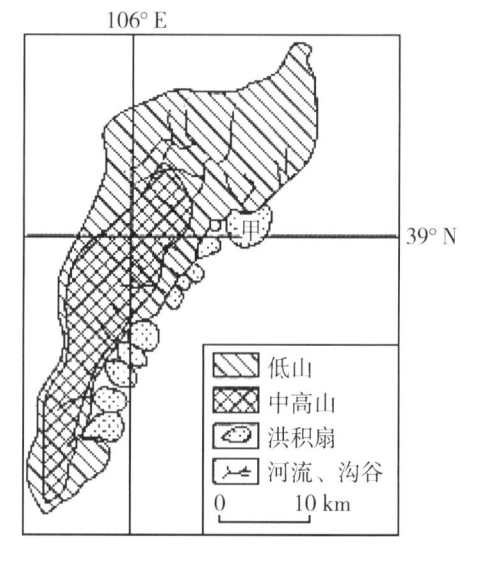

图4

分布，除甲地洪积扇外，其余洪积扇堆积物均以砾石为主，贺兰山东麓南部大多数洪积扇耕地较少，且耕地主要分布在洪积扇边缘。据此完成下题。

贺兰山东麓洪积扇集中连片分布的主要原因是贺兰山东坡（　　）

A. 坡度和缓　　B. 岩石裸露　　C. 河流、沟谷众多　　D. 降水集中

【参考答案】

C

【水平表现说明】

本题通过题干以概念的形式讲述了洪积扇的形成过程，以贺兰山东麓洪积扇的分布图为背景构建了一个学术情境。学生需理解洪积扇的形成过程，看懂贺兰山东麓洪积扇的分布图，从题干和图中获取有用信息，结合课堂中所学的知识综合分析，才能正确理解贺兰山东麓洪积扇集中连片分布的原因。题目考查了学生的读题、解题、获取信息、综合分析的能力。综合来看，该题属于水平3层次。

（4）水平4示例。

【试题呈现】

（2021·广东·东莞市高三模拟）大自然具有神秘的力量，常会造出一些令人叹为观止的地貌景观。覆有大小石块的孤立冰柱，状似蘑菇，称为冰蘑菇。读冰蘑菇示意图（图5），据此完成1~2题。

1. 冰蘑菇可能出现的地区，下列推测最合理的是（　　）

①雪线以上附近地区　②南岭　③雪线以下附近地区　④昆仑山

A. ①②　　　　B. ①④

C. ②③　　　　D. ③④

图5

2. 下列关于冰蘑菇形成原因的分析，正确的是（　　）

A. 较大体积的岩块覆盖在冰川上，差别消融形成

B. 由于冻融作用，冰柱不断长高，形成冰蘑菇

C. 岩块经冰川搬运至冰柱上形成

D. 形成过程与风蚀蘑菇非常相似

【参考答案】

1. D　2. A

【水平表现说明】

本题虽然给出的材料信息非常简单，但是却给学生呈现了一个新的概念——新的地貌名称。图片为一真实景观图，属于一个学术和生活情境相结合的题目。题目第1问考查冰蘑菇可能出现的地区，行为动词为推测，表面上看是对区域认知的考查，实际考查了学生的读题读图能力，以及分析地理问题的能力，也对核心概念雪线的理解

进行了考查。题目第 2 问考查冰蘑菇形成原因，行为动词为分析，需要学生对地貌的形成演化有一个正确的推导过程，需学生具有一定的空间想象能力，考查了学生的综合思维。综合来看，本题组属于水平 4 层次。

2. 课标内容②：通过野外观察或运用视频、图像，描述 3~4 种地貌景观的主要特点

（1）水平 1 示例。

【试题呈现】

（2016·江苏卷）中国山水画家多师法自然，其作品往往具有明显的地域特征。图 6 为我国四幅山水画作品。读图完成下题。

图 6

画中描绘江南丘陵景观的是（　　）

A. ①　　　　B. ②　　　　C. ③　　　　D. ④

【参考答案】

D

【水平表现说明】

题目以四幅中国山水画作品构建了一个非常简约的问题情境。首先要求学生能够对图中所呈现的地貌类型进行判断，然后得出图中的地貌特征。题目整体较容易，考查了简单的区域认知，思维力度不强，符合"综合思维"素养水平划分中的水平 1 要求。整体上看，该题属于水平 1 层次。

（2）水平 2 示例。

【试题呈现】

（2021·广东·惠州市高三一模）黄土及其下的砂岩是陕北地区绝大多数地貌景观形成的物质基础。围谷，是一种三面合围的谷地，是陕北常见的一种沟谷型丹霞地貌（见图 7）。据此完成下题。

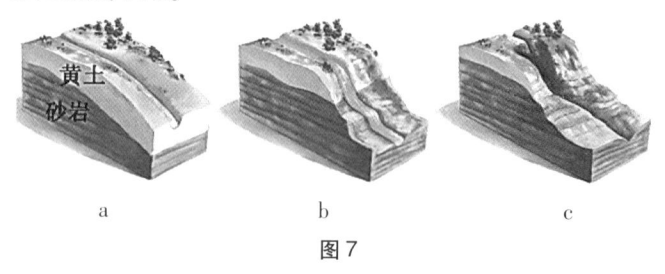

图 7

沟谷丹霞与喀斯特地缝景观外表相似,但本质不同,主要是因为（ ）

A. 物质基础差异　　　　　B. 气候特征差异
C. 人类活动差异　　　　　D. 形成时间差异

【参考答案】

A

【水平表现说明】

题目通过陕北常见的一种沟谷型丹霞地貌——围谷为背景材料,创造了一个较为简单的探究情境。要求学生对沟谷丹霞与喀斯特地缝景观外表相似、本质不同进行原因分析,学生需对喀斯特地缝景观和沟谷丹霞进行对比分析,考查了学生的区域认知和综合思维。由于题目给定的条件较充分,整体难度不大,题目整体上符合"综合思维"素养水平划分中的水平2——"能够对给定的简单地理事象,从多个地理要素相互影响、相互制约的角度进行分析",以及"区域认知"素养水平划分中的水平2——"能够从区域的视角认识给定的简单地理事象,收集整理区域重要的信息"两项要求。综合来看,该题属于水平2层次。

（3）水平3示例。

【试题呈现】

(2021·北京丰台区期中) 湘西位于云贵高原东部边缘,这里多岩溶台地。岩溶台地是类似于平顶山或桌状山的一种岩溶地貌,多与峡谷伴生。图8为岩溶台地—峡谷示意图和景观图。

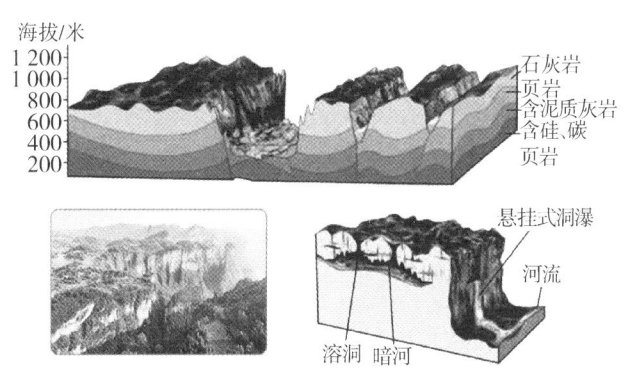

图8

描述岩溶台地地貌景观的特征。

【参考答案】

顶部相对平缓,四周为陡崖。

【水平表现说明】

题目通过岩溶台地—峡谷示意图和岩溶台地是类似于平顶山或桌状山的一种岩溶地貌为背景,创设出了一个较为复杂的学术情境。在素养考查上,题目兼具了"区域认知"和"综合思维"两个方面的考查，行为动词为描述。首先题目考查了学生对区域的认知，湘西位于云贵高原东部边缘；然后通过图例坐标，可对地貌景观的特征有一个初步的认知。题目还考查了学生的综合思维，要求学生能准确判别出图中哪个区域是岩溶台地，然后结合图中信息和所学知识组织语言描述出该地貌的景观特征。综合来看，该题属于水平3层次。

(4) 水平4示例。

【试题呈现】

(2021·广东·广州市华南师大附中高三月考) 阴山山脉是一座横亘于内蒙古中西部地区的倾斜式山脉（即南北两坡极不对称的山脉），阴山南坡沟谷较多，在沟谷出山口位置发育了众多"叠瓦状"河流洪积扇。研究发现，大部分的洪积扇中，下层洪积扇体面积大于上层洪积扇体面积，且同一位置处沉积粒径自下而上逐渐减小。图9示意阴山山脉南北向剖面。图10示意阴山山脉河流与洪积扇分布。

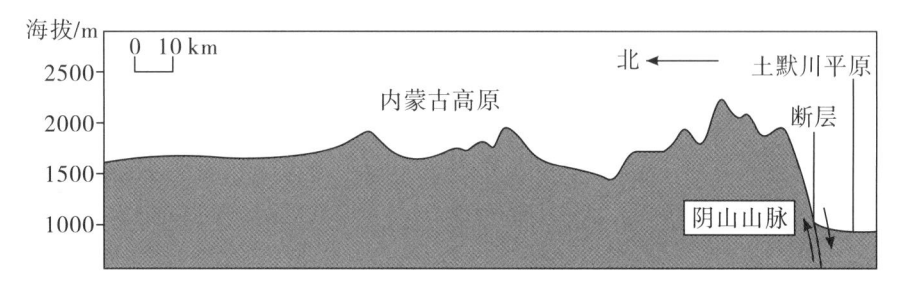

图9

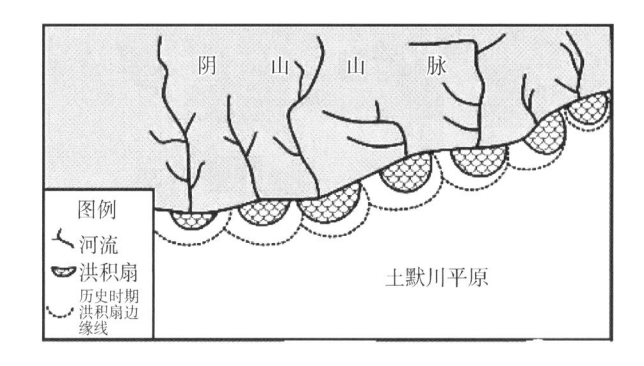

图10

依据洪积扇的特征推测历史时期阴山南坡的气候变化规律，并说明原因。

【参考答案】

气候变化规律：持续变干。

原因：自下而上，不同时期的洪积扇体面积逐渐减小，扇体沉积物减少，说明河流径流量在不断减小，降水量逐渐减少；自下而上，同一位置不同时期的洪积物粒径逐渐减小，说明河流流速在逐渐减弱；河流径流量逐年减小，降水逐年减少。综述，阴山地区历史时期气候持续变干。

【水平表现说明】

题目以阴山南坡沟谷较多，在沟谷出山口位置发育了众多"叠瓦状"河流洪积扇为背景，构建了一个学术探究情境。学生根据历史时期洪积扇边缘线和现在的洪积扇边缘线可知：自下而上，同一位置不同时期的洪积物粒径大小变化规律，结合区域的气候特征、地质构造等进行推断、分析并总结原因。属于"综合思维"素养水平划分中的水平4——"分析……大气、水……的运动与变化规律，以及各要素之间的相互影响"和"区域认知"素养水平划分中的水平4——"能够分析特定区域的自然地理特征与环境演变过程"的要求。综合来看，该题属于水平4层次。

★必修1.5　运用图表等资料，说明大气的组成和垂直分层，及其与生产和生活的联系

一、课程标准

运用图表等资料，说明大气的组成和垂直分层，及其与生产和生活的联系。

二、课标解读

1. 行为条件和行为动词

该课标可细化为：①运用图表等资料，说明大气的组成及其与生产和生活的联系。②运用图表等资料，说明大气的垂直分层及其与生产和生活的联系。

该课标的行为条件是"运用图表"，行为动词是"说明"。

2. 主要概念和知识结构

该课标涉及的主要概念是大气、大气成分、大气杂质、二氧化碳、臭氧、大气密度、大气分层、低层大气、中层大气、高层大气、对流层、平流层、电离层、臭氧层、南极臭氧洞等。

该课标知识结构的逻辑是：地理概念—地理特征—地理意义及影响。具体知识结构如图1所示。

```
                    ┌──────┐
                    │ 大气 │
                    └──┬───┘
            ┌──────────┴──────────┐
        ┌───┴────┐           ┌────┴────┐
        │大气组成│           │ 垂直分层│
        └───┬────┘           └────┬────┘
    ┌───────┼─────────────┬───────┼────────┐
    │   ┌───┴───┐     ┌───┴──┐┌───┴──┐┌────┴───┐
    │   │大气主要│     │ 对  ││ 平  ││  高层  │
    │   │ 成分  │     │ 流层││ 流层││  大气  │
    │   └───┬───┘     └──────┘└──────┘└────────┘
    │       ↑                    ↑
    │   ┌───┴───┐           ┌────┴───┐
    │   │自然环境│           │人类活动│
    │   └───────┘           └────────┘
```

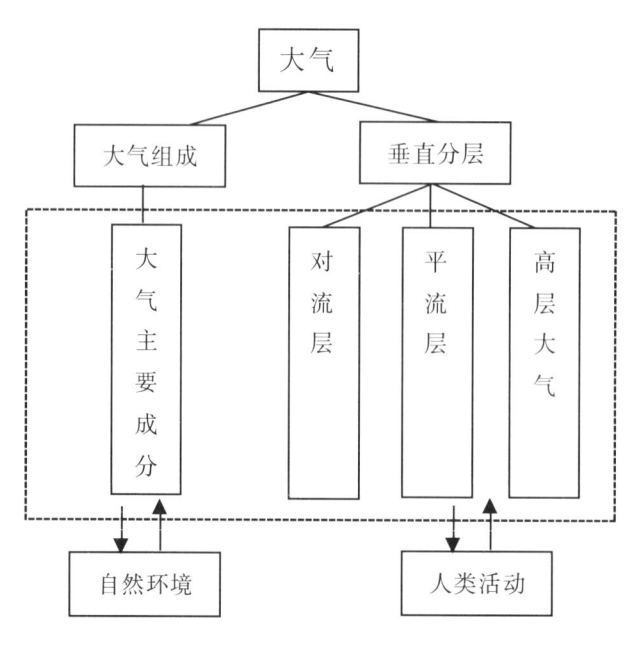

图 1

3. 地理核心素养指向

（1）区域认知。

借助大气的垂直分布示意图，从运动特征、温度变化和物理特性等方面分析大气的垂直分层，掌握其空间高度位置，列举实例认识各层对人类生活与生产的影响。

（2）综合思维。

运用图片与表格，综合分析大气成分及其对人类生活与生产的影响，辩证看待人类活动对大气成分与含量的改造作用。

（3）地理实践力。

绘制大气成分比重图与大气垂直分层图，培养读图绘图能力，学会用思维导图建立事物之间的联系，简化记忆内容，降低记忆难度。

（4）人地协调观。

列举实例，说明人类活动与大气组成和垂直分层之间的关系，明白不合理的人类活动会破坏大气结构和物质组成，最终对人类生产环境产生不利影响，从而树立保护环境的绿色发展观念。

4. 学业质量水平要求（表1）

表1

课标内容	水平层次	具体要求
①运用图表等资料，说明大气的组成及其与生产和生活的联系	水平1	能说出大气的组成及作用
	水平2	能准确说出大气的主要组成及含量，并说明大气主要成分的作用（综合思维、区域认知）
	水平3	能准确说明大气的主要成分、含量及作用，并能结合案例说明人类活动与大气组成之间的相互关系（综合思维、区域认知、人地协调观）
	水平4	能结合案例实际情况，说明主要存在的大气问题及影响，并分析形成的原因，提出可行的解决措施（综合思维、区域认知、人地协调观）
②运用图表等资料，说明大气的垂直分层及其与生产和生活的联系	水平1	能按顺序说出大气的垂直分层的名称
	水平2	能按顺序说出大气的垂直分层的名称，并从气温、大气运动状况等角度说明各层特点（区域认知）
	水平3	能从与大气有关的现象入手，分析大气的垂直分层及其与人类活动的关系（综合思维、区域认知）
	水平4	能在真实案例和问题情境中应用大气垂直分层特点的知识解释人类活动与大气现象的密切联系（综合思维、区域认知、人地协调观）

三、典例示范

1. 课标内容①：运用图表等资料，说明大气的组成及其与生产和生活的联系

（1）水平1示例。

【试题呈现】

大气主要由干洁空气、水汽和固体杂质三部分组成。据此完成1~2题。

1. 干洁空气中所占比例最大的成分是（　　　）
A. 二氧化碳　　　B. 臭氧　　　C. 氧气　　　D. 氮气
2. 被称为"地球生命保护伞"的大气组成成分是（　　　）
A. 二氧化碳　　　B. 臭氧　　　C. 氧气　　　D. 氮气

【参考答案】

1. D　2. B

【水平表现说明】

试题题干以大气主要由干洁空气、水汽和固体杂质三部分组成为材料，设置了2个问题，第1小题考查干洁空气中所占比例最大的成分，第2小题考查臭氧可以吸收

太阳光中的紫外线，减少紫外线对生物的伤害的功能，被誉为"地球生命的保护伞"。学生只需掌握大气的组成成分的比例和臭氧对人类的影响作用即可。设问常规，案例简单，要素单一，难度较低。综合来看，该题组属于水平1层次。

（2）水平2示例。

【试题呈现】

（2021·重庆八中高一月考）图2为干洁空气成分的体积分数示意图。读图，完成1~3题。

1. 下列对图中字母所代表的成分及其作用的叙述，正确的是（ ）

A. a—氧气，氧是生物体的基本元素

B. a—氮气，吸收紫外线，保护地球生命

C. b—氧气，地球生物维持生命活动所必需的物质

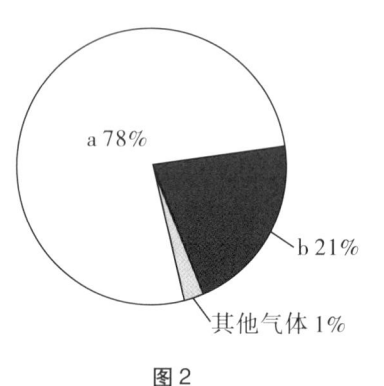

D. b—氮气，吸收地面辐射，具有保温作用

2. 下列关于大气成分作用的叙述，错误的是（ ）

A. 臭氧能吸收紫外线，有"地球生命的保护伞"之称

B. 氮气为绿色植物的光合作用提供了原料

C. 二氧化碳吸收地面辐射，具有保温作用

D. 水汽和杂质是成云致雨的必要条件

3. 人类活动导致大气中一些成分的比例发生了明显变化，主要表现为（ ）

A. 臭氧增多　　B. 氧气增多　　C. 水汽增多　　D. 二氧化碳增多

【参考答案】

1. C　2. B　3. D

【水平表现说明】

试题以干洁空气成分的体积分数示意图为背景材料，构建了一个学术探究情境，考查了大气的组成成分、各成分的主要作用，以及人类活动对大气成分影响的表现。试题涉及的知识点较全面，难度适中，要求学生对大气组成成分的体积分数和主要作用能熟悉记忆，检验了学生对地理基本原理和知识的掌握程度，同时也考查了学生的综合思维能力。综合判断，该题组属于水平2层次。

（3）水平3示例。

【试题呈现】

美国科学家在新泽西州的一家农场里，利用二氧化碳对不同作物不同生长期的影响进行了大量的试验研究，他们发现二氧化碳在农作物的生长旺盛期和成熟期作用最显著。在这两个时期，如果每周喷射两次二氧化碳气体，喷上4~5次后，蔬菜可增产90%，水稻增产70%，大豆增产60%，高粱甚至可以增产200%。据此完成1~2题。

1. 干洁空气中,二氧化碳的特征是( )
A. 约占大气总重量的 0.038%
B. 25 km 以上的高空大气中含量更高
C. 在地球不同地区分布不均匀
D. 是地球生物体的基本组成元素
2. 施用二氧化碳气体可以使农作物增产,主要是因为二氧化碳( )
A. 是绿色植物光合作用的基本原料
B. 能吸收紫外线使植物不受到伤害
C. 能吸收地面辐射使大气温度升高
D. 直接影响地面温度,增加降水量

【参考答案】

1. C 2. A

【水平表现说明】

本题以美国科学家在新泽西州的一家农场里,利用二氧化碳对不同作物不同生长期的影响为材料,构建了一个学生相对陌生的生产生活情境,对二氧化碳的特征和作用进行较为细致和深入的考查。其中,第 2 小题涉及的地理要素和知识相对较多。学生需具有较好的获取和解读地理信息的能力,以及分析问题的能力,方可正确解题,涉及多个要素的分析,考查了学生的综合思维能力。综合来看,该题组属于水平 3 层次。

(4) 水平 4 示例。

【试题呈现】

美国国家冰雪数据中心和美国国家航空航天局的科学家表示,2019 年最大冰川总面积达 1 478 万平方千米。但是整体趋势令人担忧!

南北极的冰川,远远望去,就像地球的"白帽子",给地球增加了巨大的美感。但是近来的研究发现北极冰川数量正急剧减少,其速度令人咋舌。科学家预测在 20 年内,北极冰川将在炎热夏季完全消失,地球会失去"白帽子",北极熊将难有立足之地(见图3)。一些科学家认为,人们可能低估了全球变暖的趋势。

图3

美国环保局发现臭氧总量每耗减 1%,地面紫外线会增加 1.5%~2%。他们预测,如果对氯氟碳化物的生产和消费不加限制,到 2075 年,地球臭氧总量将比 1985 年再耗减 25%。

(1) 全球变暖与大气中的哪种主要成分变化有关?

(2) 臭氧有什么作用?

(3) 针对上述问题,你能提出哪些有效的措施?

【参考答案】

(1) 与二氧化碳(CO_2)有关。

(2) 臭氧吸收大量太阳紫外线,使大气增温;减少到达地面的紫外线,保护地球上的生物免受过多紫外线的伤害。

(3) 减少化石能源的使用;保护森林,植树造林;研发新型制冷剂,控制氯氟碳化物的生产和使用。

【水平表现说明】

本题以全球变暖、冰川面积减少，全球臭氧总量逐年减少、紫外线增加为背景材料，构建了一个学术探究情境，考查了大气主要成分的作用，人类活动对大气成分的影响以及应对全球变暖、臭氧减少的措施。本题需学生对本部分知识有全面的掌握，结合实际的案例材料分析作答，对学生的地理术语表达、语言组织要求较高。本题考查了学生的综合思维和人地协调观。综合来看，本题属于水平4层次。

2. **课标内容②：运用图表等资料，说明大气的垂直分层及其与生产和生活的联系**

（1）水平1示例。

【试题呈现】

（2021·衢州期末）图4为局部大气层气温随高度变化曲线示意。读图，完成1~2题。

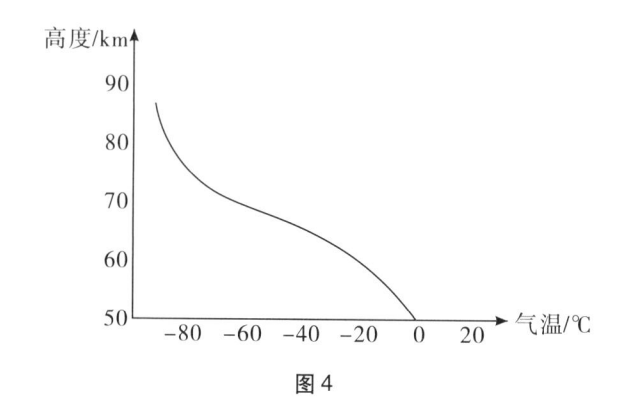

图4

1. 图示大气层属于（ ）
A. 对流层　　　B. 平流层　　　C. 臭氧层　　　D. 高层大气
2. 该层大气（ ）
A. 适合飞机高空飞行　　　　　B. 极光现象频繁
C. 适合人造卫星飞行　　　　　D. 对流运动显著

【参考答案】

1. D　2. B

【水平表现说明】

本题目以局部大气层气温随高度变化曲线图为材料，构建了一个非常简约的学术问题情境。涉及的知识点有大气各垂直分层的名称、依据、特点以及与人类生产生活密切相关的简单案例，基本是学生熟悉的学习情境和地理知识、原理。本题考查了学生的"区域认知"和"综合思维"，整体上符合"综合思维"素养水平划分中的水平1——"能够说出简单、熟悉的地理事象所包含的相关要素"的要求。所以本题组属于水平1层次。

(2) 水平2示例。

【试题呈现】

(2021·大同高一期中) 民航客机起飞和降落阶段处于对流层，在平流层都是巡航阶段，也是飞机平飞阶段。民航客机一般在一万米左右高空巡航。据此完成1~3题。

1. 对平流层和对流层特点的描述，正确的是（　　）
A. 对流层顶部的高度是稳定的，时空变化小
B. 平流层顶部气温与对流层底部气温温度相差不大
C. 平流层的空气密度比对流层空气密度小
D. 对流层空气对流运动显著，飞机根本无法飞行

2. 平流层适宜飞机飞行的有利条件有（　　）
①以平流运动为主，飞行平稳
②天气晴朗，能见度高，便于观察
③空气稀薄，空气阻力小
④臭氧层可以吸收紫外线，减少对飞机的不利影响
A. ①④　　　　B. ②③　　　　C. ③④　　　　D. ①②

3. 若一架民航客机从北极上空经过赤道地区，向南一直飞到南极上空，保持12千米高度不变，其飞行所在大气层的变化是（　　）
A. 对流层、平流层、对流层　　B. 平流层、对流层、平流层
C. 一直在平流层飞行　　D. 一直在对流层飞行

【参考答案】

1. C　2. D　3. B

【水平表现说明】

本题目以民航客机起飞和降落阶段处于对流层，在平流层都是巡航阶段为背景材料，构建了一个学生较为熟悉的生活情境。考查的基本知识点有对流层、平流层的基本特征，平流层有利于飞机飞行的条件，以及在不同纬度大气各分层的高度变化。学生要熟悉掌握本小节知识的内容，结合实际问题，方可正确作答。题目第3小题兼具了"区域认知"和"综合思维"两个方面的考查，学生需要熟悉大气垂直分层的空间结构图和各分层随纬度变化高度发生变化的情况而作答，能力要求较高。综合来看，本题组属于水平2层次。

(3) 水平3示例。

【试题呈现】

(2021·安康高三月考) 对流层是地球大气最靠近地面的一层，对流层高度与近地面的受热程度相关。图5为1979—2008年华北地区对流层高度变化趋势图，完成1~2题。

图5

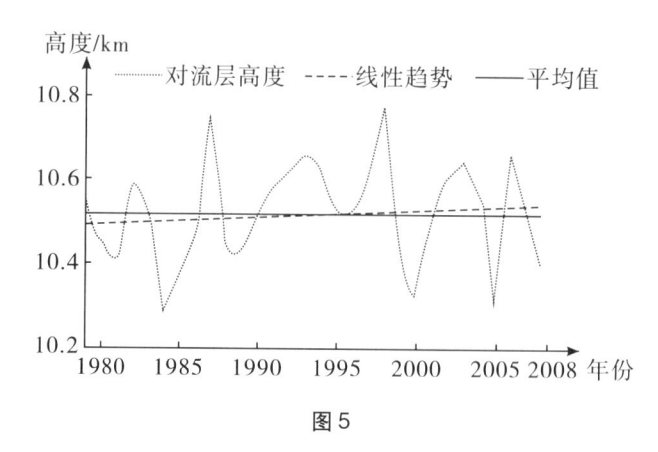

1. 1979—2008年，华北地区（　　）

A. 空气的对流运动减弱　　B. 对流层顶部高度年际变化明显减小

C. 对流层高度呈波动上升趋势　　D. 对流层传向高层大气的能量增大

2. 下列关于华北地区对流层高度变化趋势的成因及影响，叙述正确的是（　　）

A. 对流层高度总体变化趋势反映气候变冷

B. 利于生物繁育，生物多样性增加

C. 导致华北地区变得湿润，利于农业增产

D. 矿物燃料使用和植被破坏等是其变化的主要原因

【参考答案】

1. C　2. D

【水平表现说明】

题目以1979—2008年华北地区对流层高度变化趋势图为背景材料，创设了一个学术探究情境。学生需首先从图中获取有效信息，再结合课堂所学——关于对流层的基本特点才能解答第1小题。第2小题则对华北地区对流层高度变化趋势的成因及影响进行了考查，更多地联系到了生产生活中的一些实际案例分析。本题考查了学生获取地理信息、调用知识、解答问题的能力。在素养考查上，题目兼具了"区域认知"和"综合思维"两个方面的考查。综合来看，本题组属于水平3层次。

(4) 水平4示例。

【试题呈现】

(2021·大同高一期中) 包围在地球周围的空气称为大气层，从下到上将其分为三层（如图6所示）。大气为地球生命的繁衍和人类的生存提供了必要条件。人类生活在大气圈底部，

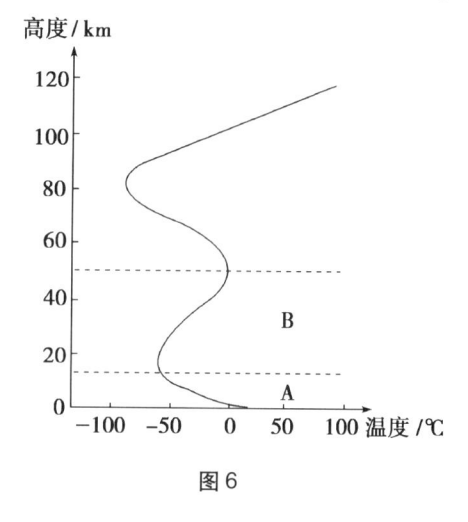

图6

大气的物理状态和组成成分的变化，时刻影响着我们。据此回答下列问题。

（1）说出大气分层的依据和 A、B 层的名称。

（2）描述 A 层大气中温度变化规律，并推测该层气流运动特点。

（3）归纳 B 层大气对人类的影响。

【参考答案】

（1）依据：大气的物理特性（温度和密度）和运动状况。名称：A 为对流层，B 为平流层。

（2）随海拔升高，气温降低。气流以上下对流运动为主。

（3）以水平运动为主，大气平稳，天气晴朗，利于飞机飞行；该层大气中的臭氧层，可以吸收太阳辐射中的大量紫外线，让少量紫外线到达地球表面，利于保护地球生命。

【水平表现说明】

本题目以学生较为熟悉的教材中的图文为材料，创建了一个学术探究情境，是对本小节知识整体的考查。知识点涉及各垂直分层的名称、特征以及对人类活动的影响，主要考查了学生的读图能力，以及地理专业术语的表达能力和语言组织能力，需具备一定的逻辑性和条理性。行为动词为"说出""描述""推测""归纳"，难度依次增大。从"区域认知""综合思维""人地协调观"三个方面进行了素养的考查，题目综合性较强。整体上看该题属于水平 4 层次。

★ 必修 1.6　运用示意图等，说明大气受热过程与热力环流原理，并解释相关现象

一、课程标准

运用示意图等，说明大气受热过程与热力环流原理，并解释相关现象。

二、课标解读

1. **行为条件和行为动词**

该课标可细化为：①运用示意图等，说明大气受热过程，并解释相关现象；②运用示意图，说明大气保温作用，并解释相关现象；③运用示意图等，说明大气热力环流原理，并解释相关现象；④运用示意图，说明风的形成和风向规律。

该课标的行为条件是"运用示意图"，行为动词是"说明""解释"。

2. **主要概念和知识结构**

该课标涉及的主要概念是太阳辐射、地面辐射、大气辐射、大气逆辐射、大气吸

收、气温、气压、等压面、等压线、气压梯度、气压梯度力、地转偏向力、风、风向、风速、海陆风等。

该课标知识结构的逻辑是：地理概念—地理过程—地理影响。具体知识结构如图1所示。

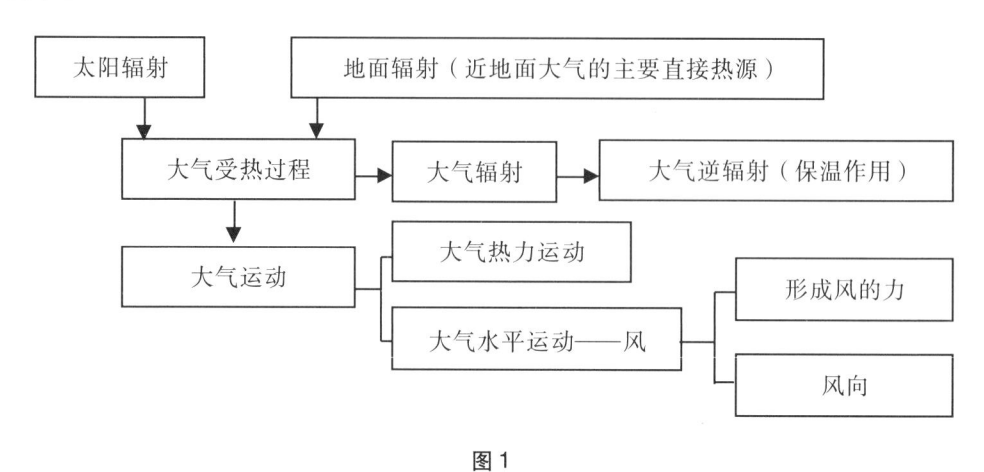

```
太阳辐射        地面辐射（近地面大气的主要直接热源）
    ↓               ↓
    大气受热过程 → 大气辐射 → 大气逆辐射（保温作用）
        ↓
    大气运动 ─┬─ 大气热力运动
              └─ 大气水平运动——风 ─┬─ 形成风的力
                                    └─ 风向
```

图1

3. 地理核心素养指向

（1）区域认知。

结合实际图文材料，认识不同地区的热力差异和大气运动差异，绘制热力环流示意图，对比高空和近地面温度、气压差异，认识垂直高度上对流层内部的大气运动状况与近地面天气状况。

（2）综合思维。

结合水平气压梯度力、地转偏向力和摩擦力的共同作用，绘制近地面大气水平运动的方向示意图。运用大气受热、热力环流、大气运动原理分析说明有关温差大小、温室效应、海陆风、风向等实际问题。

（3）地理实践力。

绘制大气受热过程示意图与热力环流示意图，分析"海陆风""城市热岛"的形成过程以及在生活中的应用。通过读图分析大气受热状况，以及温室原理，并能联系实际观察海陆风、山谷风、城市热岛效应等现象，并会用相关知识解释现实生活中的具体案例。

（4）人地协调观。

根据示意图简单分析大气的受热过程的基本原理，了解三个环节之间的动态联系，能简单画出热力环流的过程图，解释热岛环流等相关自然现象。根据大气受热过程示意图，运用大气逆辐射相关知识说明温室气体对地面的保温作用，描述人类活动对温室效应的作用与环境的影响，并结合现实生活深化"绿色生活，保护大气"思维。

4. 学业质量水平要求（表1）

表1

课标内容	水平层次	具体要求
①运用示意图等，说明大气受热过程，并解释相关现象	水平1	能说出大气受热过程中各种辐射的名称
	水平2	能准确说出大气受热过程中各种辐射的名称，说明大气受热过程的各个环节，并绘制原理示意图（综合思维、区域认知）
	水平3	能准确说出大气受热过程中各种辐射的名称，说明大气受热过程的各个环节及其相互间的因果关系，并绘制原理示意图（综合思维、区域认知）
	水平4	能在给定案例和问题情境中利用大气受热过程的原理解释相关现象，联系实际生产生活（综合思维、区域认知）
②运用示意图，说明大气保温作用，并解释相关现象	水平1	能说明大气逆辐射的含义及作用（区域认知）
	水平2	能准确说明大气保温作用的过程及其意义，并绘制原理示意图（综合思维、区域认知）
	水平3	能在给定的案例和问题情境中应用大气的保温作用原理解释相关现象（综合思维、区域认知）
	水平4	能结合大气的保温作用原理，解释近现代全球变暖的主要原因，理解人地和谐的重要性（综合思维、区域认知、人地协调观）
③运用示意图等，说明大气热力环流原理，并解释相关现象	水平1	能说出大气热力环流的各个环节，但缺乏逻辑联系（区域认知）
	水平2	能准确说明大气热力环流的形成过程（综合思维、区域认知）
	水平3	能准确说明大气热力环流的形成过程，并绘制原理示意图加以说明（综合思维、区域认知）
	水平4	能结合真实案例和问题情境应用大气热力环流原理解释说明相关现象（综合思维、区域认知）
④运用示意图，说明风的形成和风向规律	水平1	能够说出影响近地面风的三个力的名称及其对风向、风力的影响
	水平2	能在实际的等压线图上判断各地的风向并比较风力大小（区域认知）
	水平3	能在实际的等压线图上判断各地的风向并比较风力大小，画出风向并说明一般规律（综合思维、区域认知）
	水平4	能在实际的等压线图上判断各地的风向并比较风力大小，并能联系实际分析区域的天气特征（综合思维、区域认知）

三、典例示范

1. 课标内容①：运用示意图等，说明大气受热过程，并解释相关现象

（1）水平1示例。

【试题呈现】

（2021·北京昌平区高一月考）读地球表面受热过程示意图（图2），完成1~2题。

1. 图中字母表示大气逆辐射的是（　　）
   A. ①　　　　　B. ②
   C. ③　　　　　D. ④
2. 近地面大气的主要直接热源是（　　）
   A. ①　　　　　B. ②
   C. ③　　　　　D. ④

图2

【参考答案】

1. D　2. C

【水平表现说明】

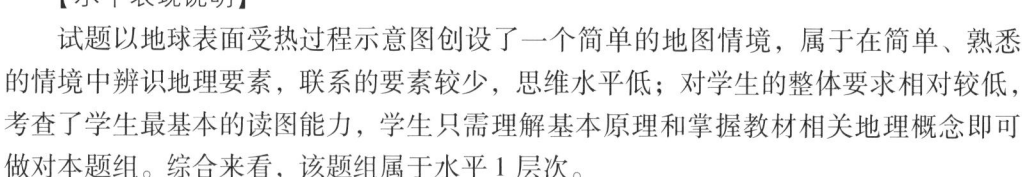

试题以地球表面受热过程示意图创设了一个简单的地图情境，属于在简单、熟悉的情境中辨识地理要素，联系的要素较少，思维水平低；对学生的整体要求相对较低，考查了学生最基本的读图能力，学生只需理解基本原理和掌握教材相关地理概念即可做对本题组。综合来看，该题组属于水平1层次。

（2）水平2示例。

【试题呈现】

（2021·浙江卷）秀珍菇生产需避光遮阳。浙江某地在秀珍菇生产大棚上搭建光伏发电系统，实现了棚内种菇、棚顶发电，形成了"农业+新能源"生态高效生产方式。据此完成1~2题。

1. 该生产方式会使棚内（　　）
   A. 太阳辐射减弱　　　　　B. 地面辐射增加
   C. 大气吸收增加　　　　　D. 地面反射增加
2. 与原秀珍菇生产方式相比，该生产方式的优势有（　　）
   ①增加经济效益　②增加土壤肥力　③减少土壤污染　④提高土地利用率
   A. ①③　　　B. ②④　　　C. ①④　　　D. ②③

【参考答案】

1. A　2. C

【水平表现说明】

试题以浙江某地在秀珍菇生产大棚上搭建光伏发电系统，实现了棚内种菇、棚顶发电，形成了"农业+新能源"生态高效生产方式为背景材料，创设了一个真实的生产生活情境。大棚顶部搭建光伏发电系统（有光伏板），会使到达棚内的太阳辐射进一步减弱，从而使棚内的地面辐射、大气吸收、地面反射等也随之减弱，考查大气受热过程。该生产方式在几乎同样的土地面积上既种植了秀珍菇，还实现了光伏发电，增加了经济效益，提高了土地利用率，考查区域农业可持续发展。试题情境中的信息较多，对学生在情境中进行信息的提取、分析、综合、归纳的能力有一定要求；试题主要考查了学生的区域认知和综合思维能力。综合判断，本组试题属于水平2层次。

（3）水平3示例。

【试题呈现】

（2021·广东卷）辐射逆温是低层大气因地面强烈辐射冷却导致气温随高度增加而升高的现象。黄河源地区位于青藏高原腹地，平均海拔4 000多米，冬季辐射逆温现象多发。据此完成下面小题。

1. 冬季易加强辐射逆温的地形是（　　）

　A. 山峰　　　　B. 平原　　　　C. 谷地　　　　D. 丘陵

2. 黄河源地区辐射逆温常出现的时间和天气状况是（　　）

　A. 日落前后，大风呼啸　　　　B. 正午时刻，雨雪交加

　C. 午夜时分，浓云密雾　　　　D. 日出之前，晴朗无风

3. 黄河源地区辐射逆温常出现的时间和天气状况是由于（　　）

　A. 锋面气旋多　　　　　　　　B. 下沉气流盛行

　C. 准静止锋强　　　　　　　　D. 热力对流强盛

【参考答案】

1. C　2. D　3. B

【水平表现说明】

本组题以位于青藏高原腹地的黄河源地区冬季辐射逆温现象多发为背景材料创设了一个学术探究情境，从易加强辐射逆温的地形、黄河源地区辐射逆温常出现的时间和天气状况，以及原因三个方面设问，深入考查了大气的受热过程和影响近地面大气的气温垂直变化的因素。题干中还给出了一个新概念——辐射逆温，学生需对该概念进行学习理解，考查了学生对新知识的探索能力；题目还隐性考查了青藏高原腹地的黄河源地区的自然地理环境特征。从素养角度来看，考查了学生的区域认知和综合思维能力。综合来看，本组题属于水平3层次。

（4）水平4示例。

【试题呈现】

（2017·新课标Ⅰ）我国某地为保证葡萄植株安全越冬，采用双层覆膜技术（两层覆膜间留有一定空间），效果显著。图3中的曲线示意当地寒冷期（12月至次年2月）丰、枯雪年的平均气温日变化和丰、枯雪年的膜内平均温度日变化。据此完成1~3题。

气温/℃

图3

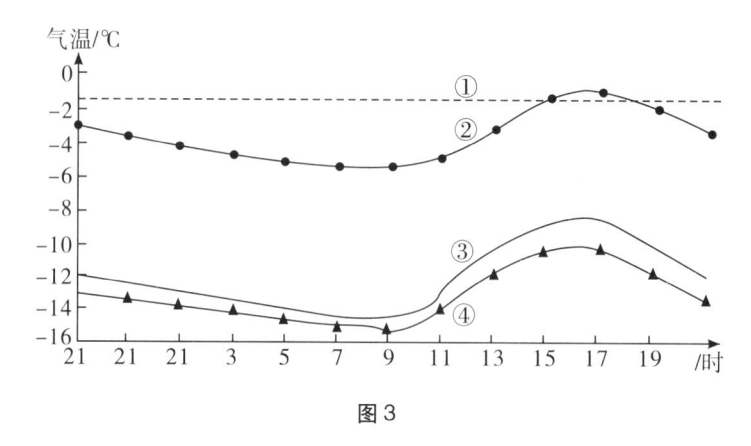

1. 图中表示枯雪年膜内平均温度日变化的曲线是（　　）
A. ①　　　　B. ②　　　　C. ③　　　　D. ④
2. 该地寒冷期（　　）
A. 最低气温高于 –16℃
B. 气温日变化因积雪状况差异较大
C. 膜内温度日变化因积雪状况差异较大
D. 膜内温度日变化与气温日变化一致
3. 该地可能位于（　　）
A. 吉林省　　　B. 河北省　　　C. 山西省　　　D. 新疆维吾尔自治区

【参考答案】
1. B　2. C　3. D

【水平表现说明】

本组题以我国某地采用双层覆膜技术保证葡萄植株安全越冬为素材，结合当地寒冷期（12月至次年2月）丰、枯雪年的平均气温日变化和丰、枯雪年的膜内平均温度日变化图，创设了一个真实的生产生活情境。学生需从大气受热过程的角度分析覆膜后对膜内气温变化的影响，来判断枯雪年膜内平均温度日变化的曲线，考查了学生的综合思维能力；而对该地位于哪个省区的设问，则考查了学生的区域认知能力。本题图文资料给出的信息较多，学生需从图文中获取有效信息，综合分析多个要素作答，对学生的能力水平要求高。综合来看，本题组属于水平4层次。

2. 课标内容②：运用示意图，说明大气保温作用，并解释相关现象

（1）水平1示例。

【试题呈现】

（2021·北京昌平区高一月考）读地球表面受热过程示意图（图4），完成1～2题。

1. 对地面起到保温作用的是图中所示的（　　）

A. ①　　B. ②　　C. ③　　D. ④

2. 利用人造烟幕可以防御霜冻，因为人造烟幕能使大气的（　　）

A. 逆辐射作用增强

B. 逆辐射作用减弱

C. 反射作用增强

D. 反射作用减弱

图4

【参考答案】

1. D　2. A

【水平表现说明】

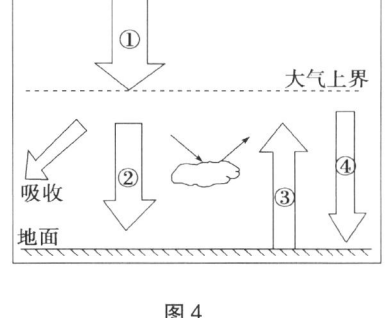

题目以地球表面受热过程示意图构建了一个非常简约且又直接的问题情境。题目内容基本为课堂上教授内容的原图，学生只需理解基本概念和原理，看懂图中箭头所示的含义即可正确作答。第2小题人造烟幕可以防御霜冻是对地理原理在生产生活中的应用的考查，学生需理解大气逆辐射对地面起保温作用，而烟幕增强了大气逆辐射。题目整体上符合"综合思维"素养水平划分中的水平1——"能够说出简单、熟悉的地理事象所包含的相关要素，并能从两个地理要素相互作用的角度进行分析"的要求。因此应属于水平1层次。

（2）水平2示例。

【试题呈现】

（2021·天津第八中学高一月考）某中学地理兴趣小组为验证二氧化碳对温室效应的增强作用，用玻璃瓶设计了以下实验（图5）并获取了相关数据（图6）。据此完成1~2题。

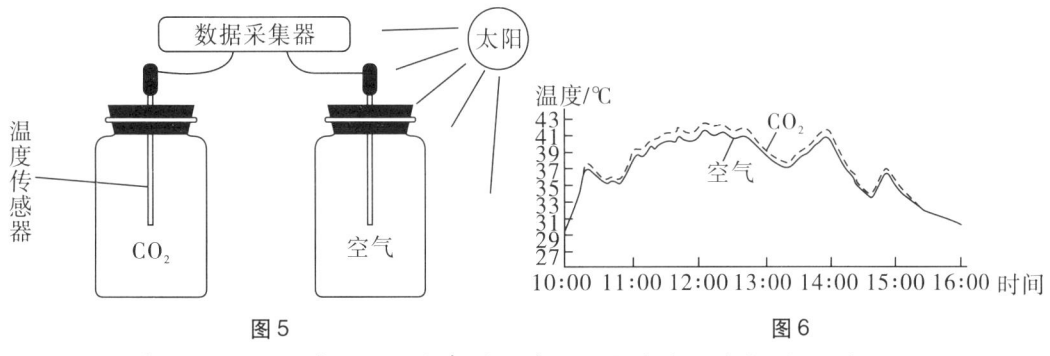

图5　　图6

1. 二氧化碳之所以对温室效应有增强作用，主要是因为它（　　）

A. 强烈吸收地面辐射，使大气增温

B. 强烈吸收太阳辐射，使大地增温

C. 破坏臭氧层，增加到达地面的紫外线

D. 通过化学反应向大气释放热能

2. 实验小组认为两组实测数据的差距与预估相比不够显著,下列改进措施合理的是（ ）

  A. 将瓶子悬空放置   B. 将内瓶底涂成黑色
  C. 将温度传感器放至瓶底 D. 将纵坐标间隔扩大

【参考答案】

1. A 2. B

【水平表现说明】

题目以中学地理兴趣小组为验证二氧化碳对温室效应的增强作用,用玻璃瓶设计了实验并获取了相关数据为素材,创设了一个地理实验探究情境。二氧化碳对太阳辐射几乎不吸收,但可强烈吸收地面辐射,使大气增温,将内瓶底涂成黑色可以增加地面吸收的太阳辐射,从而增加二氧化碳的保温作用,考查了二氧化碳为温室气体的原因,以及影响大气受热过程的因素,体现了对学生综合思维能力有一定的要求。实验小组认为两组实测数据的差距与预估相比不够显著,需要对实验进行改进,体现了对地理实践力的考查。题目整体上属于水平2层次。

（3）水平3示例。

【试题呈现】

（2018·天津卷）全球变暖导致冰川融化和海平面上升。为减缓全球变暖,发展低碳经济是人类社会的必然选择。读图文材料,回答1~2题。

科学家们考察了美国西北部某山岳冰川消融的状况（图7）及产生的影响。

图7

1. 对上图所示地区1936—2015年期间地表环境变化的表述,与实际情况相符的是（ ）

  A. 年蒸发量始终不变 B. 河湖水量持续稳定增加
  C. 生物种类保持不变 D. 地表淡水资源总量减少

2. 科学家们在推断海平面上升所淹没的陆地范围时，不作为主要依据的是（ ）

A. 沿海地区的海拔高度　　　　　B. 海水受热膨胀的幅度

C. 全球冰川融化的总量　　　　　D. 潮汐规模和洋流方向

【参考答案】

1. D 2. D

【水平表现说明】

本题以全球变暖导致冰川融化和海平面上升为背景，以美国西北部某山岳冰川消融的状况及产生的影响为素材，创设了一个学术探究情境。由两幅景观图片可知，该地区因气候变暖，冰川消融明显，冰川融水随河流外流，导致该地区地表淡水资源总量不断减少；第1小题涉及了对年蒸发量、河湖水量、生物种类多个地理要素的分析，需要学生掌握较全面的知识和较强的综合分析地理问题的能力，考查了学生的综合思维。第2小题也不是常规的考查全球变暖带来的影响，而是考查科学家们推断海平面上升所淹没的陆地范围时的主要依据有哪些，体现了对区域认知和综合思维能力的综合考查。因此本题组应属于水平3层次。

（4）水平4示例。

【试题呈现】

寒冬季节的晴天，当你走进门窗关闭的封闭阳台，会感到异常温暖。

图8　温室保温原理示意　　　　图9　温暖的封闭阳台

（1）结合图8、图9，分析封闭阳台温度较高的原因。

（2）中纬度地区的植物园采取什么措施可以使园内的热带植物安全越冬？

【参考答案】

（1）玻璃对于太阳短波辐射来说几乎是透明体，大部分太阳辐射能够透过玻璃射到地面上，使地面增温；但玻璃能阻截地面长波辐射，阻止阳台内（暖）外（冷）空气以对流或湍流方式进行热交换，使得阳台内温度高于阳台外。

（2）在适宜的时间将植物移入温室；加盖薄膜、草毡等。

【水平表现说明】

本题图文材料信息简单，以寒冬季节的晴天走进门窗关闭的封闭阳台，会感到异常温暖为题干，结合温室保温原理示意图和温暖的封闭阳台景观图，创设了一个真实的生活情境。设问1的行为动词为"分析",学生需理解示意图所表达的地理信息:玻璃对太阳短波辐射来说几乎是透明体,大部分太阳辐射能够透过玻璃射到地面上,使地面增温;但玻璃能阻截地面长波辐射,阻止阳台内(暖)外(冷)空气以对流或湍流方式进行热交换,从而使得阳台内温度高于阳台外。这一分析过程考查了学生的读图能力,更是对学生综合思维能力的考查。设问2中纬度地区的植物园采取什么措施可以使园内的热带植物安全越冬,则是要求学生能把学到的地理原理应用于现实的生产生活中,考查了学生的地理实践力。综合来看,本题属于水平4层次。

3. 课标内容③:运用示意图等,说明大气热力环流原理,并解释相关现象

(1) 水平1示例。

【试题呈现】

(广东省2021年1月普通高中学业水平)图10为某学生绘制的四幅热力环流示意图,其中错误的是( )

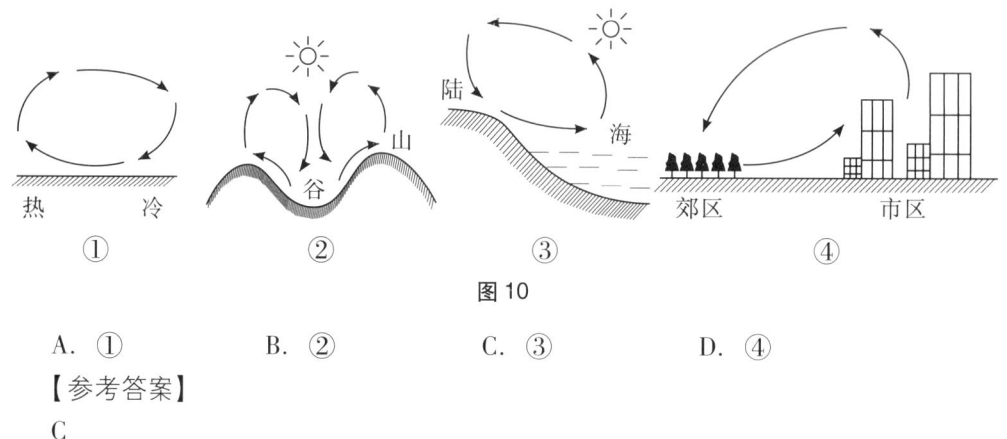

图10

A. ①　　　　B. ②　　　　C. ③　　　　D. ④

【参考答案】

C

【水平表现说明】

本题主要信息点来自于四幅热力环流示意图,情境信息比较单一,只需了解热力环流的基本原理,掌握教材中所讲述的案例即可正确作答。对学生核心素养的要求主要体现在通过辨识某些自然地理要素特征从而达到一定的区域认知能力。总体来看,该题属于水平1层次。

(2) 水平2示例。

【试题呈现】

(广东省2020年1月普通高中学业水平)读图11并结合所学知识,完成下题。

如果此图为大气热力环流示意图,丙和丁为近地面,①②③④表示气流运动方向,则( )

A. 甲处气压高于丙处

B. 丙处气温低于丁处

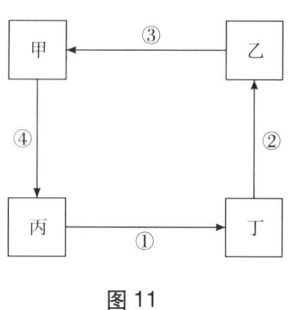

图11

C. 乙处气温高于丁处

D. 丁处气压低于乙处

【参考答案】

B

【水平表现说明】

本题以一个简单示意图为载体，创设了一个抽象的情境，考查热力环流的基本原理。学生需从同水平面上气温高大气膨胀上升、气温低大气收缩下沉，垂直方向上近地面气压高于高空气压水平方向上大气从气压高处向气压低处运动三个方面分析作答，题目选项中涉及了气温、气压两个地理要素、近地面和高空两个空间关系。学生需具备推理和简单分析的能力，考查了学生的区域认知和综合思维能力。综合来看，该题属于水平2层次。

（3）水平3示例。

【试题呈现】

（2021·成都外国语学校月考）在生活中，我们在切大葱或洋葱的时候，会忍不住"泪流满面"。为此，我们切菜的时候在旁边点燃一支蜡烛，便可极大地缓解眼部的不适感。图12为切大葱或洋葱示意图。据此完成1~2题。

1. 从热力环流的角度看，切大葱或洋葱时点蜡烛能缓解眼部不适感的原理是（ ）

   A. 空气受热加大风速　　　　B. 空气遇冷减小风速

   C. 空气受热膨胀上升　　　　D. 空气遇冷收缩下沉

2. 下列热力环流示意图能反映上图蜡烛附近空气环流的是（ ）

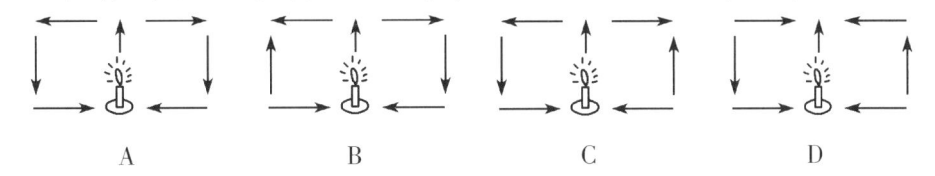

【参考答案】

1. C　2. A

【水平表现说明】

本题以生活中在切大葱或洋葱的时候会忍不住"泪流满面"为材料，创设一个有趣的生活情境，要求学生能用大气热力环流原理来解释此现象。点蜡烛后，气温升高，蜡烛处气流上升，切大葱或洋葱处气流下沉，可以减少气流上升带来的葱的气味，这是对学生将地理原理应用于实际生活案例的考查，也体现了学生对地理问题的综合分析能力。第2小题则是要求学生会绘制热力环流的示意图，体现了对地理实践力的考查。综合来看，该题组属于水平3层次。

(4) 水平 4 示例。

【试题呈现】

（2021·邯郸期末）位于西安市西长安街的除霾塔，主体包括空气导流塔（高 60 多米，直径达 10 多米）、玻璃集热棚（夜晚也可将储存的太阳能转化为热能对集热棚内加热，使热气流上升）。玻璃集热棚内设置过滤网墙（空气在通过过滤网墙时，可以滤除掉空气中的各种污染物和杂质），地面上铺鹅卵石。图 13 示意除霾装置。据此完成 1～3 题。

1. 与除霾塔的主要工作原理最接近的是（　　）
   A. 狭管效应 B. 焚风效应 C. 热岛效应 D. 雨岛效应
2. 除霾塔工作效率最高的时段是（　　）
   A. 多云微风的白天   B. 阴雨大风的夜晚
   C. 晴朗无云的白天   D. 晴朗微风的夜晚
3. 集热棚内地面上铺鹅卵石的主要目的是（　　）
   A. 增强导流塔稳定性   B. 加大集热棚粗糙度
   C. 加快集热棚内升温   D. 吸附大气中的霾尘

【参考答案】

1. C 2. D 3. C

【水平表现说明】

本题组以西安市西长安街的除霾塔的结构和工作的简介及景观示意图为素材，设计了一个真实的生产生活情境。题干中的信息给定的地理事物较多，对学生在情境中进行信息的提取、综合分析的能力有较高要求。第 1 小题，需要学生熟悉掌握四个地理名词及地理原理；第 2 小题，是对多种气象条件下大气运动状况的分析，考查学生的综合思维能力；第 3 小题，则是对单一要素改变，受热过程发生变化，进而影响大气运动，影响除霾塔的工作效率进行分析。整个题组涉及基本原理的考查，也要求学生对多个地理要素进行综合分析，还要求学生能明白除霾塔具体的工作原理，考查了学生的综合思维能力，难度较大。综合来看，该题组属于水平 4 层次。

4. **课标内容④：运用示意图，说明风的形成和风向规律**

(1) 水平 1 示例。

【试题呈现】

（2020·江苏卷）图 14 为"亚欧大陆某时刻海平面等压线分布示意图"。读图，完成下题。

图 14

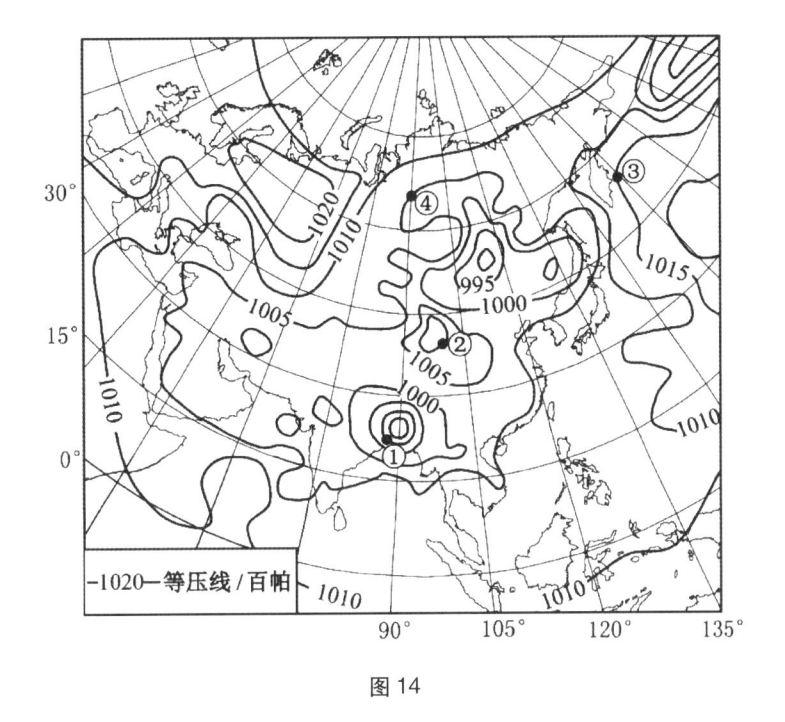

下列四地中,吹偏南风的是(　　)

A. ①　　　　B. ②　　　　C. ③　　　　D. ④

【参考答案】

C

【水平表现说明】

本题组以亚欧大陆某时刻海平面等压线分布示意图为素材,创设了一个简明的地理知识情境,主要考查了学生对等压线图的判读、风向的画法、风的方向、确定地理方位等知识。应用到的地理原理较为简单,题目信息较为清晰,思考难度较小,考查了学生的区域认知和动手画图的地理实践力。综合来看,该题属于水平1层次。

(2) 水平2示例。

【试题呈现】

(2021·潍坊期中) 图15示意北半球某地区同一水平面上的气压分布状况。据此完成1~2题。

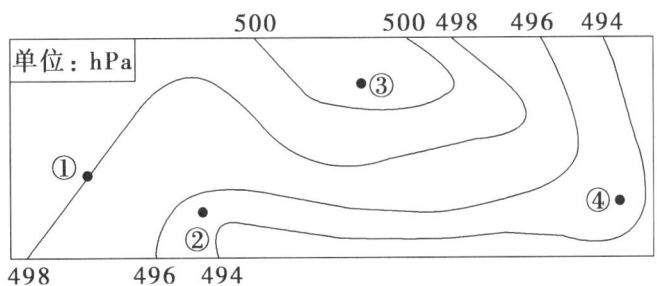

图 15

1. ①点的风向是（ ）
A. 东北风　　　B. 西北风　　　C. 东南风　　　D. 北风
2. ③点对应的近地面天气状况很可能是（ ）
A. 晴朗　　　　B. 阴雨　　　　C. 高温高压　　D. 低温高压

【参考答案】

1. A　2. B

【水平表现说明】

本题组以北半球某地区同一水平面上的气压分布状况示意图为素材，创设了一个简明的地理知识情境。要求学生能读懂等压线图，通过等压线数值的大小判断为高空等压线分布图；通过等压线的分布规律，画出风的方向；通过近地面与高空气压性质相反，判断③地为近地面低气压中心，盛行上升气流，多阴雨天气。解题的分析过程考查了学生的区域认知、综合思维和地理实践力，图文资料给的信息较为简单清晰，学生的思考难度不大。综合来看，本题组属于水平2层次。

（3）水平3示例。

【试题呈现】

风向标是测定风向的气象仪器，箭头指示风的来向。下面图16为浙江省某中学的校园气象站，风向标安装在太阳能电池板的上方；图17为浙江省此时海平面等压线（单位：百帕）分布图。据此完成1~2题。

图16

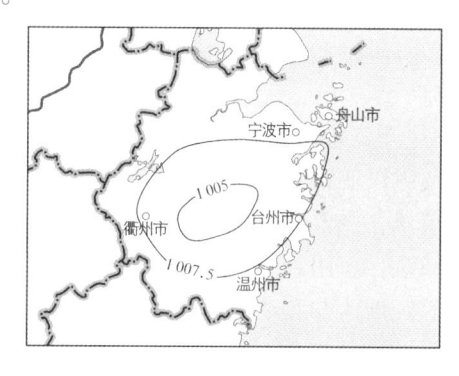

图17

1. 此时，当地的风向是（ ）
A. 东南风　　　B. 东北风　　　C. 西南风　　　D. 西北风
2. 该中学可能位于（ ）
A. 衢州　　　　B. 温州　　　　C. 台州　　　　D. 宁波

【参考答案】

1. A　2. C

【水平表现说明】

本题组以浙江省某中学的校园气象站风向标图和浙江省此时海平面等压线分布图

为材料，创设了一个真实的生活情境。要求学生能获取题干中的有效信息——风向标是测定风向的气象仪器，箭头指示风的来向，结合太阳能电池板的朝向来判断此时的风向；需要学生熟悉风向的画法，先判断高低压，作水平气压梯度力的方向，考虑地转偏向和摩擦力，最后画出风向，再结合第1小题判断出的方向确定中学所在的城市。此题的解题过程考查了学生的区域认知、综合思维和地理实践力，难度较大。综合来看，本题组属于水平层次3。

（4）水平4示例。

【试题呈现】

（2021·淄博高一月考）上海市某地理研究性学习小组开展了"城市风"的课题研究，图18中甲为上海城区与郊区间近地面等压面示意图，乙为上海城区与郊区分布示意图。根据相关材料，回答下列问题。

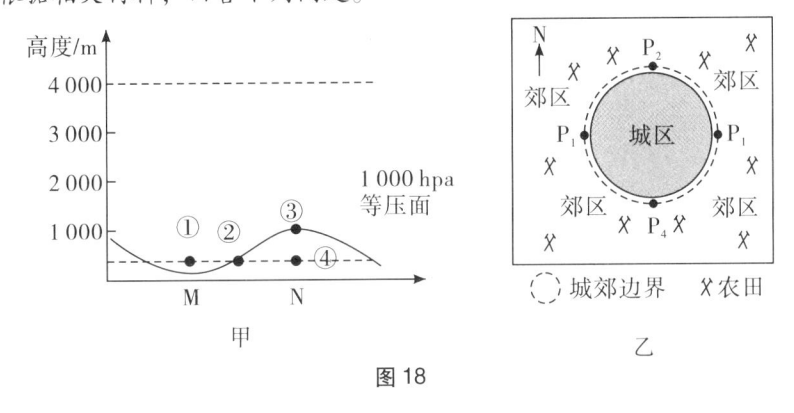

图18

（1）在图19中用实线绘制出4 000 m高度的等压面分布状况（不标气压值），并在M、N之间的高空和近地面用箭头绘制出热力环流示意图。

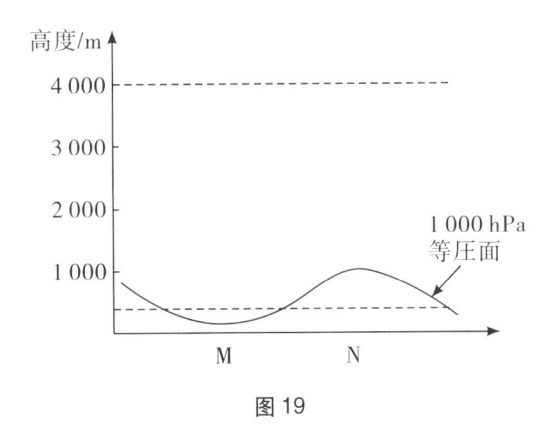

图19

（2）说明乙图中城区与郊区的温度差异，并分析原因。

（3）若在郊区P_1、P_2、P_3、P_4等地建设有大气污染物的工厂，是否合理？为什么？

【参考答案】

(1)

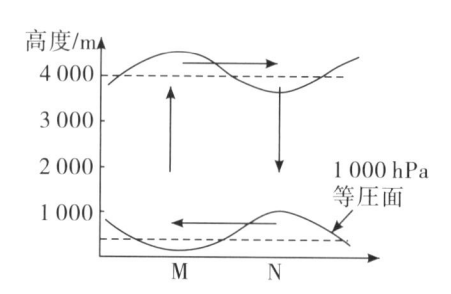

高度/m
4 000
3 000
2 000
1 000
　　M　　N
1 000 hPa 等压面

(2) 城区气温高于郊区。城区人口集中，工业发达，居民生活、工业生产、交通工具等大量消耗矿物燃料，释放大量的人为热量；城区建筑高而密，不易通风散热；城区水泥建筑、路面多，比热容小，吸热快。

(3) 不合理。工厂排出的大气污染物会经近地面风从郊区流向城区，加剧城区污染。

【水平表现说明】

本题组以上海市某地理研究性学习小组开展的城市风课题研究为素材，创设了一个地理问题探究情境。学生需根据上海城区与郊区间近地面等压面示意图，结合热力环流的原理画出整个热力环流过程图；再根据过程图分析上海城区与郊区的温度差异；再结合实际的风向判断郊区 P_1、P_2、P_3、P_4 等地建设有大气污染物的工厂是否合理。行为动词为绘制和分析，以及解释原因。本题考查了学生的区域认知、综合思维、地理实践力和人地协调观；对学生的综合能力要求高；答案的表达要求学生能准确应用专业术语，逻辑清晰，因果关系表述正确。综合来看，本题属于水平4层次。

★ 必修1.7　运用示意图，说明水循环的过程及其地理意义

一、课程标准

运用示意图，说明水循环的过程及其地理意义。

二、课标解读

1. 行为条件和行为动词

该课标可细化为：①运用水循环示意图，识别水循环环节、类型，说明水循环的意义。②结合实例，说明人类活动对水循环的影响，增强保护水资源意识。

该课标的行为条件是"运用示意图"，行为动词是"说明"。

2. 主要概念和知识结构

该课标涉及的主要概念是水循环的环节、类型和地理意义。

该课标知识结构的逻辑是：地理原理—地理原理的作用结果—作用结果的影响。具体知识结构如图1所示。

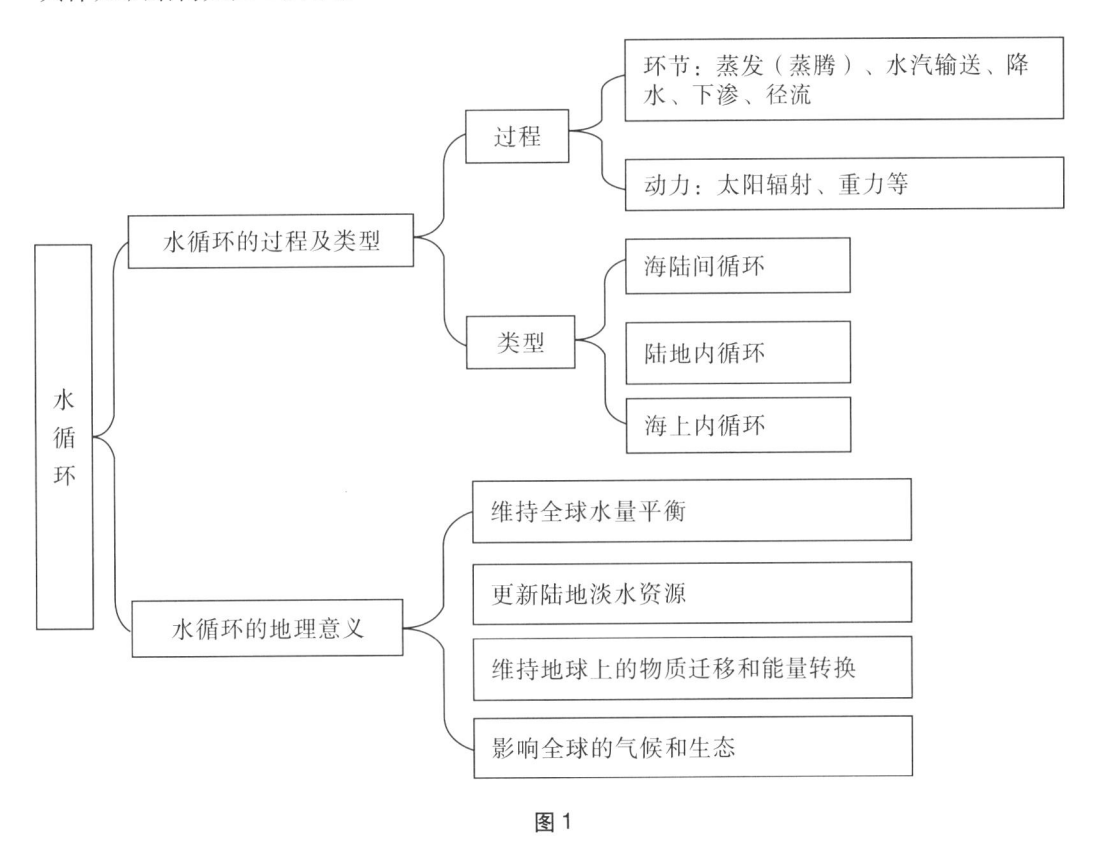

```
                        ┌─ 过程 ─┬─ 环节：蒸发（蒸腾）、水汽输送、降水、下渗、径流
                        │        └─ 动力：太阳辐射、重力等
        ┌─ 水循环的过程及类型 ─┤
        │               │        ┌─ 海陆间循环
        │               └─ 类型 ─┼─ 陆地内循环
水循环 ─┤                        └─ 海上内循环
        │                        ┌─ 维持全球水量平衡
        │                        │
        └─ 水循环的地理意义 ─────┼─ 更新陆地淡水资源
                                 │
                                 ├─ 维持地球上的物质迁移和能量转换
                                 │
                                 └─ 影响全球的气候和生态
```

图1

3. 地理核心素养指向

（1）区域认知。

以"尺度思维"构建区域认知方法。课本利用"水循环示意图"，引导学生关注空间尺度的变化。

第一，明确水循环的发生空间。虽然水循环每时每刻都在发生，但不同空间范围发生的水循环有显著的区别。海陆之间的水循环又称"大循环",是全球尺度的水循环,规模较大,环节较多,影响深远。相比而言,局部地区的水循环规模较小,环节较少,有时候也会造成一些自然灾害。

第二,清晰划分水循环环节。水循环各环节紧密联系,相互影响。人类活动能够干涉或改变水循环环节,随着技术的进步,干涉程度逐步增强。

(2)综合思维。

说明水循环的地理意义,要在自然地理环境整体性的背景下理解水循环的意义。水循环把大气圈、水圈、岩石圈和生物圈有机联系在一起,彼此相互影响、相互作用。

第一,说明水平衡的作用。长期来看,全球降水量等于蒸发量,全球水量保持平衡,局部区域的降水量和汇入径流量等于蒸发量和流出径流量,区域水量保持平衡。

第二,说明水体更新速度时,如果人类能够合理利用水资源,水资源可以持续利用;反之水资源受污染,水资源就会短缺。

第三,说明水循环进行物质迁移和能量转换,尤其是海洋和大气之间,海洋通过输送热量影响大气运动,大气运动以风的形式向海洋提供动力。

(3)地理实践力。

利用地理案例培养学生的地理实践力。与水循环相关的知识内容抽象、综合性强、原理性强、时空跨度大,要求学生具有较强的空间思维和逻辑分析能力。教材设计"河水从哪里来",追溯17世纪法国水文学家发现河水来源的经过,不仅扩展学生的知识面,而且说明科学猜想需要通过实地观测和计算来证明,鼓励学生探究地理科学问题,体现对学生地理实践力培养的指向。

(4)人地协调观。

为了加深学生对知识的理解,教材在详细说明的基础上,设计了"认识砂田影响的水循环环节"的活动,要求学生理解人类活动对水循环环节的影响,体现培养学生的人地协调观。

4. 学业质量水平要求(表1)

表1

课标内容	水平层次	具体要求
①运用水循环示意图,识别水循环环节、类型,说明水循环的意义	水平1	能利用示意图,指出水循环的环节、类型和对自然地理环境具体的影响(综合思维、区域认知)
	水平2	能利用示意图,描述水循环的过程,识别水循环的类型和对自然地理环境多个因素的影响(综合思维、区域认知)
	水平3	能绘制示意图,描述水循环的过程,划分水循环的类型和对全球自然地理环境的影响(综合思维、区域认知)

续上表

课标内容	水平层次	具体要求
②结合实例，说明人类活动对水循环的影响，增强保护水资源意识	水平1	结合实例，说明人类活动对具体水循环环节的影响，意识到水资源的有限性（区域认知）
	水平2	结合实例，说明人类活动对整个水循环的影响，说明保护水资源的重要性（综合思维、区域认知）
	水平3	结合实例，总体上说明人类活动对水循环的影响，列举保护水资源的措施（综合思维、区域认知、地理实践力）
	水平4	结合实例从总体上说明人类活动对水循环的影响，提出保护水资源的措施（综合思维、区域认知、人地协调观）

三、典例示范

1. 课标内容①：运用水循环示意图，识别水循环环节、类型，说明水循环的意义

（1）水平1示例。

【试题呈现】

（云南省丽江市期末题）2021年8月6日，受第9号台风"卢碧"影响，福州等地区普降暴雨或大暴雨，市区低洼地带出现内涝积水。近年来福州积极推进海绵城市项目，建设雨洪公园、增加湖体等，提升对雨水的吸纳和蓄滞能力，在一定程度上缓解了城市内涝。结合图2完成下题。

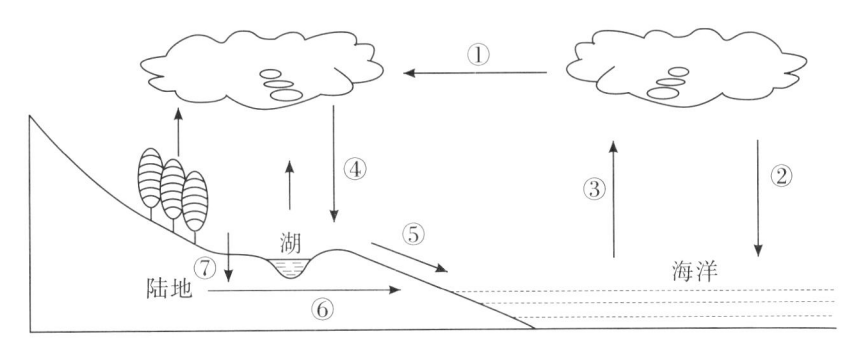

图2

台风"卢碧"从形成、移动到登陆的过程中参与的水循环环节有（　　）
A. ①④⑦　　B. ④⑤⑥　　C. ③①④　　D. ①②③

【参考答案】

C

【水平表现说明】

结合图文材料可知台风"卢碧"形成于热带洋面,是强烈发展的热带气旋,水汽大量被③表示的蒸发带到高空;之后在①表示的水汽输送作用下到达陆地上空;在登陆过程中,形成④表示的降水。所以台风从形成、移动到登陆,直接参与水循环的环节有③蒸发、①水汽输送、④降水。本题通过具体水循环环节考查学生基本能力,属于水平1层次。

(2)水平2示例。

【试题呈现】

(广东省清远市2021—2022学年期末)图3为重庆市乌江画廊部分地区景观图。据此完成下题。

图3

图中乌江画廊主要涉及的水循环类型为(　　)

A. 全球大循环　B. 海上内循环　C. 陆地内循环　D. 海陆间循环

【参考答案】

D

【水平表现说明】

本题以重庆市乌江画廊景观图为材料,涉及水循环等相关内容,考查学生调动和应用相关知识点解决问题的能力。海上内循环为海洋蒸发降水所产生的内部循环,陆地内循环为陆地蒸发、蒸腾而产生降水的内循环。乌江为长江支流,通过长江入海参与陆地与海洋间的循环,为海陆间循环。综合来看,该题属于水平2层次。

(3)水平3示例。

【试题呈现】

(江西省景德镇模拟题)阅读图文材料,完成下列问题。

《中国西部经济发展报告》指出,我国西部地区要想实现可持续发展,必须注重开发新水源。一是利用新技术开发水源,在严重干旱地区模拟"人造山脉",进行人工增雨。二是发展集雨工程。中西部十多个省区目前已建成大量的水池、水柜、水塘等小微型蓄水工程，不仅解决了部分人的饮水困难问题，而且还为农田提供了水源，提高了水源利用率。

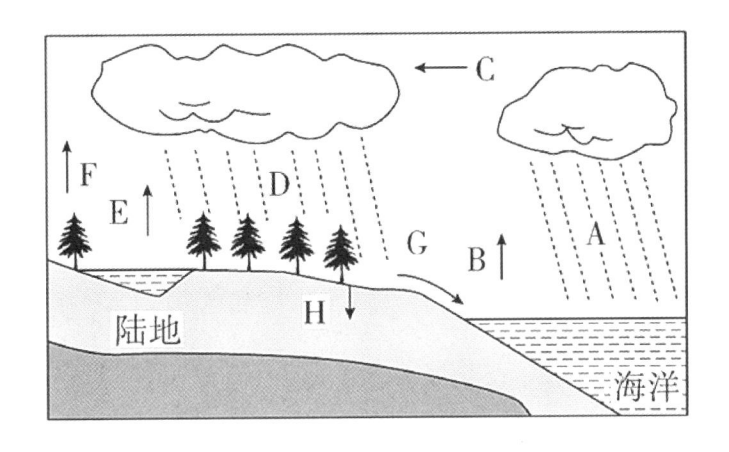

图4

(1) 图4中包含的水循环类型有_____种，其中，参与水量最大的水循环是_____循环，对陆地水体更新作用最大的是_____循环。

(2) 我国东南沿海地区的夏季风参与了图4中水循环的_____环节，人工增雨属于图4中水循环的_____环节，修建小微型蓄水工程属于图4中水循环的_____环节。（写出环节具体名称）

(3) 根据水循环原理，如果水资源出现枯竭，除自然原因外，可能的人为原因有_____。

【参考答案】

(1) 3　　海上内　　海陆间

(2) 水汽输送　　降水　　地表径流

(3) 人类用水量超过了水循环更新的数量；水资源遭受污染和水浪费

【水平表现说明】

本题以水循环示意图和相关资料为载体，主要涉及水循环的类型、环节、人类对水循环的影响等知识，主要考查学生获取和解读地理信息的能力。根据图中信息，图中有海洋水的蒸发，并在海洋上空形成降水，为海上内循环，在三种水循环类型中参与的水量是最多的；有陆地水的蒸发和植物的蒸腾，并在陆地上空形成降水，为陆地内循环；也有发生在海陆之间的海陆间大循环，是对陆地水体更新作用最大的水循环类型。我国东南沿海地区的夏季风从海洋吹向陆地，将海洋水汽带到陆地上空，参与了水汽输送环节。人工增雨属于人类活动对水循环的降水环节的影响，修建小微型蓄水工程属于人类活动对水循环的地表径流环节施加的影响。综合来看，该题属于水平3层次。

2. **课标内容②：结合实例，说明人类活动对水循环的影响，增强保护水资源意识**

（1）水平1示例。

【试题呈现】

（浙江省宁波市九校2021—2022学年高一上学期期末联考）新疆塔里木河沿岸分布有胡杨林。胡杨生命力顽强，能调节局部小气候，对水循环各环节有一定的影响。图5为塔里木盆地地形图，读图5，完成下题。

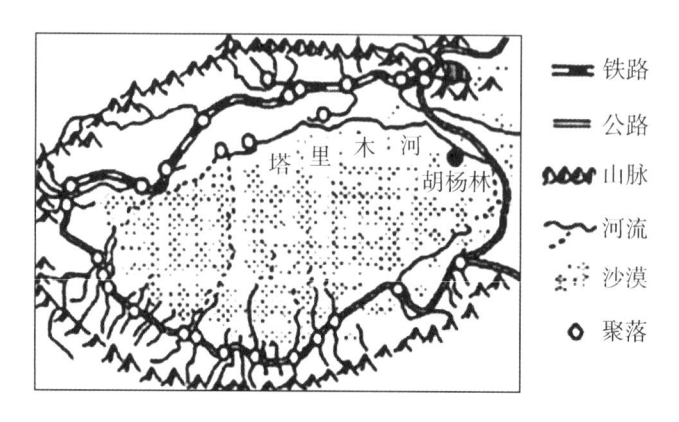

图5

胡杨种植后，对当地水循环环节的影响可能是（　　）

A. 蒸腾作用减弱　　　　　　B. 水汽输送增多
C. 地下径流减少　　　　　　D. 下渗作用增强

【参考答案】

D

【水平表现说明】

植被能够涵养水源、调节气候和径流。胡杨种植后，蒸腾作用增强，A错误；水汽输送主要通过大气环流实现，种植胡杨对水汽输送影响不大，B错误；能够增加下渗，增加地下径流，C错误，D正确。故选D。本题主要在区域认知的基础上，考查学生的综合思维，属于水平1层次。

（2）水平2示例。

【试题呈现】

（山东省青岛市试题改编）雨水花园是自然形成或人工挖掘形成的浅凹绿地，建设雨水花园体现了"海绵城市"的理念。图6示意雨水花园结构。据此完成1~3题。

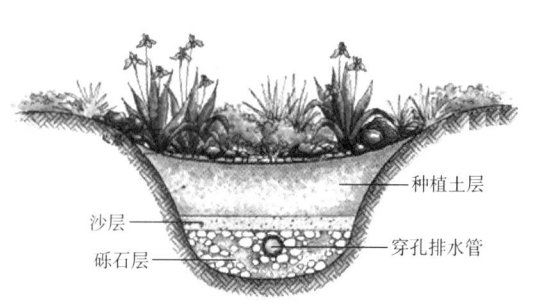

图6

1. 雨水花园中（ ）
   A. 地表洼地可以增加降水 B. 花草灌木减弱蒸腾作用
   C. 种植土层加剧土壤侵蚀 D. 砂层可防止排水管堵塞
2. 在种植土表层铺树叶、树皮等覆盖物，其主要目的为（ ）
   A. 增加雨水下渗量 B. 保持土壤的湿度
   C. 净化雨水污染物 D. 增加土壤有机质
3. "海绵城市"建设对水循环各环节影响最显著的是（ ）
   A. 减少径流 B. 增加大气降水
   C. 增加下渗 D. 调节水汽输送

【参考答案】

1. D 2. B 3. C

【水平表现说明】

雨水花园可增加下渗，减少地表径流。通过植被、土壤的过滤，净化了雨水。将雨水净化汇集，蓄积了水资源，有利于城市绿地的灌溉等。结合实例，总体上说明人类活动对水循环的影响，在具体微观区域认知的基础上，对综合思维进行考查。综合来看，该题组属于水平2层次。

（3）水平3示例。

【试题呈现】

（重庆市高三模拟题）雨季一来，"城里看海"一度成为全民讨论的热点，是全国多座城市的尴尬。2020年7月5日重庆市区普降暴雨，形成了"看海"景观（图7），图8为水循环过程环节图，据此完成1~2题。

图7　　　　　　图8

1. 造成"城里看海"景观的主要原因是（ ）
   A. ②减弱 B. ③减弱 C. ④减弱 D. ⑤增强
2. 为缓解"城里看海"现象，下列措施切实可行的是（ ）
   ①加大对地表水使用②改造城市下水道③加快城市绿地建设④大力修建水泥路
   A. ①② B. ③④ C. ①④ D. ②③

【参考答案】

1. C 2. D

【水平表现说明】

第1题,据材料"普降暴雨"、形成了"看海",反映的是城市内涝现象。城市内涝主要是由于②表示的降水增多,A错;④表示的下渗减弱,C对;导致③表示的地表径流增多,B错;⑤表示的地下径流减少,D错。故选C。第2题,"城里看海"是短时间的强降水造成的城市内涝现象,加大对地表水使用对缓解城市内涝作用小,反而加剧水资源短缺,①错;改造城市下水道,地表积水可以及时排除,能有效缓解城市内涝,②对;加快城市绿地建设能增加雨水下渗,减少地表径流,③对;大力修建水泥路不利于雨水下渗,地表径流增多,地下径流减少,加剧城市内涝,④错。即②③对,故选D。通过分析城市内涝的形成原因和缓解措施,说明人类活动对水循环的影响,在综合思维和区域认知的基础上,对地理实践力进行考查,属于水平3层次。

(4) 水平4示例。

【试题呈现】

(2020·天津卷)图9是已建成的雄安新区雨水街坊示范区,它成为雄安新区打造海绵城市的标志工程。作为海绵城市的核心器官,"雨水街坊"示范区集生态景观、建筑艺术、创新技术、雨洪管理、悦享休憩于一体,于数十万平街区之上,使园区极具张力地发挥自然"弹性",形成优异的生态水系统循环,轻松实现在城市遇见自然的美好愿望。据此完成1~2题。

图9

1. 雨水街坊示范区对水循环的影响是(　　)

 A. 减少大气降水　　　　　B. 减少地下径流

 C. 增加地表径流　　　　　D. 增加植物蒸腾

2. 雄安新区某校学生为建设雨水街坊示范区献计献策,下列措施可行的是(　　)

 A. 公园建设下凹式草坪　　B. 城市湖泊铺设不透水地膜

 C. 城市增加路面硬化面积　D. 城市建设增加地下水管道

【参考答案】

1. D　2. A

【水平表现说明】

建设海绵城市,主要是指通过"渗、滞、蓄、净、用、排"等多种技术途径,实现城市良性水文循环,提高对径流雨水的渗透、调蓄、净化、利用和排放能力,维持或恢复城市的海绵功能。结合实例从总体上说明人类活动对水循环的影响,提出改善环境的具体措施,符合人地协调观,属于水平4层次。

★ 必修1.8　运用图表等资料，说明海水性质和运动对人类活动的影响

一、课程标准

运用图表等资料，说明海水性质和运动对人类活动的影响

二、课标解读

1. 行为条件和行为动词

该课标可细化为：①理解温度、盐度和密度是海水重要的理化性质。②运用图表等资料，说出海水温度、盐度、密度的分布特点及其影响因素。③运用图表、实例等资料，说明海水温度、盐度、密度对人类活动的影响。

该课标的行为条件是"运用图表等资料"，行为动词是"说明"。

2. 主要概念和知识结构

该课标涉及理解温度、盐度和密度是海水重要的理化性质，掌握海水性质的具体分布特点以及对人类活动的影响。

该课标知识结构的逻辑是：海水性质—海水性质的分布—对人类活动的影响。具体知识结构如图1所示。

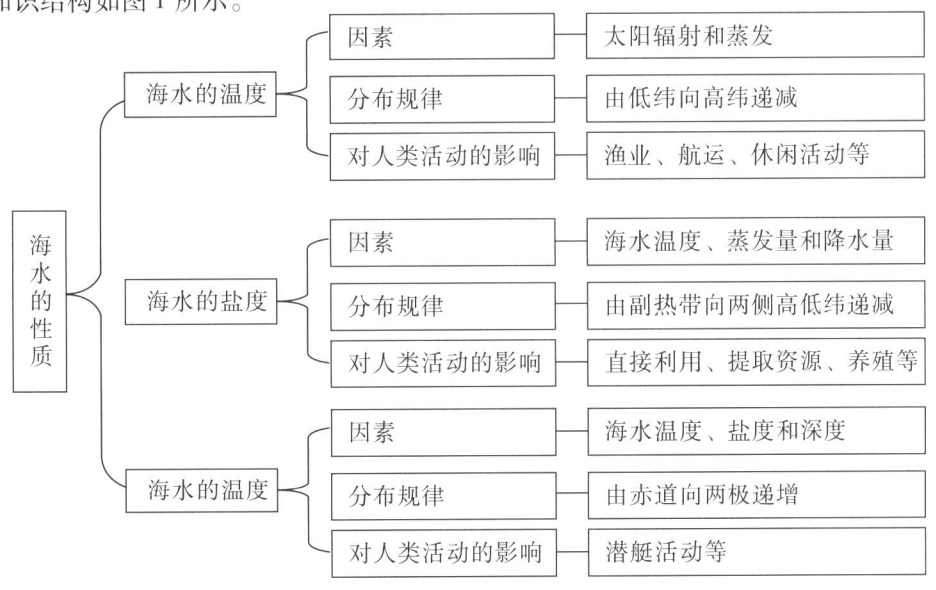

海水的性质			
海水的温度	因素	太阳辐射和蒸发	
	分布规律	由低纬向高纬递减	
	对人类活动的影响	渔业、航运、休闲活动等	
海水的盐度	因素	海水温度、蒸发量和降水量	
	分布规律	由副热带向两侧高低纬递减	
	对人类活动的影响	直接利用、提取资源、养殖等	
海水的温度	因素	海水温度、盐度和深度	
	分布规律	由赤道向两极递增	
	对人类活动的影响	潜艇活动等	

图1

3. 地理核心素养指向

（1）区域认知。

以"尺度思维"构建区域认知方法。课本在说明海水性质的具体影响因素和分布时，从太阳辐射的纬度分布，以及海水温度、盐度和密度的纬度方向、近海与大洋层面、海洋的垂直分布方面进行分析和说明，从全球的大空间尺度和小尺度的区域方面引导学生思考，培养区域认知意识。比如太阳辐射纬度分布的差异、海水温度在纬度和垂直方面的差异对海水盐度和密度带来的影响、海水盐度的垂直差异，以及不同海域的盐度差异，都对培养学生的区域认知思维有很大作用。

（2）综合思维。

本节教材为落实课程标准，便于教学，分为海水的温度、海水的盐度和海水的密度，编排遵循"因素—分布—影响"的思路，重点说明海水的温度、盐度和密度的影响因素、特点分布和对人类活动的影响。教材也安排图表资料、典型案例进行具体的分析说明，引导学生在掌握好海水性质的基础上进一步归纳各性质的分布规律，从而从海洋生物、海洋运输、海水盐度增减等多方面分析海水性质对人类活动的影响，以时空、要素、具体区域培养学生的综合思维。综合思维要求学生能够从空间和时间综合的角度分析地理事象的发生、发展和演化。

（3）地理实践力。

本节内容可按"情境设问—概念阐述—影响因素—分布规律—分析影响—案例说明"的思路展开，教学内容相对抽象，涉及的概念多，对物理、化学等跨学科知识背景要求高，空间概念强，学生理解掌握难度大。教学时，通过结合教材中的情境创设、图表信息和实际案例，激发学生的学习兴趣，调动学生的生活经验，从学生的日常生活、实际的生产生活活动引导并做案例分析，利于提升学生的实际操作能力，建立静态接收和动态分析的能力系统，体验和反思实践活动，思考过程中的利和弊，从而提升学习质量，提升实施活动的能力。

（4）人地协调观。

教材通过创设"海中断崖"、鳕鱼洄游、海滨浴场温度的季节变化、不同海域的盐度分析等情境案例，调动学生的生活体验，丰富学生的认知视角，建立思维模型，帮助学生理解海水的性质，感知海水的性质，形成资源意识和人地协调观。教材从人地关系的角度，分析海水性质对人类，以及人类活动对海洋环境的影响，渗透人类依赖自然环境生存与发展的理念。

4. 学业质量水平要求（表1）

表1

课标内容	水平层次	具体要求
①理解温度、盐度、密度是海水重要的理化性质	水平1	能说出海水温度、盐度、密度的性质（区域认知）
	水平2	准确区分海水温度、盐度、性质的概念，理解概念的内涵（综合思维、区域认知）
②运用图表资料，说出海水温度、盐度、密度的分布特点及其影响因素	水平1	运用图表资料，描述海水温度、盐度、密度的分布特点，说出它们的影响因素（区域认知）
	水平2	分析海水性质的总体特点和影响因素（综合思维、区域认知）
	水平3	分析海水性质的总体特点，结合具体区域分析影响因素（综合思维、区域认知）
③运用图表、实例等资料，说明海水温度、盐度和密度对人类活动的影响	水平1	说出海水温度、盐度和密度对人类活动的影响（区域认知）
	水平2	结合实例分析海水温度、盐度和密度对人类活动的影响（综合思维、区域认知）
	水平3	根据区域特点，结合实例分析海水温度、盐度和密度对人类活动的影响（综合思维、区域认知）

三、典例示范

1. 课标内容①：理解温度、盐度、密度是海水重要的理化性质

（1）水平1示例。

【试题呈现】

（2020·安徽省明光中学模拟预测）读图2，完成下题。

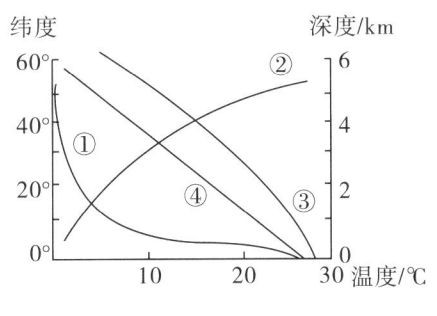

图2

图中能表示海水水温垂直变化的曲线是（　　）

A. 曲线①　　　B. 曲线②　　　C. 曲线③　　　D. 曲线④

【参考答案】

A

【水平表现说明】

本题为常规知识考查，主要考查考生的读图能力和调动运用地理知识解决实际问题的能力。纬度越高，海水表层温度越低；因为纬度越高，海水接收的太阳辐射量越少。综合来看，该题属于水平1层次。

（2）水平2示例。

【试题呈现】

（2018·广东模拟）松恩峡湾（61°N左右）宽914 m、深度达1 200 m，挪威计划在此打造全球首个"漂浮"两车道海底隧道，预计于2035年前完工。该海底隧道是在不妨碍船舶航运的条件下，建造在海底供人员及车辆通行的海洋建筑物，建成后将大大缩短海湾两岸之间的行程，有利于改善海湾两侧地区交通紧张的局面。读图3，完成下题。

a. 松恩峡湾 　　　　　　　　b. 海底隧道

图3

松恩峡湾中的水是淡水和海水的混合物，河流和瀑布带来数米厚的上层淡水，下层则是比较重的海水。该峡湾内淡水和海水上下层分层最明显的季节在（　　）

A. 春季　　　B. 夏季　　　C. 秋季　　　D. 冬季

【参考答案】

B

【水平表现说明】

海水盐度，主要受纬度、河流、海域轮廓、洋流等的影响。在外海或大洋，影响盐度的因素主要有降水、蒸发等；在近岸地区，盐度则主要受河川径流的影响。海水盐度是指海水中全部溶解固体与海水重量之比，通常以每千克海水中所含的克数表示。人们用盐度来表示海水中盐类物质的质量分数。世界大洋的平均盐度为35‰。世界各大洋表层的海水，受蒸发、降水、结冰、融冰和陆地径流的影响，盐度分布不均：两极附近、赤道区和受陆地径流影响的海区，盐度比较小；在南北纬20度的海区，海水

的盐度则比较大；深层海水的盐度变化较小，主要受环流和湍流混合等物理过程所控制。综合判断，该试题属于水平 2 层次。

2. **课标内容②：运用图表资料，说出海水温度、盐度、密度的分布特点及其影响因素**

（1）水平 1 示例。

【试题呈现】

（2021·山东·模拟预测）绿潮是世界许多沿海国家近海发生的一种海洋生态灾害。2007—2018 年，浒苔暴发形成的绿潮在黄海接连发生。研究发现，浒苔生长最适宜温度为 15～25℃，其生长消亡与盐度、营养盐、水温等因素有关。图 4 示意 2009 年 5—8 月黄海南部海域表层海水盐度与营养盐变化。据此完成下题。

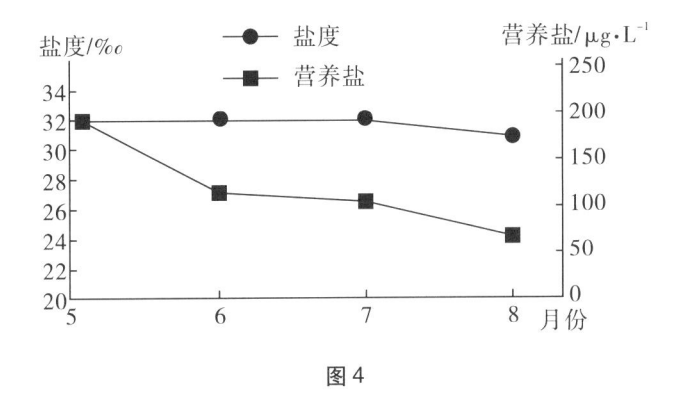

图 4

该年度 5 月出现大量浒苔，7 月最多，8 月大量减少。主要影响因素是海水的（　　）

A. 盐度　　　B. 密度　　　C. 温度　　　D. 营养盐

【参考答案】

C

【水平表现说明】

本题考查浒苔的生长与移动，考查对图表信息的阅读和应用。解题关键是读懂图表信息，通过盐度和营养盐的变化，推断出这两者与浒苔大量出现无关，而主要与温度的影响有关。"符合能够说出简单、熟悉的地理事象所包含的相关要素，并能从两个地理要素相互作用的角度进行分析"的要求。综合来看，该题属于水平 1 层次。

（2）水平 2 示例。

【试题呈现】

（2021·浙江模拟）图 5 为我国部分地区海水表层等温线（单位：℃）分布图。据此完成下题。

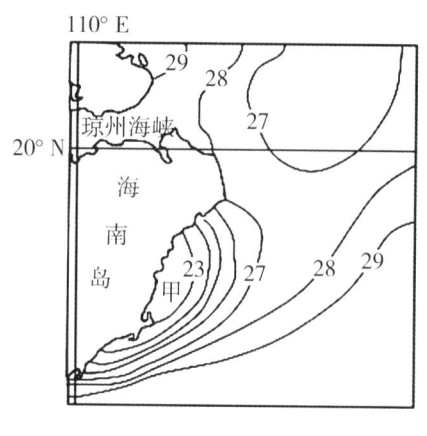

图5

甲处海水温度低,主要原因是（ ）

A. 淡水注入　　B. 海水上泛　　C. 受陆地影响大　　D. 天气复杂多变

【参考答案】

B

【水平表现说明】

世界大洋表层海水温度分布规律：在南北半球上，无论7月或1月，大洋表层海水温度都是从低纬向两极递减，这是因为太阳辐射能量因纬度而不同的缘故。低纬度地区，获得太阳辐射能量多，温度就高；高纬度地区，获得太阳辐射能量少，温度就低。除纬度外，洋流、海水垂直运动等因素也会影响海水温度。本题符合"能够对给定的简单地理事象，从多个地理要素相互影响、相互制约的角度进行分析"，以及"区域认知"素养水平划分中的水平2——"能够从区域的视角认识给定的简单地理事象，收集整理区域重要的信息"两项要求。综合来看，该题属于水平2层次。

(3) 水平3示例。

【试题呈现】

(2021·河北·一模) 阅读图文材料，完成下列要求。

波罗的海冬季海冰状况年际变化较大。海冰对于环斑海豹在波罗的海的生存具有特别的意义。冬季环斑海豹集中分布在有良好雪盖层的海冰区。幼海豹通常在2月或3月初在成年海豹挖掘的变形冰体附近的雪下兽穴中出生，随后的4~6周时间在兽穴中完成重要的脂肪积聚。随着气候的变暖，波罗的海环斑海豹的生存面临威胁。图6示意波罗的海多年平均海冰分布状况。

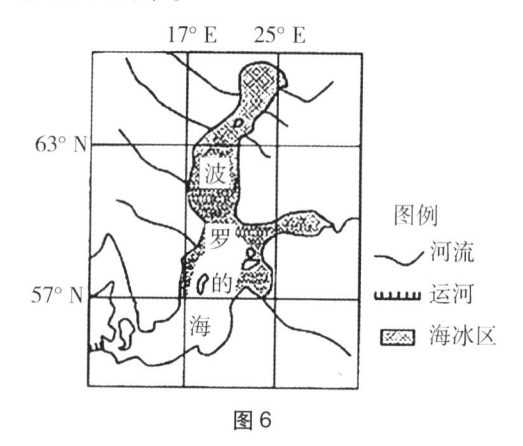

图6

简述波罗的海利于海冰形成的条件,并分析气候变暖对该地环斑海豹的威胁。

【参考答案】

条件:多河流注入,盐度低;海域封闭、海面平静;纬度较高,封冻期长。

威胁:海冰覆盖面积减小,环斑海豹的栖息、繁殖空间减少,生存竞争加剧;冰面表层积雪减少,兽穴存续期缩短,幼海豹面临被天敌捕食的风险;海冰提前消融,导致海豹生物节律(生物钟)紊乱。

【水平表现说明】

本题以波罗的海为区域背景,主要考查海冰形成的条件以及全球变暖的影响,难度一般,需要从材料中获取关键信息,并调用所学知识,结合材料信息和题目要求进行分析即可。同时还考查了学生灵活运用区域基础知识获取地理信息、分析并解决问题的能力,着重培养学生区域认知的学科素养。综合来看,该题属于水平 3 层次。

3. **课标内容③:运用图表、实例等资料,说明海水温度、盐度和密度对人类活动的影响**

(1) 水平 1 示例。

【试题呈现】

(2020·天津·一模)海冰灾害是由海冰引起的影响到人类在海洋活动实施和设施安全运行的灾害。我国的渤海海域受海冰灾害影响较突出。同时海冰含盐量接近淡水,适当处理后又可作为淡水资源进行利用。读某年 1 月 17 日海冰预警示意图(图 7),完成下题。

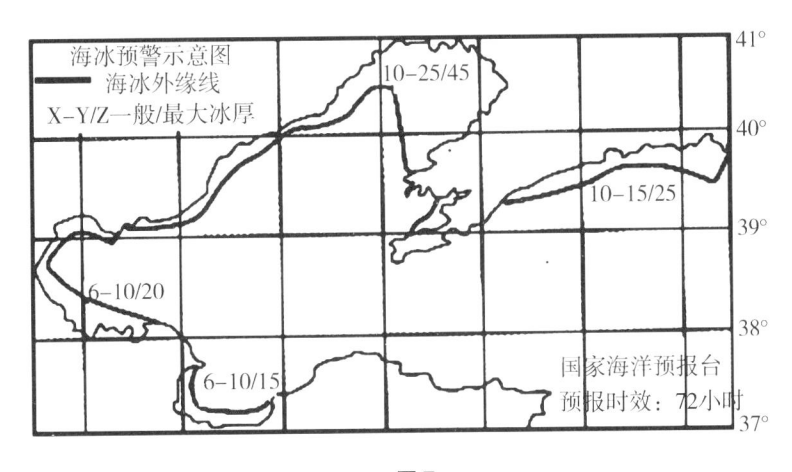

图 7

目前渤海海域周边地区没有大规模开采海冰提取淡水的原因,最有可能是( )

A. 破坏环境 B. 资源储量短缺
C. 成本较高 D. 市场需求不足

【参考答案】

C

【水平表现说明】

海冰资源来自于海水,海水资源极其丰富,渤海海冰资源丰富,且是可再生资源,海冰大规模开采对环境影响不大,也不会导致资源储量短缺,因此破坏环境和资源储量短缺不是目前渤海海域周边地区没有大规模开采海冰提取淡水的原因,A、B不符合题意;由于海冰开采难度大,开采成本高,融化需要消耗能量,且海冰中含盐,需要提纯,加上运输成本等,导致利用海冰的成本较高,这是目前渤海海域周边地区没有大规模开采海冰提取淡水的原因。总体来看,该题属于水平1层次。

(2)水平2示例。

【试题呈现】

(2021·云南·曲靖市第二中学二模)2020年11月10日8时12分,我国全海深载人潜水器"奋斗者号"在马里亚纳海沟成功坐底,深度10 909米。马里亚纳海沟沿太平洋海底绵延2 500千米,宽70千米,最深处接近11 000米。海沟底下水压极高,阳光完全无法到达,漆黑一片,是地球上环境最恶劣的区域之一。据此完成1~2题。

1.要把人类送到这样的地方,"奋斗者号"用一个坚固的球形舱来保护驾驶员。有关制作球舱的材料理解错误的是(　　)

  A.抗压、抗断裂 　　　　　　B.精密的工艺焊接、组装技术

  C.厚重又耐腐蚀的新型钛合金 　D.有广泛的应用前景

2."奋斗者号"的探索意味着(　　)

  A.人类至今已探索了全部的海洋

  B.应该大力开发海洋资源,寻找海底的矿物、沉积物与深海生物

  C.对海洋污染的寻找没有意义

  D.我国载人潜水器已经具备覆盖全球海洋100%海域的作业能力

【参考答案】

1.C　2.D

【水平表现说明】

本题以文字描述深海探测活动的情境,要求学生结合海水性质等相关知识,运用逻辑分析能力,推测海洋与人类之间相互影响的关系。主要考查多个因素之间的联系。综合来看,该题组属于水平2层次。

(3)水平3示例。

【试题呈现】

(2020·江苏扬州·一模)【海洋地理】阅读材料,回答下列问题。

材料一:《中国国家地理》杂志2020年第一期主题是"海"辽宁,丰富的内容吸引着读者。如渤海海冰藏着一条新黄河的淡水;海水盐度越高,水体越深,越不易结冰;营口是曾经的"东北第一港",如今面临大连这个巨无霸近邻的压力;辽宁是低调的海鲜大省,从遥感图片上可以看到,"虾圈""海参圈"等围堰养殖场几乎遍布整个辽东半岛的滩涂海岸。

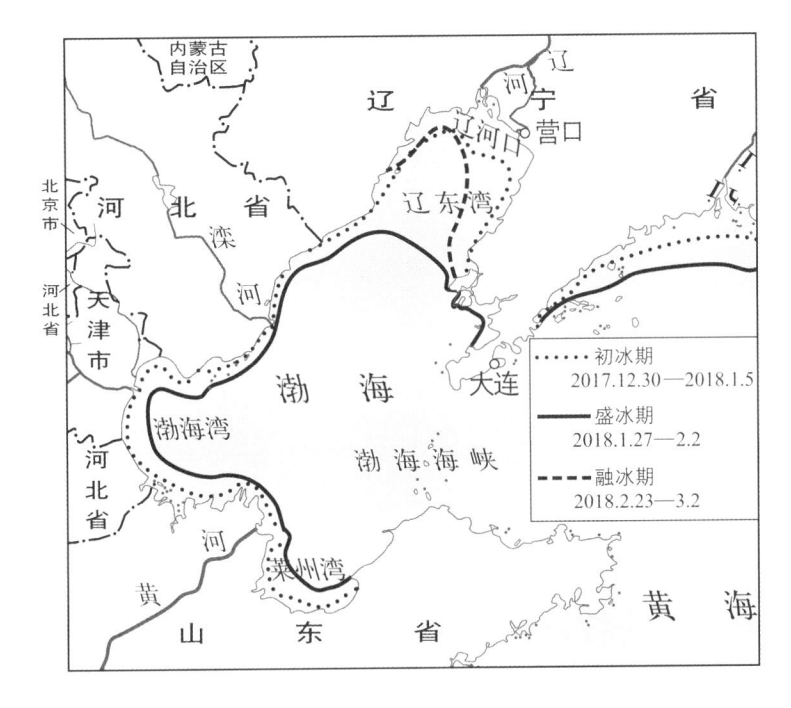

材料二：图8为渤海及黄海北部海冰面积变化示意图。

图8

(1) 盛冰期渤海海冰的分布特点有哪些，分析渤海易结冰的原因。
(2) 从海岸带类型的角度，说明制约营口港发展的自然条件。
(3) 围堰养殖规模过大可能带来的环境问题是什么？阐述解决该问题的措施。

【参考答案】
(1) 主要分布在沿海水域，以辽东湾分布最广。原因：渤海是一个半封闭式的内海，海水较浅；大量淡水注入渤海，海水盐度较低；冬季西北风强劲，温度低。
(2) 淤泥质海岸；海岸坡度平缓、海水较浅。
(3) 水体富营养化。控制围堰养殖规模；控制饵料投放量；建自然保护区。

【水平表现说明】
该题考查了海水结冰的原因、海岸的类型、海洋污染等知识点，考查了学生获取和解读地理信息、调动和运用地理知识、描述和阐释地理事物的能力，渗透了区域认知、综合思维、人地协调观等学科核心素养。综合来看，该题属于水平3层次。

★ 必修1.9 通过野外观察或运用土壤标本，说明土壤的主要形成因素

一、课程标准

通过野外观察或运用土壤标本，说明土壤的主要形成因素。

二、课标解读

1. 行为条件和行为动词

该课标可细化为：①通过实地观察或运用土壤标本，了解土壤的组成、颜色、质地和剖面结构，掌握观察土壤的基本内容和方法。②运用图文资料，结合观察活动说明土壤的主要形成要素，并据此解释常见的土壤现象。③结合实例，了解土壤的功能和养护途径，体会土壤的重要性。

该课标的行为条件是"结合实地观察（或实例）"，行为动词是"了解""说明"。

2. 主要概念和知识结构

该课标涉及的主要概念是土壤的物质组成、野外土壤观察、土壤的形成因素以及土壤对自然环境和人类的意义。

该课标知识结构的逻辑是：土壤观察—影响土壤的因素—土壤的功能和养护。具体知识结构如图1所示。

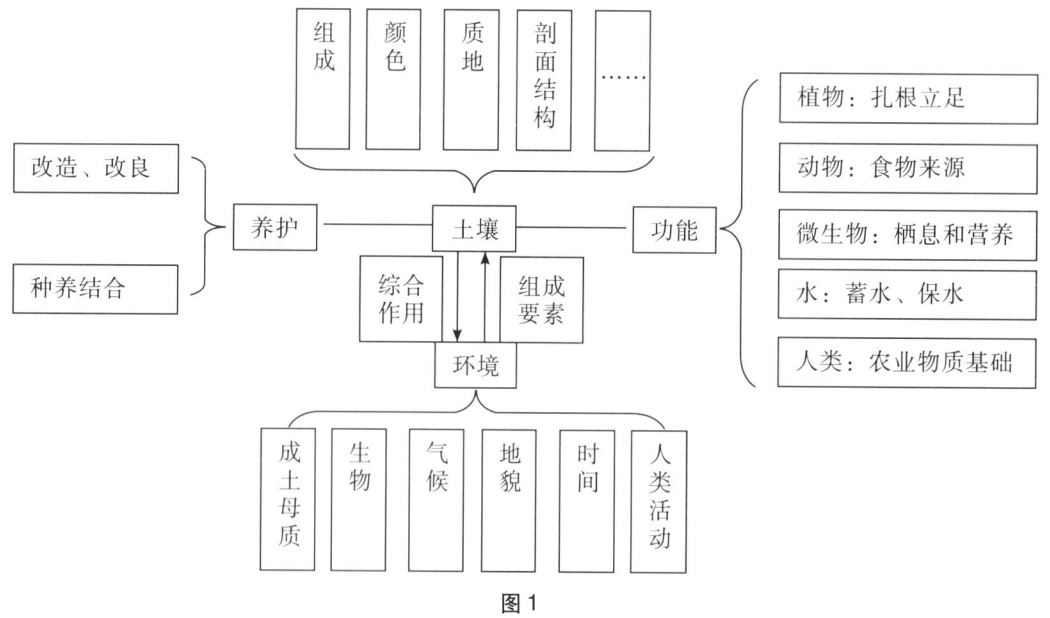

图1

3. 地理核心素养指向

（1）区域认知。

本节教材依次介绍土壤观察、土壤的影响因素和土壤的养护，在重点介绍观察土壤的同时，讲述土壤的基础知识，由易到难、由较直观到较抽象的概念，依次介绍土壤颜色、土壤质地和剖面构造。在野外观察时，除运用视觉外，还可用嗅觉、触觉等。不同的地理位置，由于气候差异，包括气温和降水的差异、有机质的分解和雨水的淋溶作用的差异，形成的土壤呈现出经度和纬度差异，利于学生整体认知土壤在全球的分布情况。从微观区域来看，土壤的形成又与各具体的内外力作用相关，需要学生更好地了解具体地貌的形成差异，进而从具体的地质作用角度掌握土壤的形成。

（2）综合思维。

土壤是联系自然各圈层的关键环节，即土壤的形成是自然各圈层相互作用的结果，人类活动对土壤的形成也具有重要作用。土壤的观察更是一门综合的学问，需要从气候、地形、植被等多方面掌握土壤所在地区的自然条件。土壤的功能主要包括土壤在自然地理环境中所处的位置和作用、提供生物生存的物质基础。土壤本身的综合性，决定了土壤研究的综合性特点，不仅是研究土壤形成的各个因素，更重要的是作为一个统一整体，具有较高的综合思维能力。

（3）地理实践力。

土壤学习是以学生体验为基础，适当引入相关野外观察方法。观察土壤时，借助野外实际土壤剖面，或室内采用景观图片和示意图相结合的方式，观察土壤的颜色、质地、结构等物理特征。可以"观察家乡的土壤"为主题引导学生设计观察土壤的实践活动，这样既可以达到学习观察土壤的目的，也可提高学生在户外收集和处理地理信息的能力，同时也提高了设计地理活动方案、实施方案的能力，有利于学生更深入地理解实践活动的环节，以及反思实践活动实施的策略，从而提升实施地理活动的能力。

（4）人地协调观。

土壤的观察、形成和养护与人类活动有关。从环境整体性出发，扩展土壤与人类活动关系的内容，如人工剖面的形成、人类对土壤的影响和人类对土壤的养护等都与人类活动有关。学习如何保护好土壤，形成健康、肥沃的土壤，实现人类与自然的双赢，是协调人地关系的目标。

4. 学业质量水平要求（表1）

表1

课标内容	水平层次	具体要求
①通过实地观察（或土壤标本），了解土壤的组成、颜色、质地和剖面构造	水平1	知道从组成、颜色、质地和剖面构造等方面观察土壤（区域认知）
	水平2	能够说出土壤组成、颜色、质地和剖面构造，并据此观察土壤（综合思维、区域认知）
	水平3	能够结合实例说出土壤的组成、颜色、质地和剖面构造，并据此观察土壤，描述特点（综合思维、区域认知）
②运用图文资料，结合观察活动说明土壤的主要形成因素，并解释常见的土壤现象	水平1	说出土壤的主要形成因素（区域认知）
	水平2	能说出土壤的主要形成因素及其与土壤特征的对应关系（综合思维、区域认知）
	水平3	结合土壤发育的具体过程说明土壤的形成因素及其对土壤特征的影响（综合思维、区域认知）
	水平4	结合实例说明土壤的主要形成因素，解释相关的土壤现象（综合思维、区域认知）
③结合实例，了解土壤的功能和养护途径，体会养护土壤的重要性	水平1	能说出土壤的功能和常见的养护措施（区域认知）
	水平2	能够结合土壤在自然环境中的地位，说出土壤的功能以及养护土壤的途径和措施（综合思维、区域认知）
	水平3	能够结合实例，说出土壤的功能，了解土壤功能破坏的危害，知道养护土壤的途径和措施（综合思维、区域认知）

三、典例示范

1. 课标内容①：通过实地观察（或土壤标本），了解土壤的组成、颜色、质地和剖面构造

（1）水平1示例。

【试题呈现】

（2022·湖南株洲·一模）图2为"1983—2019年黑龙江省春季0~30 cm土壤湿度空间分布图"，图3为"1983—2019年黑龙江省春季各月土壤湿度年际变化图"。读图，完成1~2题。

土壤湿度空间分布

图 2

图 3

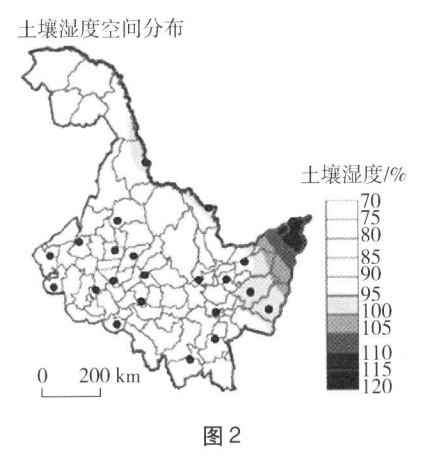

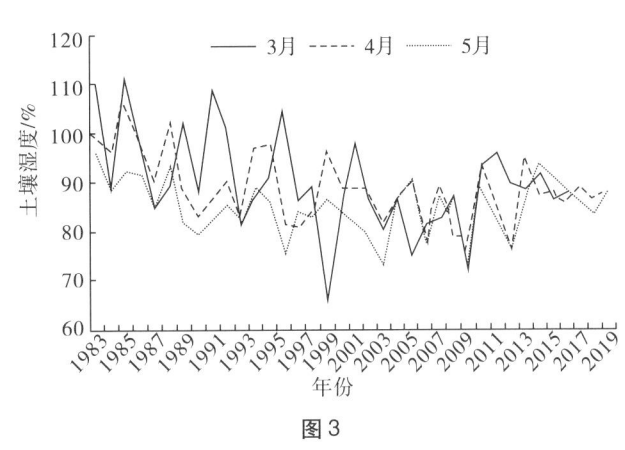

1. 1983—2019 年黑龙江省春季 0～30cm 土壤湿度的时空分布特征，描述正确的是（ ）

①东高西低　②西高东低　③5月一般低于3、4月　④1983年以来3、4月呈下降趋势　⑤1983年以来5月呈上升趋势

A. ①②③　　　　B. ①③④　　　　C. ②③⑤　　　　D. ②④⑤

2. 下列对黑龙江省春季 0～30cm 土壤湿度影响因素的分析，正确的是（ ）

A. 秋季降水量越大，次年春季土壤湿度越大

B. 积雪状况对5月土壤湿度影响最大

C. 3、4月土壤湿度主要受降水影响

D. 风速对土壤湿度不产生影响

【参考答案】

1. B　2. A

【水平表现说明】

试题以实际的区域图构造了一个简单的地理地图情境，时空分布要分时间和空间，时间一般指四季、月份、一天上下午等，空间一般指方位比较。土壤湿度的影响因素有降水量多少、冰雪融水多少、气温、地形等。综合来看，该题组属于水平1的层次。

（2）水平2示例。

【试题呈现】

（2021·重庆南开中学模拟预测）连作是指在同一块地里连续种植同一种作物（或同一科作物）。近年来，由于我国城市化的发展，我国采用日光温室栽培蔬菜面积每年以50%左右的速度增加，已成为世界温室园艺面积最大的国家。但由于耕地面积有限，蔬菜需求量大幅增加，为了便于管理和提高年产量，日光温室栽培的蔬菜常常种类单一，且多年连作。下表为某机构调查的我国某地日光温室内韭菜连作不同年限时农作物和土壤变化统计表。据表2完成1~3题。

表2

连作年限	每公顷年产量/kg	粗纤维含量/%	根部土壤含水量/%	土壤有机质/(g·kg⁻¹)	表土盐分浓度/(g·kg⁻¹)	pH值	土壤质地
5年	6 350	14.9	22.3	21.1	4.1	7.93	黄壤土
10年	5 900	14.8	22.4	18.3	6.5	7.05	黄壤土
15年	5 100	13.4	23.1	15.2	8.2	6.72	黄壤土
20年	2 880	11.7	23.5	12.8	10.1	6.22	黄壤土

1. 下列关于该温室多年连作后土壤的变化情况正确的是（　　）
A. 土壤类型改变　　　　　　B. 土壤肥力提高
C. 土壤容易板结　　　　　　D. 土壤生产力上升
2. 下列因素中，与温室内土壤表层盐类积聚关联性最大的是（　　）
A. 降水　　B. 蒸发　　C. 光照　　D. 日较差
3. 为实现温室内土壤的可持续发展，并提高蔬菜的产量和品质，下列做法最科学的是（　　）
A. 增施速效肥料　　　　　　B. 采用滴灌技术
C. 适量掺石灰　　　　　　　D. 作物轮作栽培

【参考答案】

1. C　2. B　3. D

【水平表现说明】

试题要求通过表格观察土壤情况。日光温室是节能日光温室的简称，又称暖棚，由两侧山墙、维护后墙体、支撑骨架及覆盖材料组成，是我国北方地区独有的一种温室类型，是一种在室内不加热的温室，通过后墙体对太阳能吸收实现蓄放热，维持室内一定的温度水平，以满足蔬菜作物生长的需要。综合判断，该题组属于水平2层次。

（3）水平3示例。

【试题呈现】

（2021·广西·模拟预测）土壤有机碳浓度是指单位质量土壤中有机质所含碳元素的质量，与土壤有机质含量呈正相关。土壤温度和水分影响土壤有机质的形成与分解。图4示意祁连山中段森林草原带（海拔3 000米附近）南坡和北坡不同深度土壤有机碳浓度变化。读图，完成1~3题。

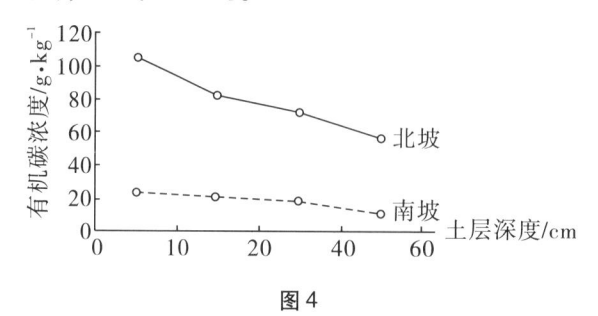

图4

1. 下列关于祁连山南坡、北坡土壤有机碳浓度的描述正确的是（ ）

A. 均随土层深度增加而减小

B. 随土壤深度增加，南北坡有机碳浓度差值增大

C. 北坡土壤有机碳浓度变化幅度小于南坡

D. 北坡土壤有机碳浓度低于南坡

2. 同一土层深度，北坡土壤有机碳浓度比南坡大的原因是北坡（ ）

A. 热量条件好，植被茂盛　　　B. 土壤水分含量较高，植被覆盖度高

C. 蒸发强，植被少　　　　　　D. 微生物分解旺盛，有机质积累多

3. 下列推测同一坡面土壤有机碳浓度较高的部位及其分析正确的是（ ）

A. 沟谷，水分汇聚，有机质产生与积累多

B. 坡脚，地表起伏较小，植被茂盛

C. 坡肩，热量充足，植被覆盖度高

D. 坡脚，温度低，有机质分解缓慢

【参考答案】

1. A　2. B　3. A

【水平表现说明】

土壤有机质含量的主要影响因素：气候直接影响土壤的水热状况和物理、化学过程的性质和强度。如中等水热条件下，土壤有机质积累最多（温带半湿润环境下的黑土是世界上最肥沃的土壤）；通过影响岩石的风化过程、地貌形态及生物的活动，间接影响土壤的形成和发育。如：湿热条件下风化壳最厚，土壤层厚度大。干旱或者寒冷条件下，风化壳薄，土壤层也薄。生物是土壤有机物质的来源、土壤形成过程中最活跃的因素，土壤肥力的高低主要取决于有机质含量的多少。没有生物的参与（生物循环），就不会有土壤的形成。一般而言，森林土壤有机质含量要低于草地土壤。综合来看，该题组属于水平3层次。

2. **课标内容②：运用图文资料，结合观察活动说明土壤的主要形成因素，并解释常见的土壤现象**

（1）水平1示例。

【试题呈现】

雷州半岛素有"红土地"之称，属丘陵缓坡台地地貌。图5为雷州半岛区域图。读图，完成下题。

雷州半岛"红土地"形成的主要原因（ ）

A. 气候湿热，降水多　B. 地形崎岖，起伏大

C. 酸性土壤，肥力低　D. 植被少，覆盖率低

【参考答案】

A

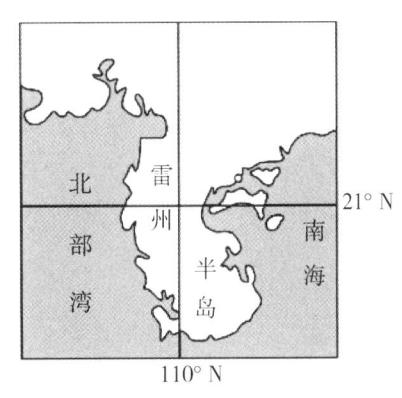

图5

【水平表现说明】

题目构建了一个非常简约但又直接有效的问题情境。长江以南的广大丘陵地区，分布着一种在当地高温多雨下发育而成的红色土壤。这种土壤含铁、铝成分较多，有机质少，酸性强，土质黏重，是我国南方的低产土壤之一。"红土地"跟地形崎岖、土壤肥力、植被少关系不大，符合"能够说出简单、熟悉的地理事象所包含的相关要素，并能从两个地理要素相互作用的角度进行分析"的要求。综合来看，该题属于水平1层次。

（2）水平2示例。

【试题呈现】

（2021·福建省福州第一中学模拟预测）土壤^{13}C值反映了土壤盐碱化过程和趋势，二者呈正相关。土壤^{13}C值与植被生长和生物活动密切相关，根系呼吸和残体分解会使土壤中^{13}C值降低。自然状态下，土壤的^{13}C值呈现随土层深度先递减后增加再递减的变化规律。图6示意吉林西部某地三类不同土地利用类型的土壤^{13}C值随深度的变化，读图，完成1~2题。

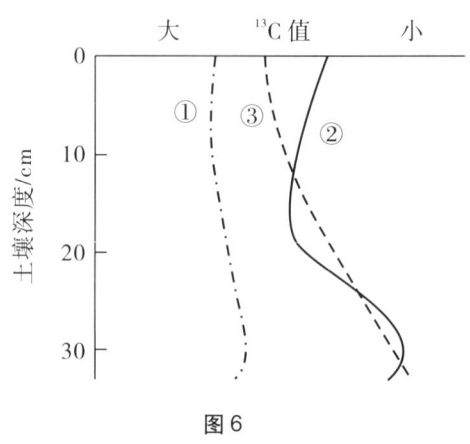

图6

1. 图中代表耕地、草地、碱斑的数字序号依次是（　　）
A. ①②③　　　B. ②①③　　　C. ③②①　　　D. ③①②

2. 在0~10cm间，③土壤^{13}C数值小于②，可能原因是（　　）
A. 水分蒸发更强　　　　　B. 风力更强
C. 植被稀疏　　　　　　　D. 人为干扰更少

【参考答案】

1. C　2. C

【水平表现说明】

根据材料可推出土壤盐碱化严重的区域，土壤^{13}C值较高；植被覆盖率越高，土壤^{13}C值越低。根系呼吸和残体分解会使土壤中^{13}C值降低，而与碱斑相比，草地生物量较大，根系较发达，有机质残留较多，^{13}C值较低。本题符合"能够从区域的视角认识给定的简单地理事象，收集整理区域重要的信息"两项要求。综合来看，该题组属于水平2层次。

（3）水平3示例。

【试题呈现】

（2021·北京顺义·二模）柽柳为落叶灌木或小乔木，在干旱沙漠地区，柽柳灌丛与沙粒相互作用，可形成干旱沙漠区特有的生物地貌景观——柽柳沙包（图7）。读图，回答下列问题。

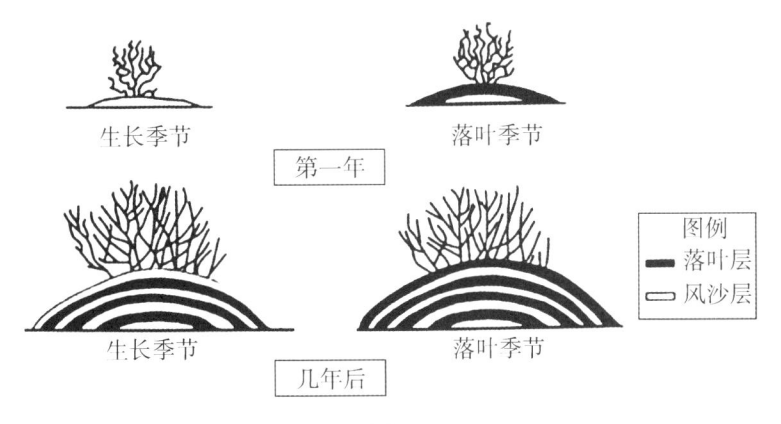

生长季节　　　　　　　落叶季节
　　　　　第一年

　　　　　　　　　　　　　　图例
　　　　　　　　　　　　　　■ 落叶层
　　　　　　　　　　　　　　□ 风沙层
生长季节　　　　　　　落叶季节
　　　　　几年后

图7

描述图中景观的形成过程。

【参考答案】

柽柳在风沙层生长，在落叶季节时，叶子落到地面形成落叶层，在第二年生长季节，风沙埋没落叶层，年复一年循环往复，柽柳也在这一过程中不断长大。

【水平表现说明】

本题以柽柳生长为背景材料，考查农业区位相关知识，学科素养方面侧重考查地理实践力和综合思维。如图可知，柽柳最初在风沙层生长，待到落叶季节时柽柳落叶形成落叶层，第二年生长季节，风沙再次覆盖落叶层，如此一年年循环往复，在时间的不断推移中，植物也逐渐由小长大。综合来看，该题属于水平3层次。

(4) 水平4示例。

【试题呈现】

（2021·江苏南通·一模）冻土是指温度在0℃或0℃以下，含有冰的土层或岩层，多年冻土分为活动层（冬冻夏融）和永冻层（常年冻结）。我国青藏高原有着低纬度面积最大、海拔最高的多年冻土区。图8示意多年冻土结构。据此完成1~2题。

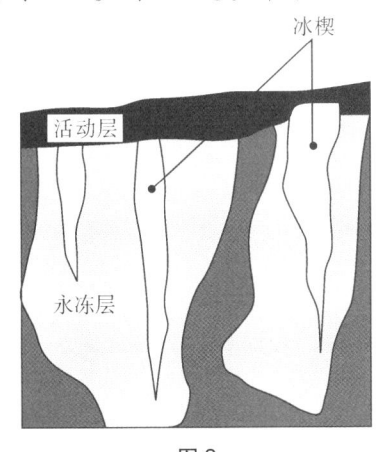

图8

1. 近年来，由于全球变暖，青藏高原的多年冻土发生了变化，下列表述正确的是（ ）

A. 活动层厚度变大，补给河流的水源减少
B. 活动层厚度变小，春耕播种的时间提前
C. 永冻层上界下降，利于喜温植物的生长
D. 永冻层上界上升，建筑基础稳定性变差

2. 根据冻土中裂隙的形态，冰会冻结成上大下小的冰楔，推测其形成的季节是（ ）

A. 春季　　　　B. 夏季　　　　C. 秋季　　　　D. 冬季

【参考答案】
1. C 2. B

【水平表现说明】

冰楔形成的条件：①有深入到永冻层中的裂隙，并为脉冰所填充。②冰楔的围岩是可塑性的，水在裂隙中才能冻结、膨胀，围岩不断受挤压变形，冰楔不断展宽。③需要严寒的气候条件，年平均温度一般为 −6℃ ~ −3℃。本题符合分析土壤与各要素之间的相互影响以及"区域认知"素养水平划分中的水平4——"能够分析特定区域的自然地理特征与环境演变过程"的要求。综合来看，该题组属于水平4层次。

3. **课标内容③**：结合实例，了解土壤的功能和养护途径，体会养护土壤的重要性

（1）水平1示例。

【试题呈现】

（2018·山东济宁·二模）草地总生物量包括地上和地下生物量，其中地下部分分为活根和死根生物量。活根生物量比例可作为草地退化与否的敏感性指标。图9示意三江源地区某草地生物量分配构成，Ⅰ、Ⅱ、Ⅲ代表退化程度不同的三种草地，其中极度退化的天然草地被称为黑土滩。据此完成1~3题。

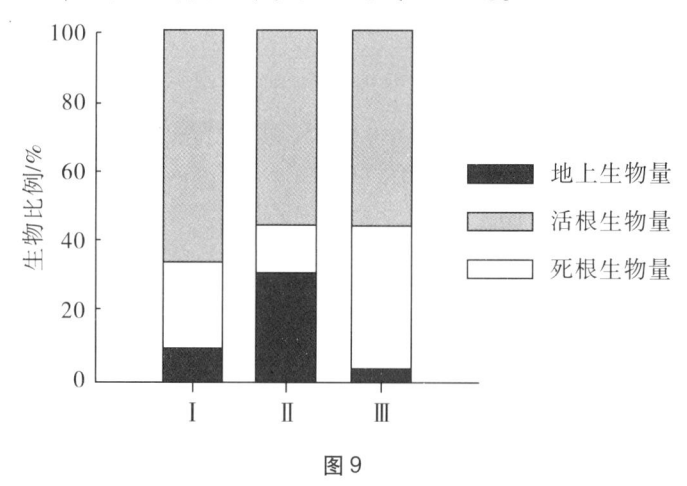

图9

1. 导致三种草地地上生物量低于地下生物量的主要原因是（ ）
A. 强风　　　B. 低温　　　C. 干旱　　　D. 过度放牧
2. 黑土滩、退化人工草地、未退化天然草地对应的序号分别是（ ）
A. Ⅰ、Ⅱ、Ⅲ　B. Ⅱ、Ⅲ、Ⅰ　C. Ⅱ、Ⅰ、Ⅲ　D. Ⅲ、Ⅱ、Ⅰ
3. 针对黑土滩的治理，下列措施合理的是（ ）
①设置围栏禁牧　②禁捕食草动物　③设置草方格沙障　④补播草种
A. ①②　　　B. ②③　　　C. ③④　　　D. ①④

【参考答案】
1. B　2. C　3. D

【水平表现说明】
本题情境设计非常简单，主草类根系部位生物量高，其主要原因为草类根系发达，根系部位水分条件较好，适宜生物生存，根系对土壤营养物质和凋落物具有吸收功能，根系部位适宜微生物生存，草地发挥着维持生物多样性、防风固沙、改善土壤结构、提高土壤有机质含量的作用。总体来看，该题组属于水平1层次。

（2）水平2示例。

【试题呈现】

（2021·安徽黄山·二模）土壤有机碳是衡量土壤肥力的主要指标，与气候、植被类型、土地利用方式及人类活动等有关，其含量大小取决于进入土壤的生物残体等有机物质的多少及土壤微生物分解作用为主的有机物质的损失。图10示意我国伊犁河谷不同植被带0～10 cm土层深度土壤有机碳含量变化。据此完成下题。

伊犁河谷天然草地退化严重，已达总面积的64.65%，由此带来的直接影响是（ ）

A. 土壤有机碳含量锐减

B. 碳循环减慢甚至停止

C. 气候变暖趋势减缓

D. 次生林木快速侵入

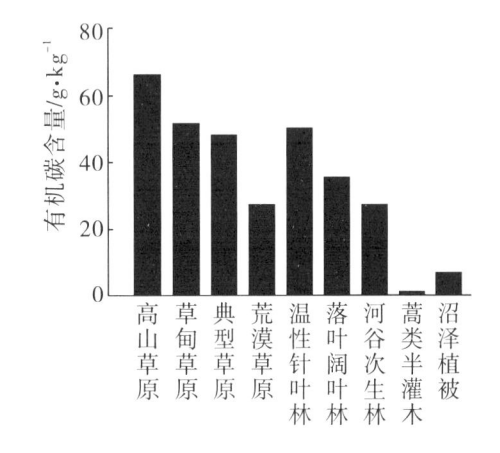

图10

【参考答案】
A

【水平表现说明】
本题情境设计非常简单，主要考查草场退化带来的影响，对学生核心素养的要求主要体现在通过辨识某些自然地理要素特征的变化对周边环境的影响。总体来看，该题属于水平2层次。

(3) 水平3示例。

【试题呈现】

(2021·江苏徐州·三模) 阅读材料，回答下列问题。

砂田也称石田，是我国西北干旱地区经过长期生产实践形成的一种世界独有的保护性耕作方法。宁夏中部气候干旱，人们在耕作土壤表面铺设厚10~15cm的砂石层覆盖，发展农作物种植。砂田作物产量较高，品质良好。图11为宁夏砂田景观图，图12为4月末作物种植前砂田和裸田不同深度土壤含水量统计图。

图11

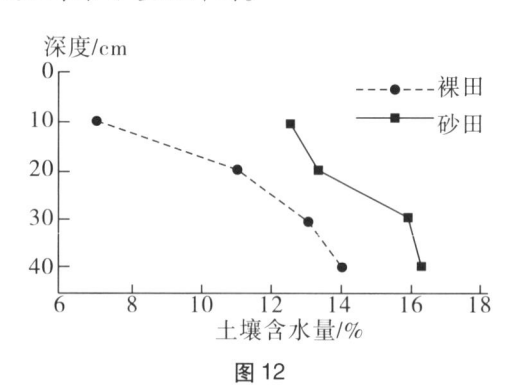

图12

(1) 与裸田相比，说明砂田对水循环的影响。

(2) 与裸田相比，砂田还具有提高地温、防止土壤盐渍化等有利于农业生产的功能。请分析砂田提高地温、防止土壤盐渍化的原因。

【参考答案】

(1) 宁夏气候干旱，蒸发旺盛。砂石覆盖层能够削减地表径流，增加下渗，抑制蒸发，保水蓄水。

(2) 提高地温：白天，砂石覆盖层吸收太阳辐射快，升温快，并将热量传导到土壤中；砂石覆盖层能将土壤表层与空气隔开，减少土壤因蒸发和辐射而消耗热量。夜晚，虽然砂石覆盖层降温较快，但表层土壤含水量较大，散热较慢，能较好地保持土壤温度。

防止土壤盐渍化：砂田能够充分接纳雨水，增加土壤水分下渗，使土壤盐分下移；由于有砂石层覆盖，土壤蒸发量减少，盐分在土壤上层聚集量减少。

【水平表现说明】

该题以宁夏砂田为背景，考查了水循环和土壤盐渍化等问题，需要考生具备一定的区域认知和综合思维学科素养。水循环基本环节包括蒸发、水汽输送、降水和径流。砂石覆盖层增加了地表粗糙度，削减了地表径流，增加了下渗量，可以阻隔阳光，减少土壤水分蒸发。因此砂石可以减少地表径流，增加下渗，减少蒸发，增加地下径流，增加土壤含水量。砂石覆盖层可以提高地温：白天，砂石覆盖层由于比热容较小，吸收相同的太阳辐射后升温较快，并将热量传导到土壤中；砂石覆盖层能有效减少土壤水分蒸发，从而避免了土壤因蒸发而消耗热量。夜晚，虽然砂石覆盖层降温较快，但表层土壤含水量较大，故比热容较大，降温较慢。砂石覆盖层可以防止土壤盐渍化：砂田能够在降雨后减缓地表径流汇流速度，从而增加土壤水分下渗，淋溶土壤中的盐分；由于有砂石层覆盖，土壤蒸发量减少，土壤中的水分因毛细作用上行减少，盐分在土壤上层聚集量随之减少。综合来看，该题属于水平3层次。

★ 必修1.10　通过野外观察或运用视频、图像，识别主要植被，说明其与自然环境的关系

一、课程标准

通过野外观察或运用视频、图像，识别主要植被，说明其与自然环境的关系。

二、课标解读

1. 行为条件和行为动词

该课标可细化为：①通过野外观察或运用视频、图像，识别主要植被。②通过观察植被，说明其与自然环境的关系。

该课标的行为条件是"通过野外观察或运用视频、图像"，行为动词是"识别""说明"。

2. 主要概念和知识结构

该课标涉及的主要概念是植被、裸地、热带雨林、常绿阔叶林、落叶阔叶林、亚寒带针叶林、草原、荒漠植被等。

该课标知识结构的逻辑是：资料案例—识别类型—分析关系。具体知识结构如图1所示。

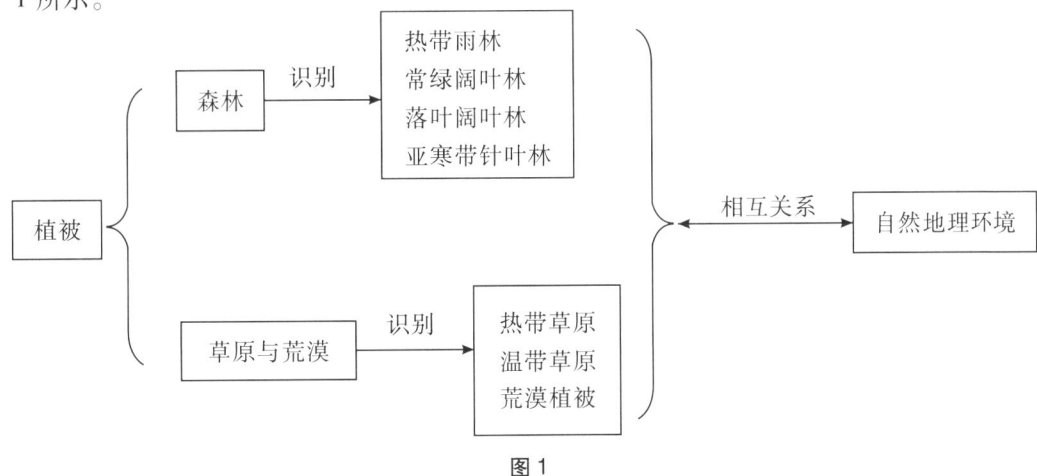

图1

3. 地理核心素养指向

(1) 区域认知。

教材内容要求学生掌握主要植被的空间分布规律。研究的空间尺度有大有小，大到全球尺度，小到植被个体分布。

(2) 综合思维。

综合思维要求学生能够从气温、降水、光照、土壤等角度分析植被的生长环境条件。引导学生学会分析自然地理环境对植被的影响以及植被对自然地理环境的影响，在解决实际问题时要综合考虑自然地理环境各个要素之间的联系和相互影响。

(3) 地理实践力。

通过野外观察或运用视频、图像等资料培养学生的地理实践力。

(4) 人地协调观。

植被的生长和自然环境要相互协调，人类的生产生活对植被施加影响的同时也会影响到整个自然地理环境。引导学生建立正确的人地关系，因地制宜。

4. 学业质量水平要求（表1）

表1

课标内容	水平层次	具体要求
①通过野外观察或运用视频、图像，识别主要植被	水平1	结合给定的区域识别主要植被类型（区域认知、地理实践力）
	水平2	能利用区域自然地理环境识别主要植被类型（区域认知）
	水平3	能够结合复杂的地理环境识别非地带性植被（综合思维）
	水平4	对于真实情境，能够从自然和人为角度分析植被类型和变化（综合思维、区域认知）
②通过观察植被，说明其与自然环境的关系	水平1	结合自然地理环境信息判读植被类型（地理实践力）
	水平2	说明某区域植被所反映的自然地理环境信息（综合思维）
	水平3	对于真实情境，能够根据各种自然地理要素的综合判断植被状况（综合思维、地理实践力）
	水平4	对于复杂情境，能够从自然地理环境的演变分析植被类型和演变（综合思维、区域认知）

三、典例示范

1. 课标内容①：通过野外观察或运用视频、图像，识别主要植被

(1) 水平 1 示例。

【试题呈现】

根据图 2 所示某地地带性植被的根部特征，判断该植被的类型是（   ）

图 2

A. 亚热带常绿硬叶林　　　　　　B. 温带落叶阔叶林
C. 热带雨林　　　　　　　　　　D. 亚热带常绿阔叶林

【参考答案】

C

【水平表现说明】

题目通过一幅图像资料构建了一个非常简单直接的问题情境，引导学生关注植被特征，学生只需调用相关地理知识就可以作答。题目整体上符合"地理实践力"素养水平划分中的水平 1——"结合给定的区域识别主要植被类型"的要求。综合来看，该题属于水平 1 层次。

(2) 水平 2 示例。

【试题呈现】

(2021·湖南卷) 野火是在自然状态下发生的火。近年来，世界各地野火频发，对人类生命财产安全和自然生态系统造成严重影响。蒙古东部地区（图3）野火发生频率高且区域差异大。据此完成下题。

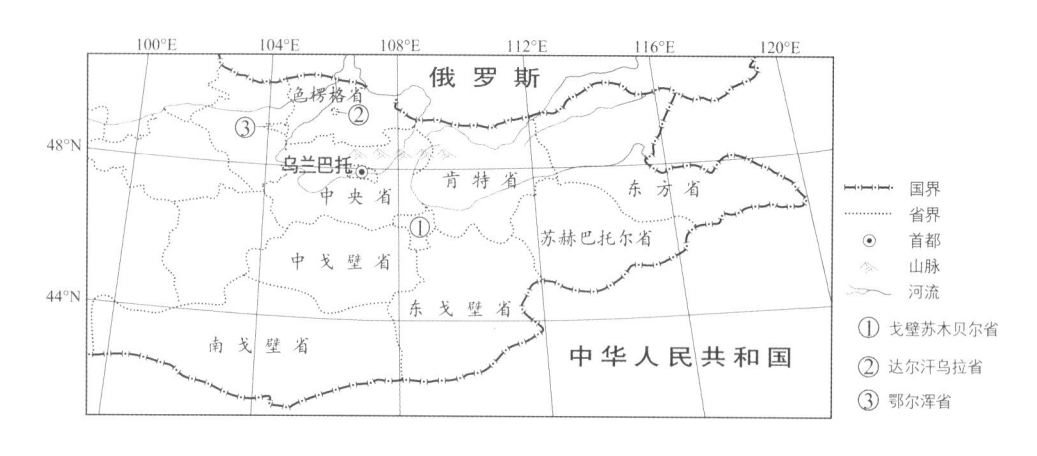

图3

该地区主要野火类型是（　　）

A. 落叶林火　　B. 针叶林火　　C. 草原火　　D. 荒漠草原火

【参考答案】

C

【水平表现说明】

试题要求学生结合相对简单的地理材料辨识地理要素，联系的要素较少；要求学生利用经纬度信息对图示区域进行准确的定位，在此基础上检索出该区域的相关地理环境要素，体现出试题对学生区域认知能力的要求较高。综合来看，该题属于水平2层次。

（3）水平3示例。

【试题呈现】

（2017·新课标卷Ⅰ）图4为我国东部地区某城市街道机动车道与两侧非机动车道绿化隔离带的景观对比照片，拍摄于2017年3月25日。数年前，两侧的绿化隔离带按同一标准栽种了常绿灌木；而如今，一侧灌木修剪齐整（左图），另一侧则杂树丛生，灌木零乱（右图）。拍摄当日，这些杂树隐有绿色，新叶呼之欲出。据此完成下题。

图4

当地自然植被属于（　　）

A. 常绿阔叶林　　B. 落叶阔叶林　　C. 常绿硬叶林　　D. 针叶林

【参考答案】

B

【水平表现说明】

本题通过春季我国东部地区某城市街道的小尺度区域背景和人为条件下的绿化带植被景观差异分析，属于给定了一个相对复杂的生活情境。试题着重考查了区域认知和综合思维，渗透了"人地协调观"，同时也涉及了"地理实践力"。要求学生能结合时间、地点、自然、人为等因素进行综合分析，是对地理多要素综合思维能力的考查。综合判断，该试题属于水平3层次。

（4）水平4示例。

【试题呈现】

（2020·新课标Ⅰ）岳桦林带是长白山海拔最高的森林带。岳桦林带气候寒冷，生长季短，只有其下部的岳桦才结实（种子）。岳桦结实的海拔上限称为岳桦结实线，岳桦林分布上限即长白山林线。监测表明，20世纪90年代以来，长白山北坡气候持续变暖，岳桦结实线基本稳定；林线的海拔快速提升了70～80米，但近年趋于稳定。据此完成1～3题。

1. 目前，长白山北坡林线附近的岳桦多为（　　）

  A. 幼树　　　　　　　　　B. 中龄结实树

  C. 老树　　　　　　　　　D. 各树龄组混生

2. 推测20世纪90年代以来，长白山北坡岳桦林带（　　）

  A. 冬季升温幅度小，生长季稳定

  B. 冬季升温幅度大，生长季延长

  C. 冬季升温幅度大，生长季稳定

  D. 冬季升温幅度小，生长季延长

3. 在气候变暖背景下，长白山北坡林线近年却趋于稳定，原因可能是（　　）

  A. 降水稳定　　　　　　　B. 水土流失量稳定

  C. 土壤肥力稳定　　　　　D. 岳桦结实线稳定

【参考答案】

1. A　2. C　3. D

【水平表现说明】

本题设置了一个相对小尺度的长白山区岳桦林分布区的区域背景和特定条件下植被受自然地理环境的影响这样一个相对复杂的真实情境。该试题情境对学生来说比较陌生，给定的地理事物比较复杂，多个信息之间的联系侧重于思维逻辑，对学生在情境中进行信息的提取、分析、综合、归纳的能力有一定要求，对学生的区域认知和综合思维能力的考查要求较高。综合来看，该题组属于水平4层次。

2. 课标内容②：通过观察植被，说明其与自然环境的关系

（1）水平1示例。

【试题呈现】

（2021年1月浙江卷）洞庭湖区水域与陆地交错，从陆地到水底分布着森林、灌丛、草甸和水生植物等植被类型。据此完成下题。

影响洞庭湖区植被差异的主要因素有（　　）

①地形　②水分　③热量　④土壤

A. ①②　　　　B. ②③　　　　C. ③④　　　　D. ①④

【参考答案】

A

【水平表现说明】

题目构建了一个比较简单和直接的问题情境，考查了特定地理环境下植被的分异现象，需要结合具体的材料信息和所学知识分析判断。题目引导学生关注自然地理环境各要素与植被的相互关系，整体上符合"综合思维"素养水平划分中的水平1。综合来看，该题目属于水平1层次。

（2）水平2示例。

【试题呈现】

（2020·新课标Ⅱ）如图5所示，乌拉尔山脉绵延于西西伯利亚平原与东欧平原之间。西西伯利亚平原的大部分地区比东欧平原降水少。乌拉尔山脉两侧自北向南依次分布着苔原、森林、森林草原和草原等自然带，但在同一自然带内乌拉尔山脉两侧的景观、物种组成等存在差异。据此完成下题。

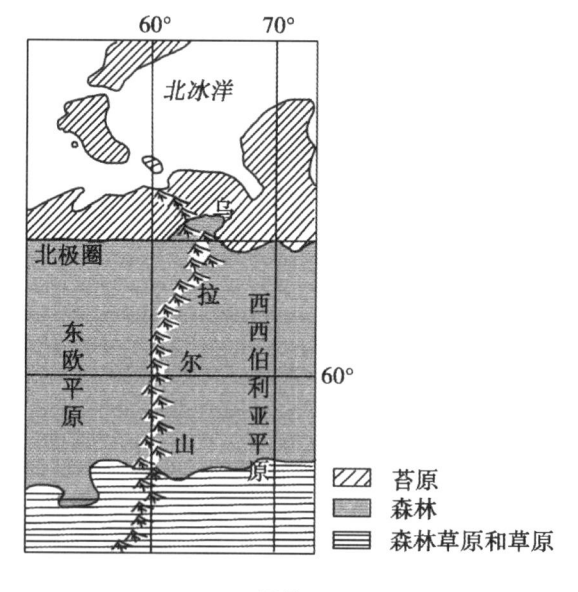

图5

推断乌拉尔山脉东西两侧的景观、物种组成差异最小的自然带是（ ）

A. 苔原带　　　B. 森林带　　　C. 森林草原带　　　D. 草原带

【参考答案】

A

【水平表现说明】

题目通过一幅简洁明了的欧洲部分区域图和一段文字材料，创造了一个比较简单的探究情境，考查了特定区域地形条件下，气温和降水对植被的影响。在素养考查上，题目兼具了"区域认知"和"综合思维"两个方面的考查。综合来看，该题属于水平2层次。

(3) 水平3示例。

【试题呈现】

(2021·全国乙卷) 苔原带植被多由低矮灌木及苔藓、地衣组成，大多数灌木为极地特有种。苔原带横跨亚欧大陆与北美大陆，呈东西向延伸，仅存在于北冰洋沿岸陆地及岛屿，宽度较小。第四纪冰期，苔原带一度扩展至我国阿尔泰山—阴山一线。其后，随着气温升高，苔原不断向北及高海拔退却。据此完成1~3题。

1. 受全球变暖的影响，亚欧大陆苔原带将（ ）

A. 整体向北移动　　　　　　B. 整体向南移动

C. 面积扩大　　　　　　　　D. 面积缩小

2. 苔原带横跨亚欧大陆，表明（ ）

A. 苔原植被对温度差异不敏感　　B. 亚欧大陆北部湿度东西向差异小

C. 苔原植被对湿度差异不敏感　　D. 亚欧大陆降水北部最多

3. 祁连山地针叶林带以上未发现极地特有种灌木，可能是因为祁连山地（ ）

A. 目前针叶林带以上气温高　　B. 目前基带气温高

C. 冰期针叶林带以上气温高　　D. 冰期基带气温高

【参考答案】

1. D 2. B 3. D

【水平表现说明】

题目通过一段文字资料创设出了一个基于关键信息和典型现象的复杂情境，切口小，难度较大。在素养考查上，题目兼具了"区域认知"和"综合思维"两个方面的考查。随着全球气候的变化，特定区域植被发生变化，要求学生综合考虑多要素对植被产生的影响。题目符合"综合思维"素养水平划分中的水平3，以及"区域认知"素养水平划分中的水平3。综合来看，题目达到了学业质量水平3的层级要求。

(4) 水平4示例。

【试题呈现】

(2017·全国卷Ⅰ) 阅读图文资料，完成下列要求。

山地垂直带内部的分异规律，日益为地理学研究所重视。在山地苔原带，植物多样性存在随海拔升高呈单峰变化的规律：在山地苔原带下部，少数植物种类通过种间竞争获得优势，植物多样性较低；随着海拔升高，环境压力变大，种间竞争减弱，植物多样性升高；在更高海拔区域，适宜生存的植物种类减少。地理科考队调查某山峰的苔原带（海拔2 000～2 600米）时发现，该苔原带部分地区存在干扰，导致优势植物数量减少，植物多样性异常；阴、阳坡降水量与坡度差别不大，但植物多样性差异显著。

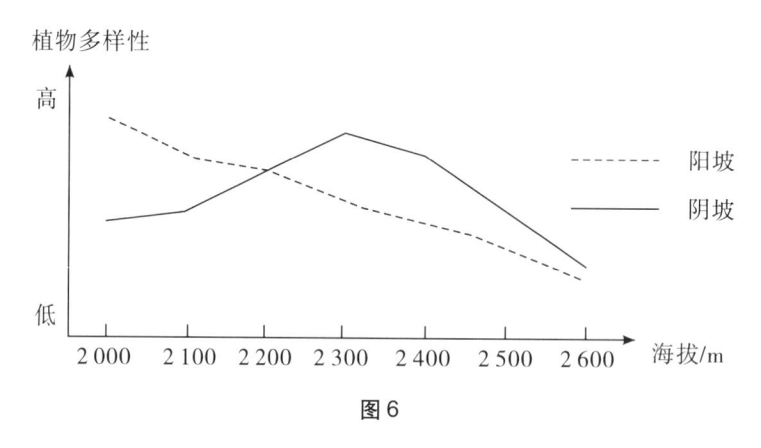

图6

（1）判断在未遭受干扰时，阴坡与阳坡苔原带植物多样性的差异，并说明判断依据。

（2）分析与阴坡相比，苔原带阳坡地表温度和湿度的特点及产生原因。

（3）说明从2 300米至2 600米，阴、阳坡植物多样性差异逐渐缩小的原因。

【参考答案】

（1）（未遭受干扰时）阴坡较阳坡植物多样性高。依据：（按单峰变化规律）阳坡苔原带的植物多样性最高值应在中部（2 300米左右），低于阴坡最高值。

（2）特点：阳坡地表温度高、湿度低（水分条件差）。原因：阳坡太阳辐射强，地表温度高，蒸发强度大；阳坡融雪早，蒸发历时长。

（3）随着海拔升高，阴、阳坡面积减小，坡面差异对植物多样性的影响减弱；阴、阳坡相互影响（水分、热量交换作用）增强。

【水平表现说明】

题目通过一段文字材料和一幅地理要素变化图设计了植被与海拔、坡度之间的关系，创设了一个看似简约实不简单的现实复杂情境，考查新颖、细致、深入，具有"小切口，深探究，重素养"的鲜明特征。题目着重考查了地理核心素养中的综合思维和区域认知，把普通的要素辨识和分析上升到了综合分析和抽象的逻辑演化。总体而言，该题从多要素进行区域认知，从空间分析特定区域的自然特征及其演化过程，达到了学业质量水平4的层级要求。

★ 必修1.11 运用资料，说明常见自然灾害的成因，了解避灾、防灾的措施

一、课程标准

运用资料，说明常见自然灾害的成因，了解避灾、防灾的措施。

二、课标解读

1. 行为条件和行为动词

该课标可细化为：①运用资料，说明常见自然灾害的成因。②了解常见自然灾害的避灾、防灾措施。

该课标的行为条件是"运用资料"，行为动词是"说明""了解"。

2. 主要概念和知识结构

该课标涉及的主要概念是自然灾害、气象灾害、水文灾害、地质灾害、暴雨、洪涝、干旱、台风、寒潮、地震、滑坡、泥石流、防灾减灾、地震预警系统、应急避难场所等。

该课标知识结构的逻辑是：资料案例—原因、分布—危害、措施。具体知识结构如图1所示。

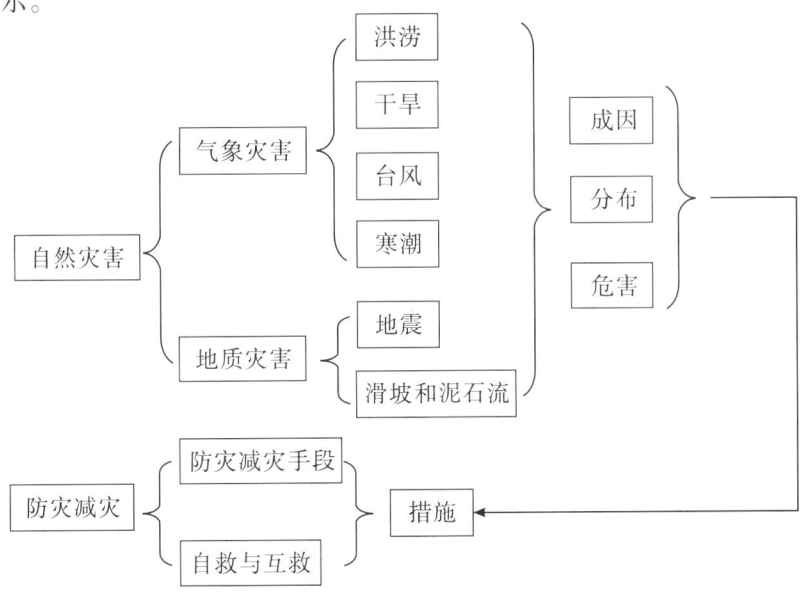

图1

3. 地理核心素养指向

（1）区域认知。

课本教学内容引导学生关注主要的气象灾害和地质灾害在我国的时空分布特征，并了解这些自然灾害的空间演变规律。

（2）综合思维。

要求学生能够综合考虑地理环境各个要素，分析主要自然灾害发生的原因（自然原因、人为原因）以及产生的危害（对自然环境的危害、对社会经济的危害、对人畜健康的危害等）。培养学生从时空变化的角度观察自然现象，理解其发生、发展、消亡的过程。

（3）地理实践力。

利用真实的情境创设培养学生的地理实践力。学生们通过真实体验、新闻媒体、影像资料等方式了解主要自然灾害的发生、发展、危害、防御措施等，内容实践性非常强。

（4）人地协调观。

引导学生敬畏自然、尊重生命，培养可持续发展等人地协调的思想。人类在发展的同时要尽量减少对自然地理环境的破坏，合理地利用和开发自然，从而减轻某些灾害发生的广度和强度。

4. 学业质量水平要求（表1）

表1

课标内容	水平层次	具体要求
① 运用资料，说明常见的自然灾害的成因	水平1	结合资料说出自然灾害的类型（区域认知、地理实践力）
	水平2	能利用资料说出常见自然灾害的分布（区域认知）
	水平3	能理解并说明常见自然灾害的成因，解释常见自然灾害产生的危害（综合思维）
	水平4	对于真实情境，能够从自然和人为角度分析常见自然灾害的形成过程和形成条件（综合思维、区域认知）
② 了解常见的自然灾害的避灾、防灾措施	水平1	了解主要的防灾减灾手段和自救互救措施，地理信息技术在防灾减灾中的应用（综合思维、地理实践力）
	水平2	能够从灾前监测预防、灾时救援防护、灾后恢复几方面理解防灾减灾手段，了解我国地理信息技术在灾前监测、灾后救援恢复中的应用（综合思维、地理实践力）
	水平3	对于真实复杂情境，能够结合理论知识随机应变，合理地提出应急救援措施（综合思维、地理实践力）
	水平4	对于常见的真实自然灾害，掌握一定的自救与互救技能，在必要时可以挽救自己和他人生命（地理实践力）

三、典例示范

1. **课标内容①：运用资料，说明常见的自然灾害的成因**

（1）水平1示例。

【试题呈现】

（2021·浙江卷改编）2020年7月，湖南常德发生滑坡，因灾前成功预警，未造成人员伤亡。据此完成下题。

按自然灾害的成因与发生过程划分，滑坡属于（　　）

A. 气象灾害　　B. 生物灾害　　C. 海洋灾害　　D. 地质灾害

【参考答案】

D

【水平表现说明】

本题是对常见的自然灾害最基本的认知，考查学生的地理实践力。滑坡是在自然或者人为因素的作用下形成的，对人类生命财产、环境造成破坏和损失的地质作用（现象），属于地质灾害。从核心素养和学业水平质量角度看，该题属于水平1层次。

（2）水平2示例。

【试题呈现】

（2020·山东省高考）图2为某区域滑坡与地貌演化关系示意图。读图，完成1~2题。

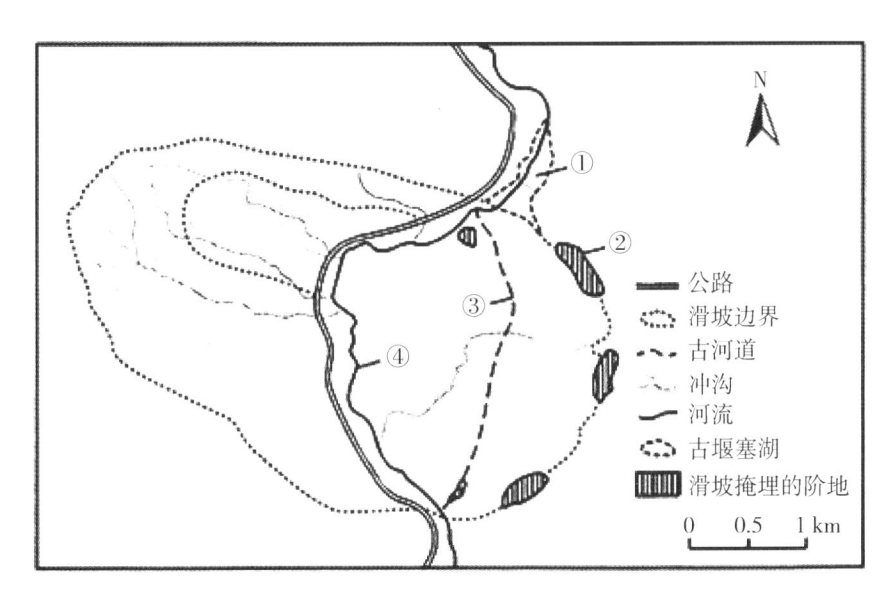

图2

1. 推断图中滑坡体的滑动方向为（　　）
A. 由北向南　　B. 由西向东　　C. 由西北向东南　　D. 由东北向西南
2. 图中序号所示地理事象形成的先后顺序是（　　）
A. ②③④①　　B. ②①③④　　C. ③①④②　　D. ③②①④

【参考答案】
1. C　2. D

【水平表现说明】
试题通过给定的滑坡边界的形态、古河道和现今河流的相对位置关系以及滑坡掩埋的河流阶地、古堰塞湖的位置等相关信息，通过示意图的方式构建了一个相对简单的情境，给定了地理事物之间的相互关系，对学生在情境中进行信息的提取、分析、综合、归纳的能力有一定要求，主要考查了学生的区域认知和综合思维能力。综合判断，该题组属于水平2层次。

（3）水平3示例。

【试题呈现】

（2020·天津高考）读图文材料，回答下列问题。

贵州省自然环境复杂多样，岩溶地貌广布，旅游开发是当地脱贫致富的重要途径。

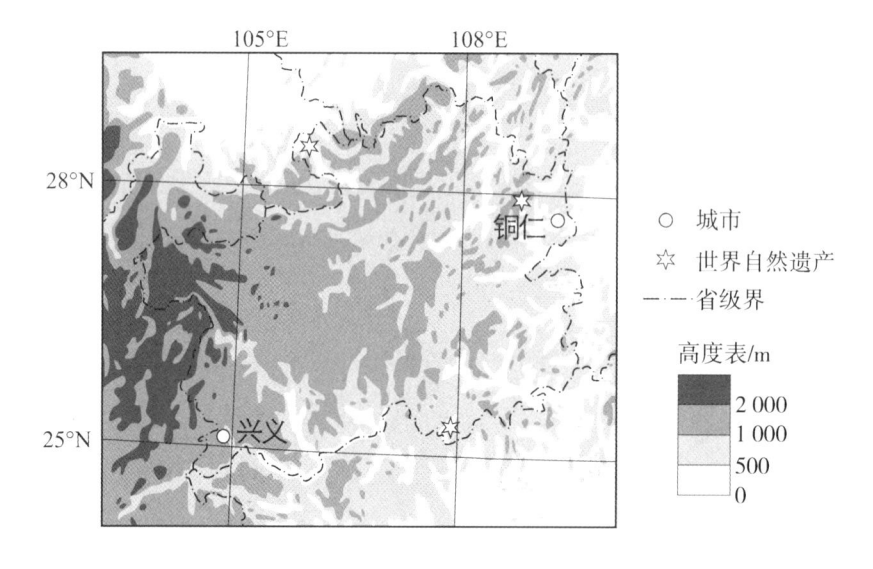

图3　贵州省地形

说明川、滇、黔交界处多发泥石流灾害的自然条件。

【参考答案】
山地坡度较大（相对高差大）；年降水量较大；地表多碎屑物。

【水平表现说明】
本题给出的材料信息虽然相对简单，情境的呈现方式也较简单，但要求学生能够调用相关地理知识并结合材料图文信息从气候、地形和地表物质等方面说明川、滇、黔交界处多发泥石流灾害的自然条件,对学生的区域认知和综合思维要求较高。综合来看,该题属于水平3层次。

(4) 水平4示例。

【试题呈现】

(2021·全国乙卷) 阅读图文材料,完成下列要求。

圩田是在低洼地筑堤围出的田地。如图4所示圩田海拔6~7米,种植庄稼;巢湖多年平均水位8.03米。据记载,在清朝嘉庆年间,三河镇濒临巢湖。

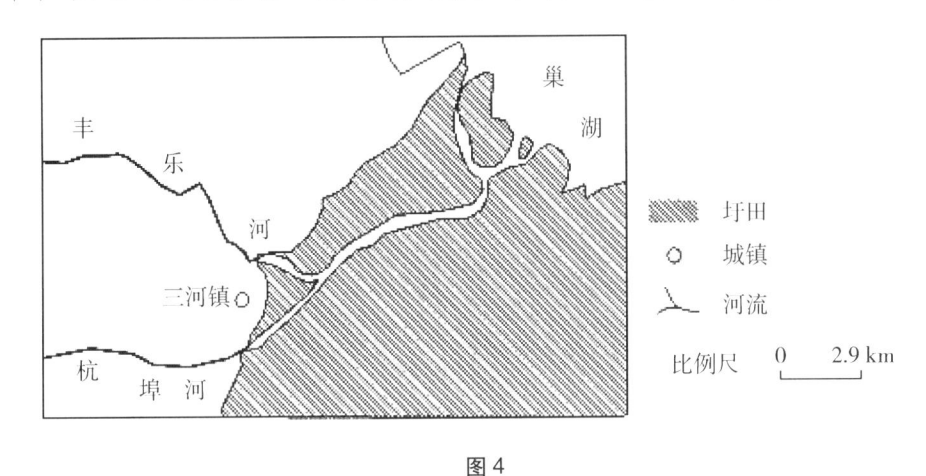

图4

说明这些圩田易发水灾的原因。

【参考答案】

圩田海拔低于巢湖湖面,易遭受湖水倒灌;降水季节分配不均,夏季降水量大,尤其是梅雨期降水时间长;地势平坦,水流慢,排水不畅;农田水利设施落后;围湖造田、上游水土流失,巢湖淤积,水位抬高。

【水平表现说明】

本题通过相对小尺度的巢湖附近圩田的区域背景创设了一个相对复杂、陌生的情境,多个信息之间的联系也相对复杂,对学生在情境中进行信息的提取、分析、综合、归纳的能力要求较高。试题要求学生能对图示区域进行定位,对学生区域认知能力的要求较高。在此基础上利用所学的地理知识和从材料中获取的地理信息综合分析圩田容易发生水灾的原因,对学生综合思维能力的考查要求较高。综合来看,属于水平4层次。

2. 课标内容②:了解常见自然灾害的避灾、防灾措施

(1) 水平1示例。

【试题呈现】

1. 泥石流是山区沟谷中,由暴雨、冰雪融化等激发的含有大量泥沙石块的特殊洪

流。在野外如果突遇泥石流来袭，正确的做法是（　　）

A．向与泥石流方向垂直的两边山坡上面爬　　B．顺山沟方向往上游跑

C．顺山沟方向往下游跑　　D．在凹坡处停留等待救援

（2021·浙江）2020年7月，湖南常德发生滑坡，因灾前成功预警，未造成人员伤亡。图5为基于地理信息技术的滑坡预警监测系统示意图。完成第2题。

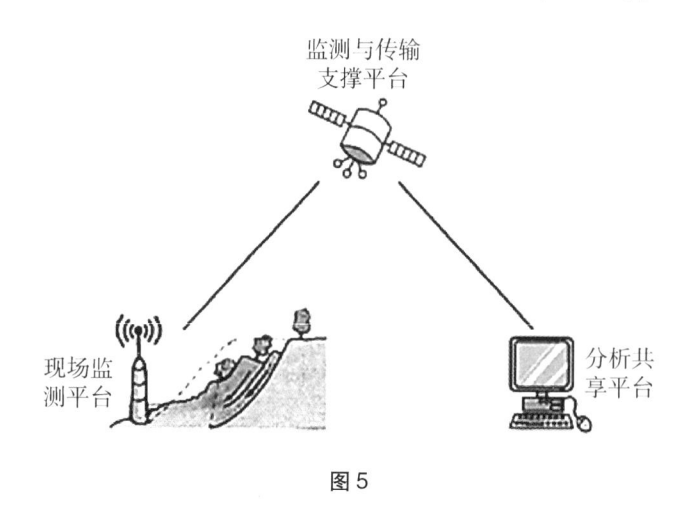

图5

2. 对该预警监测系统的描述，正确的是（　　）

①运用GPS采集雨量信息　②利用BDS（北斗系统）采集滑坡体位移数据
③运用RS模拟滑坡动态过程　④利用GIS进行数据分析与共享

A．①②　　B．②④　　C．①③　　D．③④

【参考答案】

1．A　2．B

【水平表现说明】

第1题构建了一个比较简单直接的问题情境，引导学生面对泥石流等地质灾害时应掌握基本的避灾减灾知识和技能。第2题要求学生掌握地理信息技术在防灾减灾中的应用。两道题目整体上符合"地理实践力"素养水平划分中的水平1层次。综合来看，该题组属于水平1层次。

（2）水平2示例。

【试题呈现】

当地时间2018年9月28日，印度尼西亚发生地震，随后引发1.5～2米高的海啸，造成严重的人员伤亡和财产损失。为防御自然灾害，减少损失，很多地方均设置应急避难场所。据此完成1～2题。

图6

1. 为应对海啸灾害，合理有效的防灾减灾措施是（　　）
①建立海啸监测预警系统　②加强海啸应急逃生演练　③围海造陆增高海岸堤防　④将人们迁至内陆居住

　　A. ①②　　　　　B. ②③　　　　　C. ①④　　　　　D. ③④

2. 应急避难场所一般布设在（　　）

　　A. 城镇的住宅区内　　　　　B. 乡村的空旷地带
　　C. 城镇的商业街中　　　　　D. 城镇的空旷地带

【参考答案】

1. A　2. D

【水平表现说明】

题目构建了一个比较简单直接的问题情境。海啸的防灾减灾是一项系统工程，除了监测、预报预警、评估等工作外，还包括教育、立法、保险等措施，是一项需要全社会参与的协调行动。题目引导学生运用熟悉的学习情境和地理知识及技能，主要考查学生的地理实践力。在素养考查上，题目兼具了"区域认知"和"地理实践力"两个方面。综合来看，该题组属于水平2层次。

【试题呈现】

（2020·上海高考）2020年初，蝗虫灾害从非洲蔓延到西亚、南亚的一些国家，严重威胁这些国家的粮食安全。在应对蝗虫灾害过程中，主要应用遥感技术可以完成的任务是（　　）

　　A. 综合评估蝗虫灾害损失　　　B. 精确操控无人机喷洒农药
　　C. 即时监测作物受灾面积　　　D. 迅速查询蝗灾的相关数据

【参考答案】

C

【水平表现说明】

题目通过"遥感技术在这次灾害预防中的应用"真实的情境，考查学生对遥感技术工作原理和应用领域的掌握情况。题目主要考查学生的综合思维，但难度不大。综合来看，该题属于水平2层次。

(3) 水平3示例。

【试题呈现】

（2020·上海高考）城市洪涝是城市化发展中面临的问题。读图文资料，回答问题。

金奈是印度的第三大商业和工业中心，是印度重要的汽车工业基地，也是世界上经济发展最快的城市之一，但基础设施落后。金奈平均海拔160米，中心城区海拔仅6.7米，洪涝多发。

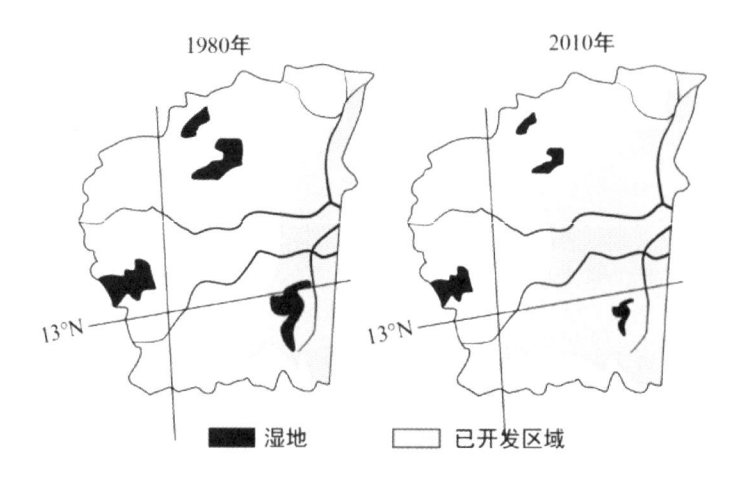

图7　金奈湿地、已开发区域面积变化图

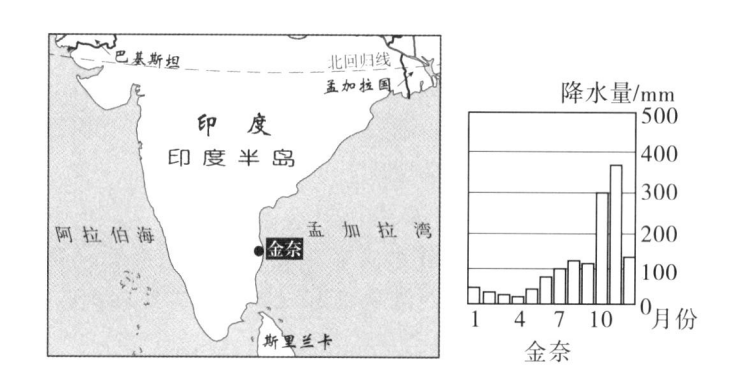

图8　金奈气温曲线和降水柱状图

列举金奈在减轻洪涝方面可以采取的主要措施。

【参考答案】

运用气象卫星，加强对暴雨等异常天气的监测；修建水利基础设施，加大城市的排涝能力；增加人工湿地和植物面积，增加调蓄洪水的能力；城市建设渗水路面，增加下渗，减少地表径流；控制城市开发规模，进行合理的城市规划；等等。

【水平表现说明】

题目通过图文材料创设出了一个比较简单易懂的情境，主要考查学生从课本上和生活实践中掌握的减轻洪涝的措施。题目符合"综合思维"素养水平划分中的水平2以及"地理实践力"素养水平划分中的水平3的要求。综合来看，该题属于水平3层次。

（4）水平4示例。

【试题呈现】

阅读图文材料，完成下列要求。

2021年7月17—22日，河南省出现了极端的特大暴雨，暴雨天气过程持续长达6天，最强时段发生在7月19—21日。河南省中北部大部分地区累计降雨量超过500毫米，各地市平均降雨量前三名依次为鹤壁588.1毫米、郑州532.5毫米、新乡467.4毫米，5个国家级气象观测站的日雨量突破有气象记录以来的极值。一般来说，源源不断充沛的水汽、强盛而持久的气流上升运动、大气层结构的不稳定性是产生暴雨的基本条件。

河南洪灾造成巨大损失，防灾减灾需要普通民众的参与。你如果想作为救灾志愿者参与救援，至少需要具备哪些专业知识技能？

【参考答案】

自身良好的身体素质，能够清理障碍、搬运伤员等；野外生存经验，如能够识别并躲避险情，寻找幸存者等；医学急救知识，基本救助技能如止血、骨折固定、心肺复苏等；心理学知识，对受灾人群进行心理干预等。

【水平表现说明】

本题创设了简单真实的生活情境，对学生地理综合素养要求较高，渗透了"综合思维"和"地理实践力"。由于自然灾情复杂、搜救幸存者难度大等，进行灾后救援时需具备专业知识，对学生掌握防灾减灾的地理知识要求较高。学生要从灾前、灾时、灾后角度综合考虑如何防灾减灾，考查综合思维能力；在保护自身的前提下进行救援，考查学生的地理实践力。综合来看，该题属于水平4层次。

必 修 二

★ 必修2.1 运用资料，描述人口分布、迁移的特点及其影响因素，并结合实例，解释区域资源环境承载力、人口合理容量

一、课程标准

运用资料，描述人口分布、迁移的特点及其影响因素，并结合实例，解释区域资源环境承载力、人口合理容量。

二、课标解读

1. 行为条件和行为动词

该课标可细化为：①运用资料，描述人口分布、迁移的特点。②运用资料，描述人口分布、迁移的影响因素。③结合实例，解释区域资源环境承载力、人口合理容量。

该课标的行为条件是"运用资料"，行为动词是"描述、解释"。

2. 主要概念和知识结构

该课标涉及的主要概念是人口分布、人口迁移、自然因素、人文因素、推拉理论、资源环境承载力、人口容量。

该课标知识结构的逻辑是：地理现象—地理现象的成因—地理现象的影响。具体知识结构如图1所示。

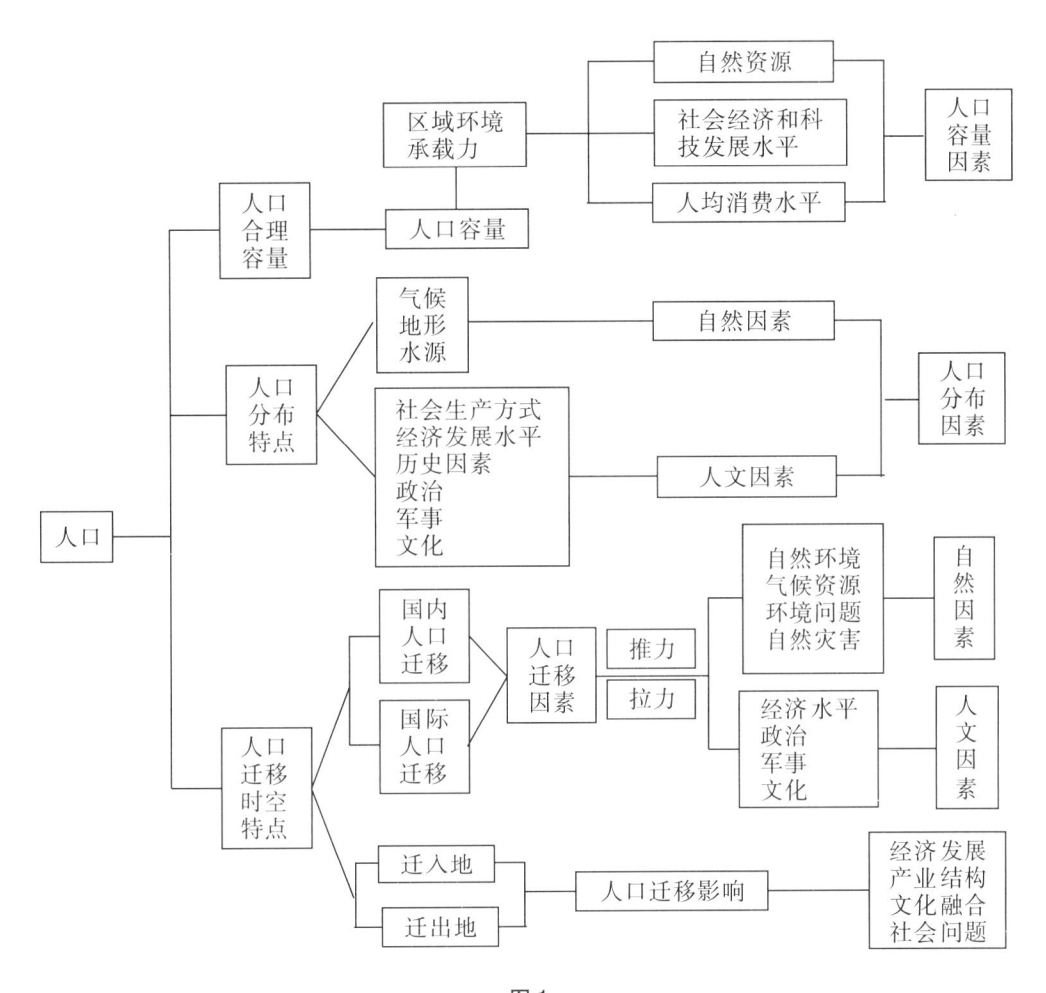

图1

3. 地理核心素养指向

（1）区域认知。

本课标内容的区域认知主要表现在两个方面：一是从不同空间尺度对人口分布和人口迁移的学习的理解和分析（表1）。从对"人口的分布特点"学习上来说，要求学生能从世界、大洲、国家、地方四个不同的空间尺度进行人口空间分布特点的归纳总结，理解人口分布不均的特点并为理解和分析影响人口分布的因素做好铺垫。人口迁移同样也具有国际人口迁移、国内人口迁移、城乡之间人口迁移等不同空间尺度下的认知理解，在不同的空间尺度视角下加深对人口迁移特点和原因的理解。

表1

全球（世界）尺度	大洲尺度	国家尺度	地方尺度
1．以"世界人口分布（2014年）图"了解世界人口的集中分布区。 2．以"世界不同纬度人口分布示意图"了解人口分布的纬度特征	以"各大洲和地区占世界总人口比例（2017年）图"理解以洲为单位的世界人口分布极不均衡的特点	以"芬兰人口分布（2015年）图"和"中国人口分布的胡焕庸线（2010年）图"为例了解国家内部的人口分布不均的特点	以城市和乡村之间人口密度的极大差异，理解地方区域、城乡之间的人口分布不均

二是课标要求结合不同区域背景下的自然因素和人文因素对人口分布和迁移影响因素进行分析，也是建立在对区域认知的基础上的。只有形成了对学习区域的正确的、较深入的区域认知后，才有可能利用人口分布和人口迁移因素理论，正确地选择并利用区域的相关自然和人文要素进行分析，这同时也是对区域地理要素的一种更深层次的认知理解。课本教学中注意区域的差异性，并结合具体区域的情境案例，使学生能将人口的基本知识与特定区域相结合，深化对区域的认知。

（2）综合思维。

学生地理综合思维能力的培养包括地理要素综合思维、时空综合思维及地方综合思维等方面。在本课标内容的学习中，利用气候、地形、水源等自然地理要素和社会生产方式、经济发展水平、历史因素、政治、军事、文化等人文地理要素综合分析对人口分布的影响，就属于要素综合思维方式的体现。同样，利用自然环境、气候、资源、环境问题、自然灾害等自然因素和经济发展水平、政治、军事、文化等人文因素综合分析人口迁移，也是对学生综合思维素养的培养。

人口在不同的时代具有不同的空间迁移特征，这即是在时间与空间两大地理维度下进行综合思维的结果。第二次世界大战前后，在具体的时代背景下国际人口迁移具有非常明显的不同的空间方向特征，这种地理现象的空间性一定是在特定的时间下呈现出来的。又比如在古代和现代的不同历史时期，我国国内人口迁移也呈现非常显著的空间差异（图2），这也必须在时间和空间两大维度上进行综合思维方能得出正确的结论。

图2

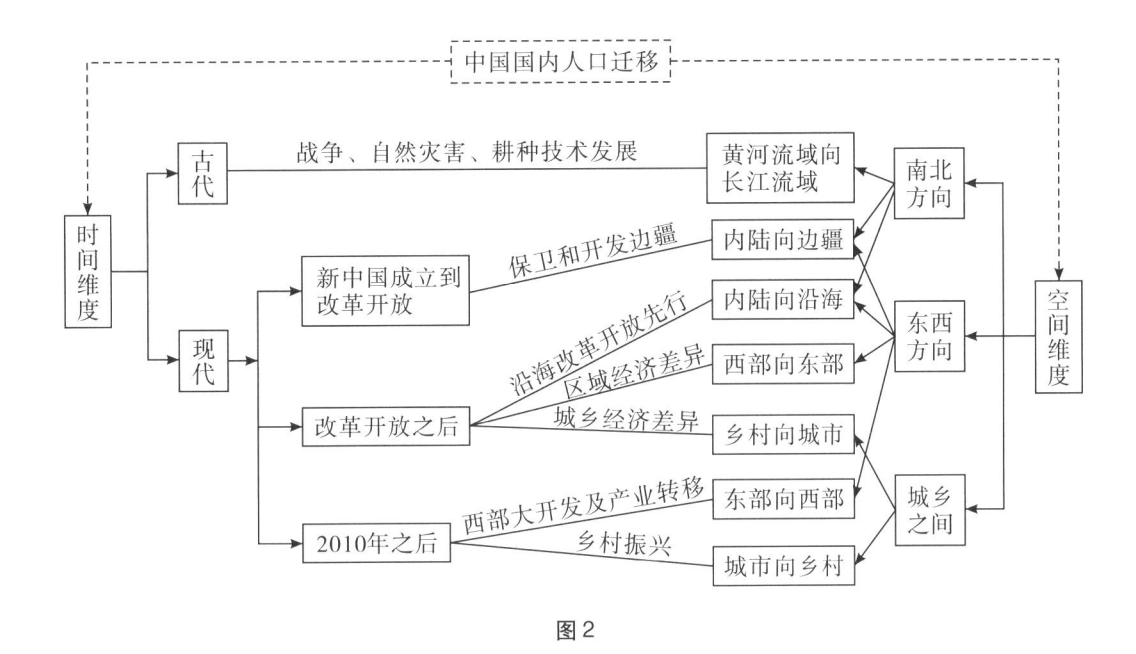

在某个具体地区，以区域为背景综合衡量该区域中的要素对地理现象的影响，侧重于区域背景下要素之间的相互关联，这种思维方式即属于地方综合思维。课文内容中以塔里木盆地人口的分布为案例来探究水源因素对人口分布的影响，即塔里木盆地中地形、河流等要素影响塔克拉玛干沙漠地区绿洲的分布，从而影响干旱地区的植被、农业的分布，也就影响到了干旱地区城镇和人口的分布，这个分析过程就是典型的地方综合思维的训练过程。课本又以"芬兰的人口分布影响因素的分析"强调了区域中气温、降水、地形、首都（城市）等自然和人文要素与人口分布之间的相互关系和相互作用，来落实学生的区域综合思维素养的形成，强化学生对人口分布不均的这一人口分布特征的理解。

（3）地理实践力。

课标中明确要求"运用资料，描述人口分布和迁移的特点"，即是对地理实践力的明确要求。地理实践力的培养需要学生亲身参与才能实现。为更好地落实课标要求，课本通过"家庭人口迁移情况"的调查活动，让学生调查家庭中多代人的出生地、目前居住地、迁移情况等信息，并绘制家庭人口迁移路线图，以及比较两代人迁移的特征、原因和对家庭的影响，从而实际了解不同时代的人口迁移特征和影响因素，同时也培养了学生的地理实践力。在"农民工现象"的问题研究中，课本为学生给出了明确的研究思路和步骤，学生在独立或合作中去收集信息、阅读资料、讨论分析、撰写报告，运用地理实践力去理解我国人口问题和人口迁移现象，加深对特定时代背景下我国人口政策及其影响的理解。

(4) 人地协调观。

人口的分布、迁移和人口容量都受到自然地理环境的深刻影响，知识本身就体现着人地关系的内核。课标和课本内容都要求学生能理解人口发展过程中的两大关系——人口与空间的关系及人口与资源的关系，通过这两大关系的学习和理解，从而树立正确的人口观，形成正确的人地协调观。

4. **学业质量水平要求（表2）**

表2

课标内容	水平层次	具体要求
①运用资料，描述人口分布、迁移的特点	水平1	能在全球或国家的大空间尺度下说出人口的分布特征和人口的迁移特征（区域认知）
	水平2	能通过具体的区域图或在具体的情境案例中，描述人口的分布和迁移特征（区域认知、地理实践力）
	水平3	在给定的复杂情境中，描述人口的分布和迁移与地理环境的关系及其对地理环境和社会经济发展的影响（综合思维、人地协调观）
②运用资料，描述人口分布、迁移的影响因素	水平1	能说出人口分布和人口迁移的影响因素（综合思维）
	水平2	能在简单或熟悉的情境与区域中，分析影响人口分布和人口迁移的因素（综合思维、区域认知）
	水平3	在给定的复杂情境中，分析人口分布和人口迁移的影响因素，并具体解释其对人口分布和迁移的影响过程（区域认知、综合思维）
	水平4	在给定的复杂情境中，分析人口的分布和人口的迁移对地理环境和社会经济的影响（综合思维、人地协调观）
③结合实例，解释区域资源环境承载力、人口合理容量	水平1	能理解和说出区域资源环境承载力、环境人口容量和环境人口合理容量的含义，以及三者之间的相互关系（综合思维）
	水平2	能结合具体的实例和区域，分析影响区域资源环境承载力、环境人口容量和人口合理容量的具体因素，并正确判读和理解其人口规模大小（区域认知、综合思维、人地协调观）

三、典例示范

1. 课标内容①：运用资料，描述人口分布、迁移的特点

(1) 水平1示例。

【试题呈现】

(2021·北京卷节选) 草地出现退化时，植被覆盖度降低。下图示意蒙古高原部分地区年降水量分布及采样点植被覆盖度。读图3，回答下列问题。

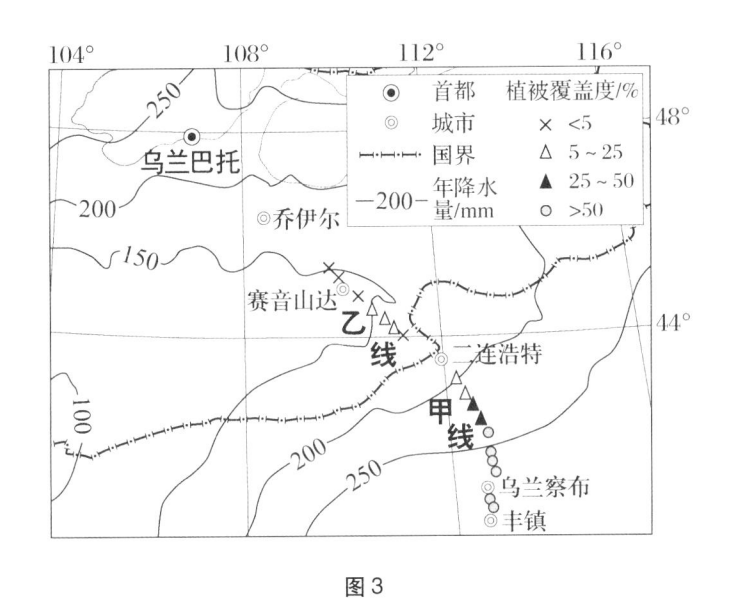

图3

蒙古国面积156.65万平方千米，2020年全国人口约336万，其中乌兰巴托人口约160万。该国城乡人口比例约7∶3。

概述该国人口分布的特点。

【参考答案】

人口密度小，人口分布极不均匀，近一半人口集中在首都，城乡人口差异大。

【水平表现说明】

试题通过蒙古国部分区域图构造了一个城市和人口分布的实际情境案例，要求学生在一个较简单的情境材料中阅读和提取城镇和人口分布的相关信息，所涉及的信息仅为城镇分布和人口密度两个，信息量少且关系简单明了。试题的行为动词是概述，对学生的要求水平相对较低。试题要求学生能通过区域图进行简单的区域认知，辨识和提取相关信息即能进行两者之间分布的相关性思考，得出人口集中分布在城镇（首都）的结论，对学生的综合思维能力要求也较低。综合来看，该题属于水平1层次。

（2）水平2示例。

【试题呈现】

（2019·海南卷）图4分别示意1995年、2010年美国本土人口迁移。据此完成1~3题。

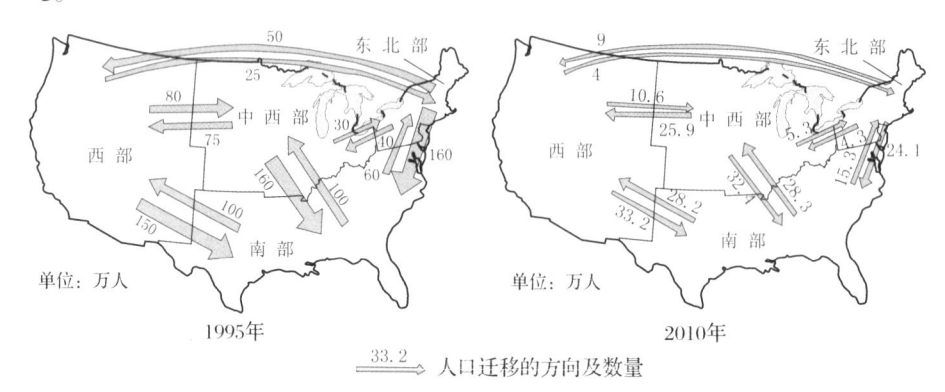

图4

1. 1995年美国本土人口净流入的地区是（ ）

A. 东北部　　　B. 南部　　　C. 中西部　　　D. 西部

2. 与1995年相比，2010年美国本土人口（ ）

A. 数量减少　　　　　　　　B. 向中西部大量回流

C. 迁移规模变小　　　　　　D. 净流入的地区减少

3. 影响美国本土人口迁移变化的主导因素可能是（ ）

A. 经济　　　B. 交通　　　C. 文化　　　D. 教育

【参考答案】

1. B　2. C　3. A

【水平表现说明】

试题以美国不同年代的人口迁移路线构造了一个相对复杂的地理情境。首先要求学生能以美国三大区域之间的人口迁移数据进行统计分析，得出各区域人口的净迁移情况，考查了学生的地理实践力和区域认知等地理学科核心素养。在充分分析两个不同年代美国国内人口迁移信息的基础上，对各区域的人口迁移路线和净迁移数量进行综合对比分析，从而归纳美国国内人口迁移的特征和变化，是对学生区域认知基础上时空综合思维能力的考查。第3小题要求学生能进行人口迁移特征及其变化原因的探究分析，对学生的区域认知和综合思维能力的要求较高。综合试题情境的复杂性和素养考查深度，本题组属于水平2层次。

（3）水平3示例。

【试题呈现】

（2021·湖南卷）永久迁移是指户籍发生改变的人口迁移类型。务工迁移是指离开户籍地外出务工的人口迁移类型（不包括永久迁移）。图 5 示意 1990—2005 年我国人口迁移的数量变化。图中永久迁移人数为每五年的累积数量，务工迁移人数为当年的数量。据此完成 1~2 题。

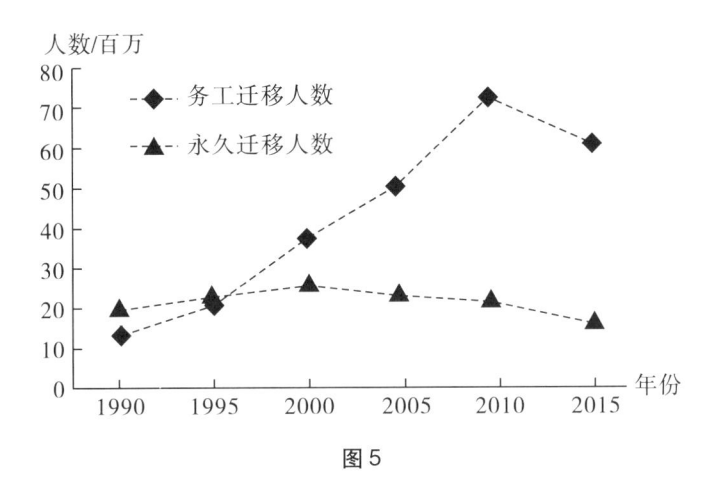

图 5

1. 下列叙述正确的是（　　）
A. 1990—2015 年的永久迁移人数持续增加
B. 2000 年以后，永久迁移的累积人数下降
C. 1990—2015 年的务工迁移人数呈下降趋势
D. 1990—1995 年的务工迁移人数增速比 2005—2010 年的慢

2. 2010 年后务工迁移人数明显下降的主要原因是（　　）
①"三农"政策利好　②出生人口数量减少　③2008 年国际金融危机影响　④第二、三产业产值比重降低
A. ①②　　　　B. ①③　　　　C. ②④　　　　D. ③④

【参考答案】
1. D　2. B
【水平表现说明】
试题以我国两种人口迁移类型的变化为背景设计情境，情境涉及的人口迁移现象对于学生来说属于新的陌生情境，涉及的人口迁移变化的时间跨度也比较大，所以试题情境较为复杂。试题的行为动词是描述和分析，对学生的要求水平相对较高。试题通过折线地理图来呈现人口迁移的变化数据，要求学生具备一定的地理图阅读与分析的地理实践力；通过一定时间段内人口迁移数据的变化，归纳其变化特征，要求学生具有较强的时空综合思维能力；学生只有对中国不同时代的社会地理环境和中国东西部、城乡之间的地理环境有一定的区域认知，才能进行较深层次的人口迁移因素和影响的分析，从而形成人口迁移与人类社会之间是否达成和谐的人地关系的思考。综合来看，该题组属于水平 3 层次。

2. 课标内容②：运用资料，描述人口分布、迁移的影响因素

（1）水平1示例。

【试题呈现】

（2018·广东省学业水平模拟）2010年底至2011年初，埃及、利比亚等国家的大量华人纷纷撤离回国。我国采用海陆空全方位撤侨工作，至3月6日3.2万余人全部安全回国。其原因是（　　）

A．该国发生大范围的"流感"灾害　　　B．石油资源大量开采，出现枯竭现象

C．此时期发生了大范围的沙尘暴灾害　　D．政局动荡，使生活环境遭到破坏

【参考答案】

D

【水平表现说明】

试题以2010年我国从北非部分国家撤侨案例作为情境背景，情境涉及的地理事件简单明确，情境要素较少且清晰。试题的行为动词是分析。试题要求学生对北非的埃及、利比亚国家的社会经济环境要有一定的区域认知，并在此基础上进行简单的因果综合分析，得出特定事件背景下影响人口迁移的影响因素。整体来说，对学生的要求较低，属于水平1层次。

（2）水平2示例。

【试题呈现】

（2019·山东省学业水平综合检测）阅读图文材料，回答下列问题。

图6为1949年以来我国国内人口迁移的主要流向图。

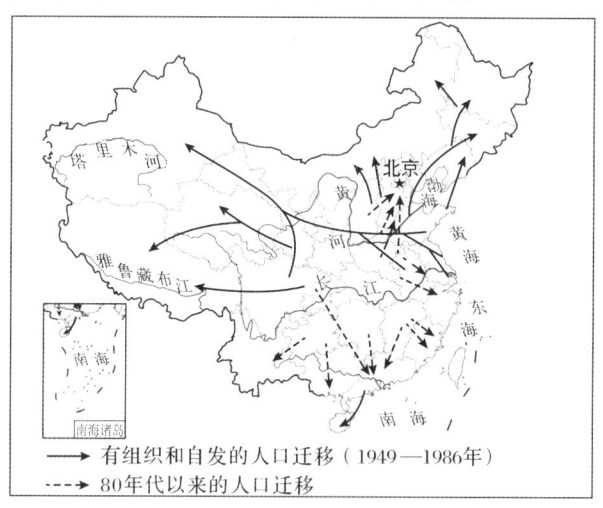

图6

（1）说明现阶段我国人口大规模流动的主要原因和流向。

（2）结合材料，试分析目前我国人口大规模流动产生的影响。

（3）请为解决农民工流动问题提出合理化建议。

【参考答案】

(1) 原因：我国经济发展水平的地域差异显著，东部经济发达地区的收入水平、就业机会、生活环境优于西部经济欠发达地区。流向：人口流动方向是从经济欠发达地区流向经济发达地区。

(2) 对于流入区：缓解劳动力短缺，提高城市化水平，但造成交通拥挤、就业困难等问题。

对于流出区：可缓解人地矛盾，获取大量资金，加强与外界的联系，但同时造成劳动力流失。

(3) 大力发展乡镇企业及农村第三产业，积极推进小城镇建设；合理、有序引导和组织农村剩余劳动力的流动；加强对农民工的技能培训；等等。

【水平表现说明】

试题以我国的国家空间尺度上的人口迁移为背景，以我国近代以来两个阶段的人口迁移为情境素材，情境的呈现方式为我国的人口迁移路线图，试题的行为动词是说明和分析，对学生的要求水平相对较高。试题要求学生能结合中国的区域方位和区域划分来描述人口的迁移特征，同时也要求学生结合我国不同时代各区域的社会经济特点来分析各区域之间人口迁移的原因，体现了对学生区域认知素养的考查；同时在不同时代多个不同的社会经济因素下分析人口的迁移原因，是对学生要素综合思维和时空综合思维素养的考查；在此基础上进一步要求学生分析我国人口大规模迁移产生的对社会经济的影响，体现了地理事件对地理环境存在影响的观点，从而培养学生的人地协调观；最后通过对农民工这一人口流动现象的反思和建议，培养学生的地理实践力。综合来看，试题属于水平2层次。

(3) 水平3示例。

【试题呈现】

(2021·山东卷) 图7示意我国某地级市2007—2019年户籍人口和常住人口的变化情况。读图，完成1~3题。

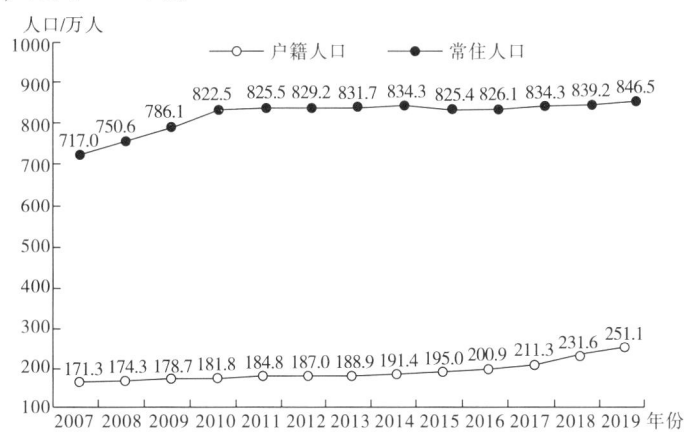

图7

1. 推测该市2016—2019年户籍人口变化的主要原因是（　　）

A. 生育政策调整　　　　　　B. 落户政策放宽

C. 医疗条件改善　　　　　　D. 行政区划变动

2. 2010年后，该市常住人口变化缓慢，主要是由于当地（　　）

A. 人口老龄化加剧　　　　　B. GDP增长缓慢

C. 环境承载力下降　　　　　D. 产业结构优化

3. 该市的支柱产业是（　　）

A. 采矿业　　　B. 旅游业　　　C. 制造业　　　D. 物流业

【参考答案】

1. B　2. D　3. C

【水平表现说明】

试题以常住人口和户籍人口的数据变化来构造某地级市区域的人口迁移变化情境，情境的呈现形式是该市的常住人口和户籍人口变化曲线图，对学生来说这种通过其他概念来折射需要考查的概念情境是相对复杂的不良结构情境，加大了考查难度。试题隐含的行为动词是推测、分析和判断，对学生的要求水平相对较高。试题要求学生具备一定的图表信息的阅读、提取和分析能力，是对学生地理实践力素养的考查；学生需要通过将常住人口和户籍人口的差距及其变化转换成该区域人口净迁移数据，并以该数据特征和变化趋势作为结果逆推其影响因素，是对学生多因一果的要素综合思维素养的考查与训练；在人口数据和迁移特征的基础上，分析和判断对社会经济的影响，体现了对学生人地协调观素养的考查。试题对地理学科核心素养考查具有一定的深度和难度，属于水平3层次。

（4）水平4示例。

【试题呈现】

（2019·海南卷）阅读图文资料，完成下列要求。

东盟是由东南亚10个国家形成的经济一体化组织。2000年以来，人口由5亿左右增长至现在的6亿以上。与此同时，汽车产业快速发展。目前东盟年产汽车约400万辆，是全球六大汽车生产基地之一，生产的汽车除满足当地市场外，还持续扩展外销规模。

指出东盟人口变化的特点，并说明人口因素对其汽车产业发展的影响。

【参考答案】

人口变化特点：增长快，劳动人口数量增多。

发展影响：从生产者角度看，劳动力充足且价格较低，降低了汽车生产成本，汽车的市场竞争力强；从消费者角度看，人口多和增长快使本地汽车市场规模大，劳动人口数量多，收入水平提高，增强了对汽车的购买力。

【水平表现说明】

试题以东盟国家人口数量变化特征和汽车产业发展设计情境，该情境信息量小，属于不良结构的情境。试题的行为动词是指出和说明，结合设问问题来看，对学生的要求水平相对较高。情境区域背景为东盟10国，所以要求学生对东盟地区的人口特征和社会经济情况有一个基本的区域认知。比如作为发展中国家为主的东盟地区，人口的发展变化应该具有和发展中国家人口发展变化一致的特点，又比如从世界人口分布上来认知东南亚地区的人口数量特征，都是属于对东盟地区区域认知的内容。将人口因素和汽车产业的发展作为因果关系来思考，体现了对综合思维的考查。从人口变化来分析说明对汽车产业发展的影响，则要求学生具备人地协调观念的思维能力。试题的情境阅读分析难度较大，属于水平4层次。

3. 课标内容③：结合实例，解释区域资源环境承载力、人口合理容量

(1) 水平1示例。

【试题呈现】

读环境承载力与人口合理容量的关系示意图（图8），完成1~2题。

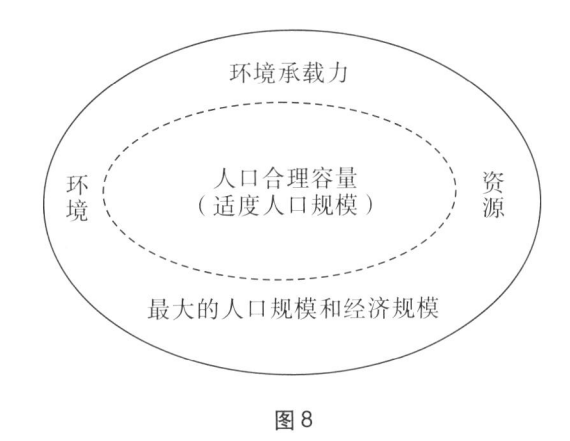

图8

1. 下列对人口合理容量理解正确的是（　　）

A. 人口合理容量是指一个地区最少能生活的人口数量

B. 人口合理容量是按照最高的生活标准而估算的人口数量

C. 人口合理容量是一个固定值，不随时间的改变而改变

D. 人口合理容量是一个国家或地区的最适宜的人口数量

2. 下列关于图中各因素相互关系的叙述，不正确的是（　　）

A. 环境承载力中的人口规模大于人口合理容量

B. 环境承载力的大小取决于资源的多少和环境的容量

C. 经济发展到一定程度时人口合理容量等于环境人口容量

D. 环境承载力包括环境人口容量和环境经济容量

【参考答案】

1. D　2. C

【水平表现说明】

试题以一个简单的概念关系示意图呈现区域环境资源承载力、环境人口容量和人

口合理容量之间的关系，情境结构简单、要素清晰。试题的隐含行为动词是说明和判断，结合设问问题来看，对学生的要求水平相对较低。试题在一个虚化的概念情境中，主要考查概念之间的相互关系，主要涉及对学生综合思维能力的考查。考查情境简单，知识结构清晰，素养明确，属于水平1层次。

（2）水平2示例。

【试题呈现】

（2021·浙江卷）近年来，我国宁夏、贵州、云南等省区成功实施了生态移民工程，大大改善了移民的生产和生活条件。据此完成1~2题。

1. 实施生态移民考虑的首要因素是（   ）
  A. 人口密度　　B. 交通运输　　C. 环境承载力　　D. 移民意愿

2. 生态移民工程的成功实施（   ）
  ①促进了迁入区的资源开发　②缓解了迁出区人口老龄化程度　③减轻了迁入区的就业压力　④实现了迁出区人口的脱贫致富
  A. ①②　　　　B. ②③　　　　C. ③④　　　　D. ①④

【参考答案】

1. C　2. D

【水平表现说明】

试题以我国生态保护和脱贫攻坚背景下的西部部分地区的生态移民案例作为情境材料，情境素材虽然简要，但文字材料背后隐藏的信息量较大。试题隐含的行为动词是分析，对学生的要求水平相对较高。试题要求学生能对我国宁夏、贵州、云南等省区的生态环境特征和生态环境问题有基本的区域认知，在此基础上深入分析思考造成其生态环境问题的根本原因，以及能分析推测生态移民对社会经济的影响，这就需要学生具备将区域中各要素进行综合分析的能力，训练和培养了学生的地理综合思维素养。在这个分析的过程中，学生逐步建立起人口数量的发展和人口的分布迁移与生态环境压力之间存在关系的认知，从而树立正确的人口观这一人地协调观念。综合考量，试题组属于水平2层次。

★必修2.2　结合实例，解释城镇和乡村内部的空间结构，说明合理利用城乡空间的意义

一、课程标准

结合实例，解释城镇和乡村内部的空间结构，说明合理利用城乡空间的意义。

二、课标解读

1. 行为条件和行为动词

该课标可细化为：①结合实例，解释城镇和乡村内部的空间结构。②结合实例，说明合理利用城乡空间的意义。

该课标的行为条件是"结合实例"，行为动词是"解释""说明"。

2. 主要概念和知识结构

该课标涉及的主要概念是聚落、城市形态、空间结构、城市土地利用、城市功能分区、城市地域结构。

该课标知识结构的逻辑是：地理现象—地理现象的形成与发展—人地关系。具体知识结构如图1所示。

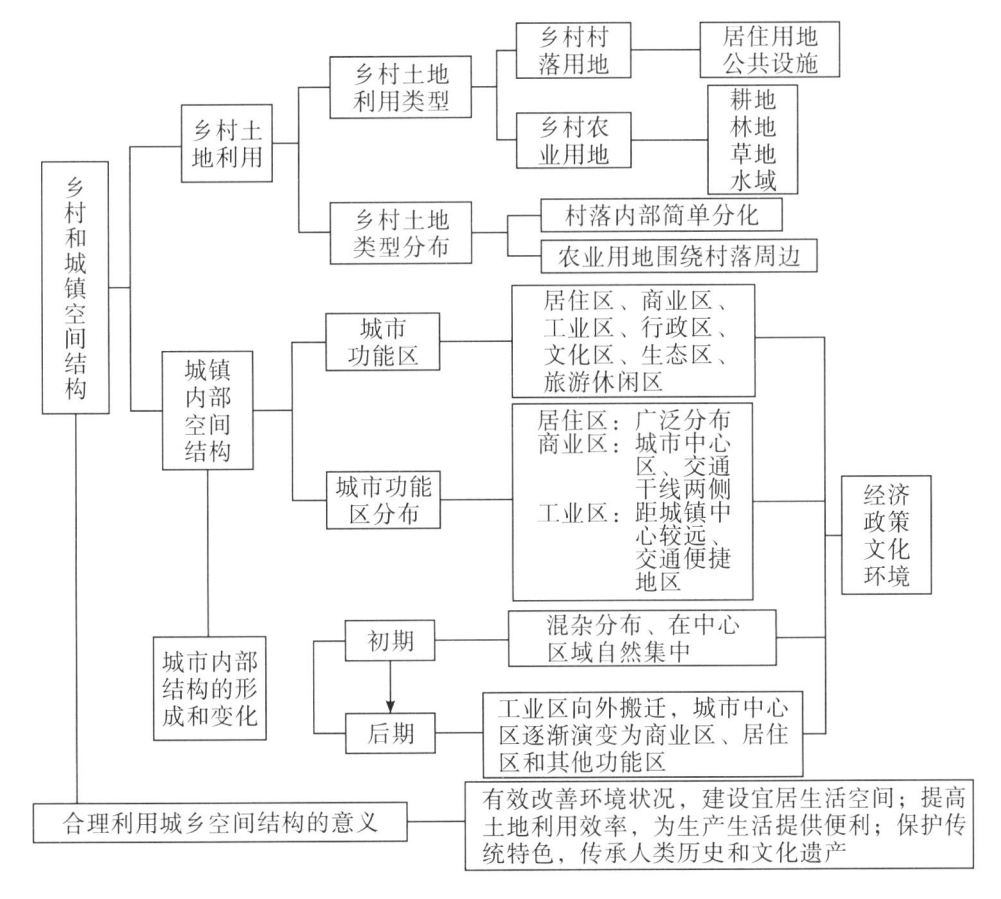

```
乡村和城镇空间结构
├── 乡村土地利用
│   ├── 乡村土地利用类型
│   │   ├── 乡村村落用地 ── 居住用地、公共设施
│   │   └── 乡村农业用地 ── 耕地、林地、草地、水域
│   └── 乡村土地类型分布
│       ├── 村落内部简单分化
│       └── 农业用地围绕村落周边
├── 城镇内部空间结构
│   ├── 城市功能区 ── 居住区、商业区、工业区、行政区、文化区、生态区、旅游休闲区
│   └── 城市功能区分布
│       ├── 居住区：广泛分布
│       ├── 商业区：城市中心区、交通干线两侧
│       └── 工业区：距城镇中心较远、交通便捷地区
│                                          ── 经济、政策、文化、环境
├── 城市内部结构的形成和变化
│   ├── 初期 ── 混杂分布、在中心区域自然集中
│   └── 后期 ── 工业区向外搬迁，城市中心区逐渐演变为商业区、居住区和其他功能区
└── 合理利用城乡空间结构的意义 ── 有效改善环境状况，建设宜居生活空间；提高土地利用效率，为生产生活提供便利；保护传统特色，传承人类历史和文化遗产
```

图1

3. 地理核心素养指向

（1）区域认知。

城乡空间结构一定是从某一具体的乡村或城镇聚落的视角来观察和理解其土地利用或功能区的分布特征，课标也要求"结合实例"来解释城镇和乡村内部的空间结构，说明本课标内容的学习是从较小空间尺度（地方尺度）来建立学生的区域认知。在乡村或城镇聚落中，认知其农业土地的利用类型和城市的功能区及其分布特点，从而认识其空间结构，为理解其空间结构形成原因和过程做好铺垫。比如课本中以"香港中心城区土地利用示意图"要求学生能从香港这一城市的地方尺度来了解认知香港城市内部的商业区、高级住宅区、普通居住区、工业区等城市功能区的分布特点及其所形成的特定的城市空间结构。

（2）综合思维。

农业土地与乡村居住地的围绕关系、城市内部各功能区之间的相互关系，其实都是多因素综合影响的结果。比如工业区与居住地的距离影响到居住区的分布，河流或地形影响到城市或乡村依河或依山麓分布，交通影响到工业区依交通干线或港口分布，都体现了多因一果、多因多果、因果互换，学习时需要考虑城镇内部空间结构的形成与变化过程，避免一因一果的简单化思维，可以培养学生的综合分析能力。城市内部空间结构具有发展变化过程，实则是城市功能区的影响和分布因素的变化过程，从而使得不同历史时期的城市空间结构呈现不同的特征。比如北京市在皇权时代的城市结构与现代经济迅速发展下的城市结构有着显著的不同，今天为配合"京津冀协同发展"重大国家战略，疏散北京的非首都城市职能，北京市的城市结构又有了新的变化，这一学习过程，培养了学生的时空综合思维。

（3）地理实践力。

乡村或城市的空间结构其实是学生每天都接触的地理现象，让学生通过观察生活中的地理现象，开展地理实践考察，是学习本课标知识的有效途径和方式。课本通过设计"调查学校附近某一功能区的形成和变化"的地理实践活动，要求学生收集某一区域的土地利用方式的现状和变化，讨论分析该功能区分布范围、形成过程和形成条件，以及预测其未来发展。通过这种方式进行学习，可以有效培养学生的地理实践力。

（4）人地协调观。

学习和研究城乡空间结构的目的是为了合理利用城乡空间，这体现了人地协调观。比如在合理规划城市内部空间时，科学合理地规划建设绿地、建设绿色城市生态系统、建设与山水环境相融的城乡结构，就是人和城市空间的可持续发展关系的体现。在城乡规划中，注意保护和重建传统文化建筑、注意地方和民族传统文化的传承与保护，体现了历史文化与现代城乡空间结构的和谐共存，也是人地协调的具体体现。学生在学习过程中树立这些观念，对于培养正确的人地协调观有着积极的意义。

4. 学业质量水平要求（表1）

表1

课标内容	水平层次	具体要求
①结合实例，解释城镇和乡村内部的空间结构	水平1	能结合实例辨识、说出乡村的土地利用类型和城镇的主要功能分区（区域认知）
	水平2	能在具体的区域实例中，描述乡村土地利用类型的分布特点和城镇内部各功能区的分布特点和形成过程（区域认知）
	水平3	能在空间结构较复杂的乡村或城镇实例中分析各土地利用类型或功能区分布形成或发展变化的因素（区域认知、综合思维）
②结合实例，说明合理利用城乡空间的意义	水平1	能在空间结构较简单的城乡实例中，说出乡村或城镇土地空间结构对地理环境的影响（区域认知、综合思维）
	水平2	能在较复杂的城乡空间结构实例中，说明区域土地利用开发对地理环境的影响（区域认知、综合思维）
	水平3	能在给定的复杂情境案例中，说明城乡空间的合理规划对人地协调发展的意义，并提出合理的规划建议（区域认知、人地协调观、地理实践力）

三、典例示范

1. 课标内容①：结合实例，解释城镇和乡村内部的空间结构

（1）水平1示例。

【试题呈现】

（2019·海南卷）图2示意我国中部平原地区某村庄的土地利用情况。该村将不同位置的农用地按人口进行均分，图中①②③④分别示意某农户分到的地块。该村主要种植粮食作物和蔬菜。与粮食作物相比，蔬菜种植的劳动投入较多。随着农民进城落户，该村农用地逐步向种田专业户集中。据此完成1~3题。

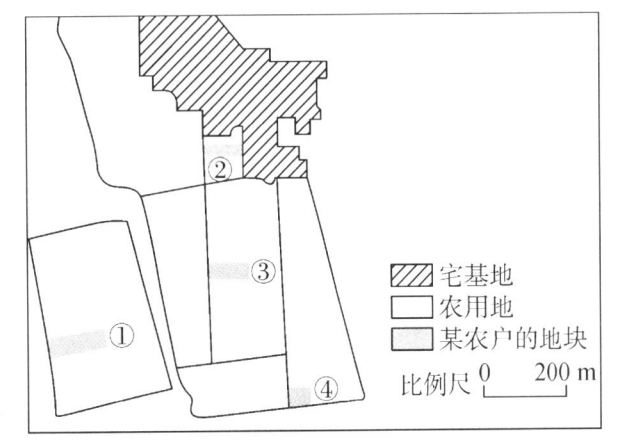

图2

1. 该农户分到的地块中，最便于种植蔬菜的是（　　）
A. ①　　　　B. ②　　　　C. ③　　　　D. ④
2. 该农户不购置大型农用机械种植农作物，主要原因是该农户的地块（　　）
A. 形状规整　　B. 地形差异小　　C. 分散细碎　　D. 距离村庄近
3. 农用地向种田专业户集中后，该村（　　）
A. 农产品商品率提高　　　　　B. 农用地面积减少
C. 农产品种类多样化　　　　　D. 农产品质量下降

【参考答案】
1. B　2. C　3. A

【水平表现说明】

试题以我国中部平原某村庄的农业用地的分布作为情境背景，情境的呈现方式为该村庄农业用地介绍的文字材料和该村庄的各类土地利用类型的空间分布图，情境信息较为完整详细。试题隐含的行为动词是分析和说明，结合设问来看，对学生的考查要求并不高。情境背景为我国中部平原地区，所以要求学生能对我国中部平原地区有一个较大空间尺度上的地理环境认知。同时试题具体以某村庄的农业土地利用和分布为情境背景，又要求学生能根据图文材料进行微小空间尺度上的区域认知，在此基础上了解其农业地块的分布特征。试题中对村庄农业用地分布位置的分析与判断，需要综合地形、居住地位置和距离、地块面积等多个因素进行综合思维，可以有效地训练学生的综合思维能力。从试题中农业用地分布位置的分析判断，该题组属于水平1层次。

（2）水平2示例。

【试题呈现】

（2021·山东卷）刚果首都布拉柴维尔在老城区东北方向的滨河湿地规划建设新城。图3示意新城区的功能分区。其中住宅区规划为三个不同等级，O、P区的住宅设计为装配式木质建筑，Q区的住宅设计为钢筋混凝土建筑。据此完成1~2题。

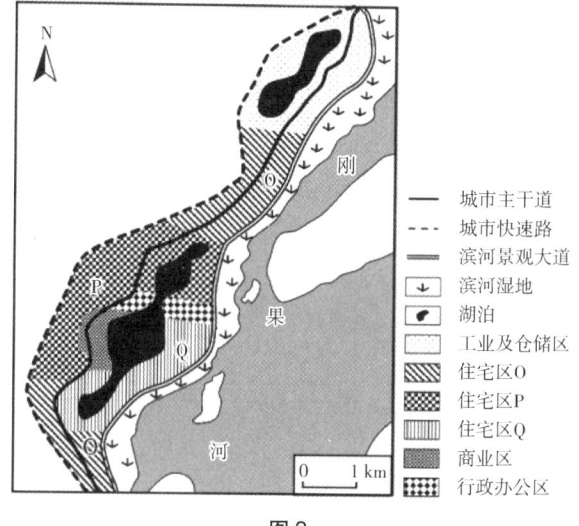

图3

1. 新城区内设计"串珠状"湖泊的首要目的是（ ）
A. 改善市民居住环境　　　　B. 提升土地商业价值
C. 提供生产生活用水　　　　D. 应对城市内涝灾害
2. O、P区的住宅设计成装配式木质建筑，主要是为了（ ）
A. 降低成本　　B. 提升品质　　C. 隔热防潮　　D. 生态环保

【参考答案】

1. D　2. A

【水平表现说明】

试题以非洲刚果首都新城区的城市地域结构案例为情境，配上城市内各功能区的分布图和各住宅区的建筑特征材料，给学生呈现了一个相对陌生但信息相对简单的情境。试题隐含的行为动词是分析，结合设问来看，对学生的要求水平相对较高。试题的分析建立在对非洲刚果地区的气候、植被、社会经济等地理环境特征有较明确的区域认知的基础上，同时又要能对图中所呈现的该首都城市的功能区类型及其分布进行信息提取和分析，形成对该城市的区域认知。该城市中"串珠状"湖泊属于城市生态区的功能区，要分析设问中该湖泊生态功能区特征的形成原因，必须结合当地的雨林气候特征、盆地地形特征、滨河位置特征等地理环境要素进行综合分析，同时又要考虑生态功能区的生态功能，以多因一果的综合分析法进行思维分析，对学生的综合思维能力要求较高。而分析各不同级别住宅区的建筑特征的形成原因，则需要学生在人地协调的观念下，结合当地的雨林植被丰富的（木材资源丰富）地理环境特征下的人类活动方式特点进行思考和判断，有利于学生树立起地理环境对人类活动影响的观念。综合该情境设置结构和问题设置难度，试题组属于水平2层次。

（3）水平3示例。

【试题呈现】

（2021·北京卷节选）阅读图文材料，完成下列要求。

汉堡（州）是德国的金融中心、世界级城市，为进一步提升全球地位，在老港外迁后，启动汉堡新城建设项目。汉堡新城将半荒废的老港工业区设计成10大特色板块（图4），在突出板块主要功能的基础上，融入居住、办公、零售、餐饮、休闲、教育等功能，保留较大面积的广场、步道、绿地，将红砖结构工业遗产重新改造利用。

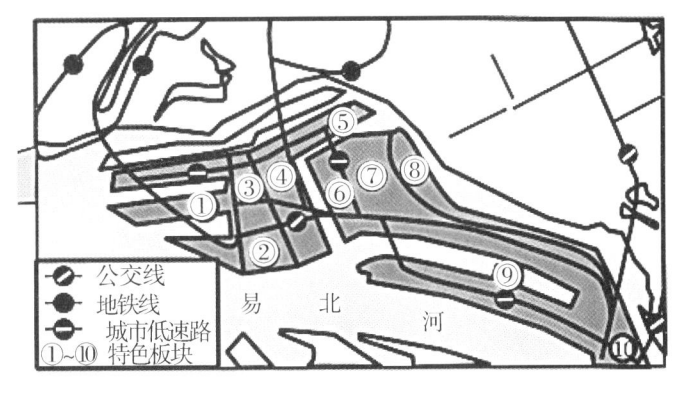

图4

(1) 推测老港外迁的主要原因。
(2) 简述利于汉堡新城建设的区位条件。

【参考答案】

(1) 港口的运输需求大，老港基础设施陈旧，货物吞吐量有限，难以满足货物运输需求；政策的引导作用；老港工业区土地利用率低，经济效益低。

(2) 政策支持；老港区有一定的基础设施，有利于新城的建设；老港工业区地租低；新城紧邻易北河，水运条件好，有利于物资的输入与城市的建设。

【水平表现说明】

试题以德国汉堡的老港外迁和新港建设所引起的城市空间地域结构的变化案例作为情境，强调了汉堡的城市地域结构的变化特征并通过示意图的方式呈现了汉堡城市各功能区的分布和变化过程。情境对于学生来说存在一定的陌生感，信息结构不良，有一定的难度。试题的行为动词是推测和简述，对学生的要求水平相对较高。试题的分析建立在对德国汉堡城市的基本区域认知上，要求学生通过示意图，理解穿过汉堡的易北河和城市的公交、地铁、低速路等交通地理要素，在此基础上将认知的各交通要素与新发展的城市功能区进行综合分析判断，从而理解新港区的城市地域结构特征，体现了综合思维素养。老港区的外迁和新港区的建设，都是适应地理环境发展变化的结果，所以试题的思考过程，同时也体现了对学生的地理协调观的考查。因为试题的情境信息提取与分析具有较大的难度，所以该题属于水平3层次。

2. **课标内容②：结合实例，说明合理利用城乡空间的意义**

(1) 水平1示例。

【试题呈现】

(2019·江苏卷) 某县地处平原，位于暖温带半湿润大陆性季风气候区。图5为"某县城区规划示意图"。回答下列问题。

(1) 该城市道路网络类型为＿＿＿＿，对城市交通的影响有＿＿＿＿。

(2) 图中①地最适宜布局的功能区为＿＿＿＿，理由有＿＿＿＿。

(3) 概括甲类功能区布局的相同点：＿＿＿＿。

(4) 指出该规划在提升人居环境质量方面采取的措施。＿＿＿＿。

【参考答案】

(1) 方格状　交通分散灵活；不便于对角线方向交通联系

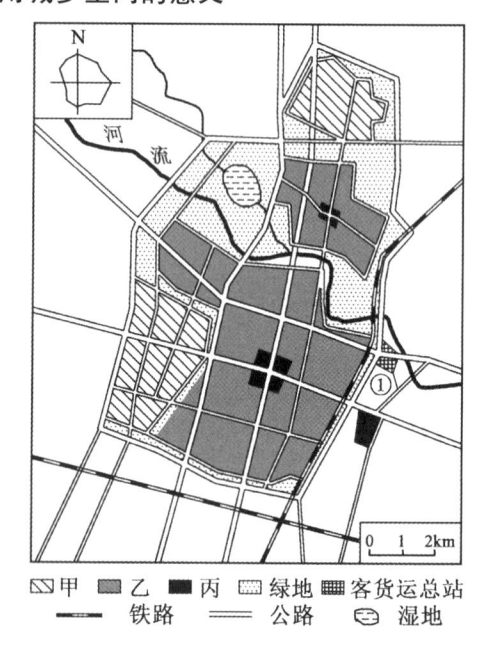

图5

(2) 仓储区　临近客货运总站，便于货物集散；地处城市郊外，地价低

(3) 布局在城市外围；沿交通线分布

(4) 工业与居住区之间有绿地隔离；沿河打造生态走廊；绿地面积大

【水平表现说明】

试题以东北平原某县城为区域背景，以该县城的道路分布格局和城镇土地利用功能区分布为情境，以县城规划示意图为情境呈现方式，情境整体较为简单清晰，解读难度较小。试题隐含的行为动词是描述、指出和分析，答题形式为填空，对学生要求较低。试题要求学生在通过示意图对该县城的道路分布和地域结构进行充分认知的基础上进行描述和分析，培养了学生的区域认知能力和素养。在分析交通道路分布优点和功能区的分布原因时需要充分考虑风向、河流等自然因素和各功能区与交通线路等人文因素的影响，是一种要素综合思维方式。最后要求学生能说出该县城在人居环境改善上采取的措施，则是引导学生树立起城镇建设与地理环境和谐一致的人地协调观。整体来看，试题情境和设问难度较小，属于水平1层次。

(2) 水平2示例。

【试题呈现】

(2021·山东卷) 20世纪90年代以来，长江三角洲地区F村农民的主要收入来源经历了数次转变（表2）。近年来，该村每年都会吸引来自杭州、上海等地的老年人在此休闲居住，短则1个月，长达5个月。旺季时，该村外来老年人与本村村民的人数比例超过6∶1，吸引周边村庄500余人就业。F村已成为远近闻名的休闲养老型村落。据此完成下题。

表2

时间	F村农民的主要收入来源
1990年以前	木材、木柴、木炭等
1991—1997年	茶叶、笋干、山核桃等
1998—2009年	观光旅游型农家乐
2010年至今	休闲养老旅游服务

休闲养老型村落的形成，可以（　　）

A. 提高城镇化水平　　　　B. 解决都市养老难题

C. 降低乡村生活成本　　　D. 促进乡村文化繁荣

【参考答案】

D

【水平表现说明】

试题以长江三角洲某乡村土地利用方式随时代变迁而改变的案例为情境，通过居民收入来源方式反映乡村土地利用方式的转变。试题隐含的行为动词是分析，对学生

要求较高。试题要求学生能对我国和长江三角洲地区的人口特点和人口问题的发展有较清晰的认知理解,属于对区域的社会经济环境特点的区域认知。分析主导因素则是建立在对影响产业发展区位因素综合分析的基础上,考查了学生的综合思维素养,同时在不同时代背景下分析土地利用方式及其转变,则是一种时空综合思维方式的体现。对于乡村土地利用开发方式转变对社会经济的影响分析,是一种人类活动与地理环境相互影响的人地协调观念的思维。综合来看,试题属于水平 2 层次。

(3) 水平 3 示例。

【试题呈现】

题图见第 125 页水平 3 示例。

说明特色板块空间利用方式对汉堡新城发展的作用。

【参考答案】

提高土地资源的利用率,经济效益提高;市民休憩空间充足,提高人居环境;合理利用工业遗产,有利于发展工业旅游。

【水平表现说明】

试题以德国汉堡的老港外迁和新港建设所引起的城市空间地域结构的变化案例作为情境,强调了汉堡的城市地域结构的变化特征并通过示意图的方式呈现了汉堡城市各功能区的分布和变化过程。情境对于学生来说存在一定的陌生感,信息结构不良,有一定的难度。试题的行为动词是说明,试题设问对学生的要求水平相对较高。结合实际的复杂情境案例,分析说明汉堡城镇地域结构中特色板块的形成与分布对城市发展的作用和影响,是城乡空间的合理规划对人地协调发展的意义分析,是人地协调观念在城市规划中的体现。试题的情境信息提取与分析具有较大的难度,所以该题属于水平 3 层次。

★ 必修2.3 结合实例,说明地域文化在城乡景观上的体现

一、课程标准

结合实例,说明地域文化在城乡景观上的体现。

二、课标解读

1. 行为条件和行为动词

该课标可细化为:①结合实例,说明地域文化在城市景观上的体现。②结合实例,说明地域文化在乡村景观上的体现。

该课标的行为条件是"结合实例",行为动词是"说明"。

2. 主要概念和知识结构

该课标涉及的主要概念是地域文化和城乡景观。

该课标知识结构的逻辑是:地理景观—地理景观的功能及所处范围—地理景观的象征意义。具体知识结构如图1所示。

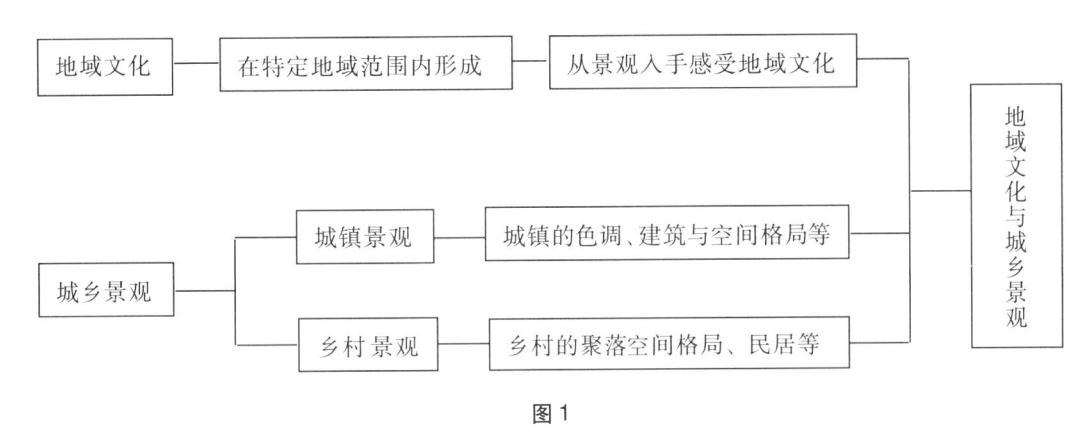

```
地域文化 ── 在特定地域范围内形成 ── 从景观入手感受地域文化 ──┐
                                                          ├─ 地域文化与城乡景观
城乡景观 ─┬─ 城镇景观 ── 城镇的色调、建筑与空间格局等 ──────┤
         └─ 乡村景观 ── 乡村的聚落空间格局、民居等 ─────────┘
```

图1

3. 地理核心素养指向

(1) 区域认知。

以地域文化为切口,培养学生的区域认知能力。在建构对某一区域的认知时,该区域所赋存的种种地理事象往往是重要的组成要素和着力点。由于处于同一地区的种种事象之间不可避免地存在相互联系与相互影响,所以认识与了解的事象越多,对一个地区的认识就越丰满,也就越能构建起全面而稳定的认知结构。无论是物质方面的还是非物质方面的地域文化,恰恰都是在特定地域范围内形成的,也经常作为划分区域的标准出现。因此,以便于观察的不同城乡景观为切口可以探求其背后各样的地域文化;再以不同地域文化为切口,可以了解其形成背后的区域背景。这样一来,就能建立一个新的认识区域的路径,利于学生建构更全面的区域认知。

(2) 综合思维。

以不同时空组合条件下的地理要素相互联系,培养学生综合思维。综合思维要求学生能在不同的时空组合角度下,分析地理事象的形成与影响。"地域文化与城乡景观"以多个不同时段和不同区域背景条件下形成的案例为载体,引导学生从具体城乡景观功能开始,从形成时间和形成条件的角度,一步步了解不同的城乡景观所展现出的具体地域文化;再将这些地域文化放置于当代时段和不同区域范围下,基于现存的地理条件和要素,分析它们的现实价值并预测其今后的存续发展。这样一来,学生就能通过对这些案例的学习,锻炼综合认识地理事象的思维方式和能力。

(3) 地理实践力。

利用实地调查培养学生的地理实践力。非物质方面的地域文化具备一定的抽象性,且遥远又陌生的地域下形成的地域文化，不论其具象程度高低，对于学生而言都会构成一定的认知障碍。为了能在更贴近学生认知和生活的水平上进行更深度的教学，就可以根据当地实际情况，选择具有一定代表性的特色文化景观，并以学生小组为单位，开展具体指导下的实地调查，最终形成学生在具身体验后、团体合作下的调查报告。这样一来，不但能够让学生更深刻地了解地域文化及其影响，也能在实践活动中培养学生的行动意识、行动能力。

（4）人地协调观。

以地域文化形成与存续的人地相关性，培养学生的人地协调观。每一种地域文化的形成和存续都受到了其所在地区和人类活动之间互动的影响。如红河哈尼梯田的乡村景观，虽然其重要功能为农田，但是它的形成在本质上是人类种植水稻的农业活动和当地地形、降水、植被、灌溉水源等条件互动的结果。其生产形式和用水、用地制度等特色地域文化能够一直存续至今，恰好能说明当地水、林、村、田长期处于一种和谐共生的状态。学习这类案例，有助于学生从地域文化的产生和影响角度，观察并了解人地之间的相互作用方式与结果，利于形成人地和谐共生的价值观。

4. **学业质量水平要求（表1）**

表1

课标内容	水平层次	具体要求
①结合实例，说明地域文化在城市景观上的体现	水平1	能够根据提示，说出典型、熟悉的空间格局、色调、建筑等城市景观案例体现的地域文化特征（综合思维、区域认知）
	水平2	能够根据陌生的城镇景观案例材料，从中选取适当的例子，说明其中体现的地域文化（综合思维、区域认知、人地协调观）
②结合实例，说明地域文化在乡村景观上的体现	水平1	能够根据提示，说出典型、熟悉的聚落空间格局、民居等乡村景观案例体现的地域文化特征（综合思维、区域认知）
	水平2	能够根据陌生的乡村景观案例材料，从中选取适当的例子，说明其中体现的地域文化（综合思维、区域认知、人地协调观）

三、典例示范

1. **课标内容①：结合实例，说明地域文化在城市景观上的体现**

（1）水平1示例。

【试题呈现】

（2019·天津卷节选）天津滨海新区发挥临海优势，采取多种举措，促进区域可持续发展。读图文材料，完成下题。

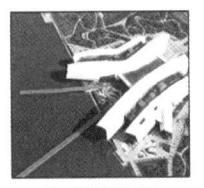

| 海洋博物馆 |  航母主题公园 |  妈祖文化园 | "渔家乐"码头 |

图2

集中分布在滨海新区北部的四处景观（见图2），共同反映了当地着力发展的产业是（　　）

A．船舶制造与维修　　　　　　B．海洋文化旅游
C．水产养殖与捕捞　　　　　　D．远洋货物运输

【参考答案】

B

【水平表现说明】

题目通过一段简洁的文字材料和四幅明确的城市景观图像，创设了一个较为简单的问题情境。题目重点考查了在给定典型城镇景观的条件下，对特色地域文化特征及其功能的简单判断。在素养考查上，题目重点凸显对"区域认知"和"综合思维"两个方面的考查。虽然给出的图像数量较多，但每一幅图像所呈现的景观均孤立又典型，且全部都配有明确的文字提示。又基于给定景观所处地区范围较小，"沿海"特征容易把握。可以判断，题目符合"综合思维"素养水平划分中的水平1——"在简单、熟悉的情境中辨识产业、文化等人文地理事象特点"，以及"区域认知"素养水平划分中的水平1——"根据提示，简单辨析区域某产业的部分特点"两项要求。综合来看，该题属于水平1层次。

（2）水平2示例。

【试题呈现】

（2021·天津卷节选）阅读图文材料，回答下列问题。

"京津冀协同发展"是我国发展战略之一。京津冀交通一体化、生态环境保护、产业升级转移被确定为京津冀协同发展要率先取得突破的重点领域。

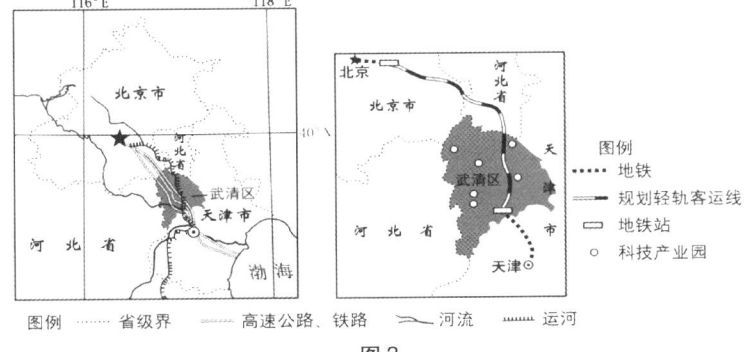

图3

历史上的天津因运河而兴，运河文化是天津地域文化之一。京津冀三地正在共同建设运河文化带，你认为天津市应当采取哪些措施，保护性开发运河文化遗产。

【参考答案】

挖掘运河沿岸的历史和民俗文化；在运河文化带建设中突出地域文化特色；整治沿河景观，保护生态环境；利用运河文化遗产发展旅游业等相关产业。

【水平表现说明】

题目通过短短的一句说明性文字材料和一个指示清晰的问题，创设了一个基于地域文化象征意义的情境。尽管题目前置的文字材料和图像材料没有呈现任何关于运河以及运河文化的信息，但大运河在我国历史中地理与文化地位的重要性是被广泛了解和认知的。且前置于题干的信息也明确点出了运河在天津兴起及特色运河地域文化形成中的关键作用。由此可以看出，题目对于学生提取信息的能力要求较低。而后，题目运用指示清晰的题干，引导学生思考在当代背景下，对目前实用功能较弱的运河景观在地域文化意义的存续上，进行保护和开发两个层面的探讨。这就要求学生能比较熟练地在"古""今"两个时间视域对比下，结合天津现状及运河不同时期的不同状况和价值，进行地域文化存续的可行性分析与判断。虽然整体难度不大，但仍对学生在时间尺度下地理事象的特征与条件把握提出了一定的要求。至此可以看出，题目符合"综合思维"素养水平划分中的水平2——"对于简单地理事象，能够简单分析产业、文化之间的关系"，以及"人地协调观"素养水平划分中的水平2——"简单分析地理背景，辨识人类活动影响地理环境的主要方式，以及出现的人地关系"两项要求。综合来看，该题属于水平2层次。

2. 课标内容②：结合实例，说明地域文化在乡村景观上的体现

（1）水平1示例。

【试题呈现】

（2021·北京卷节选）舟山群岛位于浙江省北部海域，主要地貌为山地丘陵。读图4，完成下题。

舟山群岛传统民居外形低矮，屋檐短，窗户小，建造时主要考虑的因素是（　　）

A. 植被状况　　B. 地形条件

C. 气候条件　　D. 水源分布

【参考答案】

C

【水平表现说明】

题目通过一句简单明了的文字材料和一幅事实清晰的图像，配合一个

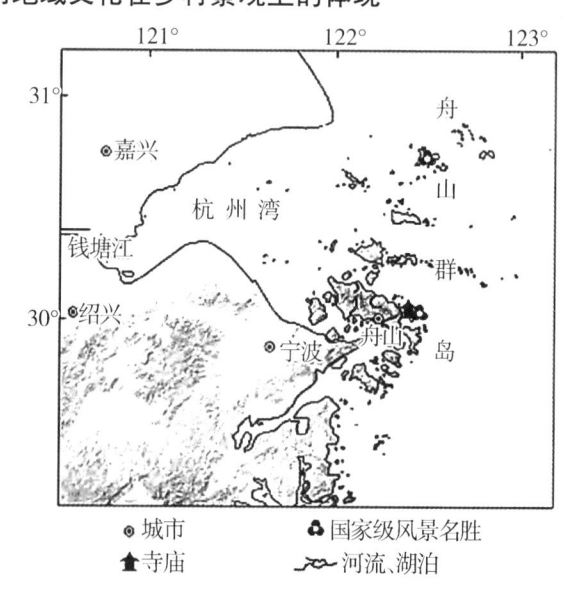

图4

补充材料式的问题，创设了一个比较简单的情境。虽然涉及了区域定位以及相应的区域特征判定、基于人地相互影响的民居特点判定；但由于选取了学生熟悉的区域，对于其地形特点也有明确提示，因此随之而来的气候特点判定和依据民居特点的思考，就显得难度不大。由此可以判断，题目符合"综合思维"与"人地协调观"素养水平划分中的水平1——"在熟悉的情境中，能够辨识文化的地理特点，简单分析其与自然地理环境的相互影响"，以及"区域认知"素养水平划分中的水平1——"根据提示，能够辨识熟悉区域的某些自然地理要素特征"的要求。综合来看，该题属于水平1层次。

（2）水平2示例。

【试题呈现】

（2021·北京卷节选）阅读材料，回答下列问题。

斯洛文尼亚"干草架"（图5）用于风干、存放牧草和小麦等农作物，是当地常见的乡村文化景观。随着旅游业的发展，该国建立了"干草架"博物馆，"干草架"文化内涵得到扩展。

图5

说出"干草架"体现的农业生产类型，并阐述"干草架"在旅游发展中的作用。

【参考答案】

畜牧业、种植业。丰富旅游资源，增强旅游吸引力，传承地域文化。

【水平表现说明】

题目通过简单的文字材料和一幅单一事物的图像，配合两个逻辑简单的问题，创设了一个判断性的情境。虽然材料较为陌生，但题目对于"干草架"这一给定乡村文化景观的原始功能，给出了明确的文字提示，对学生判断其形成的农业活动背景，有很强的辅助作用。而且，对于这一农事文化所延伸出来的旅游功能，材料也给出了"建立'干草架'博物馆"和"文化内涵得到扩展"的说明。这样一来，学生在建立文化事物和旅游活动之间的联系时，也就有了强有力的抓手。整体来看，题目符合"综合思维"素养水平划分中的水平2——"对于简单地理事象，能够简单分析产业、文化之间的关系"的要求。综合来看，该题属于水平2层次。

★ 必修2.4 运用资料，说明不同地区城镇化的过程和特点，以及城镇化的利弊

一、课程标准

运用资料，说明不同地区城镇化的过程和特点，以及城镇化的利弊。

二、课标解读

1. 行为条件和行为动词

该课标可细化为：①运用资料，说明不同地区城镇化的过程和特点。②运用资料，说明城镇化的利弊。

该课标的行为条件是"运用资料"，行为动词是"说明"。

2. 主要概念和知识结构

该课标涉及的主要概念是城镇化、城市环境和城市问题。

该课标知识结构的逻辑是：地理现象—地理现象的发生和发展—地理现象的结果和影响。具体知识结构如图1所示。

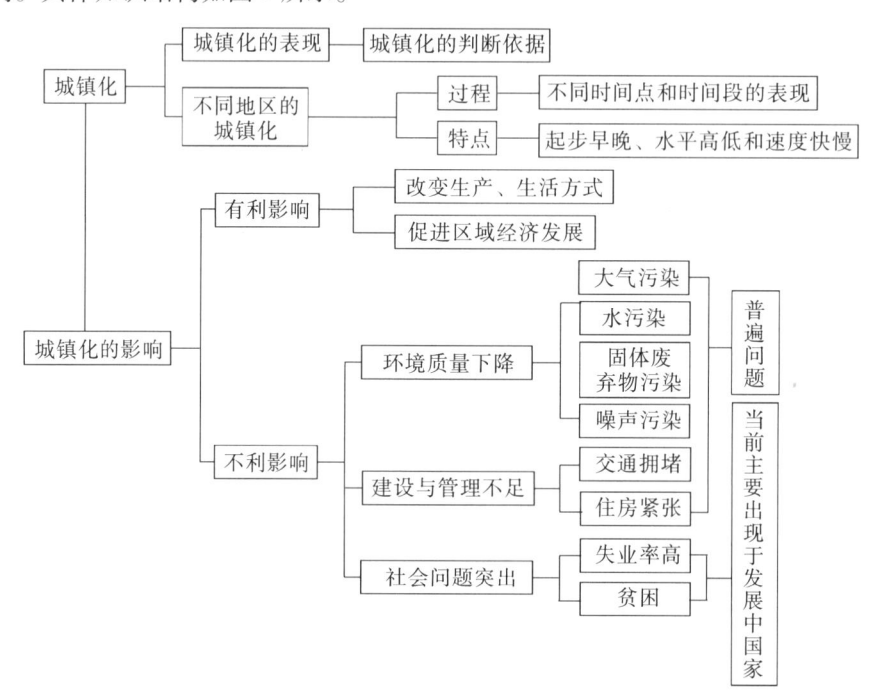

```
城镇化 ─┬─ 城镇化的表现 ─── 城镇化的判断依据
        └─ 不同地区的城镇化 ─┬─ 过程 ─── 不同时间点和时间段的表现
                              └─ 特点 ─── 起步早晚、水平高低和速度快慢

城镇化的影响 ─┬─ 有利影响 ─┬─ 改变生产、生活方式
              │            └─ 促进区域经济发展
              └─ 不利影响 ─┬─ 环境质量下降 ─┬─ 大气污染 ┐
                            │                ├─ 水污染    ├─ 普遍问题
                            │                ├─ 固体废弃物污染 │
                            │                └─ 噪声污染 ┘
                            ├─ 建设与管理不足 ─┬─ 交通拥堵 ┐
                            │                   └─ 住房紧张 ├─ 当前主要出现于发展中国家
                            └─ 社会问题突出 ─┬─ 失业率高   │
                                              └─ 贫困      ┘
```

图1

3. 地理核心素养指向

（1）区域认知。

以"区域对比"为路径构建区域认知。城镇化现象往往被视作一个地区经济、社会发展的集中体现。目前世界上不同地区，由于经济发展水平、社会文化意识等种种因素的不同，导致其城镇化水平、特点也有着明显的区别。对比发达和发展中国家或地区的城镇化进程和特点，可以运用区域分类和区域对比的研究方法和认识路径，有助于提炼城镇化的一般规律。此外，又由于城镇化可以对一个地区的环境、生产和生活方式、经济发展等产生巨大的影响，而这些问题往往又必须放置于一个具体的区域之下进行讨论；所以，不同区域的对比以及基于城镇化认识的区域认知，是渗透在整个城镇化学习过程中的。

（2）综合思维。

以"城镇化现象形成、发展和影响的差异"为纲，提领相关作用要素的认知，促进综合思维的培养。城镇化这一地理现象的形成，是区域内外的多种要素综合作用的结果。在认识城镇化的标志——城镇人口占总人口的比重时，就需要从人口迁移的角度，讨论人口为何会从乡村来到城市。在认识城镇化进程的差异时，就需要探讨经济发展、城乡建设、环境意识等多个要素的差异和变化。同样，在讨论城镇化的影响差异时，更需要讨论不同地区的不同城镇化特点，与大气、水、土地、人类生产与生活活动、社会文化意识等多种、多个具备地域差异性的地理要素之间的相互作用。因此，围绕在"城镇化差异"主题下的所有地理问题，都必须建立在不同时空条件下多项地理要素的相互作用里，有利于综合思维的培养。

（3）地理实践力。

利用"社会实践活动"，培养地理实践力。城镇化是过去几十年我国乃至世界重要的人类社会发展事件。无论身处乡村还是城市，当代每一个人的生活都离不开城镇化的影响。因此，可供查询、整理、探讨的城镇化资料可谓十分丰富，可以观察到的种种城镇化的现象、影响也大量存在于身边的生活中。那么，面向"城镇化案例探讨"的社会实践活动的组织就变成了一个极为可行的教学形式。学生在以个人或小组为单位的资料搜集、整理、研究、报告，或者实地的考察、研讨、分享等过程中，都能极大地锻炼行动能力和意志品质。

（4）人地协调观。

在"城镇化对地理环境影响"的认识中，渗透人地协调观。城镇化对地理环境的影响，是本模块极为重要的学习内容。在环境污染产生的一般原理指导下，学生通过了解城镇化使得人口、非农产业集中于城镇中的事实，进一步推断出城镇生活、生产废弃物排放具备量大、集中的特点，再进一步总结出城镇化容易导致水污染、大气污染、垃圾污染和噪声污染等环境问题。另外，还可以利用"城市内涝""热岛效应"等案例，深入地讨论城镇化对水循环、大气运动等自然要素和过程的影响。这些教学活动，都十分有利于学生全面深刻地了解到城镇化，尤其是不合理的城镇化容易产生

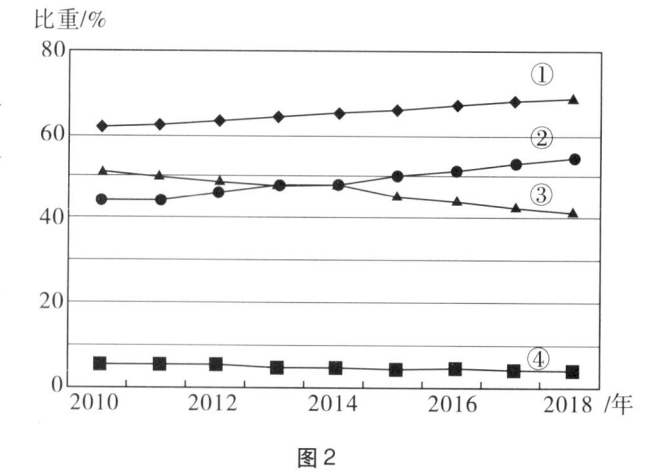

环境问题。此时,也可以多引入一些正向的案例如"绿色城市""海绵城市"等,进一步强化学生对于合理城镇化正向作用的认识,促进其形成绿色发展、和谐共生的人地协调观。

4. 学业质量水平要求(表1)

表1

课标内容	水平层次	具体要求
①运用资料,说明不同地区城镇化的过程和特点	水平1	能够列举城镇化进程特点,并根据提示说出给定的两个地区的城镇化差异(区域认知)
	水平2	能够运用熟悉的资料,归纳城镇化进程特点,并可以依据所给材料简单分析不同地区的城镇化差异(综合思维、区域认知)
	水平3	能够运用陌生的资料,概括不同地区城镇化的差异,并分析差异形成的原因(综合思维、区域认知)
②运用资料,说明城镇化的利弊	水平1	能够列举城镇化的影响,并简单说明熟悉的城市在城镇化过程中出现的问题(区域认知、人地协调观)
	水平2	能够运用所给资料,简单分析给定城市在城镇化过程中出现的问题(综合思维、人地协调观)
	水平3	能够运用资料,分析城市在城镇化过程中出现的问题,并能提出简单的解决措施(综合思维、区域认知、人地协调观)

三、典例示范

1. **课标内容①:运用资料,说明不同地区城镇化的过程和特点**

(1) 水平1示例。

【试题呈现】

(2019·浙江卷)图2为浙江省三次产业产值比重与城镇人口比重变化统计图。据此完成1~2题。

1. 表示城镇人口比重的是( )
   A. ①   B. ②
   C. ③   D. ④

图2

2. 图中折线反映了（　　）

A. 城镇人口比重显著下降　　　　　　B. 第一产业产值逐年下降

C. 第三产业发展是城市化的主要动力　D. 第二产业比重变化与城市化呈正相关

【参考答案】

1. A　2. C

【水平表现说明】

题目依据一份简洁的统计图，设计了两个具有递进关系的问题，创设了一个指向"城镇化特点观察"的情境。尽管该统计图中蕴含了第一产业产值比重、第二产业产值比重、第三产业产值比重和城镇人口比重四项未注明数据，看上去对学生的信息提取、分析和判断能力有不低的要求；但鉴于题目所给出的四项数据均为学生所熟悉，且考查区域为浙江省，同样属于学生在学习过程中多次认识并了解的"我国东部沿海发达地区"，因此，学生仅需要把握住这一熟悉地区的城镇化进程特点，即可依据图像中的各项数据信息的提取，做出准确的判断。所以说，题目整体来看，符合"综合思维"素养水平划分中的水平1——"在简单、熟悉的情境中辨识城乡、产业等人文地理事象特点"的要求。综合来看，该题组属于水平1层次。

（2）水平2示例。

【试题呈现】

（2020·海南等级考）图3所示地区城镇化进程是我国的一个缩影。改革开放以来，该地区大量乡村人口进城务工、经商等，逐渐融入城镇生活。农业转移人口的城镇化是推进城镇化建设、全面建成小康社会的重要措施。十九大报告指出，坚持新的发展理念，着力推动8 000余万农业转移人口成为城镇居民。据此完成1~3题。

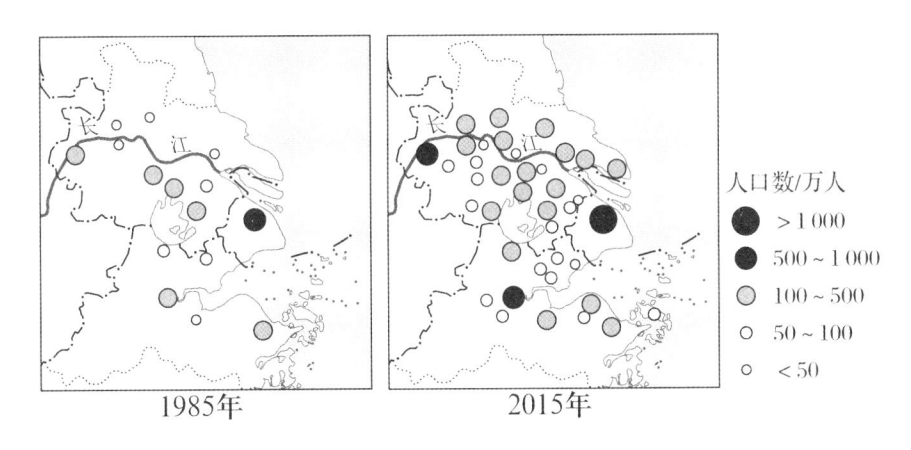

图3　长三角局部地区城镇化人口

1. 该地区城镇化的特点是（　　）

A. 多极化发展，不同等级城市同步扩张　　B. 一极多核，大中小城市数量增多

C. 多核心发展，高等级城市迅速扩张　　　D. 多极多核，城镇分散发展

2. 与珠江三角洲地区相比，该地区城镇能够吸纳较多农业转移人口的主要原因是（ ）

A. 城镇建设更加有序　　　　　B. 地域文化特色更浓厚

C. 对外开放程度更高　　　　　D. 农业机械化水平更高

3. 新时代促进农业转移人口城镇化的主要措施有（ ）

①加强基本农田建设　②提高教育经费比重，扩大城镇教育规模　③城乡统筹，加强就业培训　④提高城市落户门槛，加强户籍管理　⑤大力发展中小城镇

A. ①②③　　　B. ①②④　　　C. ②③⑤　　　D. ③④⑤

【参考答案】

1. B　2. A　3. C

【水平表现说明】

题目通过长江三角洲地区城镇化进程的图示材料和指向"农村转移人口城镇化"的文字材料，创设了一个问题探究情境。虽然学生对于"长江三角洲地区城镇化进程"和"人口迁移的推拉理论"均比较熟悉，但是题目选用了"城市等级""城市空间特征"两个新的角度引导"城镇化特点"的归纳，又从"与珠江三角洲对比"的角度引导对"吸纳农业转移人口原因"的分析。此外，题目还基于国家新的城镇化发展理念，引导学生对"促进吸纳农业转移人口"进行合理的探讨，并总结出一些可行性措施。至此，我们可以看到，题目在结合"熟悉情境"下，使用了一些新的观察、分析城镇化特点和原因的角度，对学生获取信息、调取知识、理解现象和分析问题提出了更高的要求。总的来看，题目符合"综合思维"素养水平划分中的水平 2——"对于给定的简单地理现象，能够简单分析人口、城乡、产业之间的关系，解释城镇化的时空变化过程"及"区域认知"素养水平划分中的水平 2——"能够自主辨识给定区域内的地理要素特征"的要求。综合来看，题目属于水平 2 层次。

（3）水平 3 示例。

【试题呈现】

（2018·江苏卷节选）阅读材料，回答下列问题。

材料一：城市群一般是以经济比较发达、具有较强辐射带动作用的核心城市为中心，由若干个空间邻近、联系密切、功能互补和等级有序的周边城市共同组成。城市群的发展可在大范围内实现资源的优化配置，加强互联互通，促进城市群内部各城市及城乡区域协同发展。

材料二：成渝城市群地处我国西南腹地，具有承东启西、连接南北的区位优势。图 4 为"成渝城市群空间结构规划略图"。

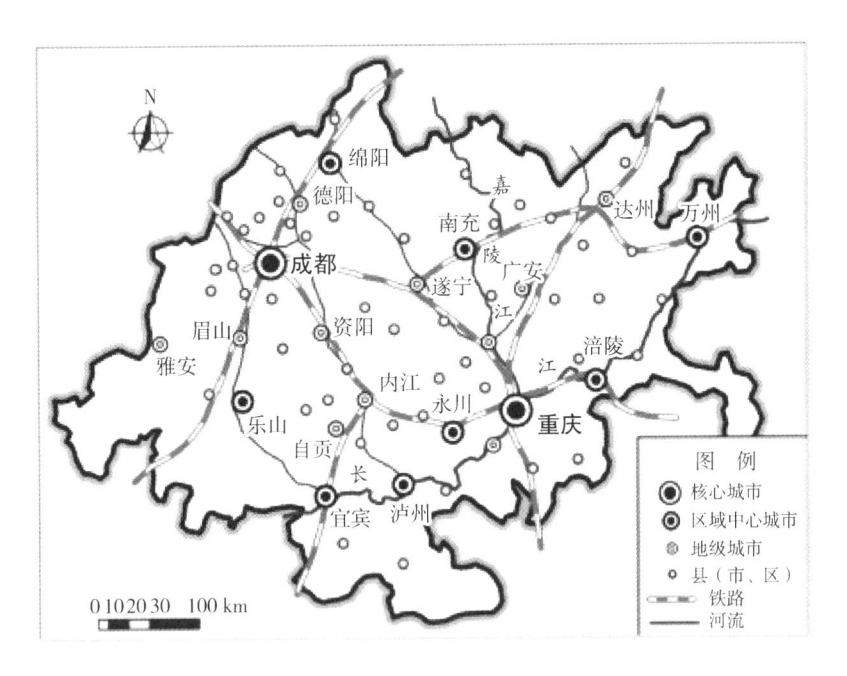

图4

材料三：表2为"长江流域三大城市2016年GDP及产业结构统计表"，图5为"2000年、2010年和2016年成渝城市群部分城市的城镇人口统计图"。

表2

城市	地区生产总值（GDP/亿元）	产业结构/%		
		第一产业	第二产业	第三产业
重庆市	17 558.8	7.4	44.2	48.4
成都市	12 170.2	3.9	43.0	53.1
南京市	10 503.0	2.4	39.2	58.4

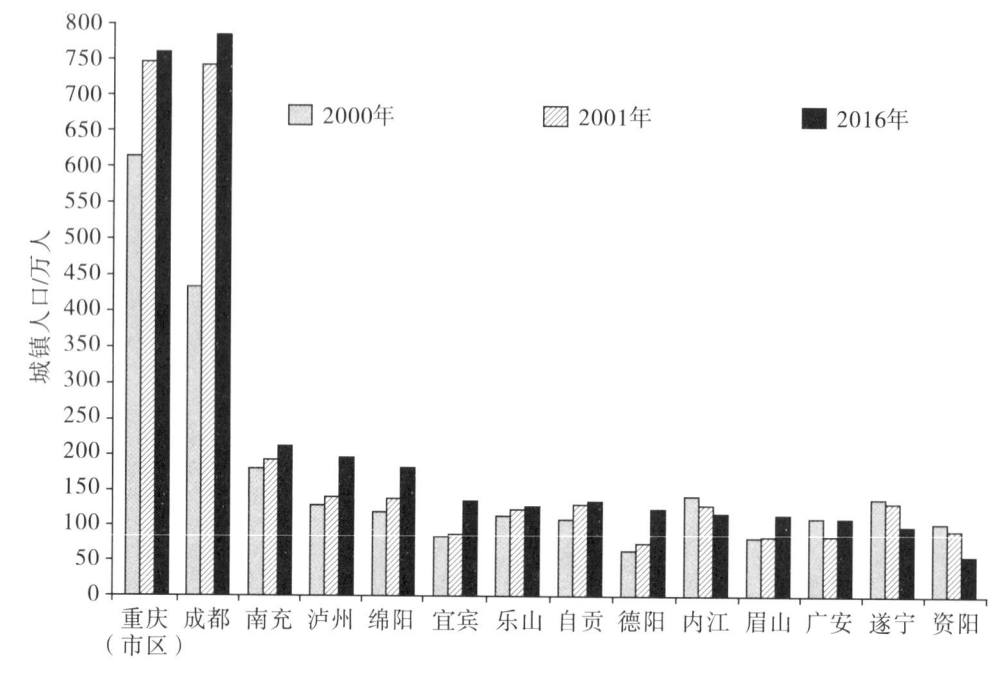

图5

说出目前成渝地区在城市体系建设方面已具备的基础；根据成渝地区城市发展现状及城市群发展的目标和要求，指出成渝城市群建设中应解决的主要问题。

【参考答案】

城市等级体系初步形成，形成了两大核心城市，城市数量众多，地区生产总值（GDP）较高；核心城市的辐射带动作用不强，城市等级体系不够完善，城市间发展不均衡，城市间功能互补不够，互联互通亟待加强。

【水平表现说明】

题目以成渝城市群为区域背景，通过特定材料的提示，创设了关于"城市群"这一城镇化新趋势的问题情境。情境中涉及的信息数量和种类比较多，给定的区域背景"成渝地区"与核心地理现象"城市群"对于学生来说也比较陌生。这就对学生在较陌生情境下进行信息的提取、分析、归纳提出了较高的要求。从问题角度来看，首先题目要求学生准确地理解"城市群"的一般特点，再从多项材料中准确提取出城市数量、核心城市及其与周边城市空间关系和地区GDP等信息加以归纳、总结。其次，题目从所得结论出发，进一步要求学生对资料中的交通、产业结构、城市等级等信息再次进行整合，并以"城市群的特点和功能"为纲，再对这些要素进行联系、对比、分析。由此可知，题目符合"区域认知"素养水平划分中的水平3——"能够根据不同类型区域的发展条件和现状，分析区域发展问题"的要求。综合来看，该题属于水平3层次。

2. 课标内容②：运用资料，说明城镇化的利弊

（1）水平1示例。

【试题呈现】

（2019·北京卷节选）读图6，完成下题。

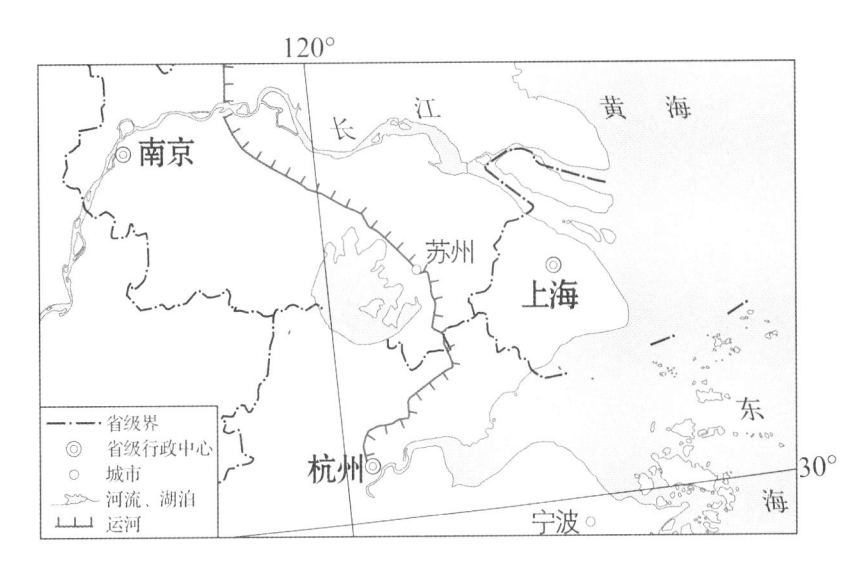

图6 长江三角洲局部地区图

长江三角洲区域一体化发展可以促进该区域（　　）
①乡镇数量明显增多　②城市服务功能增强　③第三产业结构趋同　④工业地域联系紧密

A. ①②　　　　B. ①③　　　　C. ②④　　　　D. ③④

【参考答案】

C

【水平表现说明】

题目通过一幅信息比较简单的长江三角洲地区图，创设了一个判断性问题情境。首先，题目所选取的背景区域是学生非常熟悉的，而且其中包含的地理信息数量不大，仅有位置、行政界线、城市、河湖等几个类型，对于直接或间接信息的提取来说难度较低。其次，虽然问题以"区域一体化发展"这一较陌生的现象为限定条件，但其后又提供了4项结果以供选择，使得思维的逻辑结构得到了简化。最终，学生只需要从"城市相距较远"的区域事实和"区域一体化发展"的必要条件"加强区域内部联系"出发，就能够结合所学知识，做出准确的判断。整体来看，题目符合"综合思维"素养水平划分中的水平1——"能够辨识……人文地理事象的地理特点，简单分析其中两者之间的相互作用"的要求。综合来看，该题属于水平1层次。

（2）水平2示例。

【试题呈现】

（2019·江苏卷）城市不透水面是指阻止水分下渗到土壤的城市人工地面。图7为某城市不同年份不透水面比例分布图。读图，完成1~2题。

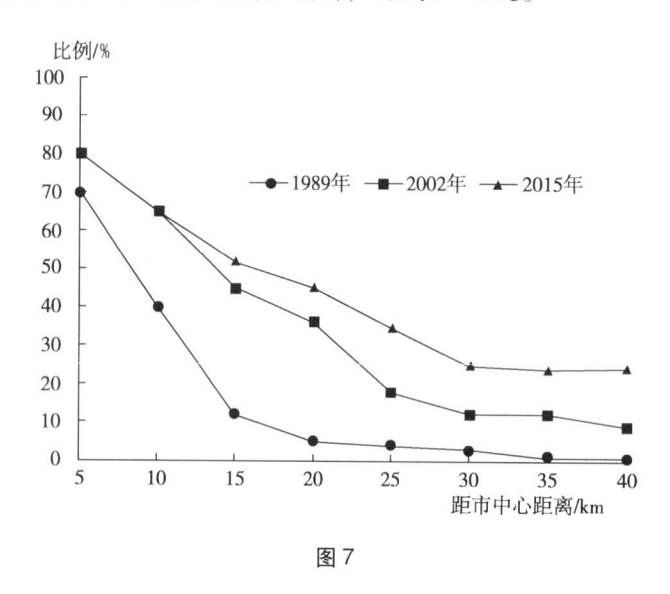

图7

1. 1989年到2015年间，该城市不透水面比例变化最大的区域距市中心（　　）
A. 10～15 km　　B. 15～20 km　　C. 20～25 km　　D. 25～30 km
2. 不透水面的增加可能导致该城市（　　）
①地下水位上升　②地表气温升高　③生物多样性增加　④地表径流增多
A. ①②　　　　B. ①③　　　　C. ②④　　　　D. ③④

【参考答案】

1. B　2. C

【水平表现说明】

题目通过一句简练的文字说明和一幅信息简单的统计图，创设了一个基于给定地理事象的问题情境。由于题目所给统计图中仅有时间、距市中心距离和比例三个信息，因此在阅读中比较容易判读出同一条件下关联另外两者所得出的信息。如问题1所要求的"同距离下的比例变化"。此外，问题2所要求基于"不透水面增加"的分析和推断，尽管具备较高程度的开放性，但同样也给出了4项结果以供选择，控制了问题思考的方向，降低了难度。学生只需牢牢抓住文字信息中所给定的"不透水面是阻止水分下渗……"这一地理事实，再结合水循环与大气受热过程等地理原理，进行简单的分析和判断即可。由此可知，虽然题目考查到了"城市化对地理环境影响"的分析，但简练的信息和有效的限定条件使得难度得到了降低。总的来说，符合"综合思维"素养水平划分中的水平2——"对于给定的简单地理事象，能够简单分析城镇化与自然要素之间的关系"及"人地协调观"素养水平划分中的水平 2——"辨识人类活动影响地理环境的主要方式"的要求。综合来看，该题组属于水平 2 层次。

(3) 水平 3 示例。

【试题呈现】

(2021 全国卷Ⅰ) 相对湿度是空气中实际水汽压与同温度条件下饱和水汽压的比值，用百分数表示。图 8 示意我国某大城市 1975—2015 年城区和郊区各月平均相对湿度。据此完成 1~2 题。

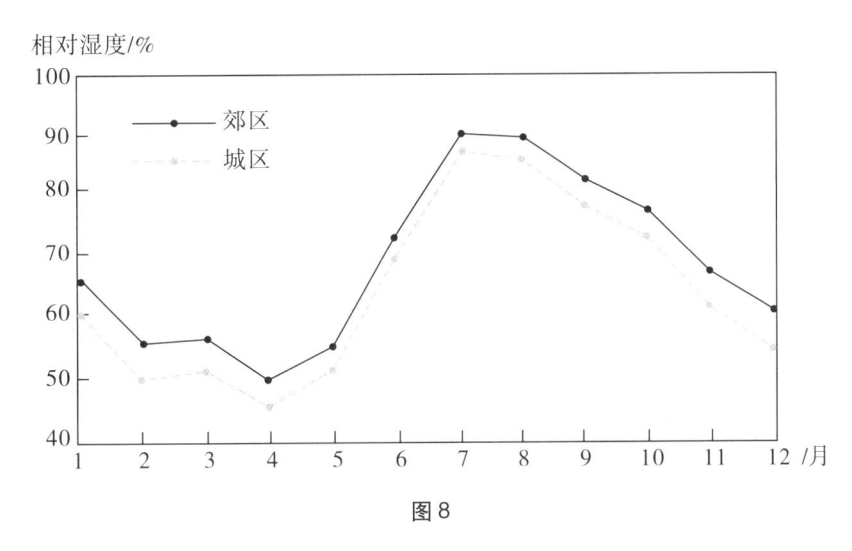

图 8

1. 造成城区与郊区相对湿度差异的主要原因是城区较郊区（   ）

A. 气温高　　　　　　　　　　B. 蒸发（腾）强
C. 降水量大　　　　　　　　　D. 绿地面积大

2. 该城市可能是（   ）

A. 乌鲁木齐　　B. 北京　　C. 上海　　D. 广州

【参考答案】

1. A　2. B

【水平表现说明】

题目通过给定的某大城市城区和郊区各月平均相对湿度这一材料，创设了一个思维逻辑复杂的问题情境。尽管题目情境中的文字材料与图像材料数量都不多，所呈现的直观信息也只有相对湿度概念、城区和郊区各月相对湿度两项，对提取信息的能力要求较低；但是，相对湿度的概念是比较抽象的，城郊相对湿度的时间变化与相对比较又可以和降水、气候等区域自然地理要素相联系，这就对学生运用所学知识，结合题目给定核心地理现象进行理解、分析、归纳的能力提出了较高的要求。首先，学生需要深刻地理解相对湿度概念，尤其是其中实际水汽压和饱和水汽压的含义以及饱和水汽压和气温的关系。其次，学生还要从城镇化对环境的影响结果出发，结合相对湿度概念和相关地理原理,综合考量水汽和饱和水汽的数值关系,才能做出准确的判断。再次,学生还要深刻理解相对湿度与降水之间的关系,结合其与月份之间的关系,推断出该地的降水季节变化特征,再与给定的四个地区进行比较。由此来看,题目符合"区域认知"素养水平划分中的水平3——"能够分析区域发展中出现问题的原因"及"综合思维"素养水平划分中的水平3——"对于给定的复杂地理事象,分析人类活动对自然地理环境影响的强度与方式"的要求。综合来看,该题组属于水平3层次。

★ 必修2.5 结合实例,说明工业、农业和服务业的区位因素

一、课程标准

结合实例,说明工业、农业和服务业的区位因素。

二、课标解读

1. 行为条件和行为动词

该课标可细化为:①结合实例,说明工业的区位因素。②结合实例,说明农业的区位因素。③结合实例,说明服务业的区位因素。

该课标的行为条件是"结合实例",行为动词是"说明"。

2. 主要概念和知识结构

该课标涉及的主要概念是区位、工业、农业、服务业、农业区位因素、工业区位因素和服务业区位因素。

该课标知识结构的逻辑是:人类产业活动—产业活动的位置及影响因素—产业活动及影响因素的变化。具体知识结构如图1所示。

图1

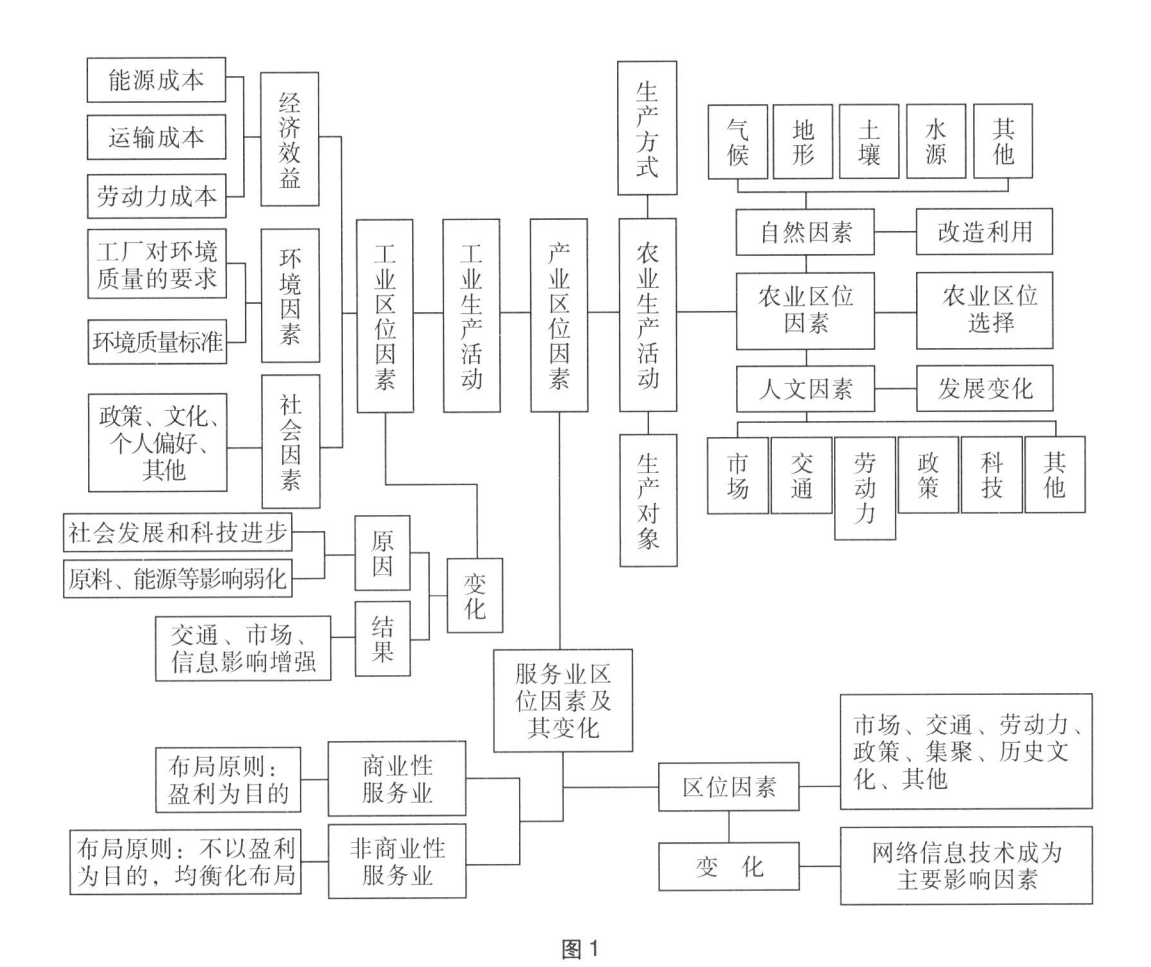

3. 地理核心素养指向

（1）区域认知。

以空间—区域的观点认识地理环境与人类活动的关系，培养区域认知。区位概念本身就包括两层含义：一是事物位置，二是该事物与其他事物的空间联系。在本模块中，区位指人类产业活动的空间分布及其与其他要素的相互作用和空间联系。因此，在探讨产业区位因素时，必须结合产业活动本质，从其空间位置出发，依据其所处区域或场所持有的属性或资质，再结合人们对这些属性与资质的价值判断，来进行分析和阐释。如，农业活动的本质是栽培植物与饲养动物，因此其与自然环境之间的关系非常密切，这就必须要讨论气候、地形、土壤等自然条件与某一具体农业活动之间的关系。再如，工业活动除采掘外，都是在工厂内对原料进行加工与再加工，其目的是获得利润。因此，工业生产活动自然会更多地考虑运输、劳动力、市场等社会经济因素。此外，由于人类产业活动数量与种类繁多，分布也非常广泛，使得学生在学习过程中会接触到许多不同地区、不同形式的产业区位分析案例，有助于其了解和认识更多的区域。总的来说，区位本身极强的空间—区域性，非常有助于培养学生的区域认知。

(2) 综合思维。

运用区位因素的综合分析和发展变化，促进综合思维。区位因素本身是一个综合的概念。在区域中，每一个具体的人类产业活动都会与该区域持有的多项要素产生联系。因此，在具体分析某一产业活动时，往往要从多个方面进行观察和讨论，甚至要辨析出其中的主导因素或限制性因素。如对于季风水田农业而言，就需要讨论气候、地形、土壤、劳动力乃至饮食偏好等主要区位因素；也需要认识到，由于水稻好暖喜湿的习性，使得高温多雨、雨热同期的气候条件成了主导因素。可以看到，在区位因素的讨论中，多项要素的综合分析是非常基础和寻常的，属于典型的"要素综合"。此外，由于区域所有要素自身以及人类对其的价值判断都是在发展变化中的，所以区位因素分析经常会在空间上的"要素综合"基础上，添加上时间的变量。如钢铁工业的主导区位因素变化，就是由于钢铁冶炼技术和交通运输方式的发展，使得原有煤炭和铁矿的影响大大下降，而港口和市场的影响变得重要。其中，不仅技术与交通两个要素自身发生变化，人们在判断成本与利润时，对煤炭、铁矿与港口、市场的价值认定也发生了改变。至此，可以看到，区位因素的分析具有极强的时空综合特征，可以很好地促进综合思维发展。

(3) 地理实践力。

结合实际情况，开展实地调查，培养地理实践力。农业、工业、服务业是人类社会中最为重要的三个产业活动，遍布于各类型、各等级的聚落之中或周边。因此，无论是在城镇还是在乡村，都可以在身边的生活中看到不同类型和规模的产业活动个例。那么，在进行本模块的教学时，如果能认真结合本地实际情况，选取本地的一些可供实地调查并方便学生行动的产业活动作为案例，再配合精心的活动设计、引导和组织，就可以很好地促进学生在资料的查询、搜集和实地的考察、记录以及后期的讨论、报告等行动中，使用区位分析的方法，体验科学探究的过程，锻炼行动能力、行动意识和沟通合作能力。例如，在服务业区位因素及其变化的教学中，可以引导学生选择自己熟悉的商业中心进行实地调查，通过了解其商铺数量、类型、规模以及一些商铺的服务范围、服务人群和客流量等情况，结合"天地图"等信息技术支撑下的地图平台，分析该商业中心的主要区位因素。所以说，在真实的社会中观察产业活动，可以极大地提升地理实践力且具备很强的可操作性。

(4) 人地协调观。

通过区位选择中的负面要素分析，渗透人地协调观。人类产业活动与所处地区的相互联系十分紧密，相互影响不可避免。因此，在进行具体的区位选择时，不可避免地需要考虑产业活动对区域环境的要求及影响，也就不可避免地需要从负面角度考虑某一种或某一个产业活动的区位选择。比如，在工业区位选择中，环境要素就是非常重要的。其中既包括某工业活动对环境质量的要求，也会着力考虑有污染的工业活动对环境所造成的不利影响和后果，从而进一步影响到这些工业活动的最终区位选择。再比如，在山地丘陵的陡坡上进行农业开发时，往往会抛弃单位产值较高的种植业而去选择林果业，这样有悖于直观经济利益的农业区位选择，也是从陡坡开垦容易引发水土流失等生态问题的负面角度来考量的。那么，通过诸如此类负面角度下的区位选择案例的教学，不但可以培养学生从整体的角度全面认识事物的能力，也可以有效地使其意识到人类社会要更好发展，就必须协调好人类活动和地理环境的关系，形成人地协调观。

4. 学业质量水平要求（表1）

表1

课标内容	水平层次	具体要求
①结合实例，说明工业的区位因素	水平1	能够列举给定的因素，根据提示说出简单案例中主要涉及的一两个因素及简单描述其对工业区位选择的影响；能够根据提示简单说明给定案例中的工业区位因素变化（综合思维、区域认知）
	水平2	能够结合较复杂的案例，找出影响工业区位选择的区位因素，简单分析其在工业区位选择中的影响；能够根据给定案例，简单使用工业区位因素变化原理进行分析（综合思维、区域认知）
	水平3	能结合陌生案例，依据常见工业布局的影响因素，从经济、社会和环境的角度，较全面或深入地分析工业区位因素的影响；能够运用工业区位因素变化原理分析新情境下的相关问题（综合思维、区域认知、人地协调观）
②结合实例，说明农业的区位因素	水平1	能够依据熟悉的案例，说出其中影响农业区位选择的一两项因素或简单地描述农业区位（综合思维、区域认知）
	水平2	能够列举自然和人文主要因素，简单分析某个主要因素对农业区位选择的影响或主要因素之间的关系；能结合给定案例，比较主导区位因素或重要区位因素（综合思维、区域认知）
	水平3	能够全面准确地说出自然和人文因素，分析各要素之间的相互关系并在新情境中说明主导因素或限制因素以及分析各要素对农业区位选择的影响（综合思维、区域认知、人地协调观）
③结合实例，说明服务业的区位因素	水平1	能够依据熟悉的案例，说出其中影响服务业区位选择的一两项因素或简单地描述服务业区位；知道新兴服务业的发展特点（综合思维、区域认知）
	水平2	能够结合给定案例，简单分析某个区位因素在服务业区位选择中的影响及通信网络、科技等因素对新兴服务业的影响（综合思维、区域认知）
	水平3	能够结合陌生案例，说明影响服务业的主要区位因素，较综合或深入地分析服务业或新兴服务业区位选择的影响因素（综合思维、区域认知）

三、典例示范

1. 课标内容①：结合实例，说明工业的区位因素

（1）水平 1 示例。

【试题呈现】

（2019·海南卷节选）2015 年，我国某服装企业在卢旺达建立成衣制造厂，生产的服装 20% 在卢旺达销售，80% 出口欧美国家。2015 年中国商务部公布的数据显示，在非洲投资的中国企业超过 2 500 家，其中民营中小企业超过 70%。据此完成下题。

该服装企业在卢旺达建立成衣制造厂的有利条件是（　　）

A. 基础设施好　　　　　　B. 人工成本低
C. 本地市场大　　　　　　D. 获取信息快

【参考答案】

B

【水平表现说明】

题目通过一份简短的文字说明和一个判断性质的问题，营造了一个简单的问题情境。在情境中，和问题相关的信息仅有"设立成衣制造厂"和"20% 在卢旺达销售，80% 出口欧美国家"两项，不但数量少，而且事实描述非常清楚，不存在信息提取与理解的难度。此外，虽然卢旺达对学生来说属于比较陌生的国家，但只要将其放置于"非洲"和"发展中国家"的范围与概念中，它就变成了一个比较熟悉的地区。加上服装制造业的区位选择也是学生熟悉的案例，因此在题目情境中，学生可以很容易地调取熟悉的知识，做出比较准确的判断。总体来说，题目符合"综合思维"素养水平划分中的水平 1——"在简单熟悉的情境中，能够辨识……人文地理事象特征，简单分析两者之间的相互作用"及"区域认知"素养水平划分中的水平 1——"能够简单辨析熟悉区域某产业的部分区位因素和特点"的要求。综合来看，该题属于水平 1 层次。

（2）水平 2 示例。

【试题呈现】

（2020·全国卷Ⅲ）自 20 世纪 90 年代，在经济全球化浪潮下，一些国家之间签订自由贸易协定，降低甚至取消彼此间部分商品的贸易关税，促进商品的自由贸易。图 2 示意汽车企业在已签订自由贸易协定的甲、乙两国的产业布局调整。据此完成 1~3 题。

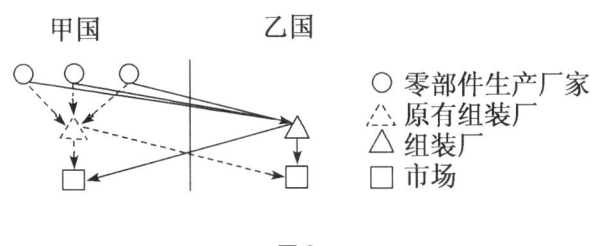

```
甲国        乙国
○ ○ ○              ○ 零部件生产厂家
                   △ 原有组装厂
      △            △ 组装厂
□     □            □ 市场
```

图2

1. 汽车企业将组装厂由甲国转移至乙国的主要目的是（   ）
A. 创新技术　　　B. 拓展市场　　　C. 扩大规模　　　D. 降低成本
2. 该产业布局模式宜发生在邻国之间，主要原因是邻国之间（   ）
A. 消费习惯相近　　　　　　B. 经济发展水平相近
C. 运输费用较低　　　　　　D. 研发成本差异较小
3. 该产业布局调整导致甲国汽车的（   ）
A. 进口量增多　　B. 出口量增多　　C. 销售量增多　　D. 生产量增多

【参考答案】

1. D　2. C　3. A

【水平表现说明】

题目通过简洁的文字材料和示意图，设置了三个逻辑上递进的问题，创设了一个多角度的问题情境。尽管"自由贸易协定"的概念比较陌生且图像中的要素数量较多、组成较复杂，但文字材料不但对"自由贸易协定"的作用有着清晰的说明，也明确地指出了图像重点表达出的"产业布局调整"主题。这样一来，学生在该情境中就可以较为顺利地根据文字和图例提示，准确地理解"自由贸易协定""调整前的工厂与市场布局"和"调整后的工厂与市场布局"等核心人文地理事象，并进一步结合熟悉的"汽车产业"和问题中"组装厂""邻国""进口量"等熟悉的概念及相关知识，做出合理推理和判断。至此可知，题目整体上符合"综合思维"素养水平划分中的水平2——"对于给定简单地理事象，能够简单分析……人文地理事象之间的关系，解释产业区位的时空变化过程"及"区域认知"素养水平划分中的水平2——"能够自主辨识给定区域内某产业的区位因素"的要求。综合来看，该题组属于水平2层次。

（3）水平3示例。

【试题呈现】

（2018·全国卷Ⅲ节选）阅读图文材料，完成下列要求。

1991年博茨瓦纳在索瓦（图3）建立纯碱厂，采盐沼地下卤水，入蒸发池，再用蒸发后的浓缩卤水生产纯碱。纯碱产品主要销往南非。近年来由于采取环保新工艺和来自美国产品的竞争，纯碱厂处于亏损状态。

图3

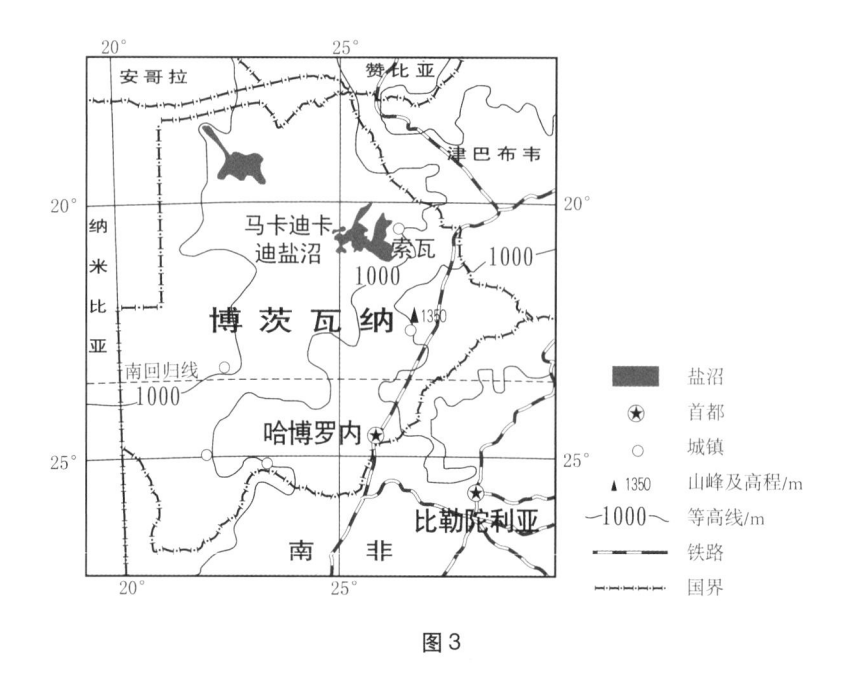

(1) 指出索瓦附近利于卤水蒸发的地形和气候条件（8分）
(2) 近年来，纯碱厂处于亏损状态。当地对是否关闭纯碱厂有不同的观点。表明你支持的观点并说明理由。(6分)

【参考答案】
(1) 地形：位于（南非）高原上的低洼（盆）地，地表平坦。(4分) 气候：（属于热带草原气候，全年高温，分干湿两季）干季长，高温少雨，光照强，蒸发旺盛。(4分)
(2) 同意关闭：技术水平较低，生产成本高，运费高，竞争力弱，短期内难以改变亏损状态（3分）；国内资金不足；市场狭小（主要销往南非）（3分）。

或不同意关闭：保护民族工业，保障就业（3分）；带动相关产业发展（3分）。

【水平表现说明】
题目通过一段简短的文字材料和一幅要素较多的区域图，营造了一个复杂的问题情境。尽管文字阅读量不大，但其中涉及的采地下卤水蒸发并进一步生产纯碱的方式，对学生来说是一个陌生且比较具体的工业过程。而且，博茨瓦纳也是学生比较陌生的国家，加之图像中的信息要素种类与数量都比较多，使得阅读并有效提取信息的难度也有了提升。此外，在问题的解决中，学生首先就需要结合蒸发的自然原理，有效地提取出图中的位置和地形信息，通过位置信息判断出当地的气候特征，再综合分析并归纳出结论。其次，则需要围绕"纯碱厂经济效益低下"这个区域发展问题进行开放性讨论。在解答过程中，学生一方面需要结合当地的区位条件，另一方面还要将其放置于国家层面的区域中进行分析，对知识运用和思维能力的要求都比较高。整体来看，题目符合"综合思维"素养水平划分中的水平 3——"能够对解决区域发展问题的对策做出解释"及"区域认知"素养水平划分中的水平 3——"能够根据不同类型区域发展条件和现状,分类分析区域发展问题及原因"和"人地协调观"素养水平划分中的水平 3——"对于复杂给定地理事象,能够说明自然环境对人类活动的影响"三者的要求。综合来看,该题属于水平 3 层次。

2. 课标内容②:结合实例,说明农业的区位因素

(1) 水平 1 示例。

【试题呈现】

(2019·浙江选考节选)美国生猪养殖实行大规模工厂化生产。图 4 为美国部分农业带分布图。读图,完成下题。

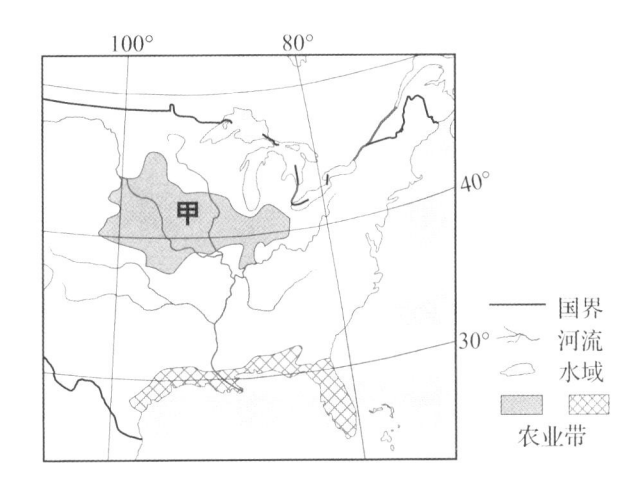

图 4 美国部分农业带分布图

美国生猪养殖场集中分布在甲带内,主要影响因素是(　　)

A. 自然环境　　B. 饲料供应　　C. 交通条件　　D. 市场需求

【参考答案】

B

【水平表现说明】

题目以"美国生猪养殖业布局"为背景,配合一个判断性问题,创设了一个简单的问题情境。虽然美国生猪的"大规模工厂化生产"的具体情形并不被学生所了解,但欧洲西部奶牛饲养的"工厂化"特征和我国东北地区舍饲养畜业的"饲料"条件都属于学生所掌握的主干知识,可以很容易地进行知识迁移。加之题目所提供的文字材料与图像材料呈现的信息十分简洁,所选用的"美国"区域背景、所突出的"美国农业带分布"都被学生所熟知,因此,学生仅需结合所熟悉的知识,就可以很轻松地判断出"美国生猪养殖场位于玉米带"这一关键结论;再通过文字材料中"工厂化生

产"的提示,即可很顺利地与所学高相似度案例进行简单类比思考和迁移运用,从而准确做出判断。整体来看,题目符合"综合思维"素养水平划分中的水平1——"在简单、熟悉的情境中,能够辨识……自然地理要素,简单分析区域中少数几个要素与人类活动的关系"及"区域认知"素养水平划分中的水平1——"根据提示,能够简单辨识熟悉区域的某些自然要素特征并简单辨析某熟悉产业的部分区位因素和特点"的要求。综合来看,该题属于水平1层次。

(2) 水平2示例。

【试题呈现】

(2021·广东卷节选)长江流域、黄河流域和西北内陆地区是我国三大产棉区。2020年,新疆棉花产量占全国和世界总产量分别达87.3%和20%以上,机械采摘率已达69.8%。表2反映三大产棉区不同时段面积和单产对棉花产量的贡献率变化。据此完成下题。

表2

贡献率/% 时段/年	长江流域		黄河流域		西北内陆地区	
	面积	单产	面积	单产	面积	单产
1950—1965	22.61	30.27	26.85	48.61	52.38	9.52
1965—1980	18.77	46.74	20.37	52.78	34.92	26.98
1980—1995	30.65	37.55	50.93	30.56	47.62	19.05
1995—2010	55.56	19.16	62.04	17.13	61.90	9.52
2010—2015	57.47	26.44	68.06	11.11	66.67	9.52

从自然因素考虑,影响三大产棉区棉花生长的共性条件是( )
A. 丰沛的降水　B. 昼夜温差大　C. 充足的光热　D. 肥沃的土壤

【参考答案】

C

【水平表现说明】

题目以我国三大产棉区为背景,设置了一个区域对比情境。尽管情境中有新疆棉花产量贡献率、机械采摘率、三大产棉区棉花产量贡献率等多个信息,但对于问题解答而言,并不需要使用这些信息,对提取和理解信息的能力要求不高。然而,问题又需要学生不仅仅考虑"棉花生长习性",还需要结合对农业区位因素中自然因素的理解,从区域自然特征对比的角度进行分析和思考。由于涉及的区域数量有三个之多,虽然学生对它们的熟悉程度较高,但反复的两两对比次数和正反向思考次数是比较多的。而且,选项给出了降水、温差、光热、土壤等四项不同的自然因素,提升了思维的容量和层次,加大了思考的难度。整体来看,题目符合"综合思维"素养水平划分中的水平2——"对于给定简单地理事象,能够简单分析……人文地理事象与自然要素之间的关系"及"区域认知"素养水平划分中的水平2——"能够自主辨识给定区域的某些自然要素特征"的要求。综合来看,试题属于水平2层次。

(3) 水平3示例。

【试题呈现】

(2021·湖南卷节选) 阅读材料,完成下列要求。

海南省是我国栽培水稻的起源地之一,自然条件优越。"杂交水稻之父"袁隆平院士科研团队在海南省三亚市建有水稻育种试验基地,在此选育了多个高产杂交水稻品种。一直以来,海南省稻作以"一年一熟"为主,"一年两熟""一年三熟"仅分布在水源充足地区且总面积不大。海南省目前稻米缺口仍然较大。表3为海南省和湖南省2019年水稻生产的相关数据。

表3

项 目	省 份	
	海南	湖南
水稻占农作物播种面积比重/%	34.0	47.5
水稻播种面积/千公顷	229.7	3 855.2
水稻产量/万吨	126.5	2 611.5
人均水稻产量/千克	133.9	377.5

(1) 说明海南省大部分地区水稻种植以"一年一熟"为主的原因。

(2) 海南省目前稻米缺口仍然较大,试分析其社会经济原因。

【参考答案】

(1) 大部分地区水源不足,水利设施不完善;夏秋多台风,影响农民种两季或三季稻的积极性;一些地区种一季水稻外,其他时间种植附加值更高的经济作物。

(2) 大部分地区水稻种植以"一年一熟"为主;蔬菜、瓜果等经济作物播种面积比重较大(水稻播种面积比重较小);稻米需求量大。

【水平表现说明】

题目用事实描述性的文字和表格资料,配合两个现象解释问题,构建了一个比较复杂的问题情境。在情境中,文字材料包括了"海南为水稻起源地""三亚市建有水稻育种试验基地""海南水稻以一年一熟为主""海南岛稻米缺口大"等多项信息。尽管描述的都很清晰,在直观理解上没有难度,但较大的信息数量,仍然对信息的提取有着较高的要求。表格资料同样如此,虽然仅是数据的清晰展示,但包括四个项目和两个地区。在问题解答上,学生首先就面临一个"反规律"问题解释。其需要排除关于"海南岛水热充足"的习惯性简单认识,认真阅读材料并从中准确提取出其他熟制稻作分布在"水源充足地区"的信息,再结合关于"水稻种植业"和"海南岛自然环境特征"的熟悉知识,进行多角度综合分析。接下来的现实问题解释,更需要学生牢牢抓住"稻米缺口大"的核心地理现象,结合文字和表格信息,从供、需两个角度全面思考和分析。由此可以看出,题目总体上符合"综合思维"素养水平划分中的水平3——"能够分析不同区域发展中出现问题的原因"和"区域认知"素养水平划分中的水平3——"能够根据不同类型区域的发展条件和现状,分类分析区域发展问题及原因"的要求。综合来看,试题属于水平3层次。

3. 课标内容③:结合实例,说明服务业的区位因素

(1) 水平1示例。

【试题呈现】

(2021·浙江卷)购物中心是集零售、餐饮、娱乐于一体的商业综合体,其内部布局除中高档品牌店、专卖店外,一般还有大型超市。据此完成下题。

购物中心内布局大型超市的主要作用是(　　)

A. 提升服务档次　　　　B. 增加消费客源
C. 改善消费环境　　　　D. 扩大服务范围

【参考答案】

B

【水平表现说明】

题目通过简短的文字说明,创设了一个简单的问题情境。购物中心是我国各地各等级城镇中常见的商业综合体,学生在日常生活中应当都不同程度地光顾过。大型超市也同样是日常生活中常见的商业体,在当今社会中,无论如何谈不上陌生。因此,题目用于考查的服务业形式,毫无争议地是学生生活中熟悉的事物,在直观理解上不构成难度,更何况文字材料中还对购物中心有着明确的说明。此外,问题中的核心地理现象——"购物中心内布局大型超市",也并非是近年来出现的新事物,远谈不上陌生,加之材料中明确将"高档品牌店"和"专卖店"与其做对比,因此,学生可以较轻松地运用集聚因素知识,结合生活体验和题目的提示,做出准确判断。综上所述,题目符合"综合思维"素养水平划分中的水平1——"在简单、熟悉情境中,能辨识人文地理事象的地理特点"和"区域认知"素养水平划分中的水平1——"根据提示,能够简单辨析日常生活区域内某产业的部分区位因素和特点"的要求。综合来看,试题属于水平1层次。

(2) 水平2示例。

【试题呈现】

(2021·河北卷)我国东部某山区有一AAAA级景区,2011—2017年游客数量持续增加,景区周边农家乐数量逐年增多,分布范围不断扩大。图5示意2011年、2014年和2017年景区周边农家乐的空间分布。据此完成1~2题。

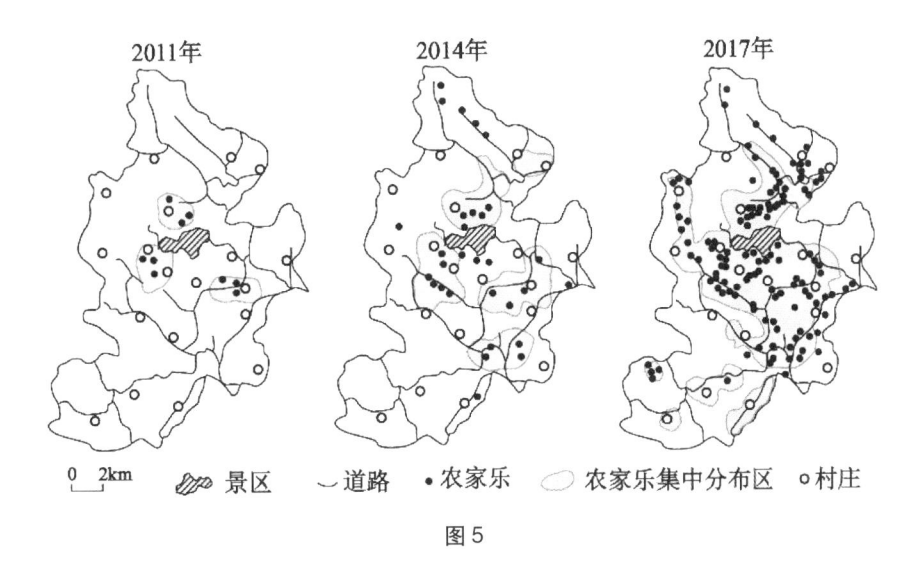

2011年　　　　　　2014年　　　　　　2017年

0 2km　　▨ 景区　　～道路　　• 农家乐　　⌒ 农家乐集中分布区　　○ 村庄

图5

1. 2011—2017年农家乐空间分布的变化表现为（　　）
A. 由点状到线状　　　　　　B. 分散程度加强
C. 由线状到面状　　　　　　D. 集聚程度加强
2. 与2017年农家乐空间分布关联最紧密的因素是（　　）
①景区位置　②村庄位置　③交通线路　④村庄规模
A. ①③　　　B. ①④　　　C. ②③　　　D. ②④

【参考答案】
1. D　2. A

【水平表现说明】
题目通过事实描述清楚的文字材料和一幅表明事物时空发展变化的图像，构建了一个较复杂的问题情境。尽管文字材料中仅对农家乐数量和空间分布的变化及原因三项信息做了描述，不构成直观阅读理解上的难度；但图像中包括了景区、道路、农家乐、集中分布区和村庄等五项信息，以及它们分别在三个年份中的呈现，信息种类较多，符号数量不仅多且组合程度也比较复杂，对读图及提取图像中信息的能力有比较高的要求。在解题中，虽然问题是以选择题的形式呈现，通过选项的设置限制了观察和思考的角度，起到了一定的提示作用；但学生首先就需要在点、线、面、集聚和分散等空间视角下反复观察、对照图像信息，还需要在获取图像中信息的基础上多次观察并对比农家乐和其他事物的空间位置关系，这就对学生的空间观察和思维能力提出了一定的要求。总的来看，题目符合"综合思维"素养水平划分中的水平2——"对于给定的简单地理事象，能够简单分析……人文地理事象之间的关系，解释产业的时空变化过程"及"区域认知"素养水平划分中的水平2——"能够自主辨识给定区域内某产业的区位因素"的要求。综合来看，试题组属于水平2层次。

（3）水平3示例。

【试题呈现】

(2018·全国卷Ⅱ节选) 阅读图文资料，完成下列要求。

数据中心是用特定设备在互联网上传输、存储数据信息的场所。数据中心的规模以设备运行耗能的多少来衡量，规模越大，运营成本越高。2010年之前，我国的数据中心一般规模较小，主要布局在东部沿海地区。2010年之后，一些大规模的数据中心开始在中西部地区布局，位于贵州省中部的贵安新区（国家级新区，位置见图6），因气候凉爽、用电成本较低、自然灾害少等优势，吸引了数十个大规模数据中心在此集聚，快速发展成为我国南方最大的数据中心基地。

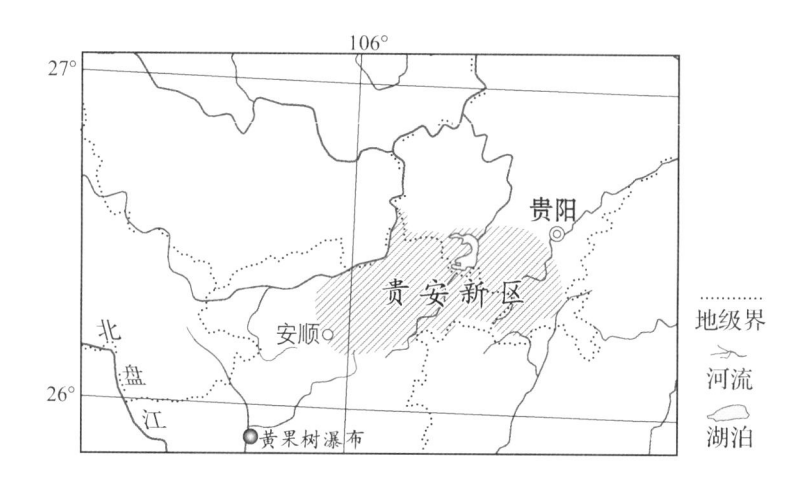

图6 贵安新区

东部沿海地区的一些数据中心开始采取节能降耗措施。你认为目前贵安新区的数据中心是否有必要这样做？请表明观点并解释原因。

【参考答案】

没必要。因为贵安新区气候凉爽，电力资源丰富且电价低，没必要支付节能降耗的成本。

或有必要。因为节能降耗有利于资源节约和环境友好，是可持续发展模式。

【水平表现说明】

题目以"数据中心"为背景，设置了一个陌生情境下的复杂问题情境。在情境中，文字材料包括了"数据中心概念""数据中心特点""数据中心分布变化""贵州数据中心基地形成"等多项信息，使得阅读的文字量较大，从中提取信息的难度较高。图像材料含有的信息均比较简单清晰，不构成相应的难度。在问题设置上，题目通过信息的补充，创造了一个对比角度下的问题。虽然看上去简单，但学生不仅要从贵州的角度出发，在准确获得"气候凉爽、用电成本较低"的基础上进行分析、判断，还需要从东部沿海地区的角度出发，调动所学知识，分析其数据中心"开始采取节能降耗措施"的原因。这就对区域对比下的综合分析能力提出了一定的要求。同时，问题也具备了一定的开放性，学生既可以反向思考"没必要"的区位条件，也可以正向思考"有必要"的环境价值。这就使得问题思考的全面性和综合性更上了一个台阶，形成了对学生的更高要求。可以看出，题目总体上符合"综合思维"素养水平划分中的水平3——"能够分析不同地区出现问题的原因"，"区域认知"素养水平划分中的水平3——"能够根据不同类型区域的发展条件和现状，分类分析区域发展问题及原因"，以及"人地协调观"素养水平划分中的水平3——"对于给定区域发展案例，能够说明环境满足人们需要的潜力"的要求。综合来看，试题属于水平3层次。

★必修2.6 结合实例，说明运输方式和交通布局与区域发展的关系

一、课程标准

结合实例，说明运输方式和交通布局与区域发展的关系。

二、课标解读

1. 行为条件和行为动词

该课标可细化为：①结合实例，说明区域发展对运输方式和交通布局的影响。②结合实例，说明运输方式和交通布局对区域发展的影响。

该课标的行为条件是"结合实例"，行为动词是"说明"。

2. 主要概念和知识结构

该课标涉及的主要概念是交通运输布局、交通运输网、交通枢纽、运输方式、基础设施、铁路运输、公路运输、水路运输、航空运输、管道运输、区域发展等。

该课标知识结构的逻辑是：地理现象—地理现象形成的核心因素—地理现象与其核心因素的相互关系。具体知识结构如图1所示。

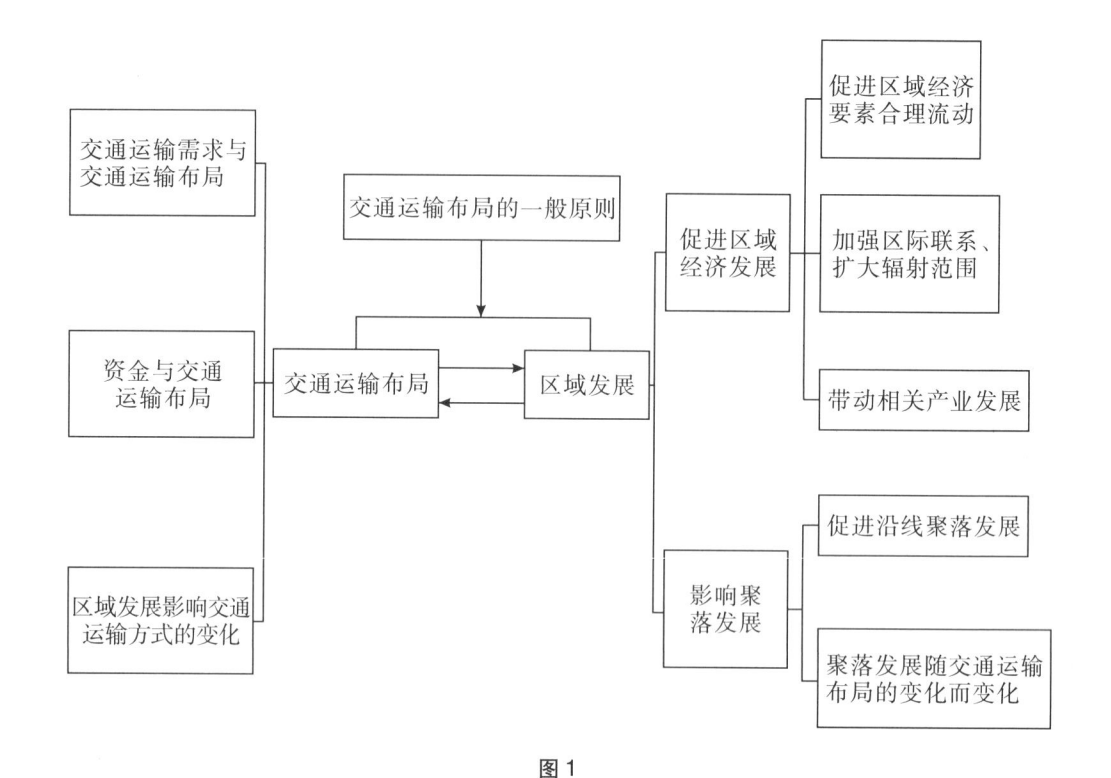

```
┌──────────────┐
│交通运输需求与│
│ 交通运输布局 │
└──────┬───────┘
       │              ┌──────────────────┐                                    ┌──────────────┐
       │              │交通运输布局的一般原则│                              ┌──│促进区域经济  │
       │              └────────┬─────────┘                                  │  │要素合理流动  │
       │                       │                                            │  └──────────────┘
┌──────┴───────┐               ▼                              ┌──────────┐  │  ┌──────────────┐
│资金与交通    │        ┌──────────────┐    ┌──────────┐     │促进区域  │──┼──│加强区际联系、│
│运输布局      │───────▶│交通运输布局  │◀──▶│区域发展  │────▶│经济发展  │  │  │扩大辐射范围  │
└──────┬───────┘        └──────────────┘    └─────┬────┘     └──────────┘  │  └──────────────┘
       │                                          │                        │  ┌──────────────┐
       │                                          │                        └──│带动相关产业  │
       │                                          │                           │发展          │
┌──────┴───────┐                                  │          ┌──────────┐     └──────────────┘
│区域发展影响交│                                  │          │          │     ┌──────────────┐
│通运输方式的  │                                  └─────────▶│影响聚    │────┬│促进沿线聚落发│
│变化          │                                             │落发展    │    │展            │
└──────────────┘                                             └──────────┘    │┌──────────────┐
                                                                             └│聚落发展随交通│
                                                                              │运输布局的变化│
                                                                              │而变化        │
                                                                              └──────────────┘
```

图1

3. 地理核心素养指向

（1）区域认知。

要从区域视角出发认识地理环境，发现其内部联系和内部作用。课本教学内容体现出认识区域、分析区域、区域评价和区域综合的动态过程。从区域视角出发，结合不同尺度（大洲尺度、国家尺度、地方尺度）区域案例，探究运输方式和交通布局与区域发展的内在关系和相互作用。

（2）综合思维。

区域总是在发展之中，而区域发展包括经济、政治、文化、科技等方面的发展，这些因素都对交通布局有影响，也影响交通运输方式的发展。甚至交通运输布局是否合理，也应当放在区域发展的一定阶段才更能客观讨论。比如教材中"把路修在最需要地方"的自学窗，就引导学生要结合当时当地的条件进行对交通布局影响的综合性分析。而交通运输布局的动态变化也对区域发展的多个方面有着促进作用或者不利影响，需要学生结合区域历史发展动态的空间和时间综合的角度分析。

（3）地理实践力。

区域交通运输及其布局和学生的生活紧密相关，通过分析学生身边的交通运输变化培养地理实践力。教学中引导学生开展学校所在地区域交通运输布局调查，并尝试运用地理信息技术和其他地理工具，收集和呈现与交通发展相关的数据及图表描述，描述区域交通线路和站点的空间分布特点及其变化，并分析其原因，培养学生的地理实践力；继而通过教师给定的陌生区域案例，解释与分析其他地区的交通运输布局的特点、变化及原因，相应地提升地理实践力。

4. 学业质量水平要求（表1）

表1

课标内容	水平层次	具体要求
①结合实例，说明区域发展对运输方式和交通布局的影响	水平1	能初步说出各原则的内涵；能说出交通运输布局是依据交通运输需求，交通运输需求的增长促进交通运输布局的变化；能说出资金影响交通线、站的密度和质量（综合思维、区域认知）
	水平2	能举例说明各原则；能说明交通运输需求和交通运输布局随区域和发展阶段的不同而有差异；能说明资金不仅影响交通线、站的密度和质量，还影响交通运输建设相关技术的提高（综合思维、区域认知）
	水平3	能举例说明各原则，并说明交通运输布局是综合考虑各原则的结果；能够结合实际案例，分析特定区域交通运输需求及其变化对交通运输布局的影响；能结合区域案例说明该区域是如何解决交通运输布局中的资金问题（综合思维、区域认知）
②结合实例，说明运输方式和交通布局对区域发展的影响	水平1	能说出交通运输布局促进区域经济发展的三个方面——经济要素、辐射范围、产业部门及其拉动作用；能说出交通运输影响聚落发展，并举出实例（综合思维）
	水平2	能够从经济要素、辐射范围、产业部门及其拉动作用三个方面说明交通运输布局促进区域经济发展，能结合实例说明交通运输布局的变化引起沿线聚落的兴衰（综合思维、区域认知）
	水平3	能够结合具体区域案例，从经济要素、辐射范围、产业部门及其拉动作用三个方面分析交通运输布局对区域经济发展的促进作用（综合思维、区域认知）

三、典例示范

1. **课标内容①：结合实例，说明区域发展对运输方式和交通布局的影响**

(1) 水平 1 示例。

【试题呈现】

(2019·全国 1 卷) 图 2 示意我国东北某区域铁路线的分布，该区域铁路修建的年代较早，近些年几乎废弃。据此完成下题。

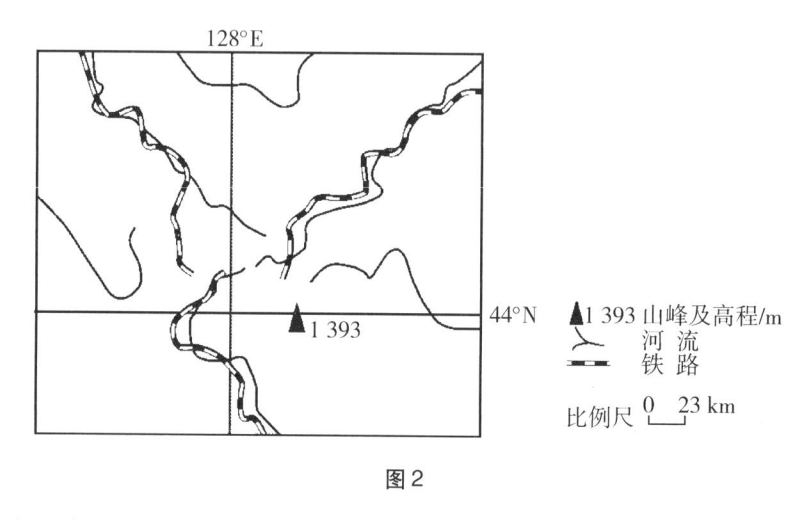

图 2

该区域修建铁路主要是为了运输（　　）

A. 原木　　　B. 农产品　　　C. 工业品　　　D. 石材

【参考答案】

A

【水平表现说明】

试题以实际区域图为底图，通过展示区域内河流与铁路等线状地理事物的具体分布，构造出一个简单的地理地图情境，属于在简单、陌生的情境中辨识地理要素和进行初步分析；联系的要素较少，对学生的要求水平相对较低，旨在通过在情境中的学习活动来培养和考查学生的区域认知和地理实践力。试题通过题干给定的"东北某区域"文字说明及图片上的"山峰"标志，考查学生最基本的区域认知能力。题目整体上符合"综合思维"素养水平划分中的水平 1——"能够说出简单、熟悉的地理事象所包含的相关要素，并能从地理要素相互作用的角度进行分析"的要求。综合来看，试题属于水平 1 层次。

(2) 水平2示例。

【试题呈现】

(2018·高考全国Ⅱ卷) 澳门半岛以低矮的丘陵为主，现在的部分土地是历年填海而成的。图3示意澳门半岛山丘分布、街道格局及部分街道名称，据此完成1~2题。

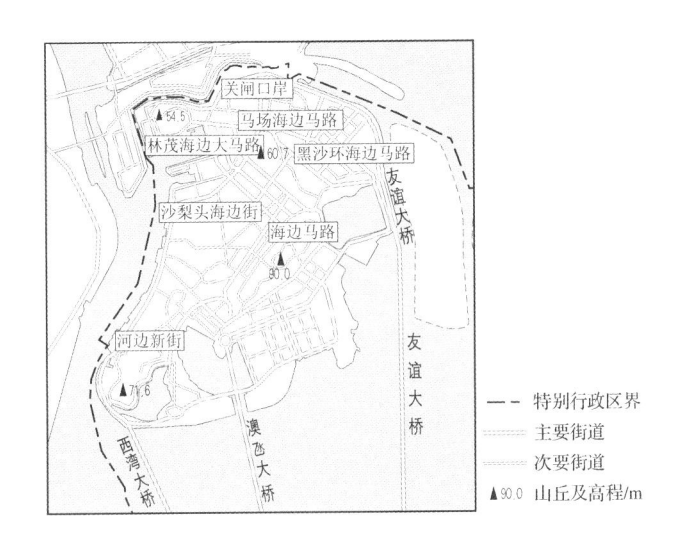

图3

1. 由于填海造地，海岸线向海推移距离最长的地方位于澳门半岛的（　　）
A. 东北部　　　B. 西北部　　　C. 东南部　　　D. 西南部
2. 澳门老城区少见自行车，原因可能是老城区街道（　　）
A. 狭窄　　　B. 曲折　　　C. 坡大　　　D. 路面凹凸

【参考答案】

1. C　2. C

【水平表现说明】

试题通过给定的澳门空间结构图，要求学生能够根据马路名称简单分析出海边曾经的位置及其现在到海边的距离，需要学生有一定的区域认知能力。并且，试题进一步要求学生能够解释澳门半岛地形特征与交通运输方式和布局之间的关系和时空变化特征，是对地理多要素综合思维能力的考查。综合判断，该试题属于水平2层次。

(3) 水平3示例。

【试题呈现】

(2021·河北卷) 加强中国与欧洲的经贸联系是"一带一路"建设的重要组成部分，海运是中欧贸易的主要运输方式。根据1995年、2005年和2015年中欧港口的节点度（以港口吞吐量和航线数量等指标衡量）及联系强度（反映港口间货物流量），确定各年份分级标准，绘制中欧航运网络核心组织结构图（图4）。在中欧海运贸易量总体增长的背景下，中国港口的相对地位明显提高，枢纽节点从无到有，形成了以南方港口为枢纽的网络组织结构。据此完成1~2题。

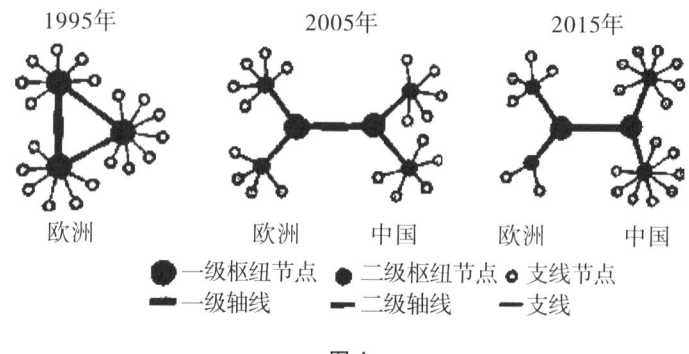

图4

1. 1995—2015年中欧航运网络系统中（   ）
A. 欧洲枢纽节点货物吞吐量减少
B. 欧洲枢纽节点间联系强度减弱
C. 中国枢纽节点网络辐射力增强
D. 中国枢纽节点的数量持续增长

2. 2015年中国一端的一级—二级枢纽节点的组合是（   ）
A. 上海港—宁波港、深圳港
B. 上海港—天津港、宁波港
C. 香港港—深圳港、广州港
D. 香港港—广州港、厦门港

【参考答案】
1. C 2. B

【水平表现说明】
本题通过创设"一带一路"中欧贸易间的海上运输情境，确定标准后根据给定的不同时期下的多种共同制约因素绘制结构图，要求学生能够分析动态变化的交通运输需求及其变化对交通运输布局的影响。情境中的信息较多，信息之间的联系也相对复杂，对学生在情境中进行信息的提取、分析、综合、归纳的能力要求较高，对学生的区域认知能力和综合思维能力有较高要求。综合来看，试题组属于水平3层次。

2. 课标内容②：结合实例，说明运输方式和交通布局对区域发展的影响
（1）水平1示例。
【试题呈现】

（2022·云南学业考试）中老铁路是中国与老挝之间通行的一条铁路，是泛亚铁路中线的重要组成部分。该线路北起中国云南省昆明市，南至老挝首都万象，全长1 000多千米，于2021年11月建成通车。据此完成下题。

中老铁路建成，带来的有利影响是（   ）

①促进了中老贸易增长　②彻底改变老挝的落后面貌　③彻底改变了该国主要交通运输方式　④改善交通条件，实现区域互联互通

A. ①③　　　　B. ②③　　　　C. ①④　　　　D. ③④

【参考答案】

C

【水平表现说明】

题目构建了一个非常简单的区域间交通运输布局的情境，要求学生能够简单辨析交通运输布局促进区域经济发展。试题属于水平1层次。

（2）水平2示例。

【试题呈现】

（2019·江苏卷改编）近年来，铁路上海局集团公司与合肥市政府积极合作，联手打造合肥市新亚欧大陆桥国际铁路货运通道，2014年6月开通安徽省第一列铁路国际货运班列（合肥—哈萨克斯坦阿拉木图），2015年6月正式开行了中欧班列（合肥—德国汉堡）。至2019年，从安徽合肥发车，沿丝绸之路经济带发往中亚、欧洲的货运班列已突破百列。据此完成下题。

合肥发往中亚、欧洲的货运班列增加将有助于安徽省（　　）

A. 完善交通网络　　　　　　B. 做强能源产业
C. 改善环境质量　　　　　　D. 增加就业岗位

【参考答案】

D

【水平表现说明】

试题以近年来安徽合肥发车沿丝绸之路经济带的货运班列的案例作为情境背景，涉及的地理事物简单，学生熟悉。试题要求学生能够从经济要素、产业部门的方面简单分析交通运输布局促进区域经济发展。综合来看，试题属于水平2层级。

（3）水平3示例。

【试题呈现】

（2021·山东卷）阅读图文资料，完成下列小题。

"翻坝"运输是指来往的客船、集装箱船、汽车滚装船等船舶或运输紧急物资和鲜活食品的船舶，在候闸船舶过多的情况下，为避免花费较长时间候闸过坝而采用的"水运→陆运→水运"或"水运→陆运"的转运方式。

作为三峡水利枢纽的重要组成部分，翻坝物流系统提高了三峡水利枢纽的通过能力。图5（a）示意三峡翻坝物流系统，其中秭归三峡翻坝物流园区（含茅坪港）属于货运枢纽型的港口物流园区[图5（b）]，是长江南岸三峡翻坝物流转运的空间载体和依托。

(a) (b)

图5

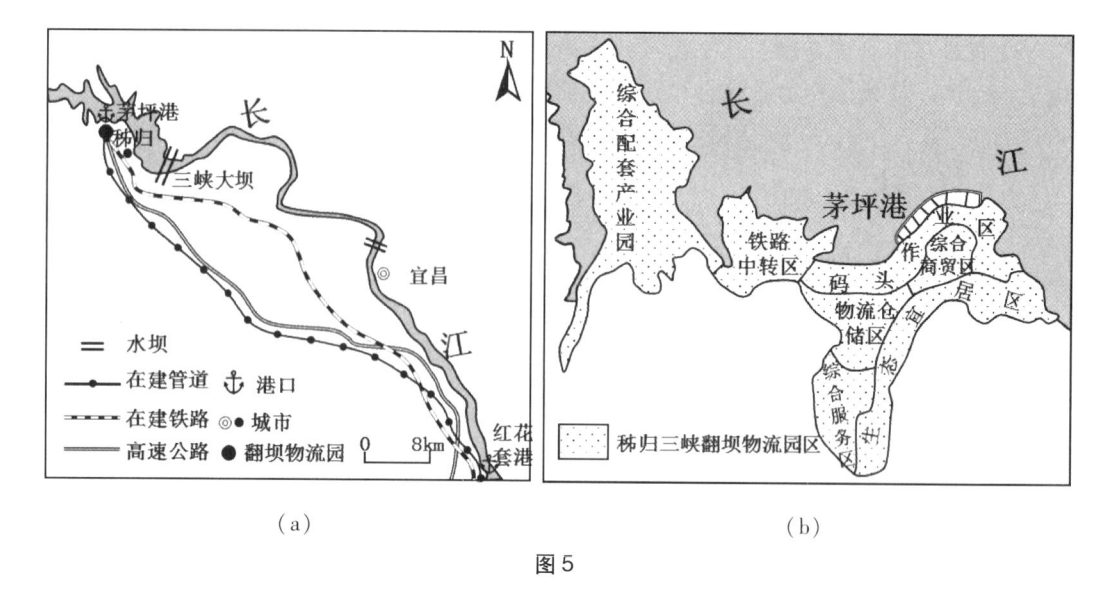

从航运角度分析三峡大坝建成后其上游物流量扩大的原因。

【参考答案】

水域面积扩大，水深增加，通航里程增加，通航能力增强（航道条件改善）；港口规模扩大，数量增加，港口腹地扩大。

【水平表现说明】

题目通过提供两幅不用空间尺度的"翻坝"物流图和两段较多文字的题干创设出较复杂的情境。试题的行为动词是分析。试题的情境信息提取与分析具有较大的难度，考查学生的区域认知和综合思维能力。该题属于水平3层次。

★ 必修2.7 以国家某项重大发展战略为例，运用不同类型的专题地图，说明其地理背景

一、课程标准

以国家某项重大发展战略为例，运用不同类型的专题地图，说明其地理背景。

二、课标解读

1. 行为条件和行为动词

该课标可细化为：运用不同类型的专题地图，说明国家某项重大发展战略（以建设主体功能区为例）的地理背景。

该课标的行为条件是"以国家某项重大发展战略为例",行为动词是"运用""说明"。

2. 主要概念和知识结构

该课标涉及的主要概念是主体功能区、国土开发、生态脆弱区域、长江经济带。

该课标知识结构的逻辑是:地理现象—地理现象的产生背景。具体知识结构如图1所示。

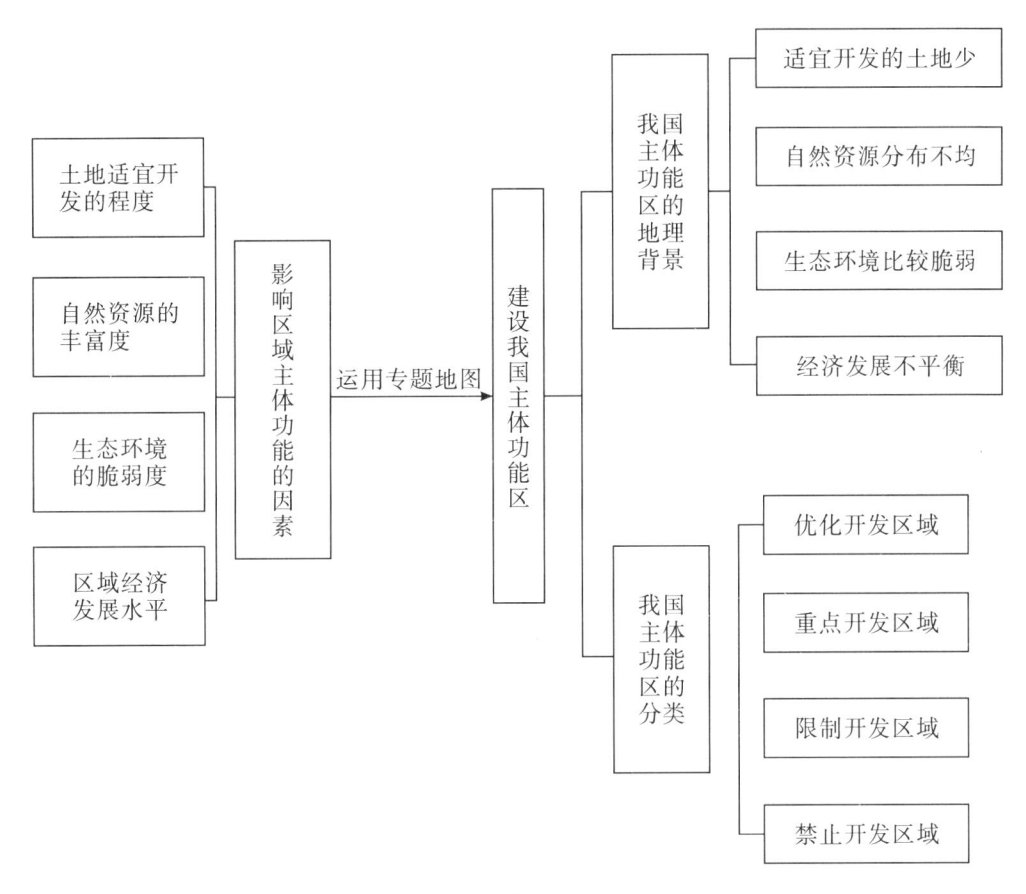

图1

3. 地理核心素养指向

(1) 区域认知。

从不同的空间尺度来看,国家发展战略可分为全国尺度的国家发展战略、区域尺度的国家区域发展战略等。课本选择全国尺度的"建设主体功能区"作为国家重大发展战略的代表,也从区域尺度选择一个目的在于协调区域发展的国家重大发展战略——长江经济带进行介绍,全面帮助学生了解国家重大发展战略。另外,在"活动"中安排了解省级行政主体功能区的划分,有助于增强学生的区域认知素养。

（2）综合思维。

课本中运用多种不同类型的专题地图，结合影响区域主体功能的因素，以建设主体功能区为例说明我国的重大发展战略的地理背景，还进一步介绍了主体功能区的分类、分布及重要意义。此分析逻辑有助于学生综合思维素养的培养。

（3）地理实践力。

与国家尺度相比，在省级尺度上学生能对主体功能区规划有更深刻的认识。课本安排题为"了解学校所在省级行政区的主体功能区的划分"的"活动"。通过查找资料，学生能更加了解家乡的规划建设和未来发展，有助于提高学生地理实践力。

4. 学业质量水平要求（表1）

表1

课标内容	水平层次	具体要求
运用不同类型的专题地图，说明国家某项重大发展战略（以建设主体功能区为例）的地理背景	水平1	只能说出区域经济发展水平差异的特点（区域认知）
	水平2	能够从资源环境和经济发展水平两方面说出某些方面的地理背景（综合思维）
	水平3	能够运用不同类型的专题地图全面、准确地归纳我国主体功能区建设的地理背景（综合思维、区域认知）

三、典例示范

课标内容：运用不同类型的专题地图，说明国家某项重大发展战略（以建设主体功能区为例）的地理背景

（1）水平1示例。

【试题呈现】

（改编）继深圳经济特区和上海浦东新区之后，2017年，中共中央、国务院决定在河北雄县、容城、安新三县及周围地区设立雄安新区，集中疏解北京非首都功能。图2为雄安新区及周边区域。读图，完成下题。

与石家庄相比，在河北雄县、容城、安新三县及周边地区设立雄安新区的优势是（　　）

A. 交通便利　　B. 经济基础好

C. 地形平坦　　D. 发展空间大

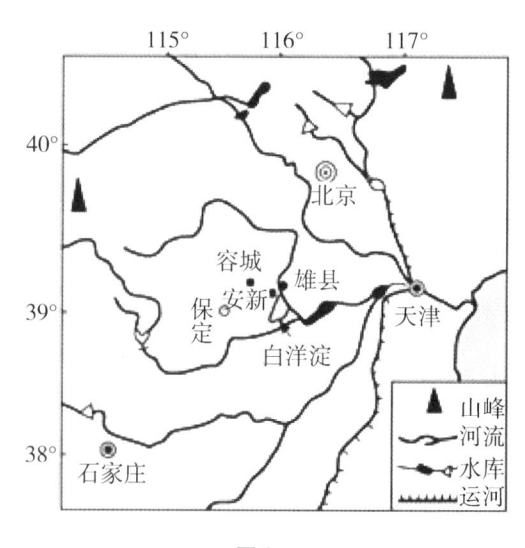

图2

【参考答案】

D

【水平表现说明】

试题以近年来雄安新区的设立为情境背景，情境涉及的地理事物简单，学生熟悉。试题只要求学生能静态辨识区域经济发展水平差异的特点（区域认知），对学生的要求低，属于水平1层次。

（2）水平2示例。

【试题呈现】

（改编题）根据资源环境承载力、现有开发密度和发展潜力，统筹考虑未来我国经济布局、国土利用和城镇化格局，在生态环境部和中国科学研究院共同编制完成的《中国生态功能区划》中，全国被划分为优化开发、重点开发、限制开发和禁止开发四类主体功能区和216个生态功能区。据此完成下题。

划分主体功能区的主要目的是（　　）

A. 进一步了解区域差异，因地制宜地开发利用

B. 引导人口有序流动

C. 有计划地施加影响，使其趋于一致

D. 划定区域的界限，明确区域的归属

【参考答案】

A

【水平表现说明】

结合题目中给定的简单地理事象，学生能够简单分析出该功能区产生的某些方面的地理背景，进而理解划分主体功能区的主要目的。该题是对地理多要素综合思维能力的考查。综合判断，该试题属于水平2层次。

（3）水平3示例。

【试题呈现】

（改编题）图3所示地区在我国主体功能区规划中主要属于限制开发区域。据此完成1~2题。

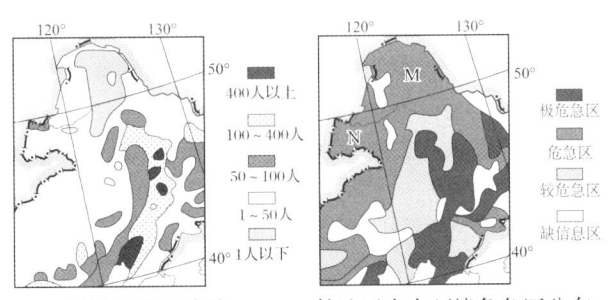

图3

1. 下列关于图示地区生态环境的叙述，正确的有（ ）
①生态环境危急程度与人口密度呈正相关
②生态环境危急区的自然植被以森林和草原为主
③人口密度大于400人/平方千米以上的地区主要为生态环境极危急区
④人口密度最小的地区也是生态环境问题最小的地区
A. ①②　　　　B. ③④　　　　C. ①④　　　　D. ②③
2. 下列关于M、N两地的叙述，正确的有（ ）
a. M地的主要环境问题是土壤肥力下降
b. M地环境问题的主要成因是围湖造田
c. N地主要的环境问题是土地荒漠化
d. 解决N地环境问题，应当退耕还草
A. a、b　　　　B. c、d　　　　C. a、c　　　　D. b、d

【参考答案】
1. D　2. B

【水平表现说明】
试题以我国某限制开发区域主体功能区为背景设计情境，要求学生能够将题中人口密度分布图和生态环境危急程度分布示意图进行对照分析，总结出两者的内在联系，准确归纳该主体功能区建设的地理背景，同时需要学生思考该区域内部发展的主要问题及其成因，在区域认知基础上注重对地理多要素综合思维能力的考查。综合判断，该试题属于水平3层次。

★必修2.8　结合实例，说明国家海洋权益、海洋发展战略及其重要意义

一、课程标准

结合实例，说明国家海洋权益、海洋发展战略及其重要意义。

二、课标解读

1. 行为条件和行为动词

该课标可细化为：①结合实例，说明国家海洋权益及其重要意义。②结合实例，说明国家海洋发展战略及其重要意义。

该课标的行为条件是"结合实例"，行为动词是"说明"。

2. 主要概念和知识结构

该课标涉及的主要概念是海洋经济、海洋资源、海洋权益。

该课标知识结构的逻辑是：地理事物—地理事物的背景—确定战略—其具体内容和意义。具体知识结构如图1所示。

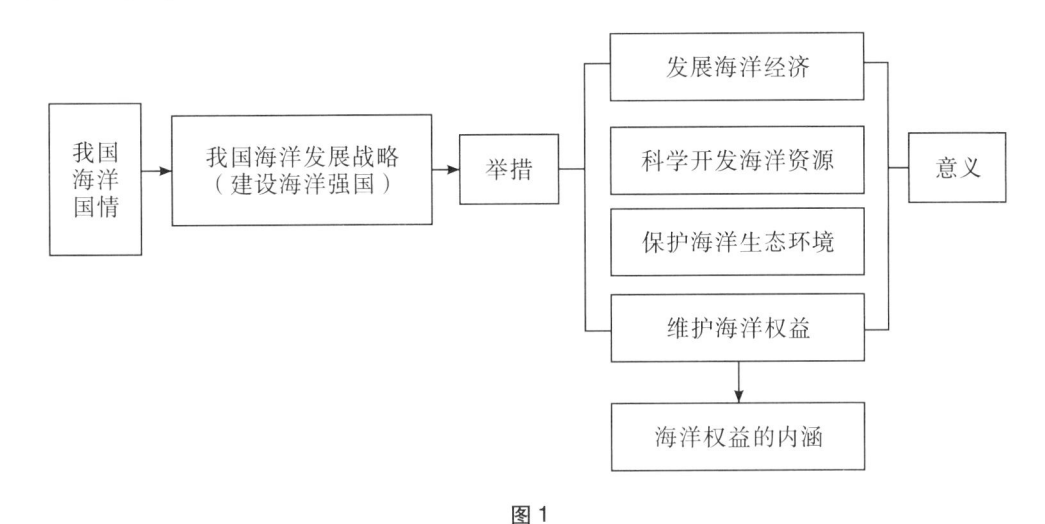

```
我国海洋国情 → 我国海洋发展战略（建设海洋强国） → 举措 → 发展海洋经济
                                                    科学开发海洋资源  → 意义
                                                    保护海洋生态环境
                                                    维护海洋权益
                                                         ↓
                                                    海洋权益的内涵
```

图1

3. 地理核心素养指向

（1）区域认知。

能够说明国家对海洋不同区域所享有的海洋权益，掌握我国各海域和岛屿的海洋权益的内容及其战略地位。

（2）综合思维。

能依据《联合国海洋法公约》理解海洋权益的表现，结合我国与周边国家海洋权益冲突下的现状，提出维护我国海洋权益的方法和途径。

（3）地理实践力。

通过网络、报刊书籍等相关资料，调查研究我国海洋经济发展的现状，说明我国新时期建设海洋强国的发展战略、维护海洋权益的主要举措。

（4）人地协调观。

能够认识到海洋的战略意义，树立合理利用海洋资源、发展海洋经济的理念，增强海洋环境保护意识。

4. 学业质量水平要求（表1）

表1

课标内容	水平层次	具体要求
①结合实例，说明国家海洋权益及其重要意义	水平1	能从历史角度说出南海诸岛、钓鱼岛及其附属岛屿是我国的领土组成，我国拥有其主权和相关权益（区域认知）
	水平2	结合资料，能从历史和地质两方面说明南海诸岛、钓鱼岛及其附属岛屿是我国固有领土，我国对其拥有无可争辩的主权（综合思维、区域认知、地理实践力）
	水平3	能够结合案例，准确、具体地说明维护我国海洋权益的主要内容和重要意义（综合思维、区域认知）
②结合实例，说明国家海洋发展战略及其重要意义	水平1	只能说出一两项我国海洋发展措施（区域认知）
	水平2	能够结合我国海洋国情归纳建设海洋强国的重要举措（综合思维）
	水平3	能够结合实例背景，从海洋可持续发展的角度，全面、准确分析发展海洋经济的具体战略（综合思维、区域认知）

三、典例示范

1. 课标内容①：结合实例，说明国家海洋权益及其重要意义

（1）水平1示例。

【试题呈现】

（改编题）读海洋空间划分示意图（图2），据此完成1~2题。

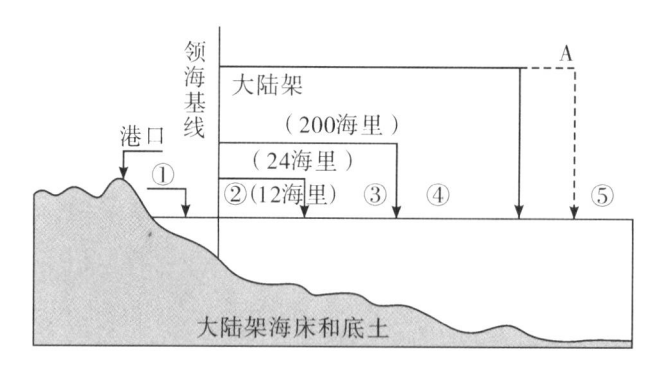

图2

1. ③海域为（ ）
A. 领海　　　B. 毗连区　　　C. 专属经济区　　　D. 公海
2. 为建设海洋强国，我国加强了对南海的执法力度，主要因为其（ ）
①国防位置重要　②海洋资源丰富　③岛屿面积宽广　④是我国海上生命线
A. ①②③　　　B. ①②④　　　C. ②③④　　　D. ①③④

【参考答案】
1. B　2. B

【水平表现说明】

本试题呈现了海洋空间划分示意图，要求学生根据示意图辨识与国家海洋权益相关的基本概念及其范围，图像为教材原图简单加工后制成，信息简单，对学生的读图、析图的要求较低。从我国南海的相关战略出发设问，对学生而言情境较简单、熟悉。整组题目对学生核心素养的要求体现在根据示意图辨识基本概念，对我国重要海域有基本的区域认知能力。总体而言，该题组属于水平1层次。

（2）水平2示例。

【试题呈现】

（改编题）永暑礁是我国南海的珊瑚岛礁，由珊瑚虫和其他造礁生物遗骸［图3（a）］堆积形成。永暑岛［图3（b）］是在永暑礁的基础上，利用大型挖泥船将海底礁石搅碎，并将碎石和泥沙一起吹填造地而成的岛屿，面积约2.8km²。2016年初，地质科研人员在永暑岛上钻探27个钻孔，其中在11个点位发现了淡水，这对我国有非常大的战略意义。据此完成1~2题。

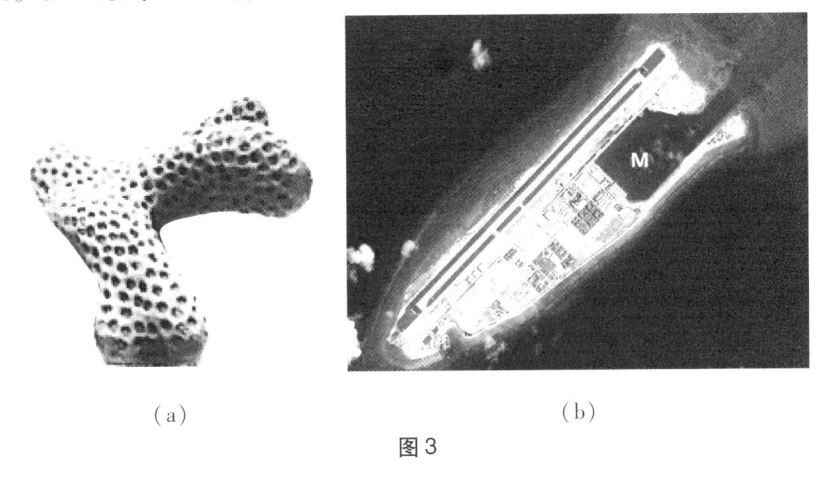

(a)　　　　　　　　　　(b)

图3

1. 在水域M（ ）
A. 我国拥有独立主权　　　　B. 我国仅有经济管辖权
C. 适合修建大型港口　　　　D. 他国船舶不可以通过

2. 简述我国在永暑岛发现淡水资源的战略意义。

【参考答案】

1. A

2. 该海岛发现淡水资源,可以为海岛提供相应的淡水资源,缓解了海岛淡水资源短缺的局面;可作为南沙的补给转运中心,为南沙地区的发展提供支持;为中国、周边国家以及航行于南海的各国船只提供必要的服务;等等。

【水平表现说明】

本组试题以永暑岛开发为背景,案例情境对学生而言较陌生,属于真实、简单情境。第1题学生需从教材海洋空间划分的剖面图进行简单的图像转换,从俯视图辨析海洋权益的基本概念并结合各区所拥有的海洋权益进行解答。第2题的要求为"简述",要求学生从海洋资源开发的角度简要说明永暑岛开发淡水资源的战略意义,对学生综合思维、区域认知能力有一定要求。综上,本题组属于水平2层次。

(3) 水平3示例。

【试题呈现】

(改编题)图4为中华人民共和国东海防空识别区范围图和我国钓鱼岛照片。据图并结合所学知识,回答下列问题。

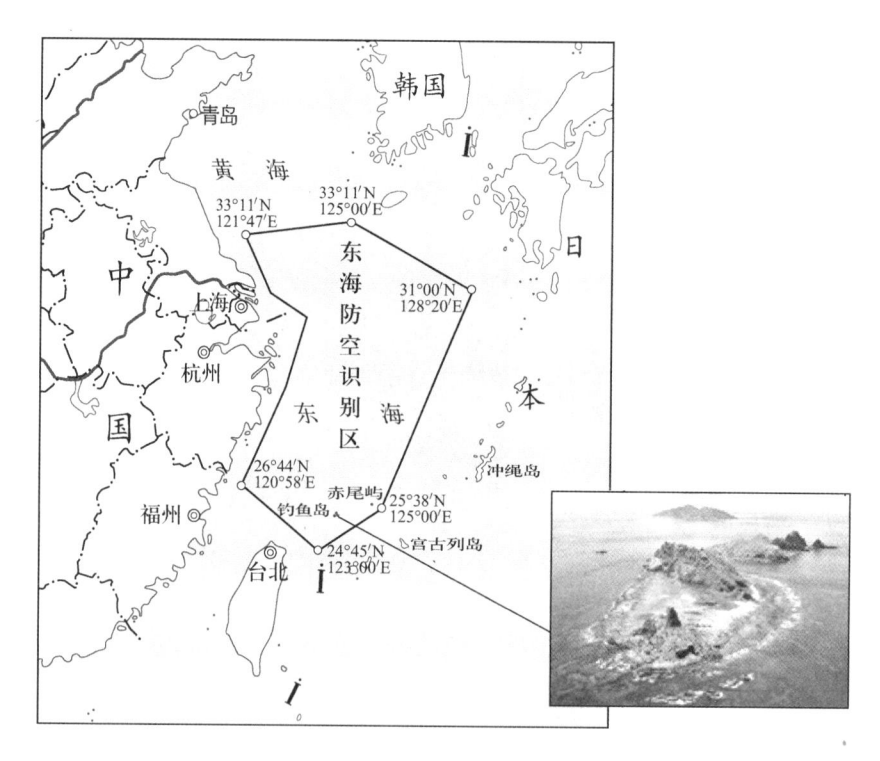

图4

(1) 我国东海防空识别区基本上分布在_____。

　　A. 领海　　　　B. 毗连区　　　C. 专属经济区　　D. 大陆架

(2) 简述我国划设东海防空识别区的意义。

(3) 结合所学知识,说明钓鱼岛及其附属岛屿是我国的神圣领土。

【参考答案】

(1) D

(2) 维护国家海洋安全;强化公民海洋意识;树立公民海洋国土观念。

(3) 历史上,钓鱼岛等岛屿是中国人最早发现、命名和开发利用的;地质上,钓鱼岛地处我国东海大陆架,是台湾岛的附属岛屿;钓鱼岛与冲绳诸岛相隔约440千米,已经超出《联合国海洋法公约》规定的专属经济区的范围。

【水平表现说明】

结合两幅不同空间尺度区域图,创设我国东海防空识别区区域情境。要求学生能够根据所学知识进行迁移,准确、具体地说明维护我国海洋权益的意义,并从地理和地质等多方面说明钓鱼岛及其附属岛屿是我国固有领土。行为动词是简述、说明。对学生区域认知能力和综合思维能力有一定要求。综上,该题属于水平3层次。

2. 课标内容②:结合实例,说明国家海洋发展战略及其重要意义

(1) 水平1示例。

【试题呈现】

(改编题) 2020年4月18日民政部发布公告:国务院于近日批准,海南省三沙市设立西沙区、南沙区。西沙区管辖西沙群岛的岛礁及其海域,代管中沙群岛的岛礁及其海域。南沙区管辖南沙群岛的岛礁及其海域。图5示意三沙市位置。据此完成下题。

图5

三沙市设立西沙区、南沙区有利于（　　）

①加强对南海岛屿和海域的管理　②维护南海地区的海洋权益　③促进海南省城市化进程　④开发海南省资源　⑤应对南海周边形势变化

A. ①②③　　　B. ②③④　　　C. ①②⑤　　　D. ②④⑤

【参考答案】

C

【水平表现说明】

试题以海南省三沙市设区为情境背景，通过材料信息向学生给定简单的地理事物，学生熟悉。试题要求学生能够辨识、结合我国海洋国情举出一些基本的海洋发展措施。综上，试题属于水平1层次。

（2）水平2示例。

【试题呈现】

（改编题）2019年6月28日，我国最大的两艘海洋渔业综合科学调查船"蓝海101""蓝海201"在沪东中华造船（集团）有限公司正式交付使用。"蓝海101"和"蓝海201"堪称我国农业的"航空母舰"，分别由中国水产科学研究院黄海水产研究所、东海水产研究所负责建设和具体运行维护。读图6，完成1～2题。

图6

1. "蓝海101"和"蓝海201"交付使用后，对我国海洋渔业的影响有（　　）

①加强海洋渔业资源调查　②科学利用海洋渔业资源　③提高渔业捕捞能力　④促进渔业可持续发展

A. ②③④　　　B. ①②④　　　C. ①②③　　　D. ①③④

2. 下列做法中，能够实现海洋资源可持续利用的有（　　）

①制定渔业法，实行休渔制度　②停止海洋矿产的开发　③通过养殖，实现海洋农牧化　④大力发展远洋渔业

A. ①④　　　B. ②③　　　C. ①③　　　D. ②④

【参考答案】

1. B　2. C

【水平表现说明】

题目通过我国两艘海洋渔业综合科学调查船的交付使用创设情境，结合我国海洋发展战略，考查我国建设海洋强国的主要举措。学生需要简单分析材料背景，辨识出选项中发展海洋经济、保护海洋生态环境的举措，对学生的人地协调观和综合思维有一定要求。综合来看，该题组属于水平2层次。

(3) 水平3示例。

【试题呈现】

(2020·武汉) 阅读图文材料，完成下列要求。

海洋潮流能发电原理与风力发电相似，由于海水的密度比空气大得多，潮流能发电设备必须置于水下。2020年初，坐落于舟山群岛、由我国自主研发生产、装机功率世界最大的潮流能发电机组已经连续发电超过31个月。该电站发电容量为3.4兆瓦，目前已投运并网发电1.7兆瓦，是截至当前国际能源署认定的世界上唯一的一座海洋潮流能发电站。图7为潮流能发电站实景图。

图7

(1) 推测适宜开发潮流能的海域。

(2) 说明建设该发电站需要克服的自然障碍。

(3) 指出舟山海域开发潮流能的经济意义。

【参考答案】

(1) 海湾口；海峡；河口区。

(2) 海底设备锚固难度大；水面部分受风浪影响大；海水对设备材料的腐蚀性强；海洋生物附着。

(3) 缓解当地能源紧张状况；促进相关产业发展；利于将资源优势转化为经济优势。

【水平表现说明】

试题以舟山群岛潮流能发电机组的工作实例情境为背景，从海洋可持续发展的角度切入，需要学生对潮流能丰富的地区的海域特点进行分析，并能够从海洋环境对潮流能开发的不利影响来说明建设潮流发电站需要克服的自然困难，能够结合题目实例背景，全面分析发展本区海洋经济的意义，体现了对学生综合思维、区域认知能力的考查。试题的行为动词是推测、指出和说明，对学生的水平有一定要求。综合来看，该题属于水平3层次。

★ 必修2.9 运用资料，说明南海诸岛是中国领土的组成部分，钓鱼岛及其附属岛屿是中国固有领土，中国对其拥有无可争辩的主权

一、课程标准

运用资料，说明南海诸岛是中国领土的组成部分，钓鱼岛及其附属岛屿是中国固有领土，中国对其拥有无可争辩的主权。

二、课标解读

1. 行为条件和行为动词

该课标可细化为：①运用资料，说明南海诸岛是中国领土的组成部分，中国对其拥有无可争辩的主权。②运用资料，说明钓鱼岛是中国固有领土，中国对其拥有不可争辩的主权。

该课标的行为条件是"运用资料"，行为动词是"说明"。

2. 主要概念和知识结构

该课标涉及的主要概念是主权、领土、南海诸岛、钓鱼岛。

该课标知识结构的逻辑是：南海诸岛和钓鱼岛及其附属岛屿的地理位置、组成范围、自然特征、中国主权。具体知识结构如图1所示。

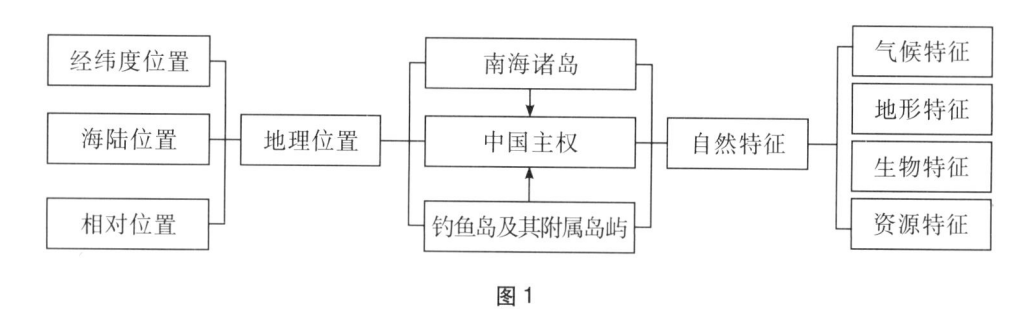

图1

3. 地理核心素养指向

（1）区域认知。

课本教学内容引导学生学会对南海诸岛及其附属岛屿与钓鱼岛及其附属岛屿的空间位置及其组成有所认知。

（2）综合思维。

分析南海诸岛与钓鱼岛及其附属岛屿的地理位置及其重要性。

（3）地理实践力。

能够收集一些关于南海诸岛与钓鱼岛及其附属岛屿人口、产业、交通、文化等方面的人文地理信息，开展社会调查，能够对开展的调查做出简要的解释，查找我国维护南海诸岛与钓鱼岛及其附属岛屿权益的典型案例，表现出求真求实的科学态度以及灵活运用知识的能力。

（4）人地协调观。

合理开发与保护南海诸岛与钓鱼岛及其附属岛屿。

4. 学业质量水平要求（表1）

表1

课标内容	水平层次	具体要求
①运用资料，说明南海诸岛是中国领土的组成部分，中国对其拥有无可争辩的主权	水平1	运用地图，说明南海诸岛与钓鱼岛及其附属岛屿的地理位置及其组成（综合思维、区域认知）
	水平2	运用资料，说明南海诸岛与钓鱼岛及其附属岛屿自古以来就是中国领土的组成部分（综合思维、区域认知）
	水平3	运用资料，说明我国维护南海诸岛与钓鱼岛及其附属岛屿权益的方式（综合思维、地理实践力）
②运用资料，说明钓鱼岛是中国固有领土，中国对其有不可争辩的主权	水平1	运用地图，说明南海诸岛与钓鱼岛及其附属岛屿的地理位置及其组成（综合思维、区域认知）
	水平2	运用资料，说明南海诸岛与钓鱼岛及其附属岛屿自古以来就是中国领土的组成部分（综合思维、区域认知）
	水平3	运用资料，说明我国维护南海诸岛与钓鱼岛及其附属岛屿权益的方式（综合思维、地理实践力）

三、典例示范

1. **课标内容①：运用资料，说明南海诸岛是中国领土的组成部分，中国对其拥有无可争辩的主权**

（1）水平1示例。

【试题呈现】

（改编题）我国通过立法的形式强化对海岛的保护。据此完成1~2题。

1. 下列岛屿中，位于我国南海的是（   ）

A. 赤尾屿   B. 钓鱼岛   C. 台湾岛   D. 中沙群岛

2. 关于南沙群岛及其海域的叙述，错误的是（   ）

A. 主要是火山岛   B. 拥有丰富的海洋资源

C. 主权属于中国   D. 隶属海南省三沙市管辖

【参考答案】

1. D 2. A

【水平表现说明】

试题属于在简单、熟悉的情境中辨识地理要素和简单地分析其中少数几个要素的相互作用，联系的要素较少；试题的行为动词是位于、叙述，对学生的要求水平相对较低；试题通过在简单的地图情境中的学习活动来培养和考查学生的区域认知和地理实践力。综合来看，该题组属于水平1层次。

（2）水平2示例。

【试题呈现】

（改编题）2012年6月21日，国务院批准设立地级市三沙市，下辖西沙、中沙、南沙诸群岛及海域，三沙市人民政府驻西沙永兴岛。据此完成下题。

为促进海岛的开发，特别是无居民海岛（不作为常住户口居住地的岛屿、岩礁和低潮高地等）开发，最需要完善的设施有（　　）

①港口建设　②能源供应设施　③淡水供应设施　④民用机场建设

A. ②③④　　　　B. ①②③　　　　C. ①②④　　　　D. ①③④

【参考答案】

B

【水平表现说明】

试题通过简单的文字资料给定了一个简单的地理事象，结合国家的发展战略构造了一个相对简单的情境。试题虽然给定的地理事物较为简单，自然要素和人文要素较少，信息的联系也相对单一，但对学生在情境中进行信息的提取、分析、综合、归纳的能力有一定要求。首先试题通过文字表述将国家的发展方针政策带入区域，要求学生在准确区域定位前提下，结合岛屿的自然环境特征，分析人口与交通建设之间，以及它们与自然要素之间的关系。此过程对考查学生区域认知能力和综合思维能力方面提出了较高的要求。试题引导学生思考岛上建设时要考虑自然环境的承载力，渗入了人地协调的理念，对学生人地协调观念的形成具有很好的导向作用。综合判断，该试题属于水平2层次。

（3）水平3示例。

【试题呈现】

（改编题）南海诸岛的绿色雨林植物习性与大陆雨林不同。岛上的植被呈环状分布，高低有致，内部是高大的麻枫桐林，外侧是灌木植物带，最外侧是沿着海岩的低矮草本植物带。形成这种特征的主要原因是南海诸岛（　　）

A. 降水分配不均　　　　B. 多大风（台风）

C. 热量条件差　　　　　D. 分布分散

【参考答案】

B

【水平表现说明】

本题给定了一个相对大尺度的较复杂的南海诸岛区域背景，以特殊植被分布的规律创设了一个相对复杂的、陌生的情境。试题情境中的信息较多，给定的地理事物（特殊雨林的分布）较为复杂，多个信息之间联系也相对复杂，对学生在情境中进行信息的提取、分析、综合、归纳的能力要求较高；试题要求学生能对情境区域进行准确的定位,将文字信息转化为图形信息,在此基础上分析出该区域的相关自然地理要素,并能够将多个自然要素之间的相互关系理清楚,站在一个较高的空间尺度,对气候、地形、植被之间的关系进行整合,从整体性的角度解释植被对自然环境的适应,这体现出试题对学生区域认知能力、综合思维能力的较高要求。综合来看,该题属于水平3层次。

2. 课标内容②:运用资料,说明钓鱼岛是中国固有领土,中国对其拥有不可争辩的主权

(1) 水平1示例。

【试题呈现】

(改编题) 钓鱼岛及其附属岛屿位于北纬25°40′~26°00′、东经123°20′~124°40′之间,距温州市约356千米,距福州市约385千米,距基隆市约190千米。钓鱼岛及其附属岛屿自古以来就是中国的神圣领土。读"我国台湾岛及周边区域图"(图2),完成1~2题。

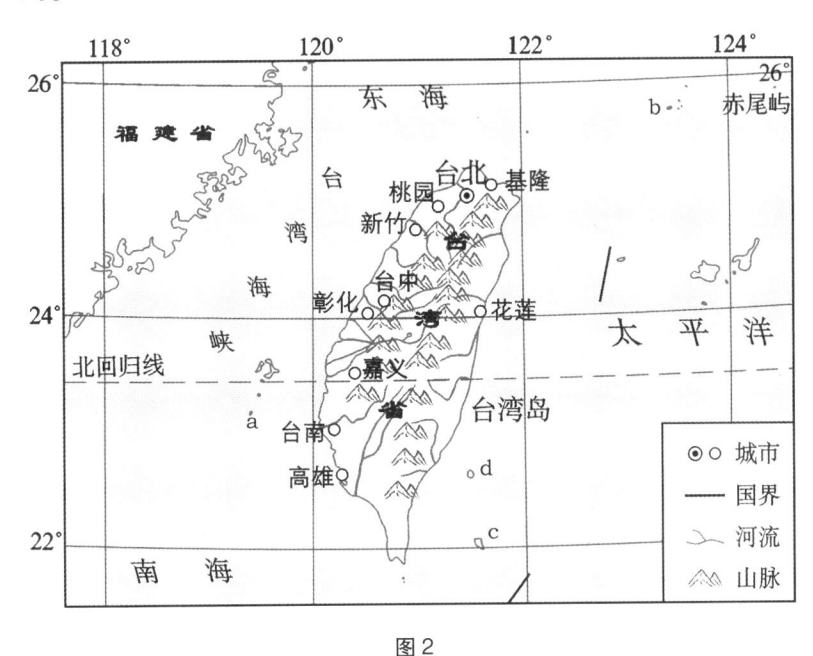

图2

1. 图中a、b、c、d四处,代表我国钓鱼岛的是(   )
A. a   B. b   C. c   D. d
2. 钓鱼岛的气候类型最可能是(   )
A. 温带海洋性气候   B. 亚热带季风气候
C. 温带季风气候   D. 热带季风气候

【参考答案】

1. B 2. D

【水平表现说明】

该组题目给了一个大空间尺度的区域地图,配合文字给定了学生一个简单的区域情境。题目需要学生能从给定的图中找出钓鱼岛的位置,属于对学生区域认知能力的考查题目需要学生在获得了钓鱼岛空间位置的前提下调取一些关于气候方面的地理知识、原理,属于对学生综合思维能力的考查。题目整体上符合"综合思维"素养水平划分中的水平1——"能够说出简单、熟悉的地理事象所包含的相关要素,并能从两个地理要素相互作用的角度进行分析"的要求。综合来看,该题组属于水平1层次。

(2)水平2示例。

【试题呈现】

(改编题)读我国钓鱼岛等高线分布图(单位:米)(图3),完成下题。

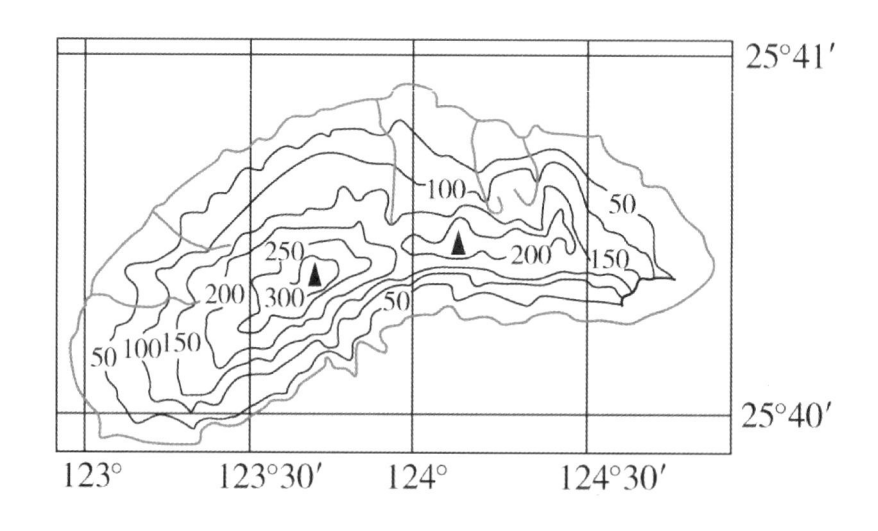

图3

钓鱼岛的自然环境特征是( )

A. 山脉南北走向 B. 人口稀少
C. 南部陡北部缓 D. 南侧河流较多

【参考答案】

C

【水平表现说明】

题目通过一幅简洁明了的钓鱼岛等高线区域图和一段同样简洁明了的题干文字,创造了一个较为简单的探究情境,重点考查了特定区域背景条件下,地形、气候特征、水文特征的简要推断。在素养考查上,题目兼具了"区域认知"和"综合思维"两个方面的考查。虽然设计的要素有"区域判读""等高线判读""海陆位置""地形特征""气候特征""水文特征"等6个,但基于学生对所设置区域的熟悉度,以及上述地理学科知识的高主干性，可以判断，题目整体上符合"综合思维"素养水平划分中的水平2——"能够对给定的简单地理事象，从多个地理要素相互影响、相互制约的角度进行分析"及"区域认知"素养水平划分中的水平2——"能够从区域的视角认识给定简单地理事象，收集整理区域重要的信息"两项要求。综合来看，该题属于水平2层次。

（3）水平3示例。

【试题呈现】

（改编题）钓鱼岛自古是中国的领土，钓鱼岛附近除储藏丰富的石油、天然气等矿产资源外，还有丰富的渔业资源，其主要原因是（　　）

①大陆架宽广，阳光集中，生物光合作用强　②台风活动频繁，人类捕捞量少
③附近有寒暖流交汇，使海水发生搅动　④位于河流入海口，带来丰富的营养盐类

A. ①③　　　　　B. ②④　　　　　C. ①③④　　　　　D. ①②③④

【参考答案】

A

【水平表现说明】

题目通过一段简单的文字信息呈现一个简单的区域地理事象，创设出了一个基于关键位置和典型现象的复杂情境。题目通过钓鱼岛的主权推测出其海底地形属于大陆架，进而得出更多相关的自然要素信息；通过位置的特殊性可以推测出洋流分布情况以及河川径流的分布情况，突出了"大陆架"的关键地理现象；再结合地理位置中的"河流"和"洋流"信息，给出了相对复杂的该区域"渔场形成"的地理条件。在素养考查上，题目兼具了"区域认知"和"综合思维"两个方面的考查。题目符合"综合思维"素养水平划分中的水平3——"能够说明大气的运动变化规律、水的运动与变化规律"以及"区域认知"素养水平划分中的水平3——"能够从空间格局的角度，解释自然环境整体性与差异性"的要求。综合来看，该题属于水平3层次。

★ 必修2.10　运用资料，归纳人类面临的主要环境问题，说明协调人地关系和可持续发展的主要途径及其缘由

一、课程标准

运用资料，归纳人类面临的主要环境问题，说明协调人地关系和可持续发展的主要途径及其缘由。

二、课标解读

1. 行为条件和行为动词

该课标可细化为：①运用资料，归纳人类面临的主要环境问题。②运用资料，说明协调人地关系的缘由。③运用资料，说明协调人地关系的途径。

该课标的行为条件是"运用资料"，行为动词是"归纳""说明"。

2. 主要概念和知识结构

该课标涉及的主要概念是环境、环境问题、自然资源、废弃物、环境污染、生态破坏、资源短缺、人地关系、可持续发展等。

该课标知识结构的逻辑是：环境问题—主要类型及其主要问题—人地协调的主要途径及其协调意义。具体知识结构如图 1 所示。

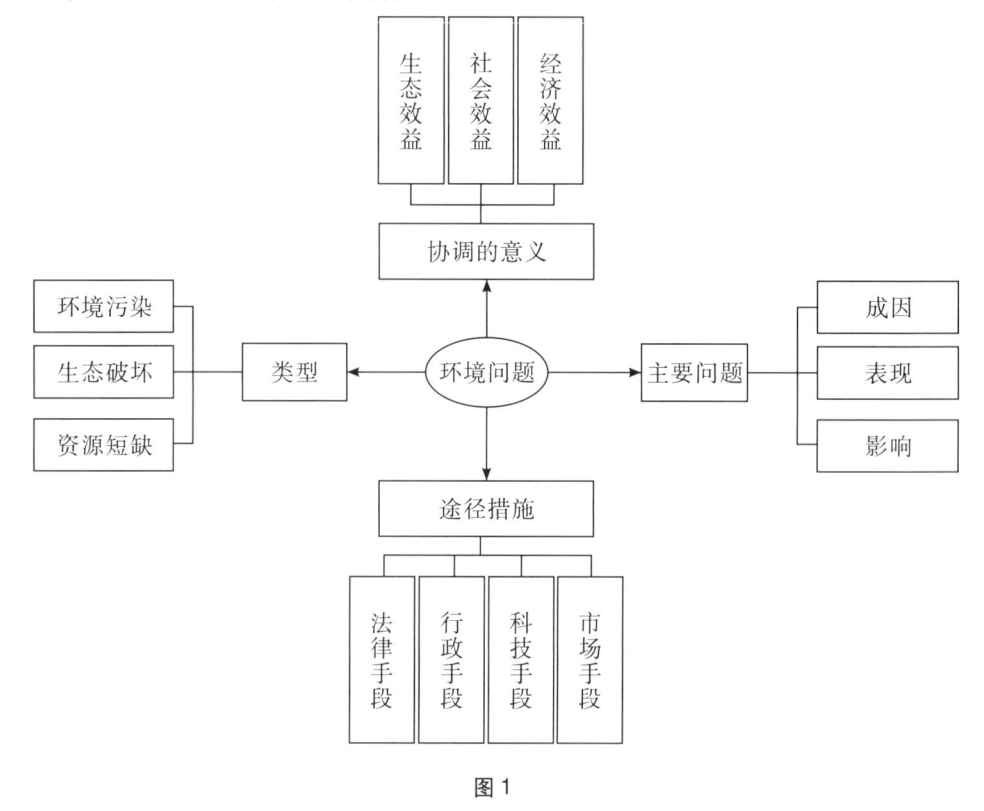

图 1

3. 地理核心素养指向

（1）区域认知。

利用资料数据增强学生对区域的直观认知，通过对环境问题的认识，树立学生人地协调观的意识。课本教学内容主要侧重引导学生关注身边环境及其区域环境的变化，结合相应的资料数据认识不同尺度的环境及其变化。一般而言，学生对身边的环境关注度还是很高的，但对具体环境问题类型的成因和影响关注的程度却比较小，对区域环境不同特征的把控也是不一样的。资料越详尽，研究的空间尺度越小，越贴近生活，学生对环境特征的认知程度就越高。通过不同空间尺度下环境事象的资料阅读、归纳，可以让学生对环境问题的基本特征有比较全面的理解。

（2）综合思维。

以时空、要素、具体区域培养学生综合思维。综合思维要求学生能够从空间和时间综合的角度分析地理事象的发生、发展和演化。"环境问题产生的原因"需要学生运用综合思维从不同的时空尺度出发剖析具体区域环境问题发生和发展及其演化的逻辑关系，引导学生从自然要素的整体性和人文活动的相互联系的角度进行全面分析概括，让学生认识到环境问题的发生、发展会随着时空的变化而变化，培养学生用动态的全面的思维观察地理事物。

（3）地理实践力。

能够有针对性地开展环境调查来提高学生的地理实践力。环境问题的知识内容比较简单，但综合性和原理性强，时空跨度大，要求学生具有较强的逻辑分析能力，能够利用手头资料或者借助网络等方式获取最新的资料对区域存在的资源、环境问题进行全面总结和分析，对解决区域资源、环境问题提出合理的建议，并且在地理实践中能表现出较强的实践能力。

（4）人地协调观。

人地协调观念随着学生的自然观和发展观的变化而变化。要培养人地协调观和可持续发展观，需要学生从资料入手，归纳人类面临主要的环境问题类型，进而找出问题形成的主要逻辑关系和关联要素，最后找到利害关系并从制度方面、经济方面、社会方面等寻求解决人地关系、促进人地可持续发展的因地制宜的举措。

4. 学业质量水平要求（表1）

表1

课标内容	水平层次	具体要求
①运用资料，归纳人类面临的主要环境问题	水平1	能利用资料说出环境问题的类型和成因（区域认知）
	水平2	能利用资料说明主要环境问题的成因，能简单归纳部分区域的环境问题（综合思维、区域认知）
	水平3	能利用资料，归纳出不同区域主要环境问题的成因，解释区域环境问题的差异（综合思维、区域认知）
②运用资料，说明协调人地关系的缘由	水平1	能根据资料辨识什么是人地关系（区域认知）
	水平2	能根据资料，简单分析人地关系的由来（综合思维、区域认知）
	水平3	对于给定的情境，从区域空间的角度，根据区域特征，分析区域人地关系的特点（综合思维、区域认知）

续上表

课标内容	水平层次	具体要求
③运用资料，说明协调人地关系的途径	水平1	对于简单的、熟悉的环境问题，能进行简单辨识和描述（区域认知）
	水平2	对于简单的环境问题，能辨别其类型，简要分析环境问题出现的原因及其应对措施（综合思维、区域认知）
	水平3	对于给定的比较复杂的区域环境问题，能够说明区域环境问题的时空分布的差异及其影响（综合思维、区域认知）

三、典例示范

1. 课标内容①：运用资料，归纳人类面临的主要环境问题

（1）水平1示例。

【试题呈现】

（2021·浙江选考）图2为世界某区域略图。读图，完成下题。

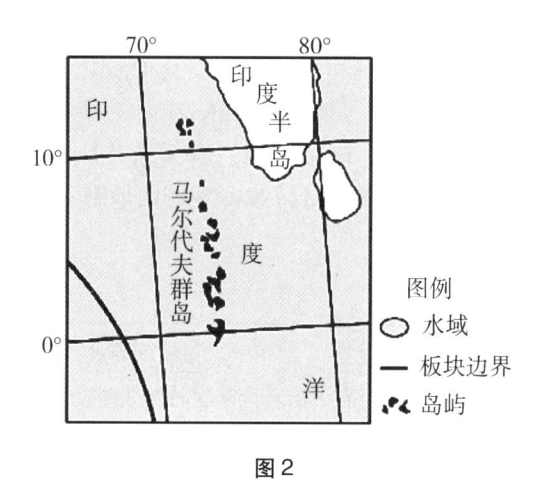

图2

以马尔代夫为代表的低地岛国最忧虑的全球性问题主要有（　　）

①臭氧层破坏　②渔业资源枯竭　③森林面积减少　④两极冰川消融

A. ①④　　　　B. ②③　　　　C. ①②　　　　D. ③④

【参考答案】

D

【水平表现说明】

试题以实际的区域图构造了一个简单的地理地图情境，属于在简单、熟悉的情境中辨识地理要素，联系的要素较少；试题的行为动词是"忧虑的"即面对的，对学生的要求水平相对较低；试题通过在情境中的学习活动来培养和考查学生的区域认知和综合思维。通过示意图的纬度位置、海陆位置来确定区域的主要自然特征，这是对地理事物的空间位置与分布的最基本的区域认知。利用岛屿成因的理论知识转向对现实的空间位置的认知，是学生区域认知能力的提升，同时能让学生从即得的空间地理知识的情况下去分析该类地理事象的共同特征，是对学生综合思维能力的考查。臭氧层破坏对低地岛国的影响不大，渔业资源枯竭会对岛国产生一定的影响，但并非全球性的问题，森林面积减少会导致二氧化碳吸收减少，大气中二氧化碳的浓度有所上升，全球温室效应更加严重，使得两极冰川消融增加，导致海平面上升，会导致低地岛国被淹没。综合来看，该题属于水平1层次。

（2）水平2示例。

【试题呈现】

（2018·全国卷Ⅱ节选）恩克斯堡岛（图3）是考察南极冰盖雪被、陆缘冰及海冰的理想之地。2017年2月7日，五星红旗在恩克斯堡岛上徐徐升起，我国第五个南极科学考察站选址奠基仪式正式举行。据此完成下题。

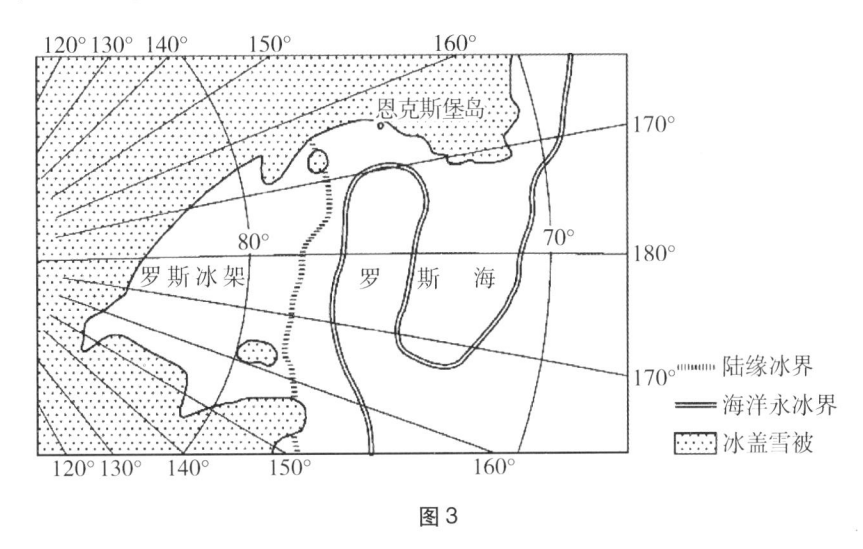

图3

对于极地科学考察而言，恩克斯堡岛所在区域的优势在于（　　）

A．生物类型多样　　　　　　B．对全球变暖敏感
C．大气质量优良　　　　　　D．人类活动影响少

【参考答案】

B

【水平表现说明】

本题通过一个相对小尺度的南极恩克斯堡岛区域背景和特定条件科考活动创设了一个相对复杂的、陌生的情境。情境中的信息较多，给定的地理事物（恩克斯堡岛）

较为复杂，科考和给定区域的自然环境、人文活动和自然条件之间联系也相对复杂，对学生在情境中进行信息的提取、分析、综合、归纳的能力要求较高；试题要求学生能对图示区域进行准确的定位，在此基础上检索出该区域的相关地理环境要素，并利用纬度信息、海陆信息判断出区域的特殊性，对学生区域认知能力的要求较高。在此基础上利用学生对环境问题的理解，结合极地科考的具体要求，判断出恩克斯堡岛的优势条件，突出了对学生要素综合思维能力的考查。综合来看，该题属于水平2层次。

（3）水平3示例。

【试题呈现】

（2018·江苏卷）据政府间气候变化专门委员会（IPCC）报告，全球变暖增加的热量中64%被海洋表层水（0~700m）吸收，相当于人为排放量约30%的CO_2被海洋溶解而导致海洋酸化。当海水的温度、盐度、酸碱度和透光度等环境因子发生较大变化时，浅水珊瑚会发生白化甚至死亡，近二十年已发生了三次全球性珊瑚白化事件。图4为"大气圈碳收支示意图"。读图，回答下列问题。

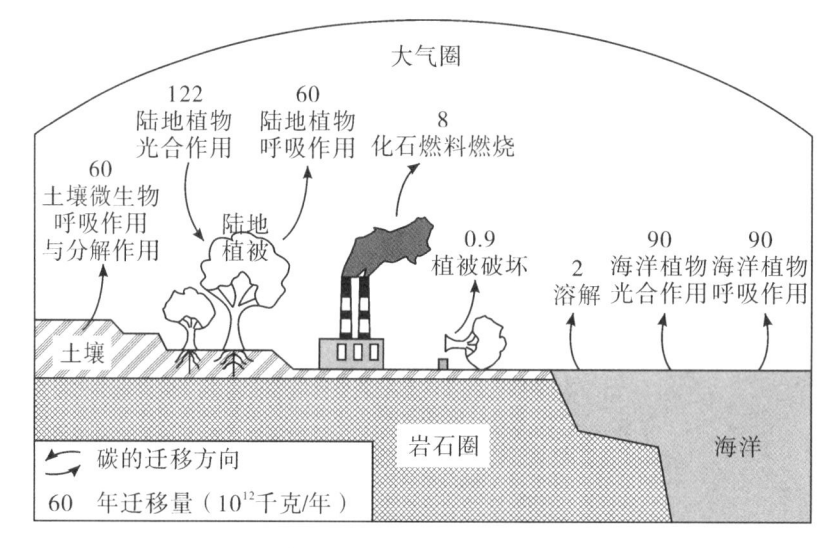

图4

导致近期全球性珊瑚白化事件频发的主要原因是什么？

【参考答案】

海水温度上升；海水酸化。

【水平表现说明】

试题通过政府专门的环境报告文字材料和大气圈碳收支示意图构造了一个相对简单的情境，给定的学术原理较为简单，包含的地理信息的联系也相对单一，但情境中的信息较多，对学生在情境中进行信息的提取、分析、综合、归纳的能力有一定要求。试题主要考查了学生的区域认知和综合思维能力。首先试题通过文字资料，要求学生能进行资料的总结分类，并结合区域空间尺度来进行地理事象分类。此过程在考查学生对全球气候变暖的理解的基础上，对学生区域认知能力提出了较高的要求。试题针对具体的珊瑚白化现象进行原因设问，要求学生能结合多种地理因素进行综合分析，是对地理多要素综合思维能力的考查。综合判断，该试题属于水平3层次。

2. 课标内容②：运用资料，说明协调人地关系的缘由

（1）水平1示例。

【试题呈现】

（2021·山东）20世纪90年代以来，长江三角洲地区F村农民的主要收入来源经历了数次转变（如表2所示）。近年来，该村每年都会吸引来自杭州、上海等地的老年人在此休闲居住，短则1个月，长达5个月。旺季时，该村外来老年人与本村村民的人数比例超过6∶1，吸引周边村庄500余人就业。F村已成为远近闻名的休闲养老型村落。据此完成下题。

表2

时间	F村农民的主要收入来源
1990年以前	木材、木柴、木炭等
1991—1997年	茶叶、笋干、山核桃等
1998—2009年	观光旅游型农家乐
2010年至今	休闲养老旅游服务

F村产业向观光旅游型农家乐转变的主导因素是（　　）

A．政策　　　　B．交通　　　　C．市场　　　　D．生态环境

【参考答案】

C

【水平表现说明】

题目构建了一个非常简约但又直接有效的问题情境，既能够快速引导学生关注区域人地关系，认识到人地关系的正确处理的积极意义，又有利于考查学生调取熟悉的学习情境和地理知识、原理的能力；题目整体上符合"综合思维""人地关系"素养水平划分中的水平1——"能够说出简单、熟悉的地理事象所包含的相关要素，并能从两个地理要素相互作用的角度进行分析"的要求。综合来看，该题属于水平1层次。

（2）水平2示例。

【试题呈现】

（2021·广东卷）长江流域、黄河流域和西北内陆地区是我国三大产棉区。2020年，新疆棉花产量占全国和世界总产量分别达87.3%和20%以上，机械采摘率已达69.8%。表3反映三大产棉区不同时段面积和单产对棉花产量的贡献率变化。据此完成1~2题。

表3

贡献率/% 产棉区 时段/年	长江流域		黄河流域		西北内陆地区	
	面积	单产	面积	单产	面积	单产
1950—1965	22.61	30.27	26.85	48.61	52.38	9.52
1965—1980	18.77	46.74	20.37	52.78	34.92	26.98
1980—1995	30.65	37.55	50.93	30.56	47.62	19.05
1995—2010	55.56	19.16	62.04	17.13	61.90	9.52
2010—2015	57.47	26.44	68.06	11.11	66.67	9.52

1. 三大产棉区中对棉花产量贡献一直以面积为主导的是（　　）
A. 长江流域棉区　　　　　B. 黄河流域棉区
C. 西北内陆棉区　　　　　D. 三大棉区皆是
2. 近年来新疆棉花产量在全国占比进一步增大主要得益于（　　）
①土地资源丰富　②沙漠化强度减弱　③机械化水平高　④气候暖湿化加强
A. ①②　　　B. ①③　　　C. ②④　　　D. ③④

【参考答案】
1. C　2. B

【水平表现说明】

题目通过一段简洁的文字和一个简洁明了的数据表，创设了一个较为简单的探究情境。题目重点考查了特定区域背景、气候、水文、地形条件下，农业生产特征的简要推断。在素养考查上，题目兼具了"区域认知"和"综合思维"两个方面的考查。题干主要设计的要素有"区域判读""气候特征""光照特征""地形特征""降水特征""人文特征"等。基于学生对所设置三个区域的熟悉度，以及对棉花生产的区位条件的掌握情况，可以判断。题目整体上符合"综合思维"素养水平划分中的水平2——"能够对给定的简单地理事象，从多个地理要素相互影响、相互制约的角度进行分析"及"区域认知"素养水平划分中的水平2——"能够从区域的视角认识给定简单地理事象，收集整理区域重要的信息"两项要求。综上所述，该题组属于水平2层次。

（3）水平3示例。

【试题呈现】

（2021·浙江卷）我国东南沿海地区独流入海河流径流量较大，流程较短。此类河流所在小流域的生态、农业、城镇等要素多形成上游—中游—下游—滨海四段式空间分布序列。图5为独流入海河流小流域生态、农业景观示意图。据此完成1~2题。

生态景观	山地森林	丘陵水库	平原湿地	滩涂沙洲
农业景观	梯田果林	谷地园艺	水网良田	滩涂沙洲
	上游	中游	下游	滨海

图5

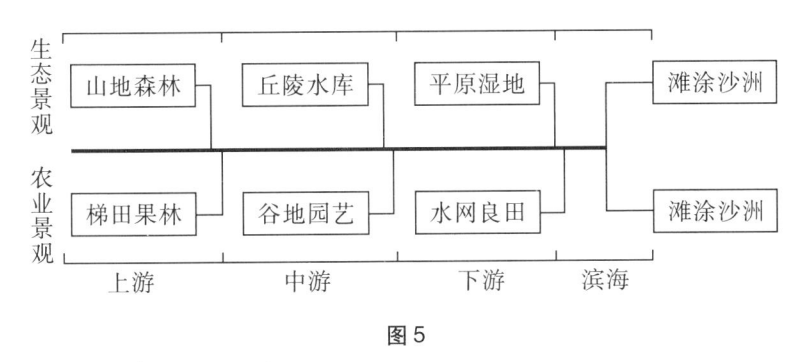

1. 该类型小流域内（　　）
A. 上游人口密集，小城镇广布　　B. 中游城镇均为河运集散地
C. 下游易形成小流域中心城镇　　D. 滨海城镇职能以商业为主

2. 该类型小流域在国土开发建设中存在的主要问题是（　　）
A. 上游洪水威胁严重　　B. 中游地质灾害频发
C. 下游水体污染加剧　　D. 滨海滩涂湿地锐减

【参考答案】
1. C　2. D

【水平表现说明】

题目通过一幅简图呈现简约而清晰的流域生态和农业景观之间的关系，再加上一段简短的题干文字，创设出了一个基于关键信息和典型现象的复杂情境。在素养考查上，题目兼具了"区域认知""综合思维"和"人地协调"三个方面的考查。题目通过文字阐述、"自然要素"和"人文活动"的对标，隐性给出了"人地关系协调"的重要性；又通过对"小流域特征"与"人类活动"关联的深挖，突出了"流域特征"的关键地理现象；再结合图像中的"人文景观"信息，相对直白地给出了"流域开发的原则"中的重要地理要素——因地制宜、发挥优势、注重环保。题目符合"综合思维"素养水平划分中的水平3——"能够说明大气的运动规律、水的运动与变化规律"以及"区域认知"素养水平划分中的水平3——"能够从空间格局的角度，解释自然环境整体性与差异性"的要求，也包括了"人地协调"——"对于给定复杂地理事象，能够说明自然环境对人类活动的影响，分析人类活动对自然环境影响的强度和方式，具备尊重自然规律、科学适应和利用自然的意识"。综上，该题组属于水平3层次。

3. 课标内容③：运用资料，说明协调人地关系的途径

（1）水平1示例。

【试题呈现】

（2021·浙江卷节选）近年来，我国宁夏、贵州、云南等省区成功实施了生态移民工程，大大改善了移民的生产和生活条件。据此完成下题。

实施生态移民考虑的首要因素是（　　）
A. 人口密度　　B. 交通运输　　C. 环境承载力　　D. 移民意愿

【参考答案】

C

【水平表现说明】

本题情境设计非常简单,主要信息点来自于题干中的文字,情境信息比较单一。从文字中给出的信息来看,需要学生能够从中获取部分区域特征,能够辨识出宁夏、贵州、云南属于中国西部地区,自然环境相对比较差、区域生态环境比较脆弱,在考虑人口容量时可以考虑到人口容量和环境承载力之间的关系,综合考虑两个或多个要素,从而认识到协调人地关系的途径和方式。对学生核心素养的要求主要体现在通过辨识某些自然地理要素特征从而达到一定的区域认知能力。总体来看,该题属于水平1层次。

(2)水平2示例。

【试题呈现】

(2021·浙江卷节选)阅读材料,完成下列问题。

材料一:图6为我国局部地区略图。

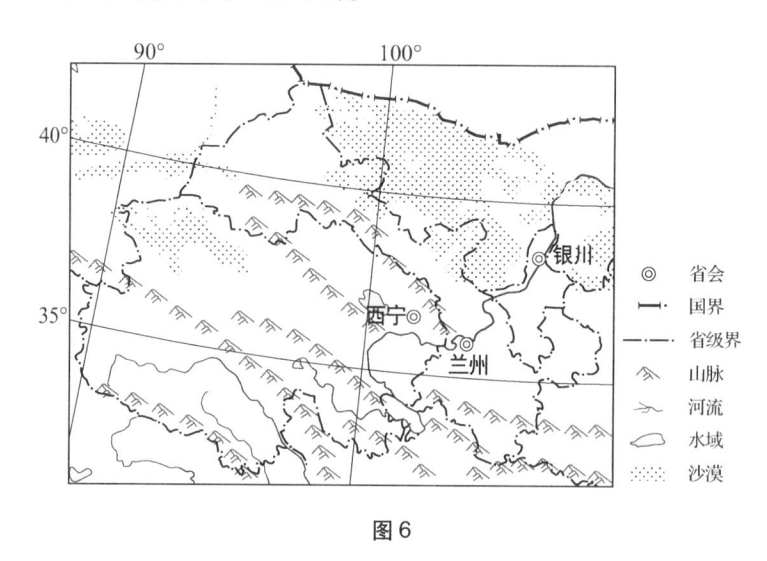

图6

材料二:表4为甘肃、青海和宁夏三省区人口、耕地面积和人均粮食产量统计表。

表4

省级行政区	人口/万人	耕地面积/千公顷	人均粮食产量/公斤
甘肃	2 647	5 377.0	440
青海	608	290.1	174
宁夏	695	1289.9	540

数据来源:《中国统计年鉴(2020)》。

从水资源利用角度,提出图示地区粮食生产可持续发展的措施。

【参考答案】

采用先进节水技术,提高水资源利用率;加强管理,优化配置。

【水平表现说明】

本题情境属于给定的简单地理事象,包括材料一中以图的方式呈现的区域特征及材料二中以表格形式呈现的人口、耕地等信息,设问中的"从水资源利用角度"给了学生明确的方向,考查学生对区域特征的了解程度以及综合多方面的因素来给出解决区域环境问题的具体措施。本题对学生的"区域认知""综合思维"和"人地协调"等地理核心素养有所考查,但要求不太高,主要考查学生具备的推测能力和简单分析能力。综合来看,该题属于水平2层次。

(3) 水平3示例。

【试题呈现】

(2021·山东省普通高中学业水平等级考试节选) 阅读图文资料,完成下列要求。

荷兰北部的马肯湖是围海造陆工程的遗留物,由人工堤坝与相邻水域隔开,水深仅2~4m,风浪较小。长期以来,马肯湖淤积严重,水体浑浊,生态系统受到损害。2015年,荷兰政府决定采用人工群岛方案对湖泊进行治理。该方案提出利用疏浚淤泥、人工抛沙等技术,构建由沙坝、沼泽、浅滩、沟渠和植物等组成的人工岛(图7)。其中,沙坝是抵挡盛行风引起的风浪的主要屏障,沼泽是由湖底淤泥堆积而成。在风、波浪、地势高差和水流等自然力量驱动下,人工岛内外形成了弱环流。

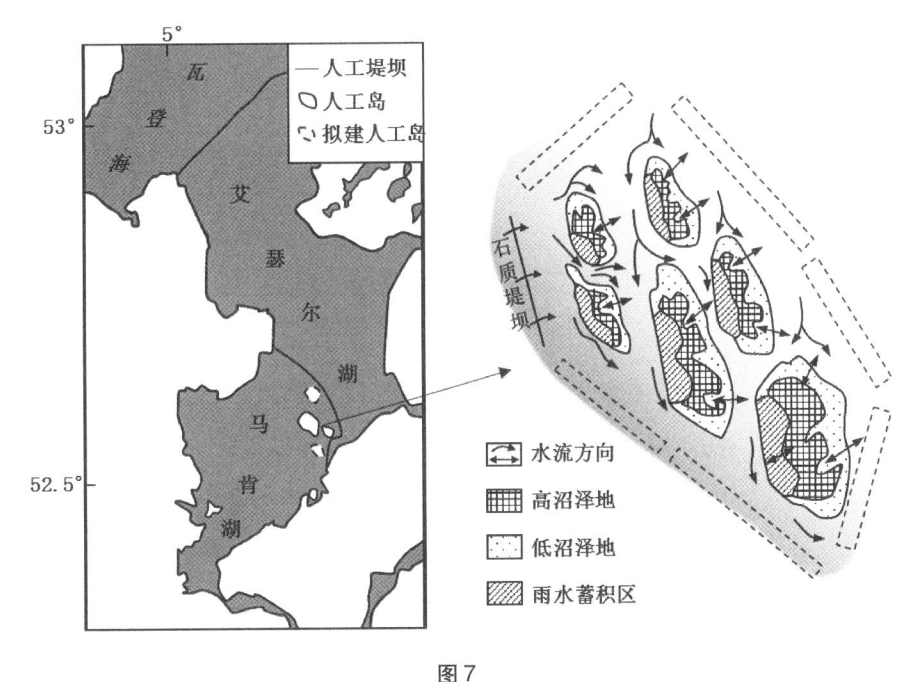

图7

说明人工岛是如何实现马肯湖水环境质量改善的。

【参考答案】

在风与地势高差的驱动下，湖水从各个方向流入人工岛，并沿沟渠、沼泽、浅滩缓慢流动，水中的悬浮物逐渐沉积下来；岛内营造的地势高差，使大气降水经斜坡汇集到雨水蓄积区，改善了岛内水环境；岛内水环境的改善有利于水生生物的生长，水生生物进一步截留、吸附悬浮物；净化后的水体通过人工岛内外的水体交换进入马肯湖，改善了马肯湖水环境质量。

【水平表现说明】

本题通过欧洲荷兰地区北部马肯湖的小尺度区域背景和人造陆地对区域环境的影响，创设了一个较复杂的学术情境。试题着重考查了区域认知和综合思维，渗透了"人地协调观"。试题首先通过图文的"围海造陆的遗留湖"考查学生对北欧地形特征、气候特征、海陆位置的判读和分析，显性考查学生的区域认知能力，隐性考查在尊重自然条件下人类活动遵循的"人地协调"的原则，探索了人类协调人地关系的有效途径。学生需要能从自然环境的整体性出发，联系地形、水文、植被、生物等多方面因素同人文活动"围海造陆"的影响进行有效的响应，突出了对学生"综合思维能力"和"区域认知能力"的考查。整体来看，本题以小区域线索考查大区域背景，以多种要素的细化对比分析考查综合思维，以人类活动改善环境渗透人地协调发展观念，以自然环境的整体性辨析体现综合思维。综合来看，该题属于水平3层次。

★ 必修2.11 通过探究有关人文地理问题，了解地理信息技术的运用

一、课程标准

通过探究有关人文地理问题，了解地理信息技术的运用。

二、课标解读

1. 行为条件和行为动词

该课标可细化为：通过探究有关人文地理问题，了解地理信息技术的运用。

该课标的行为条件是"探究"，行为动词是"了解"。

2. 主要概念和知识结构

该课标涉及的主要概念是地理信息技术、地理信息技术方法等。

该课标知识结构的逻辑是：地理信息技术的原理了解—地理信息技术方法—具体应用案例探究。具体知识结构如图1所示。

图1

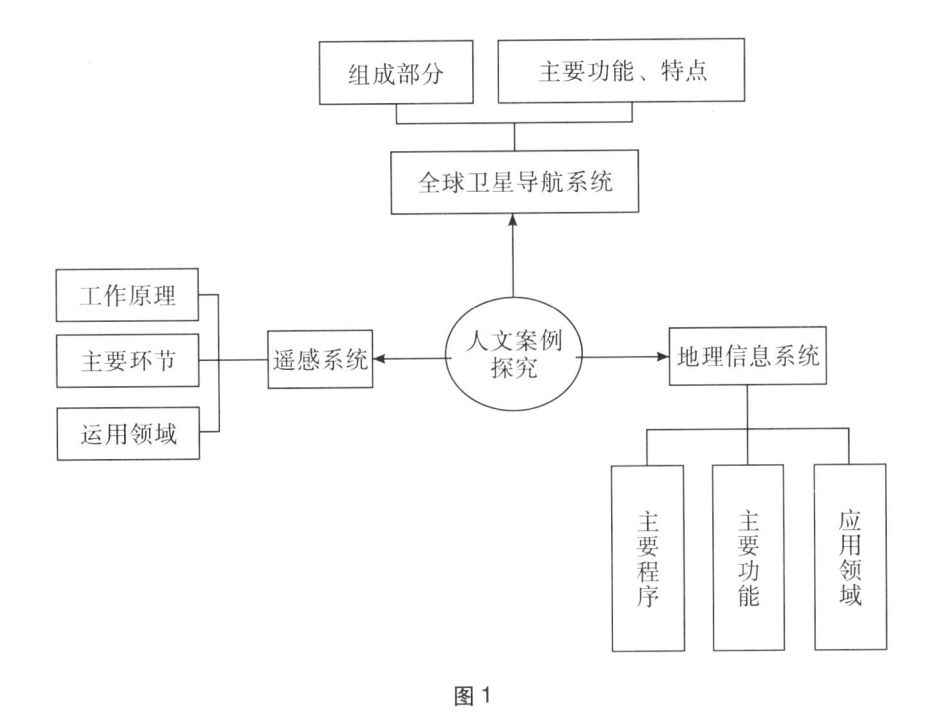

3. 地理核心素养指向

（1）区域认知。

能从"空间格局"的角度，运用空间分析的方法，根据不同区域产业发展条件和现状，利用地理信息技术手段获取区域地理要素资料，助力日常生活中区域内某产业区位因素和特点的认知，提高学生分类思考和分析区域发展的能力。

（2）综合思维。

综合思维要求学生能够从空间和时间综合的角度分析地理事象的发生、发展和演化过程。地理信息技术能够帮助学生更好地认识区域特征，对某区域的人文事象的发生条件、过程、问题及决策等进行系统的综合分析与评价；借助地理技术手段从全球化视角，综合分析与评价人类的资源开发利用活动。

（3）地理实践力。

利用地理信息技术助力培养学生的地理实践力。人文活动包括产业活动、交通建设、城市建设、人口分布等。人文要素多而杂，综合性强。可利用地理信息技术，分析处理相关数据与信息，对地理事象分布与发展变化过程进行科学的评价。同时在利用地理信息技术收集不同区域的统计信息的过程中助力学生锻炼出较强的行动能力。

（4）人地协调观。

借助地理信息技术，更好地辨识和分析人口、城市、产业和文化之间的关系，解释它们之间的内部联系，并能概括出人类活动影响环境的主要方式，从各个层面说明人地协调和走可持续发展道路的重要性，建立和谐发展的理念。

4. 学业质量水平要求（表1）

表1

课标内容	水平层次	具体要求
通过探究有关人文地理问题，了解地理信息技术的运用	水平1	结合必修一相关知识，说出地理信息技术有哪些（综合思维、区域认知）
	水平2	利用必修一相关知识，能够区分RS、GIS、GNSS，并能说出三者的不同（综合思维、区域认知）
	水平3	利用人文活动中地理信息技术运用的具体案例，说出地理信息技术是如何助力人文活动的（综合思维、区域认知）

三、典例示范

课标内容：通过探究有关人文地理问题，了解地理信息技术的运用

（1）水平1示例。

【试题呈现】

（2021·广东卷节选）据报道，2020年深圳市大疆创新科技有限公司的无人机产品占全球及国内市场份额分别超80%和70%。目前，德国是该公司在欧洲的最大市场。该公司在德国的金融中心法兰克福市设立了欧洲总部。据此完成下题。

无人机自动返航主要使用的技术是（　　）

A. 气压感知　　B. 大地测量　　C. 遥感监测　　D. 卫星定位

【参考答案】

D

【水平表现说明】

题目构建了一个非常简约但又直接有效的问题情境，既能够快速引导学生关注我国在地理信息技术上的成就，又方便其调取已经了解的地理信息技术的知识、原理，解释身边的地理现象。题目整体上符合"地理实践力"素养水平划分中的水平1——"能够使用地理信息技术手段收集产业方面的信息"的要求。综合来看，该题属于水平1层次。

（2）水平2示例。

【试题呈现】

（2019·浙江）遥感图像是地物反射特征在图像上的反映，地物在某波段反射率高，则其在遥感图像上的亮度高（图中显示为浅色），反之亮度低（图中显示为深色）。图2是不同波段红树林的遥感图像。图3是红树林反射率曲线。据此完成下题。

必修二

图2

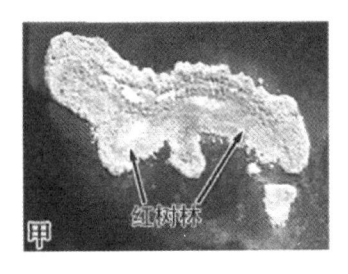

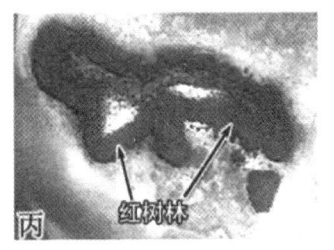

图3

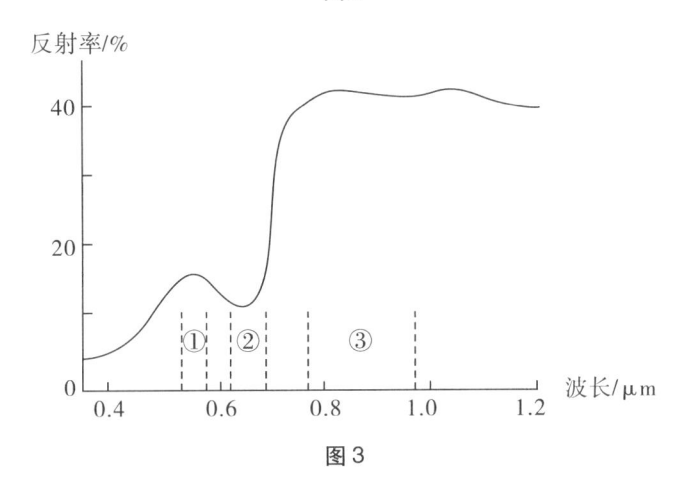

图3反射率波段与图2遥感图像对应正确的是（　　）
A. ①—丙　②—乙　③—甲　　B. ①—乙　②—丙　③—甲
C. ①—丙　②—甲　③—乙　　D. ①—乙　②—甲　③—丙

【参考答案】
B

【水平表现说明】
题目通过两幅简洁明了的遥感图像、反射率曲线图和一段同样简洁明了的原理说明文字，创造了一个较为简单的探究情境，重点考查学生在特定区域背景和人文活动条件下，借助地理信息技术知识进行简要推断的能力。在素养考查上，题目主要考查了"地理实践力"。设计的要素有"红树林区位条件""地理信息技术特点""地理信息技术的判读"等。但基于学生对所学地理信息技术的熟悉度，可以判断，题目整体上符合"综合思维"素养水平划分中的水平2——"与他人合作能够使用遥感地图等地理信息技术手段对地貌、土壤、植被等自然要素调查并对人文产业活动做出简要解释"，解题过程中能锻炼学生灵活运用地理知识的能力。综合来看，该题属于水平2层次。

（3）水平3示例。
【试题呈现】
（2018·江苏卷）2018年4月19日，在突尼斯召开的"一带一路"遥感考古新闻发布会上，公布了中国科学家利用遥感技术在突尼斯中南部发现的10处古罗马时期遗

195

址,这一发现揭示了当时的军事防御系统与农业灌溉系统布局。图4为"突尼斯境内古罗马遗址遥感考古影像图"。读图完成1~2题。

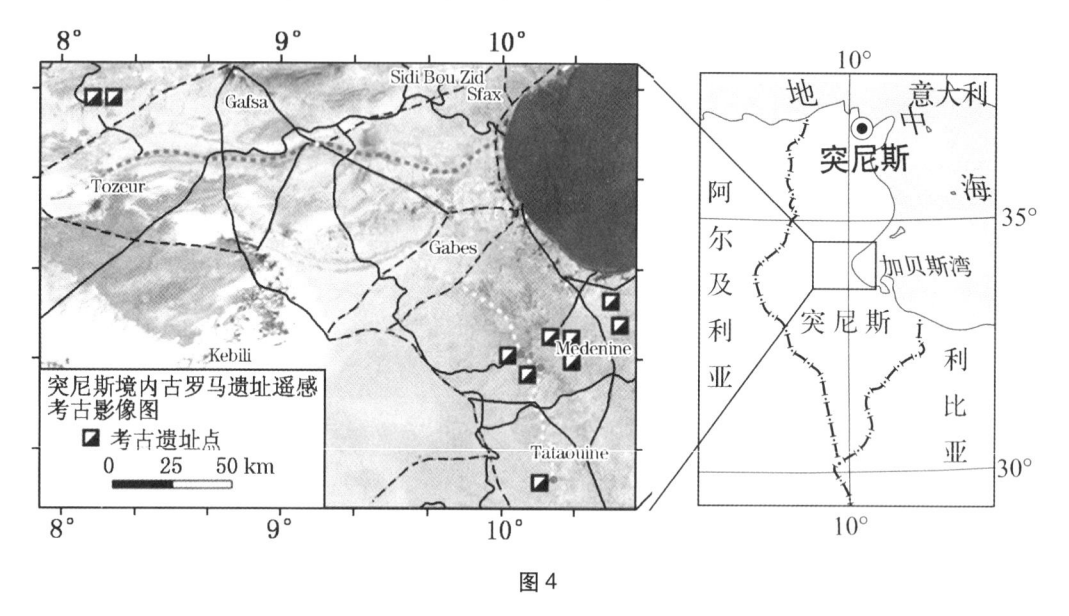

图4

1. 图中这一考古成果表明遥感技术可以（　　）
A. 完全取代传统的田野考古工作
B. 确定地表、地下人类活动遗迹的时代
C. 探知各种人类活动遗迹曾经的功能与作用
D. 帮助分析较大地域范围内人类活动遗迹间的联系
2. 突尼斯中南部有利于遥感考古发挥其独特优势,因为这一区域（　　）
A. 人类活动较多　　　　　B. 位于沿海地区
C. 森林覆盖率高　　　　　D. 地处荒漠边缘

【参考答案】
1. D　2. D
【水平表现说明】
题目通过一幅非洲考古地图和一段简短的题干文字,创设出了一个基于关键信息和典型现象的复杂情境。在素养考查上,题目兼具了"区域认知"和"地理实践力"两个方面的考查。题目通过考古地图中经纬网和考古遗迹的标注,隐性给出了"区域自然特征"和"区域人文特征";又通过"考古活动"关联相关的时空尺度,将不同时间的"气候特征"与农业活动相结合,突出了影响农业活动的关键要素,再结合遥感等地理信息技术提升学生在人文活动领域的地理实践力。题目符合"区域认知"素养水平划分中的水平3——"根据不同类型区域的发展条件和现状、分类思考区域发展的问题"及"地理实践力"素养水平划分中的水平3——"熟练地运用地理信息技术收集相关的自然事象及收集相关区域人文活动的统计信息"的要求。综合来看,试题组属于水平3层次。

选择性必修1

★选择性必修1.1 结合实例,说明地球运动的地理意义

一、课程标准

结合实例,说明地球运动的地理意义。

二、课标解读

1. 行为条件和行为动词

该课标可细化为:①结合实例,说明地球自转运动的地理意义。②结合实例,说明地球公转运动的地理意义。

该课标的行为条件是"结合实例",行为动词是"说明"。

2. 主要概念和知识结构

该课标涉及的主要概念是太阳日、恒星日、地轴、赤道、南极、北极、极圈、回归线、经线、纬线、经度、纬度、本初子午线、自转、公转、极昼、极夜、区时、赤道平面、黄道平面、晨昏线、地转偏向力、太阳高度、春分、夏至、秋分、冬至、热带、温带、寒带等。

该课标知识结构的逻辑是:地理原理—地理原理的作用结果—作用结果的影响。具体知识结构如图1所示。

```
                    ┌─────────────┐  ┌──方向，自西向东──┐
                    │  地球的     │──┤ 轨道，赤道平面    │──┐
                    │  自转运动   │  │ 周期，恒星日      │  │
                    └─────────────┘  └ 速度，线速度、角速度┘  │
┌───────────┐                                              ├──┌────────┐
│ 地球的运动 │──┤                                              │  │ 黄赤交角│
└───────────┘   │                                              │  └────────┘
                    ┌─────────────┐  ┌──方向，自西向东──┐     │
                    │  地球的     │──┤ 轨道，黄道平面    │     │
                    │  公转运动   │  │ 周期，恒星年      │     │
                    └─────────────┘  └ 速度，线速度、角速度┘     │
                                                                  │
                    ┌─────────────┐  ┌──昼夜交替────────┐         │
                    │ 地球自转的  │──┤ 时间差异          │         │
                    │ 地理意义    │  │沿着地表水平运动物体的偏转│   │
                    └─────────────┘                              │
     │                                                            │
     └─┤                ┌─────────────┐  ┌──直射点的回归运动──┐◄──┘
                        │ 地球公转的  │──┤ 正午太阳高度的变化  │
                        │ 地理意义    │  │ 昼夜长短的变化      │
                        └─────────────┘  └ 四季与五带──────────┘
```

图 1

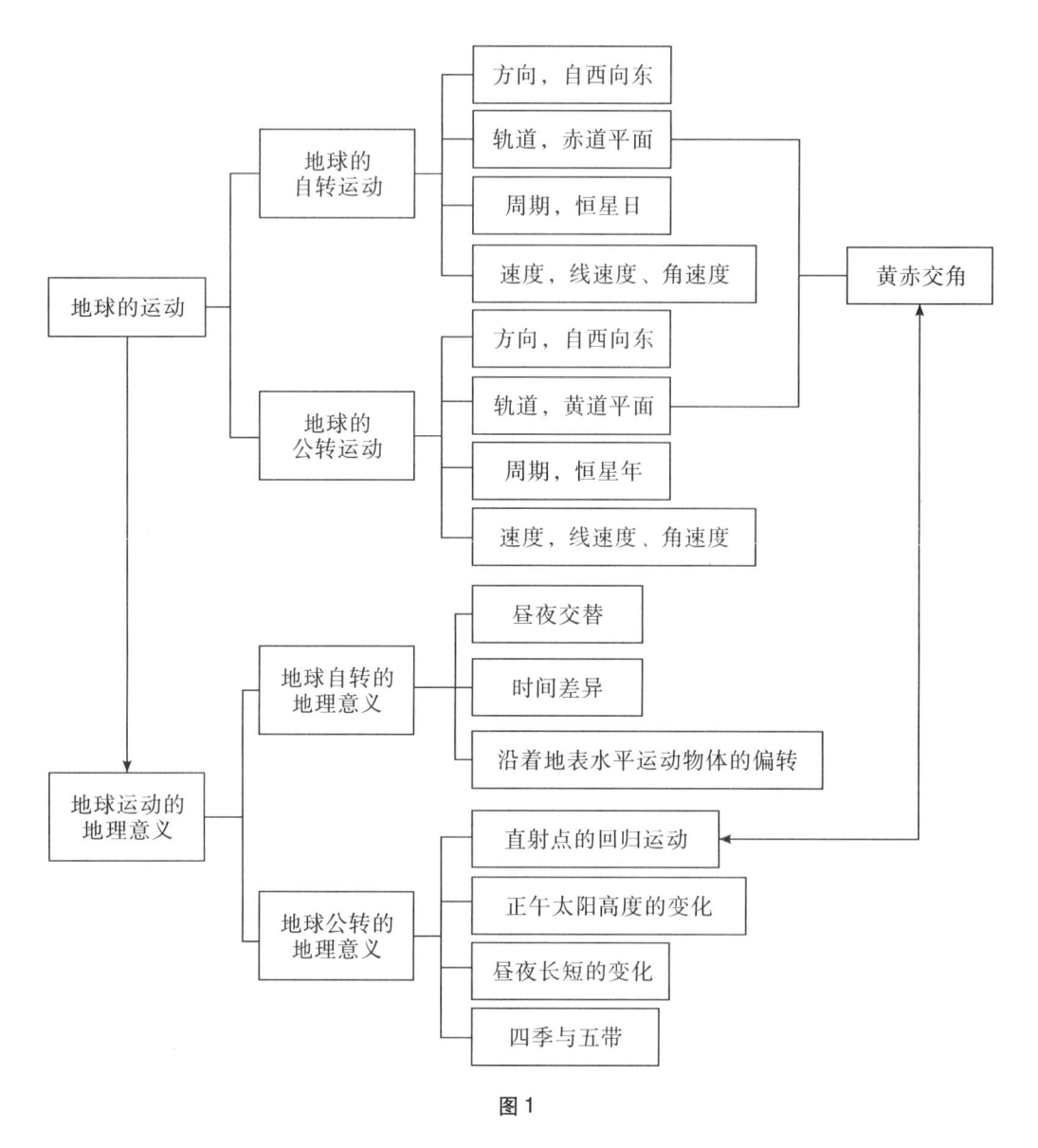

3．地理核心素养指向

（1）区域认知。

该课标涉及的区域认知核心素养主要表现在区域划分、区域位置、区域特征等方面。区域划分包括东西半球、南北半球的划分，以及时区的划分、高中低纬度的划分、五带的划分等；区域位置主要包括地球在宇宙中的位置，以及地理事物的半球位置、纬度位置、经度位置等；区域特征包括昼夜长短的分布特征、正午太阳高度的分布特征、太阳辐射的分布特征等。

(2) 综合思维。

该课标主要涉及综合思维核心素养中的时空综合，主要体现在昼夜长短的时空变化、正午太阳高度的时空变化、四季和五带等。

(3) 地理实践力。

该课标涉及地理模拟实验和演示、地理观察和测量等实践活动以培养学生地理实践力，如通过自制教具、学具演示地球的运动及其地理意义，通过记录日出、日落时间的变化理解昼夜长短的变化，通过日影观测正午太阳高度的变化等。

(4) 人地协调观。

该课标涉及的人地协调观核心素养主要体现在培养学生正确看待"地对人的影响""人与地如何协调"等问题上。教材中关于"地对人的影响"体现在时区与区时、历法与节气等内容方面；关于"人与地如何协调"主要体现在对"人类是否需要人造月亮"的问题研究等内容方面。

4. 学业质量水平要求（表1）

表1

课标内容	水平层次	具体要求
①结合实例，说明地球自转运动的地理意义	水平1	利用示意图说明地球自转运动的特点，并能结合简单、熟悉的地理事象说出地球自转产生昼夜交替现象、时差现象和沿地表水平运动的物体的偏转现象（综合思维、区域认知、地理实践力）
	水平2	能够结合给定的简单地理事象说明地球自转产生昼夜交替现象、时差现象和沿地表水平运动的物体的偏转现象（综合思维、区域认知、地理实践力）
	水平3	能够结合给定的复杂地理事象说明地球自转产生昼夜交替现象、时差现象和沿地表水平运动的物体的偏转现象（综合思维、区域认知、地理实践力）
	水平4	能够运用地球运动的规律，对现实中地理事象进行分析，说明地球自转产生昼夜交替现象、时差现象和沿地表水平运动的物体的偏转现象（综合思维、区域认知、地理实践力、人地协调观）
②结合实例，说明地球公转运动的地理意义	水平1	利用示意图说明地球自转运动的特点，并能结合简单、熟悉的地理事象说明地球公转产生昼夜长短的变化现象、正午太阳高度的变化现象；利用示意图说明四季更替和五带的划分（综合思维、区域认知、地理实践力）
	水平2	能够结合给定的简单地理事象说明地球公转产生昼夜长短的变化现象、正午太阳高度的变化现象（综合思维、区域认知、地理实践力）

续上表

课标内容	水平层次	具体要求
②结合实例，说明地球公转运动的地理意义	水平3	能够运用地球运动的规律，结合给定的复杂地理事象说明地球公转产生昼夜长短的变化现象、正午太阳高度的变化现象（综合思维、区域认知、地理实践力）
	水平4	能够运用地球运动的规律，对现实中的地理事象进行分析，说明地球公转产生昼夜长短的变化现象、正午太阳高度的变化现象（综合思维、区域认知、地理实践力、人地协调观）

三、典例示范

1. 课标内容①：结合实例，说明地球自转运动的地理意义

（1）水平1示例。

【试题呈现】

（广东省2021年1月普通高中学业水平合格考试）以下四幅示意图中，能正确表达地球自转方向的是（　　）

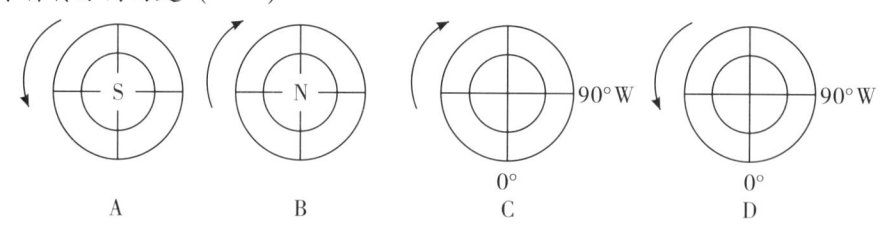

A　　B　　C　　D

【参考答案】

C

【水平表现说明】

试题通过四幅示意图构建了一个很简单的情境，A、B选项直接标注了南北两极信息，而C、D选项需要通过经度信息判断南、北两极，考查地球自转的运动特点——方向。综合来看，本题属于水平1层次。

（2）水平2示例。

【试题呈现】

（2018·全国卷Ⅱ）恩克斯堡岛（图2）是考察南极冰盖雪被、陆缘冰及海冰的理想之地。2017年2月7日，五星红旗在恩克斯堡岛上徐徐升起，我国第五个南极科学考察站选址奠基仪式正式举行。据此完成下题。

图2

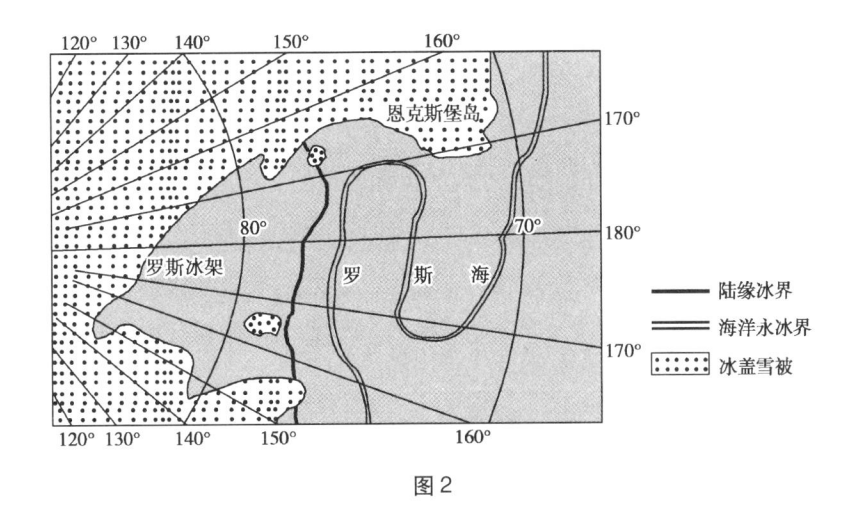

2月7日，当恩克斯堡岛正午时，北京时间约为（　　）

A. 2月7日9时　　　　　　　　B. 2月7日15时
C. 2月7日17时　　　　　　　D. 2月8日7时

【参考答案】

A

【水平表现说明】

试题设置我国南极科学考察站选址恩克斯堡岛的情境，并通过较小尺度的南极俯视图呈现区域背景。学生在作答时需要通过观察恩克斯堡岛的经度位置，计算其所属的时区，进而进行相应区时的计算。该试题虽然选择的是陌生区域进行考查，但总体难度不大。综合来看，该题属于水平2层次。

（3）水平3示例。

【试题呈现】

（2021·广东卷）据报道，北京时间2021年4月29日，包括我国搭载空间站天和核心舱的长征5号B等三枚运载火箭先后发射升空。三个发射场均位于海岸线附近。表2为三枚运载火箭发射的相关信息。据此完成下题。

表2

运载火箭名称	发射场	发射时间
中国长征5号B	海南文昌航天发射场	北京时间4月29日11时23分
欧洲织女星	库鲁（5°14′N，52°47′W）	西三区区时4月28日22时50分
美国猎鹰9号	卡纳维拉尔角（28°29′N，80°35′W）	西五区区时4月28日22时44分

三枚火箭发射离开地球表面的先后顺序为（　　）

A. 长征5号B、织女星、猎鹰9号　　　B. 长征5号B、猎鹰9号、织女星
C. 织女星、长征5号B、猎鹰9号　　　D. 织女星、猎鹰9号、长征5号B

【参考答案】

C

【水平表现说明】

试题设置某日包括我国长征5号B在内的世界各地的三枚运载火箭先后发射升空，引导学生通过时区的换算判断三枚火箭发射的先后顺序。综合来看，该题属于水平3层次。

（4）水平4示例。

【试题呈现】

（2016·江苏卷）图3为某主题公园所在城市分布图。读图，完成下题。

●东京 主题公园所在城市

(140°E, 9:00-22:00) 城市经度及主题公园开放时间（当地时间）

图3

下列时间点中至少有4个城市该主题公园都在开放的是（   ）

A. 北京时间8点   B. 北京时间11点
C. 北京时间14点   D. 北京时间17点

【参考答案】

B

【水平表现说明】

试题呈现5个城市的主题公园开放的当地时间，要求学生计算其中至少4个主题公园共同开放的北京时间。学生需要通过各城市所处的经度位置计算其所在的时区，再通过区时计算将主题公园开放的当地时间换算成北京时间，最后需要判断选项中所给出的时间是否为各个城市主题公园开放的时间。综合来看，该题属于水平4层次。

2. **课标内容②：结合实例，说明地球公转运动的地理意义**

（1）水平1示例。

【试题呈现】

（2021年广东1月学业水平合格性考试）我国下列城市中，一年中昼夜长短变化幅度最小的是（   ）

A. 武汉   B. 台北   C. 成都   D. 西安

【参考答案】

B

【水平表现说明】

试题用文字创设简单、熟悉的问题情境,考查了地球公转运动对昼夜长短分布的影响。学生需要调动昼夜长短分布的纬度分布规律并比较选项中各城市的纬度差异后判断它们的昼夜长短的年变化大小的差异。综合来看,该题属于水平1层次。

(2) 水平2示例。

【试题呈现】

(2016·江苏卷) 住宅的环境设计特别关注树种的选择与布局,不同树种对光照与风有不同的影响。图4为华北某低碳社区(40°N)住宅景观设计示意图。读图,完成下题。

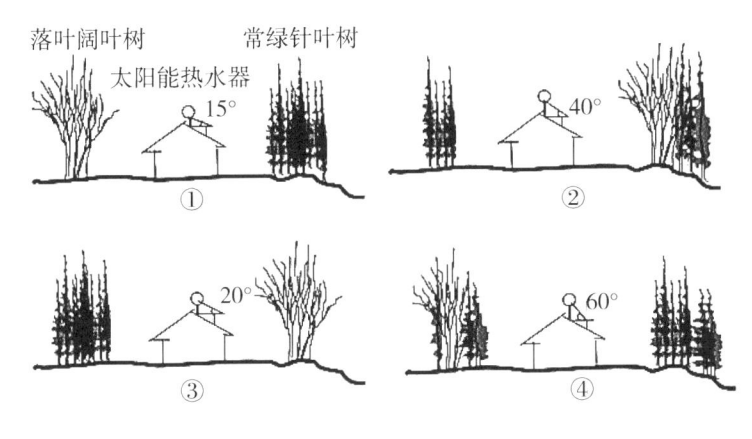

图4

为保证冬季太阳能最佳利用效果,图中热水器安装角度合理的是( )

A. ① B. ② C. ③ D. ④

【参考答案】

D

【水平表现说明】

试题设置华北某低碳社区冬季热水器安装角度的问题情境,考查学生对太阳高度的概念的理解和运用的能力。学生需要通过计算该地冬至日的正午太阳高度角的大小,进而计算出热水器安装的合理角度(二者互余)。综合来看,该题属于水平2层次。

(3) 水平3示例。

【试题呈现】

(2016·上海卷) 北京(40°N)某中学高中生开展地理课外活动,在连续三个月内三次测量正午太阳高度角,获得测量的数据见表3。据此完成1~2题。

表3

第一次	第二次	第三次
60°	50°	40°

1. 从第一次到第三次测量期间，该地昼夜长短状况及其变化是（　　）

A. 先昼短夜长，后昼长夜短，昼渐短

B. 先昼长夜短，后昼短夜长，夜渐短

C. 先昼短夜长，后昼长夜短，夜渐短

D. 先昼长夜短，后昼短夜长，昼渐短

2. 三次测量中，其中一次测量的当天，正值（　　）

A. 春分日　　　B. 夏至日　　　C. 秋分日　　　D. 冬至日

【参考答案】

1. D　2. C

【水平表现说明】

试题通过创设地理课外活动观测正午太阳高度角的情境考查学生运用地球公转运动原理解释现实生活中昼夜长短变化和正午太阳高度变化现象。学生作答需要通过连续三次测量的正午太阳高度角计算出直射点的位置，并判断直射点的移动方向，进而判断观察地昼夜长短的变化规律以及观测的时间（节气）。综合来看，该题组属于水平3层次。

（4）水平4示例。

【试题呈现】

（2018·天津卷）天津广播电视塔（简称"天塔"）高度约415米。读图文材料，完成1~2题。

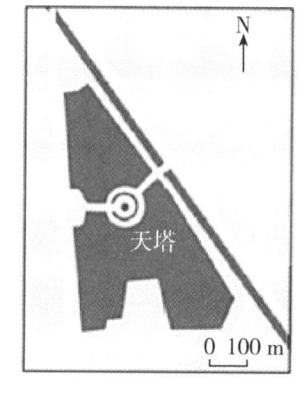

图5　"天塔"景观照片　　图6　"天塔"位置示意图

1. 拍摄到该照片的时间（北京时间）最可能介于（　　）

A. 5：00—7：00　　　　　B. 8：00—10：00

C. 12：00—14：00　　　D. 15：00—17：00

2. 拍摄到该照片的日期最可能介于（　　）

A. 1月15日到2月15日　　B. 3月1日到3月30日

C. 5月15日到6月15日　　D. 10月1日到10月30日

【参考答案】

1. B 2. C

【水平表现说明】

试题通过呈现天津广播电视塔的景观照片和区域位置示意图，考查学生对太阳方位、太阳高度等知识原理的运用。学生需要将两幅图结合，以道路作为参照，将图5中的塔影的方向、长度等信息标识在图6中。

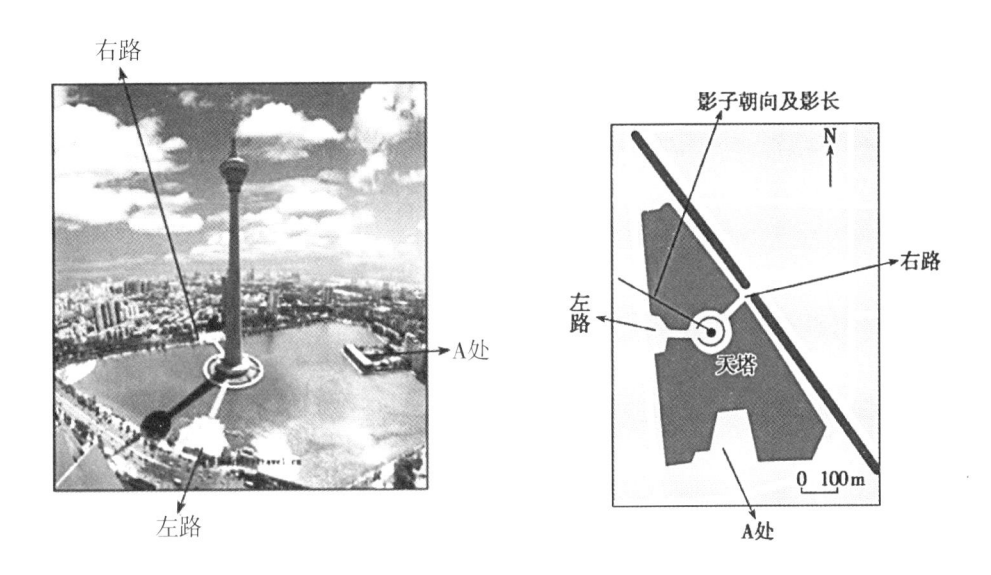

结合指向标判断塔影指向西北，结合比例尺计算塔影长度约为250米。根据塔影方位判断太阳方位在东南，时间判断为地方时9点左右。根据计算塔影长度和塔高比例关系判断太阳高度，影子长度比塔高短很多，故此时太阳高度比45°大，而正午太阳高度应当更大。结合天津的纬度，判断太阳直射点在北半球。综合来看，该题组属于水平4层次。

★ 选择性必修1.2 运用示意图，说明岩石圈物质循环过程

一、课程标准

运用示意图，说明岩石圈物质循环过程。

二、课标解读

1. 行为条件和行为动词

该课标的行为条件是"运用示意图",行为动词是"说明"。

2. 主要概念和知识结构

该课标涉及的主要概念是地壳运动、岩浆活动、变质作用、岩石循环、岩浆、岩浆岩、喷出岩、侵入岩、花岗岩、玄武岩、沉积岩、砾岩、砂岩、页岩、石灰岩、变质岩、板岩、大理岩等。

该课标知识结构的逻辑是:地理原理—地理原理的作用结果—作用结果的影响。具体知识结构如图1所示。

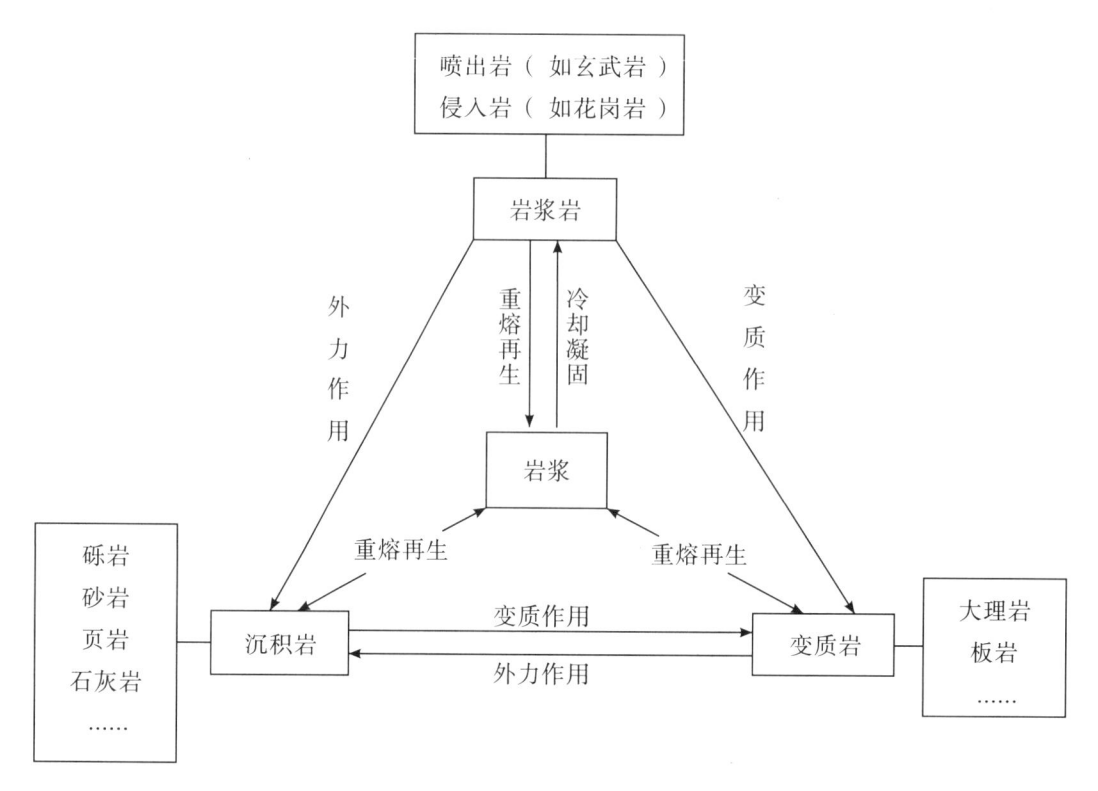

图1

3. 地理核心素养指向

(1) 综合思维。

该课标主要涉及综合思维核心素养中的要素综合和时空综合,主要体现三大类岩石的特征、岩石圈物质循环的过程等。

(2) 地理实践力。

该课标涉及通过地理观察和野外考察等实践活动培养学生的地理实践力，如通过岩石标本的观察和野外考察了解三大类岩石的特征、识别常见的岩石。

4. **学业质量水平要求（表1）**

表1

课标内容	水平层次	具体要求
运用示意图，说明岩石圈的物质循环过程	水平1	能结合简单、熟悉的示意图或地理事象，说出形成三大类岩石的内力和外力作用（综合思维）
	水平2	能够结合给定的简单示意图或地理事象，说明三大类岩石和岩浆之间的相互转化关系（综合思维）
	水平3	能够结合给定的复杂地理事象，说明岩石圈的物质循环（综合思维）
	水平4	能够对现实中的地理事象进行分析，说明岩石圈的物质循环（综合思维、地理实践力）

三、典例示范

课标内容：运用示意图，说明岩石圈的物质循环过程

（1）水平1示例。

【试题呈现】

（2021年广东1月学业水平合格性考试）2019年7月，广东某校高中生到广西桂林开展研学活动，他们主要考察了象鼻山、漓江、银子岩等自然景观。结合所学知识，完成下题。

象鼻山是个主要由石灰岩构成的独特景观，其岩石属于（　　）

A. 喷出岩　　　B. 侵入岩　　　C. 沉积岩　　　D. 变质岩

【参考答案】

C

【水平表现说明】

试题以自然地理研学活动为背景，设置较为常见的、简单的问题情境，考查学生对常见岩石的成因分类的掌握。综合来看，该题属于水平1层次。

（2）水平2示例。

【试题呈现】

（2017年广东6月学业水平合格性考试）图2是岩石圈物质循环示意图，读图并结合所学知识，完成1~2题。

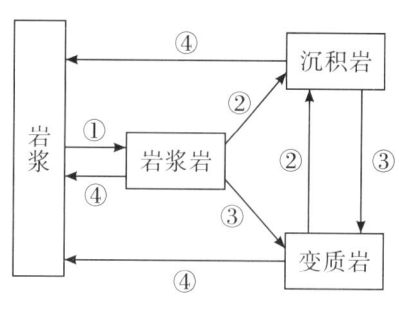

图2

1. 图中序号③表示的是（ ）
A. 沉积作用   B. 侵入作用   C. 变质作用   D. 风化作用
2. 从图中分析岩石圈物质循环，叙述正确的是（ ）
A. 沉积岩可以直接转化为岩浆岩   B. 变质岩可以直接转化为岩浆岩
C. 岩浆可以直接转化为岩浆岩   D. 岩浆可以直接转化为变质岩

【参考答案】
1. C 2. C

【水平表现说明】
试题呈现三大岩石和岩浆的相互转换关系的示意图，考查学生对岩石圈物质循环的掌握。综合来看，该题组属于水平2层次。

（3）水平3示例。

【试题呈现】
澳大利亚艾尔斯岩石是世界最大的整体岩石，其主要成分是砾岩、砂岩等。图3（a）为澳大利亚艾尔斯岩石景观图，图3（b）为岩石圈物质循环示意图。读图，完成1~2题。

(a)   (b)

图3

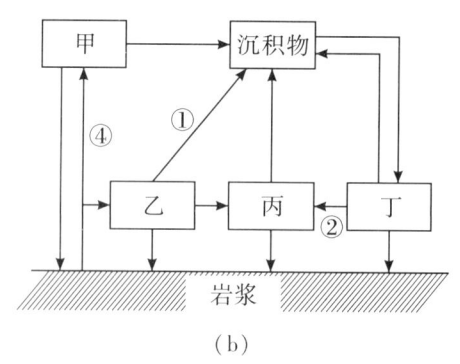

1. 艾尔斯巨岩的主要岩石类型是右图中的（   ）
A. 甲　　　　B. 乙　　　　C. 丙　　　　D. 丁
2. 艾尔斯岩石顶部圆滑光亮，四周陡崖上形成了一些自上而下、宽窄不一的沟槽、浅坑，其形成的主要地质作用是（   ）
A. ①　　　　B. ②　　　　C. ③　　　　D. ④

【参考答案】
1. D　2. A

【水平表现说明】

试题以澳大利亚艾尔斯岩石形成为背景素材，通过景观图和岩石圈物质循环的示意图创设相对陌生和复杂的试题情境。学生在作答时需要先对岩石圈物质循环示意图中的各个部分、各个环节进行判断，再结合艾尔斯巨岩的性质与特征作答。综合来看，该题组属于水平3层次。

（4）水平4示例。

【试题呈现】

（2018年浙江学业水平合格性考试）某中学背山面河。该校组织学生开展野外采集岩石标本的实践活动。一组学生上山在基岩上打了2块岩石标本，另一组学生去河床捡了2块岩石标本。图4为学生们采集的岩石标本，经地理老师鉴定有砂砾岩、页岩、石灰岩和花岗岩。据此完成1~2题。

①　　②　　③　　④

图4

1. 4块岩石标本中，属于岩浆岩的是（   ）
A. ①　　　　B. ②　　　　C. ③　　　　D. ④
2. 从基岩上打来的岩石标本，成因是（   ）
A. 岩浆侵入　　　　　　　B. 海洋中溶解物化学沉积
C. 岩浆喷出　　　　　　　D. 碎屑物沉积并固结成岩

【参考答案】
1. D　2. D

【水平表现说明】

试题创设中学生地理野外考察情境，通过呈现四种岩石的图片引导学生观察岩石的特征，进而考查学生对岩石圈物质循环的掌握。学生在作答时首先需要能辨析四种岩石的特征，再根据题意做出相应判断。如砂砾岩、页岩、石灰岩虽然同属沉积岩，但其形成的环境各有区别。砂砾岩、页岩同属陆相沉积岩，砂砾岩中含有粒径较大的砾石，因此③为砂砾岩；而页岩形成于静水的环境中，其构成物质粒径小，常具有薄页状或薄片层状的节理，故①为页岩；石灰岩一般呈灰色或白色，常见生物痕迹，故②为石灰岩；花岗岩往往质地呈较均匀粒状，坚硬致密，强度高，④为花岗岩。随后，学生需要从四块岩石的外形特征，判断其采样点：①、③外形棱角分明，为块石，应为基岩上打来的岩石标本，从成因上来看皆为沉积岩；②、④外形圆润，为卵石，应经过河流的侵蚀搬运，判断为河床上捡到的岩石标本。由此看来，该试题不仅考查学生岩石圈物质循环的相关知识，还重点考查学生在完成问题探究时表现出的地理实践力水平，属于水平4层次。

★选择性必修1.3 结合实例，解释内力和外力对地表形态变化的影响，并说明人类活动与地表形态的关系

一、课程标准

结合实例，解释内力和外力对地表形态变化的影响，并说明人类活动与地表形态的关系。

二、课标解读

1. 行为条件和行为动词

该课标可细化为：①结合实例，解释内力和外力对地表形态变化的影响。②结合实例，说明人类活动与地表形态的关系。

该课标的行为条件是"结合实例"，行为动词是"解释""说明"。

2. 主要概念和知识结构

该课标涉及的主要概念是风化、侵蚀、搬运、沉积、物理风化、化学风化、沉积物、构造地貌、地质构造、褶皱、断层、板块构造学说、曲流、河谷、冲积平原、三角洲、河漫滩等。

该课标知识结构的逻辑是：地理原理—地理原理的作用结果—作用结果的影响。具体知识结构如图1所示。

图1

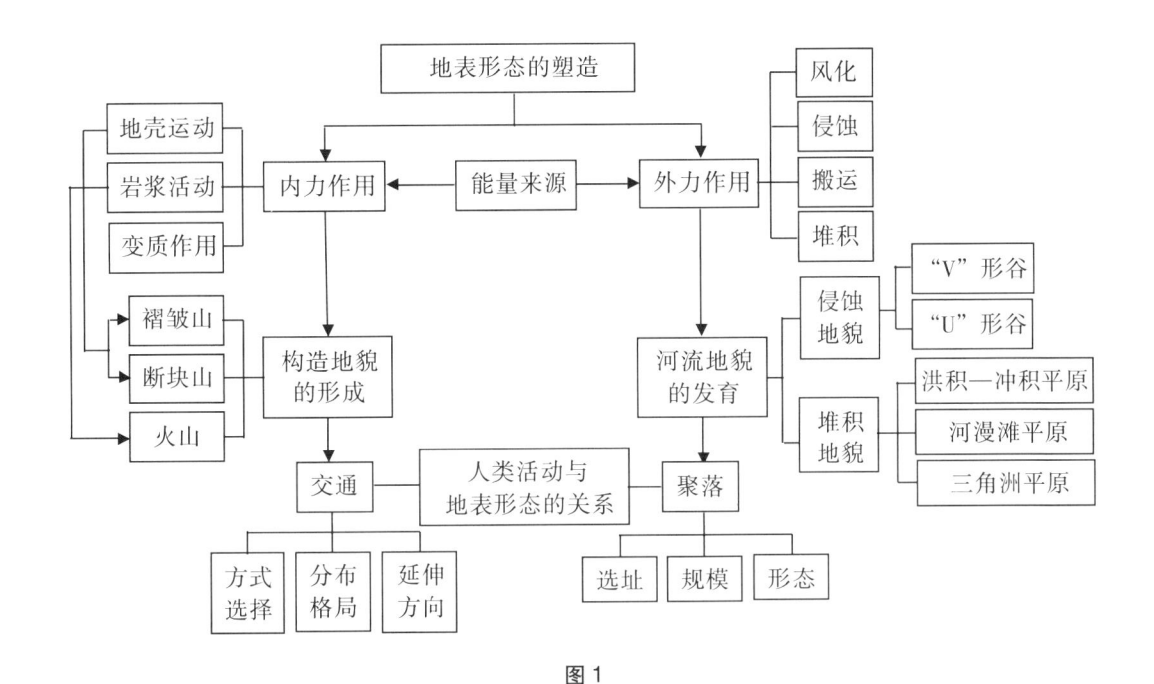

3. 地理核心素养指向

（1）区域认知。

该课标涉及的区域认知核心素养主要表现在区域划分、区域位置、区域特征等方面。区域划分包括板块的划分、地形种类的划分；区域位置主要包括板块位置等；区域特征包括地形特征、宏观地貌特征、微观地貌特征等。

（2）综合思维。

该课标主要涉及综合思维核心素养中的要素综合和时空综合，主要体现内力作用对地表形态的影响、外力作用对地表形态的影响，以及内外力综合作用下地表形态的演变等。

（3）地理实践力。

该课标涉及地理模拟实验和演示、地理观察和测量、野外考察等实践活动以培养学生的地理实践力，如模型演示火山的结构和皱褶、断层等地质构造，模拟实验演示冲积扇、三角洲的形成，通过野外观察辨识常见的地貌类型、理解常见地貌的形成过程等。

（4）人地协调观。

该课标涉及的人地协调观素养主要体现在培养学生正确看待"地对人的影响""人与地如何协调"等问题上。教材中关于"地对人的影响"体现在地形对交通运输方式的选择和布局的影响，以及地形对聚落选址、聚落规模和聚落形态等方面的影响；关于"人与地如何协调"主要体现在"人类活动对崇明岛的影响"的问题研究等内容方面。

4. 学业质量水平要求（表1）

表1

课标内容	水平层次	具体要求
①结合实例，解释内力和外力对地表形态变化的影响	水平1	能够说出内力作用和外力作用的能量来源，区分出内力作用和外力作用的表现类型（地理实践力、综合思维、区域认知）
	水平2	能够结合给定的简单地理事象说明两种及以上内力作用或外力作用对地表形态变化的影响；能够归纳常见地貌的空间分布特征并说明影响因素；能够与他人合作，使用遥感图像等地理信息技术手段和其他地理工具，进行地貌现象的深入观察，做出简要解释（综合思维、区域认知、地理实践力）
	水平3	能够结合给定的复杂地理事象说明地貌的演化规律；能够从不同尺度的空间格局的角度看地貌的空间分布；能够与他人合作，设计和实施较复杂的地貌模拟实验和地貌考察方案，并独立、熟练地运用地理信息技术分析地貌现象（地理实践力、综合思维、区域认知）
	水平4	能够对现实中的地理事象进行分析，说明地貌的演变规律以及其对其他自然地理要素的影响；能够独立设计科学的地貌模拟实验和地貌考察方案，利用地理信息技术及相关工具、材料，分析与处理相关数据与信息，对地貌事象进行科学解释与评价（综合思维、区域认知、地理实践力、人地协调观）
②结合实例，说明人类活动与地表形态的关系	水平1	能结合简单、熟悉的地理事象说明山地对交通的影响、河流地貌对聚落分布的影响（综合思维、区域认知）
	水平2	能够结合给定的简单地理事象说明山地对交通的影响、河流地貌对聚落分布的影响（综合思维、区域认知）
	水平3	能够结合给定的复杂地理事象说明人类活动与地表形态的关系（综合思维、区域认知）
	水平4	能够对现实中的地理事象进行分析，说明人类活动与地表形态的关系（综合思维、区域认知、地理实践力、人地协调观）

三、典例示范

1. 课标内容①：结合实例，解释内力和外力对地表形态变化的影响

（1）水平 1 示例。

【试题呈现】

（2020年广东7月学业水平合格性考试）图2为珠穆朗玛峰的大角峰景观图，形成该景观的外力作用主要来自（　　）

A. 陨石　　　B. 风力

C. 海浪　　　D. 冰川

图 2

【参考答案】

D

【水平表现说明】

试题通过图片呈现珠穆朗玛峰的大角峰景观图，考查学生对外力作用的地貌特征的观察和识别，属于简单的、熟悉的问题情境。综合来看，该题属于水平1层次。

（2）水平 2 示例。

【试题呈现】

（2020年广东1月学业水平合格性考试）读四类地貌景观图（图3），并结合所学知识，完成下题。

甲　　　　　　　　　乙

丙　　　　　　　　　丁

图 3

四类地貌中由流水侵蚀作用形成的是（　　）

A. 甲和乙　　　B. 丙和丁　　　C. 乙和丙　　　D. 乙和丁

【参考答案】

B

【水平表现说明】

试题呈现四幅景观图，考查学生对多种地貌特征的观察和识别，属于较简单的问题情境。学生需要对四幅图的地貌成因进行初步判断：如甲为流水堆积地貌——在出山口处形成的冲积扇；乙为冰缘地貌——冰碛湖；丙为风力堆积形成黄土高原，再在流水侵蚀作用下形成的千沟万壑的地表景观；丁为红色砂砾岩在流水侵蚀作用下形成的丹霞地貌。综合来看，该题属于水平2层次。

(3) 水平3示例。

【试题呈现】

(2021·全国甲卷) 珊瑚礁是由造礁珊瑚和其他生物骨骼共同形成的生物质石灰岩，主要分布在热带浅水海域，造礁珊瑚一般生活在距海面25米以内海域，图4示意珊瑚礁发育的一种模式的不同阶段。据此完成1~2题。

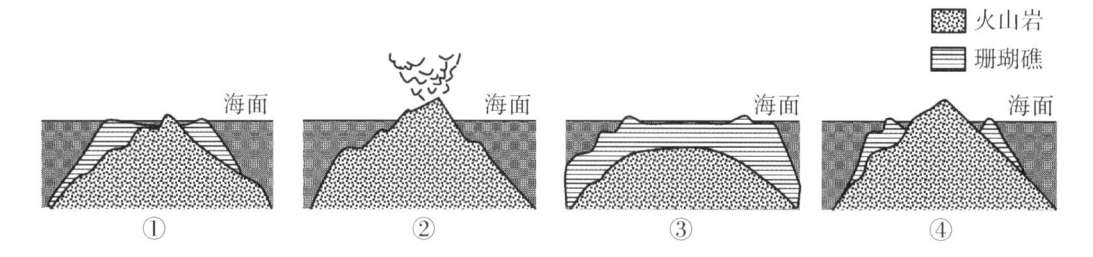

图4

1. 判断图示珊瑚礁的发育阶段依次是（　　）

A. ②①④③　　B. ③①④②　　C. ②④①③　　D. ③④①②

2. 图2所示④阶段珊瑚礁的形成过程中，海平面可能（　　）

A. 先升后降　　B. 先降后升　　C. 持续上升　　D. 持续下降

【参考答案】

1. C　2. A

【水平表现说明】

试题设置海平面变化的背景下珊瑚礁发育的问题情境。珊瑚礁属于生物沉积地貌，对学生而言是陌生的内容。试题的文字材料交代了珊瑚礁形成发育的条件，学生作答时需要观察图片中珊瑚礁的规模，并以此判断发育先后顺序，然后再根据题目中关于珊瑚礁发育的水深条件的描述进一步推断海平面升降情况。试题考查学生对多要素影响下地貌的发育过程的掌握情况。综合来看，该题组属于水平3层次。

(4) 水平4示例。

【试题呈现】

(2021·全国甲卷) 阅读图文材料，完成下列要求。

图5示意我国祁连山西段某山间盆地边缘，山坡、冲积扇和冲积平原的植被均为草原，其中冲积平原草原茂盛，山坡表面多覆盖有沙和粉沙物质，附近气象站（海拔3 367米）监测的年平均气温为−2.6℃，年降水量约291毫米，集中在夏季，冬春季多风。

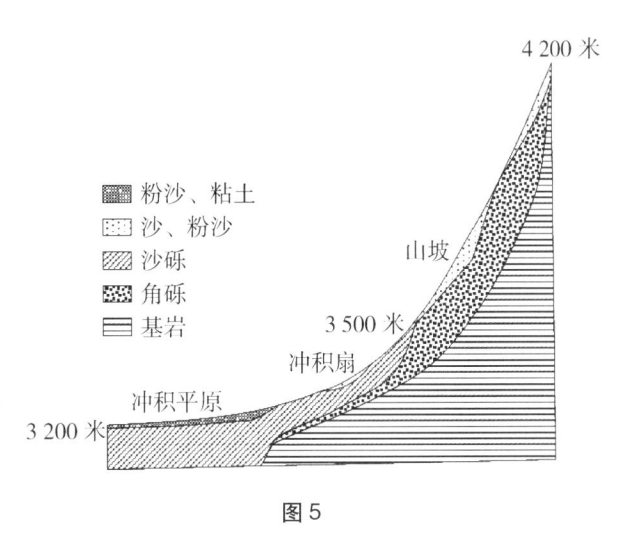

(1) 说明冲积扇和山坡堆积物中砾石的差异及其原因。

(2) 分析分布在山坡表面的沙和粉沙的空间迁移过程。

【参考答案】

(1) 冲积扇：以沙砾为主，砾石分选较好，有一定的磨圆度；由流水搬运、沉积而成。山坡：以角砾为主，砾石分选较差（大小混杂），磨圆度较差（棱角分明）；主要由重力作用形成（海拔较高处可能有冰川作用）。

(2) 沙和粉沙物质主要来源于冲积扇。春季，风力强劲，冲积扇地表干燥，地表沙粒易启动。风沙流沿山坡爬升，到达一定位置后挟沙能力减弱，沙和粉沙沉积在山坡上。

【水平表现说明】

试题设置了学生较为陌生且为现实中的祁连山西段某山间盆地地表沉积物空间分布的问题情境。试题中涉及的地貌类型包括冲积平原、冲积扇，地形类型包括盆地和山坡，涉及的外力作用包括流水作用、风力作用、冰川作用、冻融风化作用、重力作用等，涉及的地表沉积物包括黏土、粉沙、沙、沙砾、角砾等。学生在作答时，需要从文字材料中获得区域自然地理特征信息，在图片材料中观察地貌、地形、沉积物的空间分布的格局与特点，运用外力作用的相关原理进行分析。

如在作答第（1）问时，学生需要观察冲积扇和山坡堆积物中砾石的名称差异，推断出形态的差异，并结合空间位置关系、地形特征判断外力作用的形式和强度，进而分析形态差异的原因。该题以现实中复杂的地貌现象综合考查学生的各项素养，综合来看，属于水平4层次。

2. 课标内容②：结合实例，说明人类活动与地表形态的关系

(1) 水平1示例。

【试题呈现】

山区公路常成"之"字形弯曲（图6），原因是（　　　）

图6

A. 为了降低线路坡度　　　　　B. 增加线路长度，发展旅游
C. 为了通过更多的山村　　　　D. 为了增加山区线路密度

【参考答案】

A

【水平表现说明】

这是一道学考模拟试题，试题呈现山区道路"之"字形弯曲的景观图片，设置学生较为熟悉的、简单的问题情境，考查学生对相关知识的掌握程度。综合来看，该题属于水平1层次。

（2）水平2示例。

【试题呈现】

（2019·全国1卷）图7示意我国东北某区域铁路线的分布，该区域铁路修建的年代较早，近些年几乎废弃，据此完成下题。

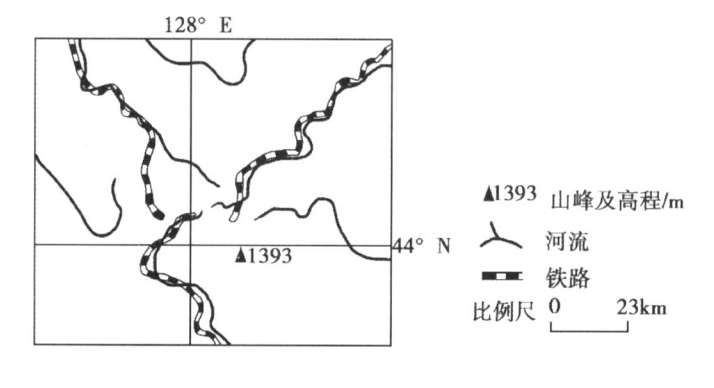

图7

该区域铁路线主要沿（　　）
A. 等高线分布　　B. 河谷分布　　C. 山脊线分布　　D. 山麓分布

【参考答案】

B

【水平表现说明】

试题通过区域地图呈现我国东北某区域铁路线的分布而设置相对简单的问题情境。学生作答时需要通过地图上的山峰判断区域地形特征，进而分析河流流向与铁路线走向的关联，尤其要注意排除 A 选项的干扰。综合来看，该题属于水平 2 层次。

(3) 水平 3 示例。

【试题呈现】

(2018·江苏卷) 地坑院是黄土高原上的特色民居。2017 年 2 月，《航拍中国》以空中视角立体化展示了这个"地平线下古村落，民居史上活化石"的全貌。图 8 为某地坑院村落景观图，图 9 为某黄土塬地形示意图。读图，完成下题。

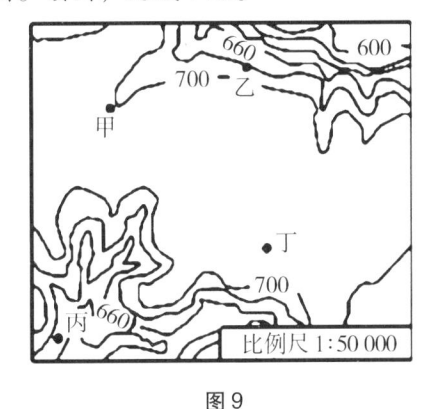

图 8　　　　　　　　　　　图 9

图 9 中，适合建造地坑院村落的是（　　）

A. 甲　　　　B. 乙　　　　C. 丙　　　　D. 丁

【参考答案】

D

【水平表现说明】

试题通过呈现黄土高原地坑院的景观图，引导学生思考地形因素对黄土高原聚落分布、聚落特征的影响。试题情境属于陌生的真实情境，且超越了教材中关于河流地貌对聚落选址、聚落规模、聚落形态等方面影响的相关内容。综合来看，该题属于水平 3 层次。

(4) 水平 4 示例。

【试题呈现】

相对于修筑堤防、改迁河道等耗资巨大的主动防洪工程，在人力、资金相对不足的古代，珠江三角洲西部高要地区有 30 多个村落利用当地有利的自然条件进行被动防洪，形成独特有趣的八卦形态。图 10 (a) 示意高要地区八卦村落分布区，图 10 (b) 遥感图片示意某"八卦村"的道路和排水系统。读图，完成 1~3 题。

图10

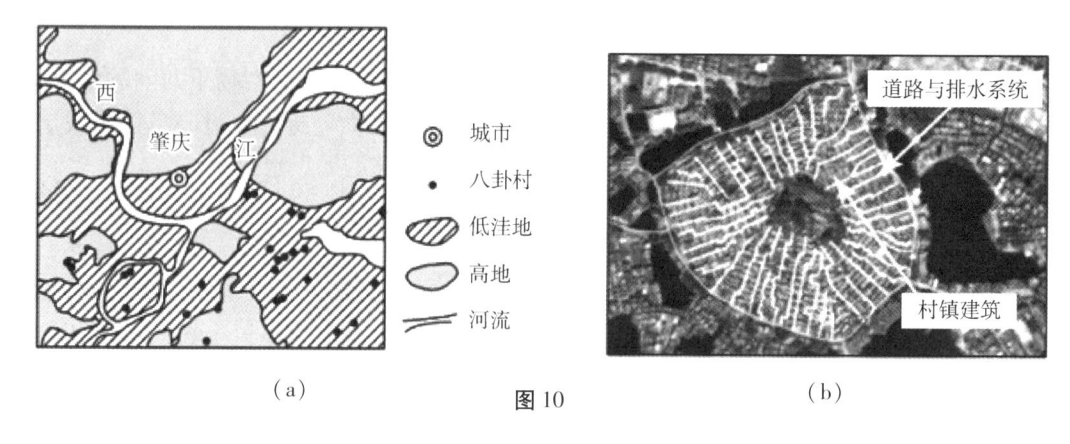

1. 与北岸相比，南岸的村落多呈八卦形态，主要是因为这里（　　）
A. 水源丰富　　B. 水灾多发　　C. 水运便利　　D. 耕地充足
2. 根据"八卦村"排水系统的形态可以推断（　　）
A. 池塘位于村中心方便蓄水　　B. 道路都与排水系统并行方便出行
C. 村落选址在近似圆形的小山岗上　　D. 村落选址在近似圆形的小盆地里
3. 近20年来，高要地区许多"八卦村"的形态逐渐瓦解，可能是由于该地区（　　）
A. 年降水量减少　B. 台风登陆减少
C. 防灾意识增强　D. 堤防趋于完备

【参考答案】

1. B　2. C　3. D

【水平表现说明】

试题设置古代防洪背景下珠江三角洲高要地区"八卦村"的分布与聚落形态的真实情境，引导学生对该区域自然地理特征和人类生产生活之间的影响进行深入探究。学生在作答时，首先要注重挖掘图文材料展示的区域背景，如地理位置决定该区域为亚热带季风气候，其特点是降水总量大且夏季降水集中，地形特征又导致该区域多洪涝灾害等；其次要注意观察"八卦村"的内部结构特征，即道路与排水系统均由村落中心向四周呈放射状，进而完成各题。综合来看，该题组属于水平4层次。

★选择性必修1.4　运用示意图，分析锋、低压（气旋）、高压（反气旋）等天气系统，并运用简易天气图，解释常见天气现象的成因

一、课程标准

运用示意图，分析锋、低压（气旋）、高压（反气旋）等天气系统，并运用简易天气图，解释常见天气现象的成因。

二、课标解读

1. 行为条件和行为动词

该课标可细化为：①运用示意图，分析锋、低压（气旋）、高压（反气旋）等天气系统。②运用简易天气图，解释常见天气现象的成因。

该课标的行为条件是"运用示意图""运用简易天气图"，行为动词是"分析""解释"。

2. 主要概念和知识结构

该课标涉及的主要概念是气团、气压、锋、锋面、锋线、气旋、反气旋等。

该课标知识结构的逻辑是：天气要素—天气系统—天气系统的影响分析。具体知识结构如图1所示。

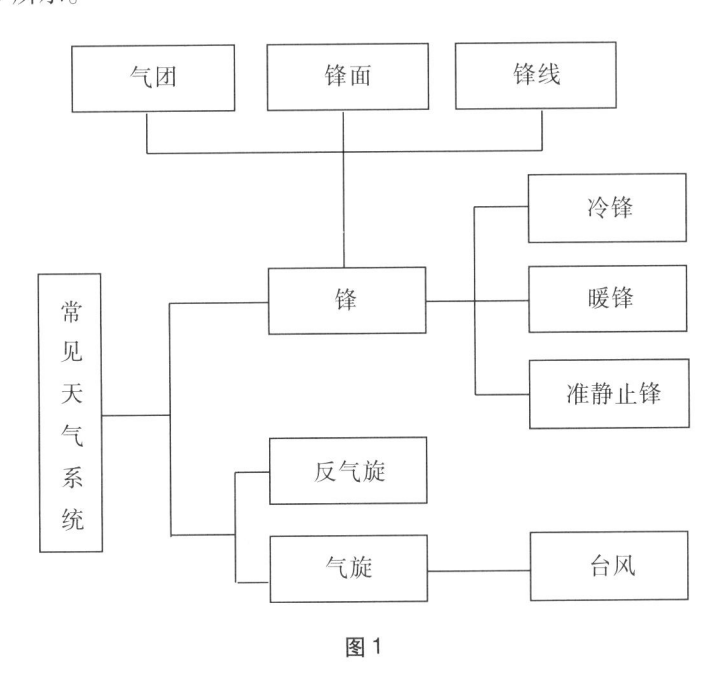

图1

3. 地理核心素养指向

（1）区域认知。

天气系统的分布特征和影响具有显著的区域性，教学中以此来培养区域认知。例如，华北地区冬春季节的沙尘暴，通常是冷锋活动的结果；夏初，江淮地区长达一个月的"梅雨"天气是江淮准静止锋活动的结果；夏季，长江流域常出现的伏旱天气，是受副热带高压（反气旋）控制和影响下的结果；夏秋季节，东南沿海地区常遇到的台风是发源于西北太平洋上的气旋活动的结果；冬半年，云贵高原上的贵阳常出现"冬无三日晴"现象，是昆明准静止锋活动的结果。此外，如华南准静止锋、昆明准静止锋、江淮准静止锋、台风、飓风、温带气旋等概念或现象在命名上就具有明显的区域性，学生可以在通过对这些概念或者现象的理解与应用过程中培养区域认知能力素养。

(2) 综合思维。

天气系统对自然和人类活动的影响分析过程，涵盖了要素综合、区域综合、时空综合等，体现了综合思维。学生可在对常见天气现象发生、发展和演化的引导式分析过程中渐进培养综合思维能力。结合具体天气图、气象数据和我国常见的天气系统的展示与学习、讨论，学生能在综合分析各种常见天气系统成因的基础上，讨论、分析出各种气象灾害对自然地理环境的影响。例如，夏季我国长江中下游地区受副热带高气压控制，在此影响下降水稀少，而此时气温高，蒸发旺盛，农作物生长需水量又大，故常形成"伏旱"。

(3) 地理实践力。

对于常见天气系统原理的运用能初步展示学生的地理实践力。学生可以结合锋面和高、低气压系统的示意图，尝试动手制作天气系统模型；利用天气图和气象统计资料，尝试做简单的天气实况分析和趋势预报；还可结合教材提供的活动"寒潮及其危害"，从"功"与"过"两方面来分析寒潮。这个过程有利于培养学生的分析和解决地理问题的能力，进而提高学生参与地理实践的意志、品质与行动力，最终提高学生的地理实践力。

(4) 人地协调观。

天气系统是大气运动的结果，常见的天气系统都有其发生、发展、消亡的过程。学生可结合典型的气象灾害案例，讨论分析灾害性天气的成因及其对地理环境和人类活动的影响，并积极提出可操作性的防灾减灾措施，逐渐养成人地协调观。常见天气系统带来的各种天气现象都会对人类活动产生影响，体现了自然地理环境对人类活动的影响。而人类活动也会对自然地理环境产生影响，例如人类不合理的活动加剧了西北地区的荒漠化，从而导致西北地区乃至华北地区冬春季节有更多的沙尘暴。学生能否回答人类在与自然环境相处的过程中如何趋利避害、如何实现人与自然和谐相处等问题，成为其是否形成了正确的人地协调观的重要表现。

4. 学业质量水平要求（表1）

表1

课标内容	水平层次	具体要求
①运用示意图，分析锋、低压（气旋）、高压（反气旋）等天气系统	水平1	根据锋面示意图识别冷锋、暖锋和准静止锋，说出气旋、反气旋的含义与差异（综合思维、区域认知）
	水平2	能正确绘制锋面示意图，区别冷锋和暖锋；能绘制南北半球的气旋和反气旋及其在水平和垂直方向上气流的运动方向（综合思维、区域认知）

续上表

课标内容	水平层次	具体要求
	水平3	能够结合实例，根据具体情境、天气数据和天气图等判断和分析锋面系统、高低压系统的天气特点（综合思维、区域认知）
	水平4	能够结合实例，用锋面系统、高低气压系统的相关知识解释生活中的天气现象（综合思维、区域认知）
②解释常见天气现象的成因	水平1	能根据示意图判读冷、暖气团的位置及移动方向，判读雨区的位置；在简易天气图中识别气旋、反气旋系统（综合思维、区域认知）
	水平2	能正确描述冷锋、暖锋、准静止锋过境前后的天气变化情况，能说出在气旋、反气旋影响下的天气特点（综合思维、区域认知）
	水平3	能够结合实例，根据具体情境、天气数据和天气图等，说明锋面系统、高低压系统天气特点的成因（综合思维、区域认知）
	水平4	能够阅读天气形势图，分析锋面系统控制下的某地某时的天气状况或未来天气变化趋势；能利用天气形势图分析高、低气压系统的时空变化过程及对天气的影响（综合思维、区域认知）

三、典例示范

1. 课标内容①：运用示意图，分析锋、低压（气旋）、高压（反气旋）等天气系统

（1）水平1示例。

【试题呈现】

受寒潮影响，2020年11月21日14时至23日14时，我国中东部地区将有4~6级偏北风，气温下降6~10℃。下列各天气系统示意图中，能表示与寒潮的形成有关的是（　　）

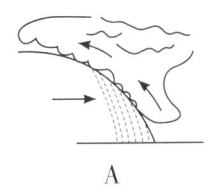

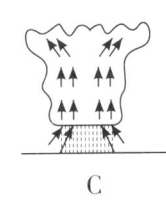

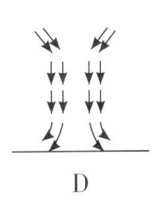

【参考答案】

A

【水平表现说明】

试题以具体时间和特定地点的特定天气现象为载体,构造了一个相对简单的地理生活情境。试题相关的行为动词是描述、识别、了解、定位、记住等,对学生的要求水平相对较低。试题通过在具体情境中的学习活动来培养和考查学生的区域认知和地理实践力:通过题干中具体位置信息(我国中东部地区)的获取,培养学生的区域认知能力;通过对具体天气现象(偏北风、气温下降)的感知来培养学生的地理实践力。在学业质量水平分级上属于:①根据提示能够辨识日常生活区域的某些(天气)自然地理要素特征;②能够借助他人帮助,对地貌、土壤、植被等自然要素(本题中为天气要素)进行初步观察。综合来看,该题属于水平1层次。

(2)水平2示例。

【试题呈现】

(2021·山东省新高考质量测评)图2示意某年12月某时刻亚洲部分地区海平面等压线(单位:hPa)分布。

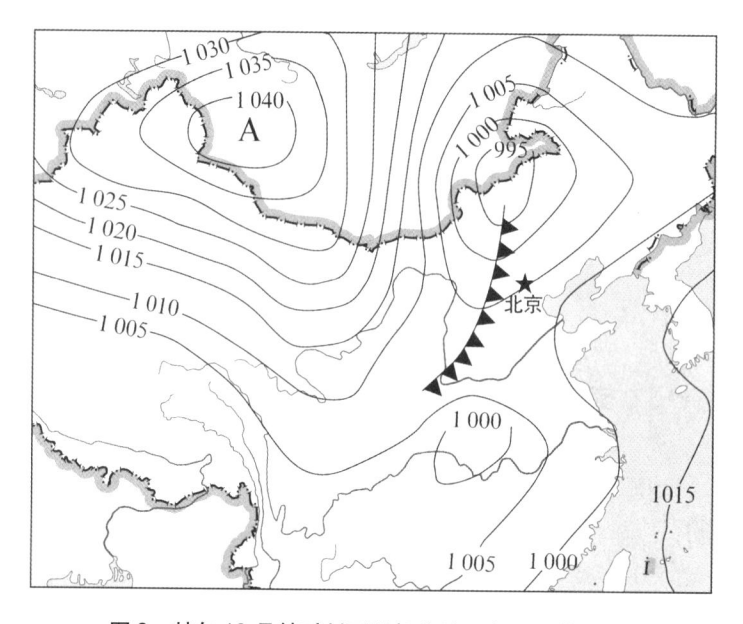

图2 某年12月某时刻亚洲部分地区海平面等压线

在下图中分别画出A天气系统气流的水平运动方向和垂直运动方向。

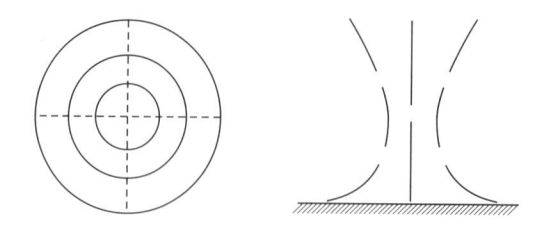

【参考答案】

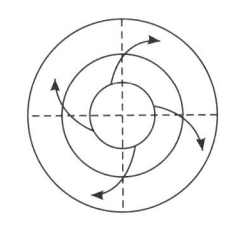

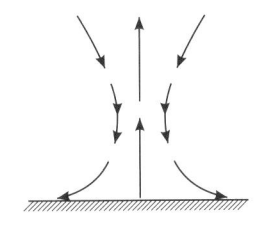

【水平表现说明】

试题以亚洲东部地区为背景图,以某年12月某时刻的海平面等压线分布图为主要内容,构造了一个静态的、相对简单的地理生活情境。给定的地理事物(等压线)比较具体,信息之间的联系比较单一(高压、低压和冷锋天气系统),情境中的信息较多,重在考查学生在情境中进行信息的提取、分析、综合、归纳的能力;试题的行为动词是"区分、辨别"和"绘制",主要考查了学生的综合思维能力和地理实践力。试题首先通过给定简单的天气系统示意图,要求学生能够辨识具体是哪种天气系统(锋面、高低气压系统),并能分析出该种天气系统影响下的天气特征的形成原理;在辨识天气系统的基础上,要求"绘制"出该种天气系统在水平和垂直方向上的气流运动原理,属"灵活运用知识的能力"。综合来看,本题属于水平2层次。

(3) 水平3示例。

【试题呈现】

(2020·天津市普通高中学业水平等级性考试)读某日14时海平面气压场分布图(图3),完成下题。

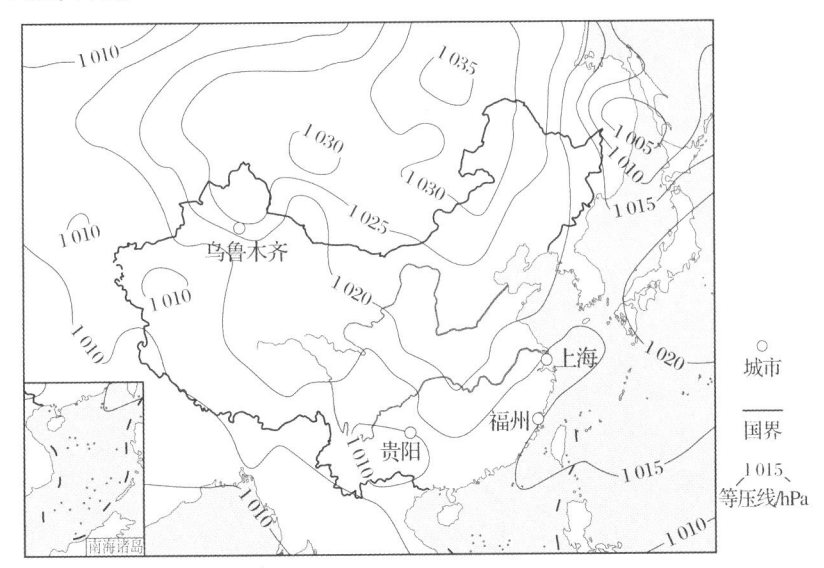

图3

华北平原此时的天气状况最可能是（　　）

A. 风和日丽　　B. 狂风暴雨　　C. 阴雨连绵　　D. 大雪纷飞

【参考答案】

A

【水平表现说明】

试题以亚洲地区为底图，以某日14时的海平面气压场分布图为主要内容，创设了一个简单又陌生的情境。情境中的信息较简单——海平面气压场，但题干只说是某日，没有提示月份或者季节信息，对学生来说有点陌生。试题的行为动词是"识别、定位""区分、辨别"，对学生的信息提取、分析、综合与归纳能力要求提高。试题要求学生能在给定的区域图中进行准确的定位——认出华北平原位置之所在，在此基础上辨别出目前影响该区域的相关地理环境要素——高气压系统，体现出对学生区域认知能力的较高要求。在区域认知和天气系统辨别基础上，要求学生能够进行综合思维，分析判读出受高气压天气系统影响下的天气特点。综合来看，该题属于水平3层次。

（4）水平4示例。

【试题呈现】

图4为春季T时刻亚洲部分地区的海平面气压分布图。

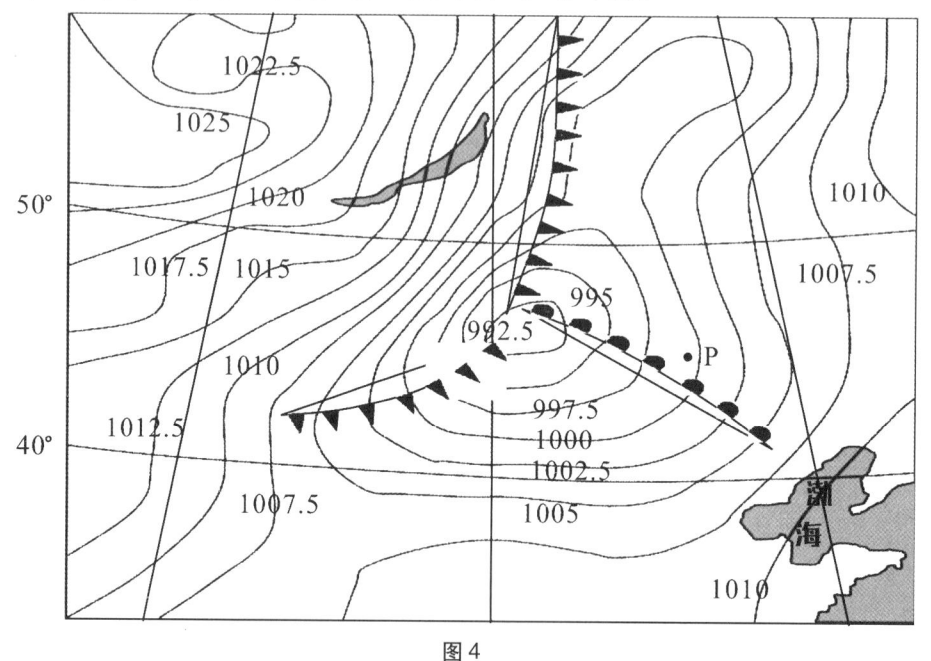

图4

预测P点将要发生的天气变化及原因。

【参考答案】

暖锋过境，降水概率高，气温升高；暖空气控制，天气转好，气温较高；冷锋过境，气温下降，可能有降水，风力加强；冷空气控制，晴朗，气温较低。

【水平表现说明】

试题以一幅标有经纬度标识的亚洲某区域背景图为底图,以有季节标识的某时刻海平面气压分布和突出标识的冷锋、暖锋示意图为主要内容,呈现了一个复杂的、静态的情境。行为动词是"识别、定位"和"辨别、分析、预测",体现了对区域认知和综合思维素养的考查。题目通过经纬度数值和"亚洲部分地区"的提示,表明了区域所在的大概位置,但是具体的地理区域是哪里并未给出,属于"能够运用空间分析方法,分析特定区域的自然地理特征"的区域认知能力考查;通过对图中天气系统的辨识,加上对给定地点 P 进行定位后的天气特征预测,属于"能够运用大气运动规律,对区域(天气要素)发展的过程进行分析、评价"。综合来看,本题属于水平 4 层次。

2. 课标内容②:解释常见天气现象的成因

(1) 水平 1 示例。

【试题呈现】

(2021·山东枣庄)图 5 中实线为锋线,正在向 a 地移动,虚线范围内为阴雨区。读图,完成下题。

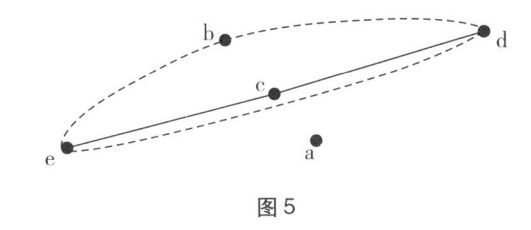

图 5

下列关于该天气系统过境时天气状况的描述,正确的是(　　)

A. 天气晴朗　　　　　　　　B. 可能带来寒潮天气
C. 出现连续性降水　　　　　D. 一定会带来降水

【参考答案】

A

【水平表现说明】

题目围绕天气系统——锋面的构成要素,以实线和虚线组合的方式构建了一个看似简单但又很抽象的问题情境。相关的行为动词是"判断、辨别",主要考查学生的综合思维能力。题干以锋面系统的构成要素为主体,以雨区和锋线的位置关系为核心,以剖面图的视角绘制了锋面图,这对学生来说既熟悉又陌生。设问以"天气状况"为基本点,但是要求学生首先在能判断具体是哪种天气系统(冷锋、暖锋)的基础上,再进入下一个思维点——该天气系统影响下对应的天气特点,直至得出题目的正确答案。题目整体上符合"综合思维"素养水平划分中的水平 1——"在简单的情境中,能够说出简单的地理事象所包含的相关要素,并能从两个地理要素相互作用的角度进行分析"的要求。综合来看,试题属于水平 1 层次。

（2）水平2示例。

【试题呈现】

（2019·江苏高考）图6为"某月19日18时澳大利亚海平面等压线分布图"。读图，完成1~2题。

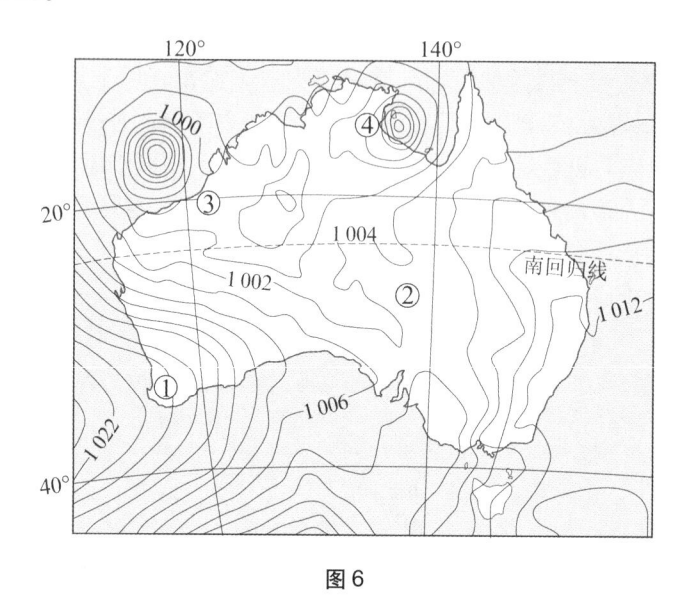

图6

1. 该月最可能是（　　）
A. 3月　　　　B. 6月　　　　C. 8月　　　　D. 10月
2. 此时，澳大利亚（　　）
A. ①地天高云淡
B. ②地干热风大
C. ③地南风暴雨
D. ④地北风酷热

【参考答案】

1. A　2. A

【水平表现说明】

题目通过一幅鲜明的大洋洲部分区域图和清晰明了的气压场图为主体，配以指向意义不明的时间提示，创造了一个较为简单的探究性的真实生活情境。题目的行为动词是"判断、辨别、分析"。在素养考查上，题目兼具了"区域认知"和重在"综合思维"两个方面的考查。题目在考查目标上属于"能正确说出在气旋、反气旋影响下的天气特点"，水平评价上整体符合"综合思维"素养水平划分中的水平2——"能够对给定的简单地理事象，从多个地理要素相互影响、相互制约的角度进行分析"及"区域认知"素养水平划分中的水平2——"能够从区域的视角认识给定简单地理事象，收集整理区域重要的信息"两项要求。综合来看，该题组属于水平2层次。

(3) 水平 3 示例。

【试题呈现】

(2020·北京卷) 图 7 为北京时间 2020 年 5 月 14 日 14 时亚洲局部地区海平面气压分布图。读图，完成下题。

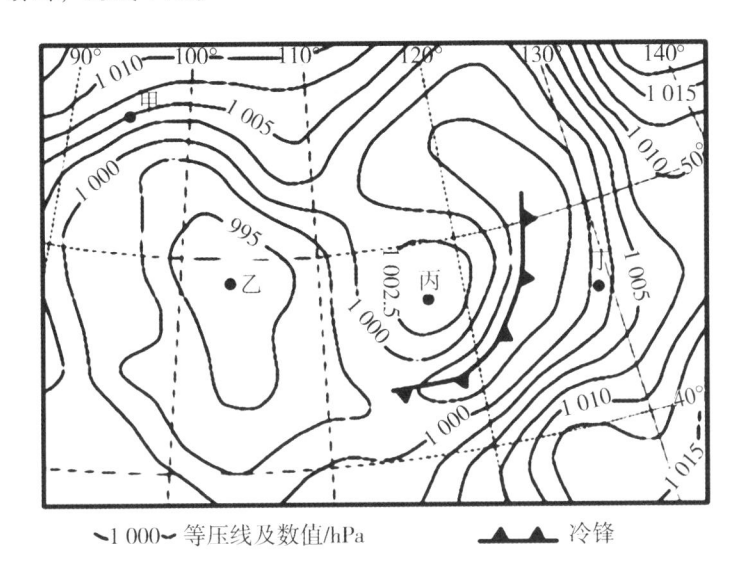

图 7

据图推断（ ）
A. 甲地风向偏西南，气温高
B. 乙地气流辐散，空气洁净
C. 丙地天气晴朗，紫外线强
D. 丁地受冷锋影响，有暴雪

【参考答案】

C

【水平表现说明】

题目以一幅提示了具体时间（含月份和季节信息）和地点（含经纬度信息和文字信息）说明的信息图为底图，以海平面气压分布状况和天气系统示意为主要内容，创造了一个真实又熟悉的问题情境。试题的行为动词是"推断、辨别、分析"。在素养考查上，题目兼具了"区域认知"和重在"综合思维"方面的考查。通过题干给定的时间信息，可以帮助学生判断季节；给定的天气系统的符号及气压信息，可以帮助学生判读是受哪种天气系统的影响。设问以"不同地点所受天气系统不同"为原则进行设置，考查学生对具体天气系统的掌握情况。题目符合"综合思维"素养水平划分中的水平 3——"能够说明……大气、水的运动与变化规律"及"区域认知"素养水平划分中的水平 3——"能够从空间格局的角度，解释自然环境整体性与差异性"的要求。综合来看，该题属于水平 3 层次。

(4) 水平4示例。

【试题呈现】

(2012·全国卷) 图8示意长江中下游地区夏初某时的气压系统,该气压系统以每天120千米的速度自西向东移动。据此完成1~2题。

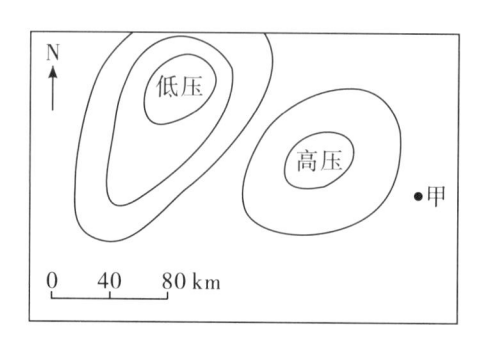

图8

1. 24小时后甲地主要吹（　　）
A. 东北风　　　B. 东南风　　　C. 西北风　　　D. 西南风
2. 30~48小时之间,甲地可能经历（　　）
A. 持续晴朗高温天气　　　　B. 连绵阴雨天气
C. 强对流降雨天气　　　　　D. 沙尘暴天气

【参考答案】

1. B　2. C

【水平表现说明】

题目通过给定了具体季节信息和地点的文字材料,再配一幅地理要素和事物简明易懂的图像,配合一个精巧设计的"时间与现象关联"的问题,创设了一个看似简约实不简单的现实复杂情境。试题的行为动词是"区分、判断、模拟、应用",素养考查为综合思维和地理实践力。整体来看,题目符合"综合思维"素养水平划分中的水平4——"分析……大气、水……的运动与变化规律,以及各要素之间的相互影响"及"地理实践力"素养水平划分中的水平4——"能够分析特定区域的自然地理特征与环境演变过程"的要求。综合来看,该题组属于水平4层次。

★选择性必修1.5 运用示意图，说明气压带、风带的分布，并分析气压带、风带对气候形成的作用，以及气候对自然地理景观形成的影响

一、课程标准

运用示意图，说明气压带、风带的分布，并分析气压带、风带对气候形成的作用，以及气候对自然地理景观形成的影响

二、课标解读

1. 行为条件和行为动词

该课标可细化为：①运用示意图，说明气压带、风带的分布。②运用示意图，分析气压带、风带对气候形成的作用。③运用示意图，分析气候对自然地理景观形成的影响。

该课标的行为条件是"运用示意图"，行为动词是"说明""分析"。

2. 主要概念和知识结构

该课标涉及的主要概念是三圈环流、信风带、盛行西风带、极地东风带、赤道低压、副热带高压、副极地低压、极地高压、季风、气候、自然景观等。

该课标知识结构的逻辑是：地理原理—地理原理的作用结果—作用结果的影响。具体知识结构如图1所示。

```
                    ┌─ 极地高气压带 ──┐
                    │  副极地低气压带  │──┐
          ┌─ 形成 ──┤  副热带高气压带  │  │── 受季节 ──┐── 气压带和风
          │         └─ 赤道低气压带  ──┘  │   变化影响  │   带南北移动
气压       │         ┌─ 极地东风带 ──────┐│            │
带和   ────┤         │  盛行西风带       ├┘            │
风带       │         └─ 信风带    ───────┘             │── 季风环流
          │
          │         ┌─ 气压带 ──┬─ 高压中心 ─┐── 受海陆
          └─ 受海陆  │           │            │   差异影响
             分布的 ─┤           │            │
             影响   └─ 气压中心 ─┴─ 低压中心 ─┘

         ┌─ 气压带对气候的作用 ─────┐                  ┌─ 水文
         │                          │   气候对        │
气压     │─ 风带对气候的作用 ───────│   自然地       │─ 地貌
带风     │                          │   理景观       │
带对   ──┤                          │── 形成的     ──┤─ 土壤
气候     │─ 气压带风带的交替对气候 │   影响         │
的作     │   的作用                 │                │─ 生物
用       │                          │                │
         └─ 高低气压中心对气候的作用┘                 └─ 岩石
```

图 1

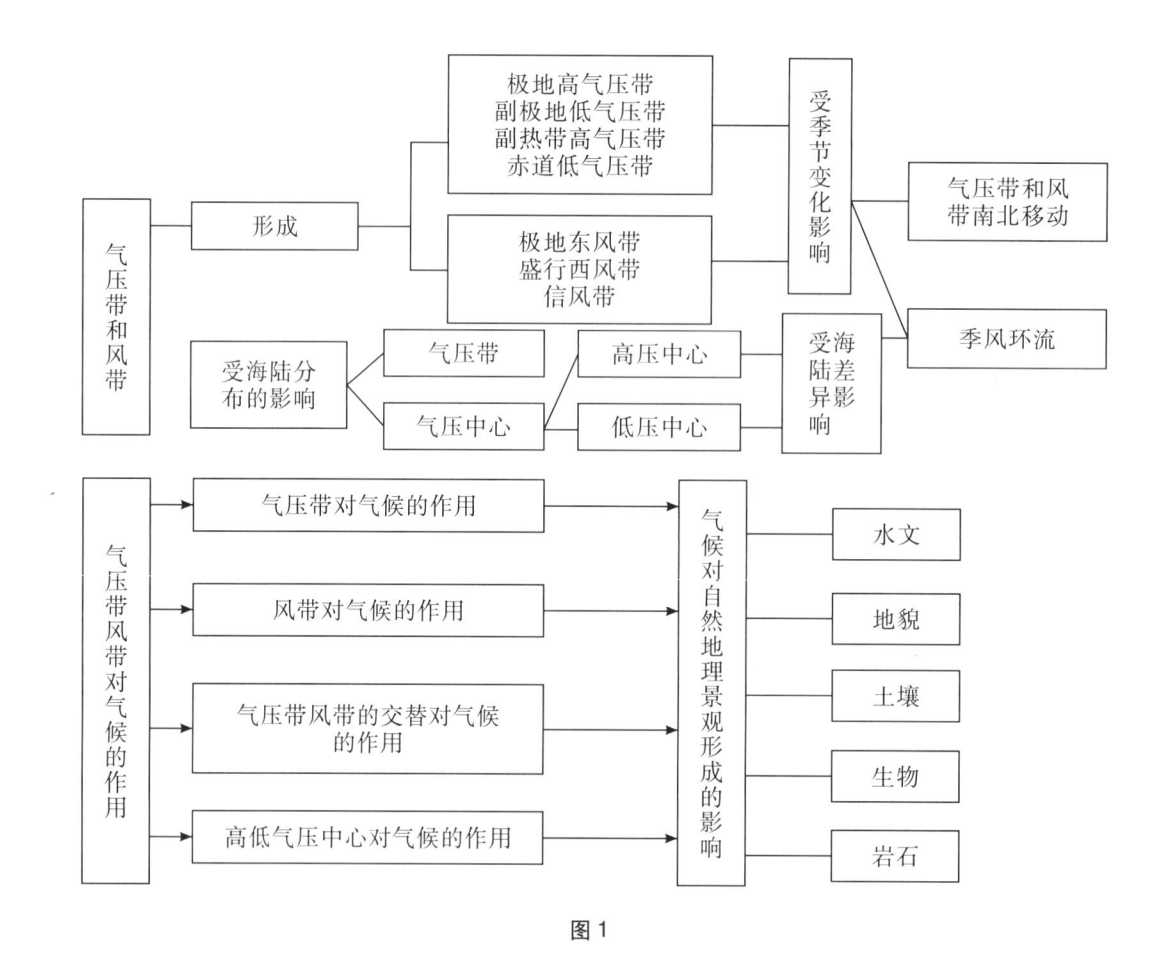

3. 地理核心素养指向

（1）区域认知。

以"尺度思维"构建区域认知方法。课本教学内容注意引导学生关注空间尺度的变化。一般而言，空间尺度越大，局部和细节关注的程度越小，宏观规律关注的程度越大。例如"地球上的气压带和风带"以全球的视角对气压带和风带的形成进行比较全面的分析和归纳，研究东亚季风环流是大洲的尺度。研究的空间尺度越小，越关注微观的要素联系以及局部的区域差异。例如学生要了解热带雨林，需要在认识巴西热带雨林气候区（国家尺度）分布的基础上，把学习范围缩小到尺度更小、更具体的亚马孙河流域（地方尺度），这样就能够对热带雨林的自然地理的基本特征有比较全面的理解。

（2）综合思维。

以时空、要素、具体区域培养学生的综合思维。综合思维要求学生能够从空间和时间综合的角度分析地理事象的发生、发展和演化。"海陆分布对气压带和风带的影响"以 1 月份和 7 月份作为时间尺度，以北半球海洋和陆地为主要载体，引导学生运用热力环流原理分析海洋和陆地在不同季节的高低气压分布状况,让学生认识到海陆气压和风向的发生、发展会随着时空的变化而变化,培养学生用动态的思维观察地理事物;"北半球海陆气压中心"的形成过程需要考虑空气密度、气压变化、直射点回归运动、海陆热力性质等自然地理要素,在此基础上分析这些要素之间的因果关系和逻辑思维顺序;"气压带和风带对气候的影响"把比较抽象的原理结合具体的区域来说明问题,列举了巴西亚马孙、西欧、撒哈拉沙漠地区、我国南方地区、非洲塞伦盖蒂草原地区等5个区域,详细阐述了气压带或风带对自然地理特征和景观的影响。例如为了让学生更为直观地理解气候与自然景观的关系,课本通过展示非洲塞伦盖蒂干季和湿季的景观,要求学生利用赤道低气压带的季节性移动的特点,推断干、湿季景观的成因。

(3) 地理实践力。

利用地理模型培养学生的地理实践力。与气压带和风带相关的知识内容抽象,综合性强,原理性强,时空跨度大,要求学生具有较强的空间思维和逻辑分析能力。为了加深学生对气压带、风带形成原理和分布区域的理解,教材通过设计"制作三圈环流模型"的实践活动,要求学生以小组合作的方式,利用地球仪、透明胶布、有颜色的纸条等三种简易的材料制作模型。学生在亲手制作的过程中联系和运用相关的知识,更清楚地辨析低、中、高纬度近地面与高空的大气运动性质和方向,从而加深对气压带和风带形成过程的理解。

(4) 人地协调观。

通过树立自然环境整体性观念,理解和尊重自然规律,体现人地协调观。课本中本节开头的情境"东非高原动物迁徙",主要发生在坦桑尼亚的塞伦盖蒂大草原和肯尼亚的马萨伊马拉大草原之间。这里是典型的热带草原气候区。每年的7—9月,正值坦桑尼亚塞伦盖蒂大草原的旱季,此时草原上几乎滴雨不落,草木枯黄。为了生存,野生动物不得不进行规律性的年度迁移活动。该情境体现了气压带和风带对高原动物的影响,动物的大迁徙体现了对自然地理环境的适应。再例如,600多年前,我国著名航海家郑和历经28年、七下西洋、出访30多个亚非国家和地区,堪称史无前例的航海之旅。研究表明,在没有发动机的时代,郑和船队的航行动力主要来自季风。他七下西洋所经过的地区都是全球显著的季风气候区,风向的季节变化不仅驱动了帆船,还带动了海流的变化,为航行提供了动力。郑和船队通常选择北半球冬半年(此时盛行东北季风)期间出发,夏半年(此时盛行西南季风)期间归航。郑和七下西洋的伟大壮举,是人类对地球上风带原理直接利用的最佳代表,也充分体现了人地协调观理念。

4. 学业质量水平要求（表1）

表1

课标内容	水平层次	具体要求
①运用示意图，说明气压带、风带的分布	水平1	能利用示意图说出部分气压带和风带的形成和分布（综合思维、区域认知）
	水平2	能利用示意图说明南北半球不同纬度气压带和风带的分布特征，能简单分析部分气压带和风带的形成原因（综合思维、区域认知）
	水平3	能运用示意图，说明不同纬度气压带和风带的成因，解释海洋和陆地的热力性质差异对气压带和风带性质的影响，并能概括全球的大气环流的形成过程（综合思维、区域认知）
	水平4	对于给定的复杂情境，能够从自然环境物质运动和能量交换的角度分析气压带、风带、季风环流的形成原因和特征（综合思维、区域认知）
②分析气压带、风带对气候的影响	水平1	能根据示意图辨识气压带和风带名称（区域认知）
	水平2	能根据示意图，简单分析单一的气压带和风带对气候的影响（综合思维、区域认知）
	水平3	对于给定的情境，从区域空间的角度，根据气压带和风带的性质，分析区域气候成因（综合思维、区域认知）
	水平4	能从时空尺度变化角度分析气候特征的时空差异；能结合气压带、风带、海陆位置、地形等要素分析对气候的综合影响（综合思维、区域认知）
③分析气候对自然地理景观形成的影响	水平1	对于简单的、熟悉的自然景观图，能进行简单辨识和描述（区域认知）
	水平2	对于简单的自然景观图，能辨别自然景观类型，简要分析景观图与气候的关系（综合思维、区域认知）
	水平3	对于给定的比较复杂的自然景观图，能够说明气候对植被形态以及时空分布的影响（综合思维、区域认知）
	水平4	对于给定的比较复杂的自然景观图，能从自然环境各要素的物质运动和能量交换的角度，分析降水、气温等气候要素对植被、河流等自然景观的影响（综合思维、区域认知）

三、典例示范

1. 课标内容①：运用示意图，说明气压带、风带的分布

(1) 水平1示例。

【试题呈现】

图2为"气压带和风带季节移动示意图"，图3为"世界海陆分布的局部图"。读图，回答下列问题。

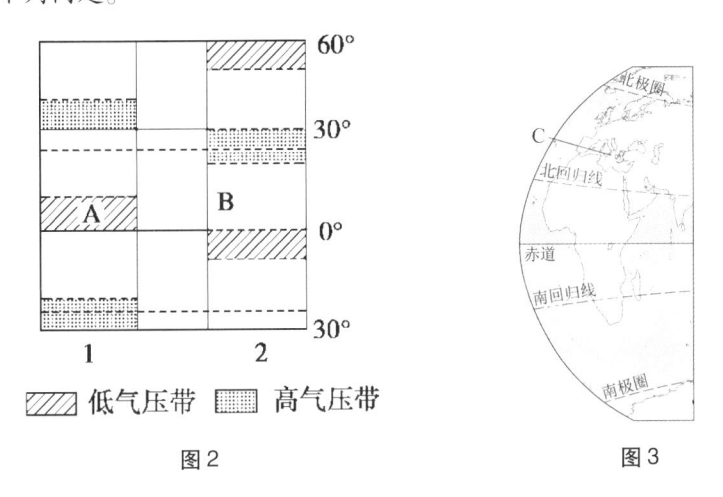

图2

图3

(1) 说出A气压带名称及在图乙相应纬度范围内画出B所在风带的风向。

(2) 说出图2中1、2两图气压带位置的差异。

【参考答案】

(1) A是赤道低气压带。画图略（提示：B所在风带的风向为东北风）。

(2) 1图气压带位置比2图偏北。

【水平表现说明】

试题以实际的区域图与气压带、风带的示意图构造了一个简单的地理地图情境，属于在简单、熟悉的情境中辨识地理要素和进行初步的地理要素绘制，联系的要素较少；试题的行为动词是简述、说出，对学生的要求水平相对较低；试题通过在情境中的学习活动来培养和考查学生的区域认知和地理实践力。通过示意图的纬度位置来对应气压带和风带的位置，是对地理事物的空间位置与分布的最基本的区域认知；在实际的世界地图上标注风带的位置和风向则是从地理事物抽象的空间位置转向现实的空间位置的认知，是学生区域认知能力的提升；而在区域图上能准确地画出东北风风向，既是对学生地图上方位的考查（区域认知能力），也是对学生绘图能力的考查（地理实践力）。综合来看，该题属于水平1层次。

（2）水平2示例。

【试题呈现】

图4示意某岛的地理位置，图示岛屿西南部降水丰沛，主要是因为（　　）

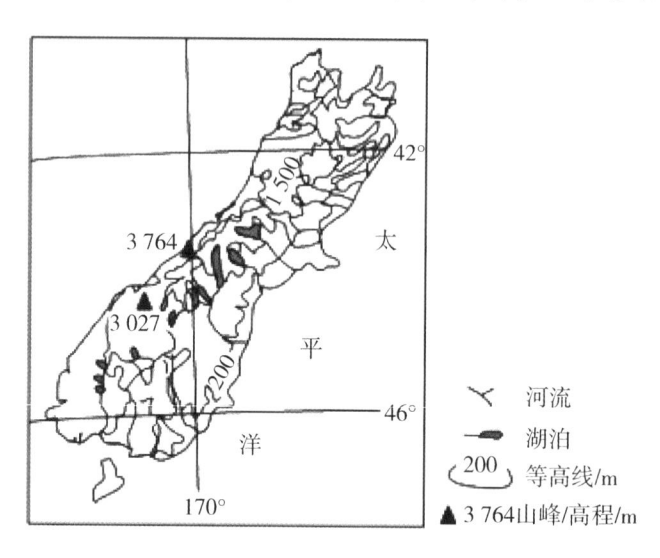

图4

①盛行西风　②地形抬升　③暖流增湿　④反气旋活跃

A. ①②　　　　B. ②③　　　　C. ③④　　　　D. ①④

【参考答案】

A

【水平表现说明】

试题通过新西兰南岛的实际地图，以及地形、河流湖泊、降水等相关信息构造了一个相对简单的情境。给定的地理事物较为简单，信息的联系也相对单一，但情境中的信息较多，对学生在情境中进行信息的提取、分析、综合、归纳的能力有一定要求。试题主要考查了学生的区域认知和综合思维能力。首先试题通过现实的区域图，要求学生能进行准确的区域定位，并结合纬度位置来判断所处的气压带和风带。此过程在考查学生的气压带和风带分布位置的记忆基础上，对学生的区域认知能力提出了较高的要求。试题从该地降水丰沛的角度进行设问，要求学生能结合风带、地形、海陆分布等影响降水的因素进行综合分析，是对地理多要素综合思维能力的考查。综合判断，该试题属于水平2层次。

（3）水平3示例。

【试题呈现】

雾是近地面大气层中出现大量微小水滴而形成的一种天气现象。当暖湿空气经过寒冷的下垫面时，就易形成雾。图5中，S市附近海域夏季多雾，并影响S市。据此完成1~2题。

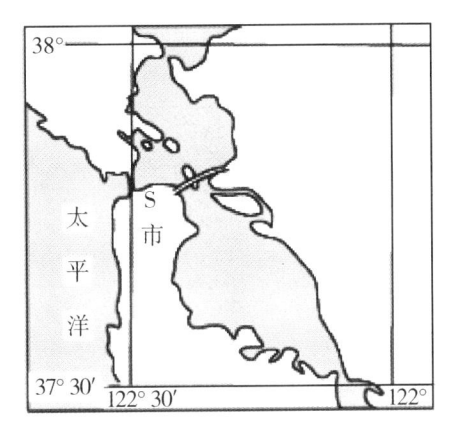

图5

1. S市夏季常被雾笼罩,是因为（ ）
A. 降水较少　　B. 气温较高　　C. 风力较弱　　D. 光照较强
2. 夏季,S市主要受（ ）
A. 季风影响　　B. 西风带影响　　C. 低压控制　　D. 高压控制

【参考答案】

1. C　2. D

【水平表现说明】

本题通过一个相对小尺度的美国西部海岸的区域背景和特定条件下雾的形成过程创设了一个相对复杂的、陌生的情境。情境中的信息较多,给定的地理事物（雾的形成）较为复杂,多个信息之间的联系也相对复杂,对学生在情境中进行信息的提取、分析、综合、归纳的能力要求较高。试题要求学生能对图示区域进行准确的定位,在此基础上检索出该区域的相关地理环境要素,并根据纬度信息,利用气压带、风带的分布规律,判断出影响当地的气压带和风带,体现出试题对学生区域认知能力的较高要求;在此基础上利用学生对副热带高气压带性质和特征的理解,结合雾的形成和存在条件,判断两者之间的关系,体现了对学生要素综合思维能力的考查。综合来看,该题组属于水平3层次。

（4）水平4示例。

【试题呈现】

读图6,完成1~2题。

图6

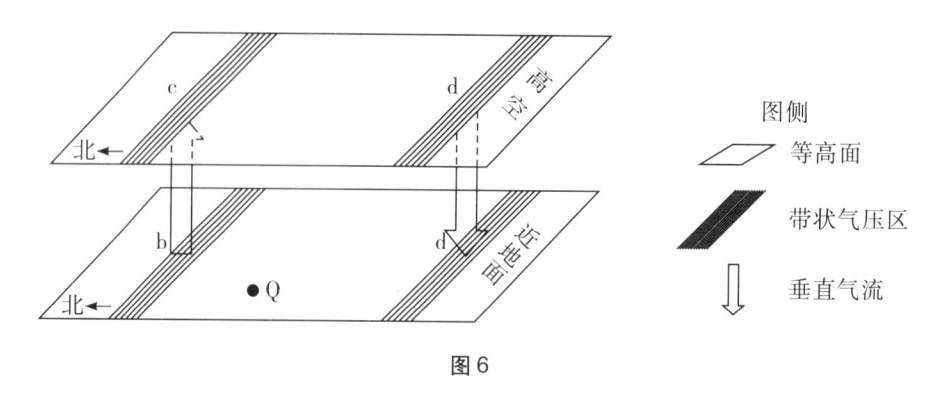

1. 若图示为三圈环流中的低纬环流，则下列说法错误的是（　　）
   A. 图示为北半球的低纬环流　　B. b气压带的成因为热力因素
   C. a气压带控制的区域干燥　　D. Q地位于信风带
2. 若图示地区在北半球，则下列说法正确的是（　　）
   A. b气压带影响下气候干燥　　B. Q地盛行东北风
   C. a为副热带高气压带　　D. 该环流属于高纬环流

【参考答案】

1. A　2. C

【水平表现说明】

本题虽然给出的材料信息非常简单，但图形所呈现的地理学术情境却相对复杂，要求学生能在情境中对三圈环流的形成进行高度的抽象思维。情境对学生来说是非常陌生而抽象的学术情境，情境的呈现方式非常简单，但包含的地理信息却非常复杂，信息之间的联系也呈现出动态变化的特点，对学生的思维要求很高。试题要求学生能将大尺度的地球空间进行拆分，并进行高度的抽象化理解，在此基础上对低纬度范围内大气的环流运动过程进行动态发展变化过程分析，是一种较为高级的区域认知能力。三圈环流的分析过程是在太阳辐射的纬度分布、地球自转偏向力等因素综合影响下所形成的，所以通过三圈环流的分析来理解气压带和风带的形成、分布与特点其实就是一种复杂的综合思维活动。综合来看，该题组属于水平4层次。

2. 课标内容②：分析气压带、风带对气候的影响

（1）水平1示例。

【试题呈现】

（2021年广东1月学业水平合格性考试）下列气候类型中，其成因与西风带关系密切的是（　　）

A. 地中海气候　　B. 热带季风气候
C. 热带雨林气候　　D. 亚热带季风气候

【参考答案】

A

【水平表现说明】

题目构建了一个非常简约但又直接有效的问题情境，既能够快速引导学生关注"西风带"和"气候类型"在成因上的关联，又方便其调取熟悉的学习情境和地理知识、原理。题目整体上符合"综合思维"素养水平划分中的水平1——"能够说出简单、熟悉的地理事象所包含的相关要素，并能从两个地理要素相互作用的角度进行分析"的要求。综合来看，试题属于水平1层次。

（2）水平2示例。

【试题呈现】

（2020年浙江1月学业水平合格性考试）图7为欧洲部分区域略图，图8为图7中①、②两地月均温图。读图，完成下列问题。

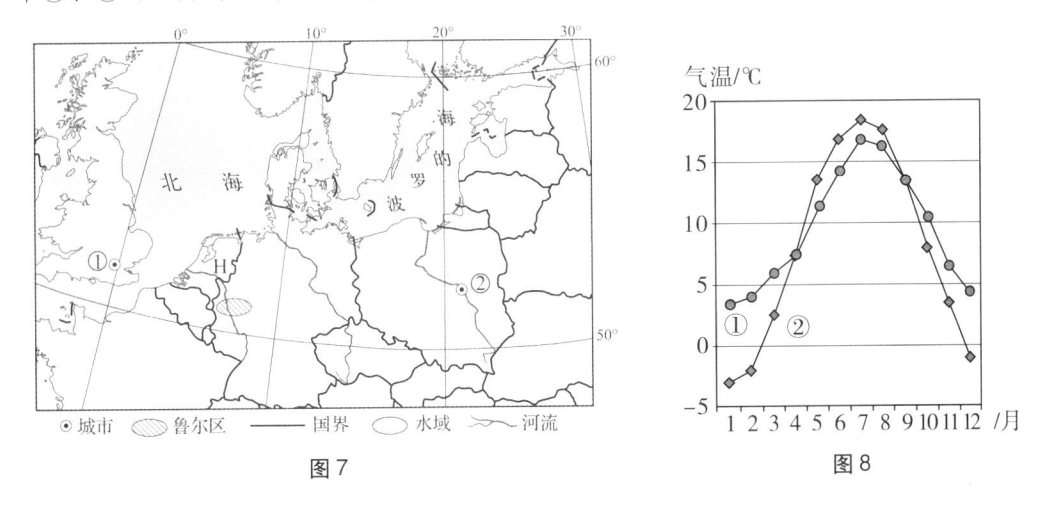

图中地区地形的主要特征是_____，该特征有利于_____（填大气环流）深入内陆，增加了该地区的降水量。

【参考答案】

地势低平（以平原为主） 西风

【水平表现说明】

题目通过一幅简洁明了的欧洲部分区域图和一段同样简洁明了的题干文字，创造了一个较为简单的探究情境。题目重点考查了特定区域背景和地形条件下，根据气压带、风带性质对降水特征进行简要推断。在素养考查上，题目兼具了"区域认知"和"综合思维"两个方面的考查。虽然设计的要素有"区域判读""气压带、风带的位置和性质""海陆位置""地形特征""降水特征"等5个，但学生基于对所设置区域的熟悉度，以及上述地理学科知识的高主干性可以判断。题目整体上符合"综合思维"素养水平划分中的水平2——"能够对给定的简单地理事象，从多个地理要素相互影响、相互制约的角度进行分析"及"区域认知"素养水平划分中的水平2——"能够从区域的视角认识给定简单地理事象，收集整理区域重要的信息"两项要求。综合来看，该题属于水平2层次。

(3) 水平3示例。

【试题呈现】

(2017·江苏卷) 阅读材料，回答下列问题。

图9为"加拿大50°N附近温哥华—温尼伯地形剖面示意图及部分城市气候资料图"。

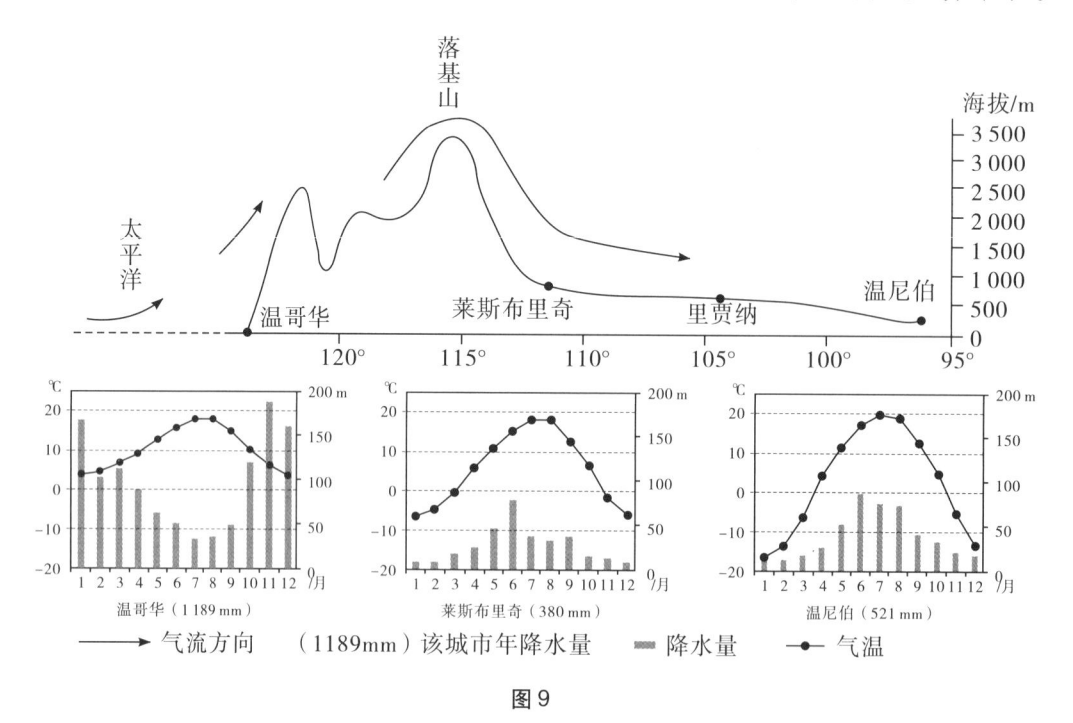

图9

游客继续西行至"加拿大雨都"温哥华，发现这里与落基山以东的气候不同。温哥华属_____气候，这里降水较多的原因有_____。

【参考答案】

温带海洋性　常年盛行西风；暖流增湿；地形抬升

【水平表现说明】

题目通过一幅信息呈现简约而清晰的地形剖面图和三幅不同的气候资料图以及一句简短的题干文字，创设出了一个基于关键信息和典型现象的复杂情境。在素养考查上，题目兼具了"区域认知"和"综合思维"两个方面的考查。题目通过地形剖面线、"太平洋"和"温哥华"的标注，隐性给出了"气压带、风带对气候形成"中的海陆位置要素；又通过与"落基山"关联紧密且背向取位的两类"气候资料"，突出了"降水较多"的关键地理现象；再结合图像中的"地形"和"气流运动"信息，相对直白地给出了"盛行风对降水影响分析"的地理要素。题目符合"综合思维"素养水平划分中的水平3——"能够说明……大气、水的运动与变化规律"及"区域认知"素养水平划分中的水平3——"能够从空间格局的角度,解释自然环境整体性与差异性"的要求。综合来看,该题属于水平3层次。

（4）水平4示例。

【试题呈现】

（2017·海南卷）阅读材料,完成下列问题。美国西部森林频发山火。检测显示过火林地水土流失加剧。图10示意美国西部部分地区2013—2015年山火的分布。

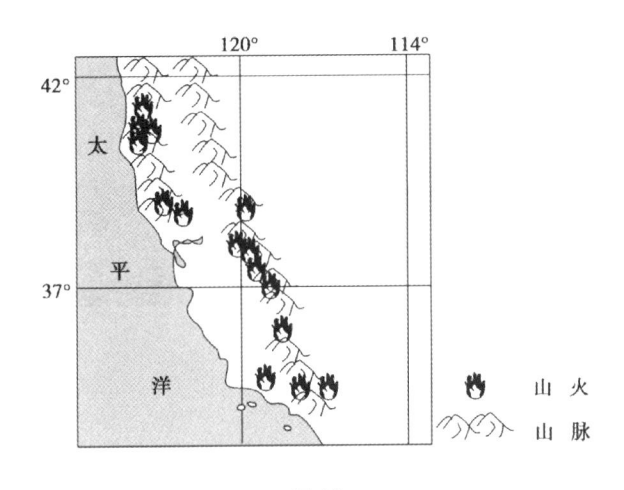

图10

分别指出该地区山火与水土流失易发的季节并分析原因。

【参考答案】

季节：该地区山火发生时间集中在夏季,水土流失易发生在冬季。

原因：过火林地地表植被覆盖率低,植被对地表保护能力减弱；地表径流增大,加剧地表侵蚀。

【水平表现说明】

题目通过一段事实清楚的文字材料和一幅地理要素及事物简明易懂的图像,配合一个精巧设计的"时间与现象关联"的问题。创设了一个看似简约实不简单的现实复杂情境。"时间特征"和两个具体的地理现象"山火"和"水土流失"进行对接,无形中形成了一种"长思维链条"式的逻辑链接形式。在素养考查上,通过引导"山火频发"和"水土流失加剧"两个学生一陌生一熟悉的两个地理问题的分析与推断,能更好地让学生感受地理问题产生中的自然条件,隐性铺垫了"遵循自然规律"的人地关系思想。同时,题目将上述两个地理问题置于一个具体的区域之下,再通过关键问题结论"季节"的提示,结合材料中显性的典型"海陆位置"信息和略显非典型的"纬度位置"信息以及"山火"与"水土流失"分别链接的"高温干燥"与"降水较多"两个隐性信息,引出了"气压带、风带对气候形成"这一重要地理原理的运用。

整体来看,符合"人地协调观"素养水平划分中的水平 4——"结合现实中的自然环境问题……"和"综合思维"素养水平划分中的水平 4——"分析……大气、水……的运动与变化规律,以及各要素之间的相互影响"及"区域认知"素养水平划分中的水平 4——"能够分析特定区域的自然地理特征与环境演变过程"的要求。综合来看,该题属于水平 4 层次。

3. 课标内容③:分析气候对自然地理景观形成的影响

(1) 水平 1 示例。

【试题呈现】

读图 11,完成下题。

影响图中所示地理事物形成的气候特征是( )

A. 夏季炎热多雨,冬季温和少雨

B. 夏季温暖,冬季寒冷

C. 夏季短促温和,冬季漫长寒冷

D. 终年高温、降水丰沛

图 11

【参考答案】

D

【水平表现说明】

本题情境设计非常简单,主要信息点来自于图中的景观。从图中的景观可以看到植被茂盛,有高大的树木及板状根,还有非常大的叶子,由此可以判断是热带雨林景观,气候特征是全年高温多雨。对学生核心素养的要求主要体现在通过辨识某些自然地理要素特征从而达到一定的区域认知能力。总体来看,该题属于水平 1 层次。

(2) 水平 2 示例。

【试题呈现】

一名游客在旅游后写道:两岸山峰,伟岸挺拔,形态万千。山上片片萋萋灌木和小花,若美女身上的衣衫;堤坝上,碧绿凤尾竹,似少女的裙裾,随风摇曳,婀娜多姿。山峰倒影,几分朦胧,几分清晰,渔舟轻驾,俯瞰水中真是"船在青山顶上行"。图 12 为当地景观图,据此完成 1~2 题。

图 12

1. 该地区的典型植被类型是( )
   A. 落叶阔叶林 B. 常绿阔叶林 C. 常绿硬叶林 D. 针阔混交林

2. 该类地貌景观多分布于我国( )
   A. 东北地区 B. 西北地区 C. 东南地区 D. 西南地区

【参考答案】

1. B　2. D

【水平表现说明】

本题情境属于给定的简单地理事象，除了图中的景观，材料中还有山峰、植被、水等信息，学生需要综合多方面的因素来判断当地的植被类型，另外还要对我国的气候和植被等区域特征有基本的了解。本题对学生的区域认知、综合思维和地理实践力等地理核心素养有所考查，但要求不太高，需要学生具备推测和简单分析能力。综合来看，该题组属于水平2层次。

（3）水平3示例。

【试题呈现】

（2017·新课标Ⅰ卷）图13为我国东部地区某城市街道机动车道与两侧非机动车道绿化隔离带的景观对比照片，拍摄于2017年3月25日。数年前，两侧的绿化隔离带按同一标准栽种了常绿灌木；而如今，一侧灌木修剪齐整（左图），另一侧则杂树丛生，灌木零乱（右图）。拍摄当日，这些杂树隐有绿色，新叶呼之欲出。据此完成下题。

图13

图示常绿灌木成为我国很多城市的景观植物，制约其栽种范围的主要自然因素是（　　）

A. 气温　　　　B. 降水　　　　C. 光照　　　　D. 土壤

【参考答案】

A

【水平表现说明】

本题通过春季我国东部地区某城市街道的小尺度区域背景和人为条件下的绿化带植被景观差异分析，属于给定了一个复杂生活情境。试题着重考查了区域认知和综合思维，渗透了"人地协调观"，同时也涉及了"地理实践力"。试题首先通过图文的"新叶呼之欲出"要求考生判断或推断气候的热量状况并辨识植被类型，结合人为迁种植被（常绿灌木）时对自然要素改造的分析，判别"气温""降水""光照""土壤"多种要素对"植被分布"的影响。整体来看，本题以小区域线索考查大区域背景，以多种要素的细化对比分析考查综合思维，以人类活动导致景观差异渗透人地协调发展观念，以观察植被景观辨识体现地理实践力。综合来看，该题属于水平3层次。

（4）水平4示例。

【试题呈现】

（2016·新课标Ⅰ卷）阅读图文材料，完成下列要求。

某科考队8月考察堪察加半岛，考察中发现，堪察加半岛北部发育苔原，南部生长森林；东西向气候区域差异显著；大型植食性和肉食性野生动物数量较少，但冬眠杂食性且善捕鱼的熊的数量较多；大量来自海洋的鲑鱼溯河流而上，成为熊的重要食物。图14示意堪察加半岛的地形。

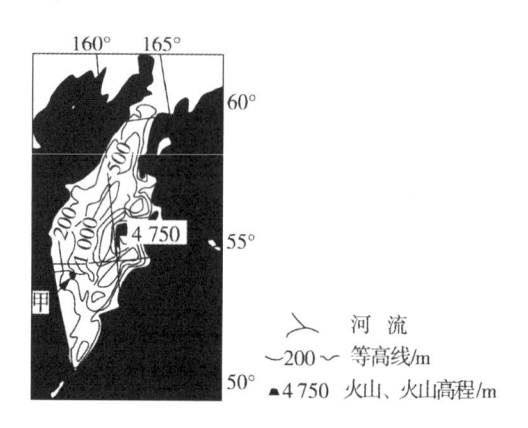

图14

分析堪察加半岛大型植食性和肉食性野生动物数量较少的原因。

【参考答案】

纬度高，植物生长缓慢，食物供应量少；环境空间差别大，适合生存的空间小；冬季寒冷漫长，生存条件恶劣。

【水平表现说明】

本题通过一个相对小尺度的堪察加半岛的区域背景和特定条件下优势物种的形成过程创设了一个相对复杂的现实情境。该试题情境对学生来说属于陌生的现实情境，但情境中的信息做了突出处理，给定的地理事物较多，多个信息之间的联系侧重于空间属性，对学生在情境中进行信息的提取、分析、综合、归纳的能力有一定要求。试题要求学生能对图示区域进行海陆相对位置和纬度热量位置的定位，在此基础上检索出该区域的主要气候特征，并利用图文信息细化分析气候和其他地理要素对当地自然景观形成的突出影响。问题的行为动词是分析。综合来看，该题属于水平4层次。

★ 选择性必修1.6　绘制示意图，解释各类陆地水体之间的相互关系

一、课程标准

绘制示意图，解释各类陆地水体之间的相互关系。

二、课标解读

1. 行为条件和行为动词

该课标可细化为：①绘制示意图，解释各类陆地水体之间的相互关系。②判断河流补给类型及影响河流水情的因素。

该课标的行为条件是"绘制示意图"，行为动词是"解释"。

2. 主要概念和知识结构

该课标涉及的主要概念是补给、陆地水体等。

该课标知识结构的逻辑是：陆地水体的类型—陆地水体的相互关系—对自然和人类活动的影响。具体知识结构如图1所示。

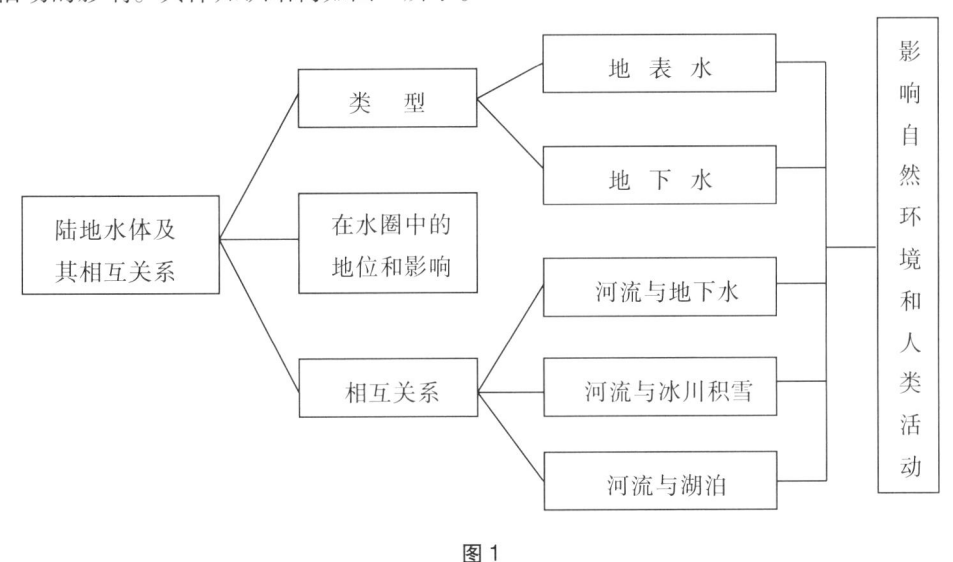

图1

3. 地理核心素养指向

（1）区域认知。

结合具体区域案例，深化区域认知。通过具体区域的情境、案例和活动设计，使学生将基本知识与区域特点相结合，深化对区域的认知。例如学习"冰川和积雪融水具有明显的季节性变化特点"：我国西北部的阿克苏河夏季水量大是由于天山、昆仑山

等冰川融水补给的；东北地区的松花江纬度较高，冬季降雪量大，来年春季积雪融化形成春汛。再例如陆地水体的相互补给关系中，大气降水是所有陆地水体的主要补给来源，但除大气降水外，还有湖泊水、地下水、冰川和积雪融水都可以成为河流的补给水源（见表1）。比较这些补给水源来源的空间，并列出典型代表地区，也可以增加对区域认知素养的培养。

表1

补给水源	补给特点	我国的主要分布地区	典型代表
雨水	水量变化大	东部季风区	长江
湖泊水	调节干流，水量比较稳定	普遍	洞庭湖
地下水	水量比较稳定	普遍	普遍
永久性冰川和积雪融水	补给有时间性，水量比较稳定	西北地区	塔里木河
季节性积雪融水	补给有时间性，水量变化较缓	东北地区	松花江

（2）综合思维。

以整体的视角看待某一水体（类型），体现综合思维。陆地水体之间存在相互转化与补给的关系，涉及不同的物质运动和能量交换。就某种水体而言，要求学生能够从整体的视角分析它与其他陆地水体之间的关系及其区域表现。例如，在活动"了解影响科罗拉多河径流的因素"中，学生需要理解一条河流在不同河段、不同时间的补给类型是存在差异的：科罗拉多河发源于落基山脉，上游山区降水多，补给河流的水量较多，夏季还有冰雪融水补给，因此上游水量比较丰富；下游流经温带大陆性气候区，蒸发旺盛，因此河流的补给较少，常年为地下水补给。在案例"洞里萨湖与湄公河的相互补给"中，教师通过提供区域气候图引导学生分析出陆地水体最主要的补给来源是大气降水；通过提供区域地形图引导学生分析洞里萨河的流向会随季节的变化而变化，洞里萨河是联系洞里萨湖与湄公河的纽带，洞里萨湖对湄公河径流量有调节作用。

（3）地理实践力。

通过锻炼解决现实问题的能力培养地理实践力。绘制水循环示意图，开展野外实践考察等联系生活实际、解决现实问题的活动可以提高地理实践力。例如，地表水体多种多样，课前可安排学生收集各种水——井水、河流水、水库水、雨水、超市购买的某品牌冰川矿泉水等展示给同学们。教师先请学生对瓶中各种水进行分类，再请学生画出各种水体之间的关系示意图。再如，课堂采用案例学习的方法，关注野外考察，联系生活实际，解决现实问题等，提高地理实践力。以阿克苏河为案例，要求学生结合区域环境特征来推测该河的补给来源。阿克苏河上游位于塔里木盆地西北边缘，是塔里木河干流水量的主要补给来源，约占73%。下游5—8月径流量显著增加，可能是气温升高导致积雪融化增加和降水所致，特别是7—8月。非汛期的1—4月和11—12月径流量占比小，年内变化微弱，3—4月比例下降可能是人为原因（春灌）的影响。

（4）人地协调观。

人地协调观的培养放在具体情境中进行。结合案例情境或野外考察实践，提出一些能让学生深刻思考陆地水体与人类活动关系的问题，如合理利用水资源、节约用水、提高水资源利用率等，从学生的理解分析和评价中培养学生的人地协调观。在讲述水体构成与数量关系时，对学生明确提出淡水资源的重要性及稀缺性，人类目前可利用的淡水只有河流水、淡水湖泊水、浅层地下水等，仅占全球总水量的极少部分，应当珍惜和合理利用现有的宝贵水资源。例如华北地区是我国水资源严重短缺的地区，水资源短缺影响人类的生产和生活活动。又如，西北干旱地区水资源短缺制约人类活动，如果有高山冰雪融水提供水源，那么在山麓地带就可能形成人类活动的中心——绿洲。在本节开头的案例情境中，"咸海面积萎缩"不但破坏了周边生态系统，也使咸海流域渔业和畜牧业萎缩，居民失业，催生了贫困和疾病。咸海萎缩，既有自然原因，也有人为原因。人类活动大大加速了咸海萎缩的进程：不合理的引水灌溉和过度用水侵占了流域生态环境用水，加上气候干旱，共同导致了咸海的萎缩。这个过程能使学生理解自然环境与人类活动的关系，树立正确的人地协调观。

4. 学业质量水平要求（表2）

表2

课标内容	水平层次	具体要求
①绘制示意图，解释各种陆地水体之间的相互关系	水平1	能够在简单情境中判断各种陆地水体类型（综合思维、区域认知）
	水平2	能够在较为复杂的情境中分析河流与湖泊、地下水、冰川、积雪的关系（综合思维、区域认知）
	水平3	能绘制示意图，解释各种陆地水体之间的相互关系（综合思维、区域认知）
	水平4	能结合不同区域的特征，绘制示意图，解释各种陆地水体之间的相互关系（综合思维、区域认知）
②能判断河流补给类型及影响河流水情的因素	水平1	能说出河流的主要补给类型以及影响径流量的主要因素（区域认知）
	水平2	能归纳河流年径流量的季节和年际变化特点，并能简要分析变化的原因（综合思维、区域认知）
	水平3	能依据材料较详细地描述河流的水情及其影响因素；能判断河流补给类型及径流量、结冰期等水文特征，并说出原因（综合思维、区域认知）
	水平4	能结合不同区域的自然环境特点，分析该区域河流的水文特征及其影响因素（综合思维、区域认知）

三、典例示范

1. 课标内容①：绘制示意图，解释各类陆地水体之间的相互关系

（1）水平1示例。

【试题呈现】

（2015·海南卷）图2所示半岛夏季沿海地区气温可达46℃，内陆则高达49℃。读图，完成下题。

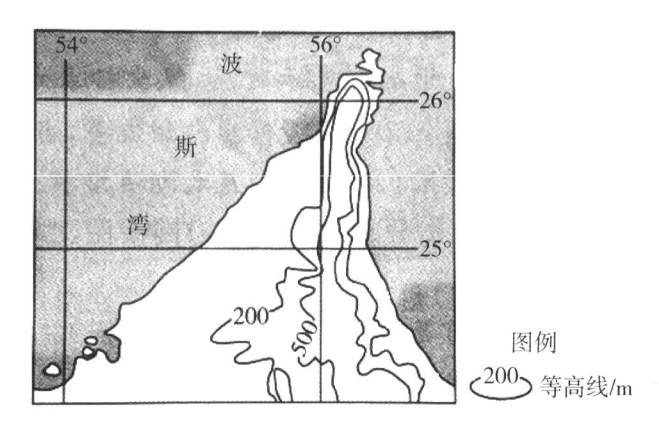

图2

该半岛耕地灌溉水源主要来自（　　）

A. 河流水　　　B. 冰雪融水　　　C. 地下水　　　D. 湖泊水

【参考答案】

C

【水平表现说明】

试题题干以一幅世界地理的某区域图为主体，构造了一个简单的地理地图情境。设问以陆地水体的类型落脚，创设了一个简单的、熟悉的生活情境。试题的行为动词是"读图、分析、指出"，对学生的要求水平较低。试题通过在情境中的学习活动来培养和考查学生的区域认知和综合思维：通过示意图中的经纬度数值、波斯湾的标识，来考查学生对地理事物的空间位置与分布的基本区域认知；同时在区域图上设置了等高线信息，为学生提供思维的脚手架，帮助学生更准确地选择正确答案；结合设问中"陆地水体的类型"知识点，对学生的综合思维能力进行考查。综合来看，题目符合"能够简单辨析日常生活区域内某产业的部分区位因素和特点"与"在简单熟悉的情境中，辨识自然地理要素，简单分析几个要素的相互作用及其与人类活动的相互影响"。故该题属于水平1层次。

(2) 水平2示例。
【试题呈现】

(2020·山东卷) 奥赫里德湖和普雷斯帕湖位于巴尔干半岛，是沿断层形成的典型构造湖，由岩性为石灰岩的加利契察山相隔（图3）。奥赫里德湖面积348 km²，湖面海拔695 m，平均深度144.8 m，湖水透明度21.5 m，是欧洲透明度最高的湖泊，渔产不甚丰富；普雷斯帕湖面积275 km²，湖面海拔853 m，平均深度18.7 m，湖水透明度1.5~7.2 m，透明度湖心最大、近岸较小，渔产颇丰。据此完成下题。

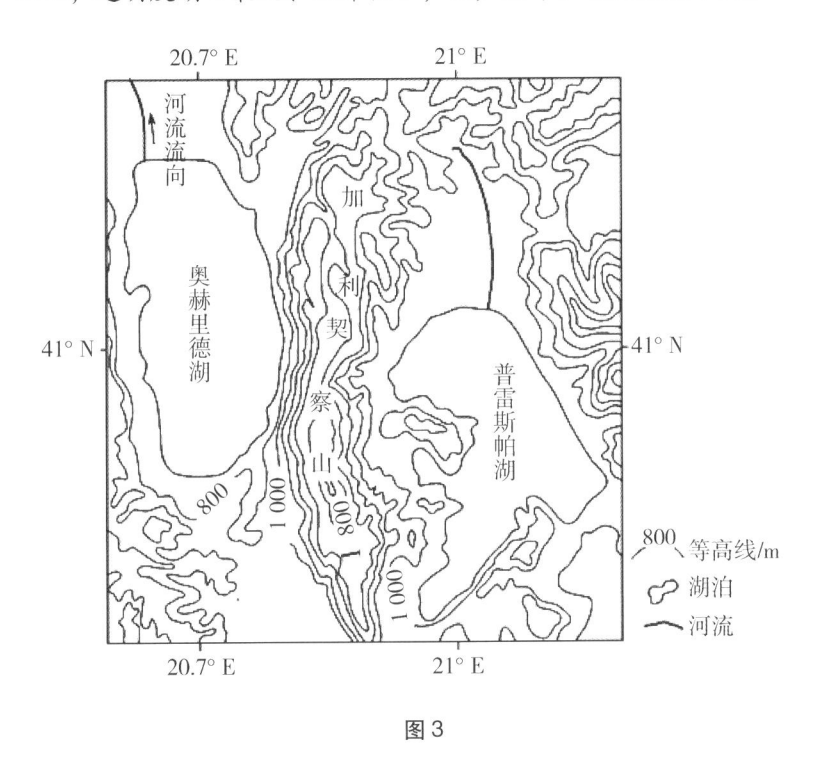

图3

奥赫里德湖湖水的主要补给来源是（　　）

A. 雨水　　　　B. 河流水　　　　C. 地下水　　　　D. 冰雪融水

【参考答案】

C

【水平表现说明】

试题通过巴尔干半岛的奥赫里德湖和普雷斯帕湖周边的地形图及相关的文字信息，构造了一个相对简单的地理情境。试题的行为动词是"读图、分析、指出"，对学生的要求水平相对较低，通过在情境中的学习活动来培养和考查学生的区域认知和综合思维。给定的地理事物较为简单，但情境中的信息较多，对学生在情境中进行信息的提取、分析、综合、归纳的能力有一定要求。

试题首先通过现实的区域图，要求学生能进行准确的区域定位，并判断区域所属的气候类型。此过程在考查学生的气候类型分布规律的记忆基础上对学生的区域认知能力提出了较高的要求。试题从陆地水体的补给关系设问,要求学生结合题干中给定的海拔、基岩性质等信息进行综合分析,是对地理多要素综合思维能力的考查。综合判断,该试题属于水平2层次。

(3) 水平3示例。

【试题呈现】

(2013·上海卷) 图4为不同水体之间相互转化关系示意图。据此完成1~3题。

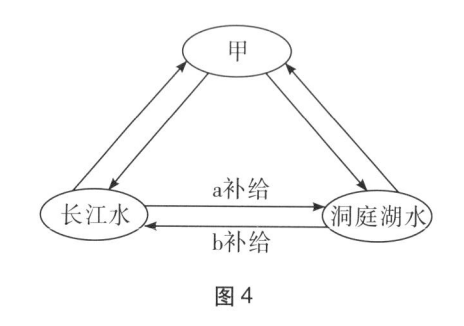

图4

1. 在下列月份中,箭头a代表的补给主要发生在(   )
   A. 1—2月　　B. 3—4月　　C. 6—7月　　D. 11—12月
2. 甲代表的水体类型是(   )
   A. 冰川、地下水　　　　　　B. 雨水、地下水
   C. 雨水、海洋水　　　　　　D. 海洋水、冰川
3. 如果在洞庭湖区进行大规模退耕还湖,可导致(   )
   A. 丰水期a变小,枯水期b变大　B. 丰水期a变小,枯水期b变小
   C. 丰水期a变大,枯水期b变小　D. 丰水期a变大,枯水期b变大

【参考答案】

1. C　2. B　3. D

【水平表现说明】

试题通过水体间相互关系示意图,辅以文字和箭头,创设了一个相对熟悉又抽象的学术情境。

情境中的地理要素较多,多个要素之间的联系也相对复杂,对学生在情境中进行信息的提取、分析、综合、归纳的能力要求较高。试题的行为动词是"读图、分析、模拟、应用",主要考查综合思维和地理实践力素养。通过文字信息可知,试题主要考查河流水和其他水体之间的补给关系。通过示意图的方式,要求学生能对各种水体的补给关系进行分析,是对学生综合思维能力的考查。通过不同的设问,将题干情境分别融入具体的时间背景中、不同的空间背景中和不同的环境变化过程中,是对学生的地理实践力的考查。综合来看,试题组属于水平3层次。

（4）水平4示例。

【试题呈现】

（2017·全国Ⅰ卷）图5示意我国西北某闭合流域的剖面。该流域气候干旱，年均降水量仅为210毫米，但湖面年蒸发量可达2 000毫米，湖水浅，盐度饱和，水下已形成较厚盐层，据此完成1～3题。

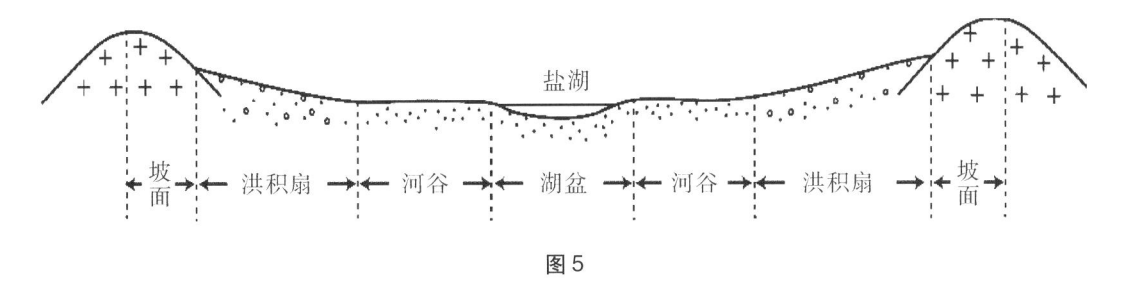

图5

1. 盐湖面积多年稳定，表明该流域的多年平均实际蒸发量（　　）
   A. 远大于2 000毫米　　　　　　B. 约为2 000毫米
   C. 约为210毫米　　　　　　　　D. 远小于210毫米
2. 流域不同部位实际蒸发量差异显著，实际蒸发量最小的是（　　）
   A. 坡面　　　B. 洪积扇　　　C. 河谷　　　D. 湖盆
3. 如果该流域大量种植耐旱植物，可能会导致（　　）
   A. 湖盆蒸发量增多　　　　　　B. 盐湖面积缩小
   C. 湖水富养化加重　　　　　　D. 湖水盐度增大

【参考答案】

1. C　2. A　3. B

【水平表现说明】

本题给出的材料信息看似非常简单，但图形所呈现的地理学术情境却相对复杂，要求学生能在情境中对陆地水体间的相关关系进行高度的抽象思维。情境对学生来说是非常陌生而抽象的学术情境，情境的呈现方式非常简单，但包含的地理要素却非常复杂，要素之间的联系也呈现出动态变化的特点，对学生的思维要求很高。试题的行为动词是"读图、分析、模拟、应用"，主要考查了综合思维和地理实践力素养。试题将我国西北某闭合流域的现实情境进行简化、抽象成图示剖面图，在此基础上考查陆地水体的动态转化关系及人类活动对地理环境的影响，是一种要求较高的综合思维和地理实践力考查。本题属于"能从自然环境各要素运动和能量交换的角度分析各地理要素的变化规律及各要素之间的相互影响"和"对地理事项进行科学解释与评价"。综合来看，试题组属于水平4层次。

2. 课标内容②：能判断河流补给类型及影响河流水情的因素

（1）水平1示例。

【试题呈现】

（2014·四川卷）降雨量指一定时间内的降雨平铺在地面的水层深度。一定时间内的河流径流总量平铺在流域地面的水层深度叫径流深度。图6是我国某地气温、降雨量和所在流域径流深度统计图。读图，完成下题。

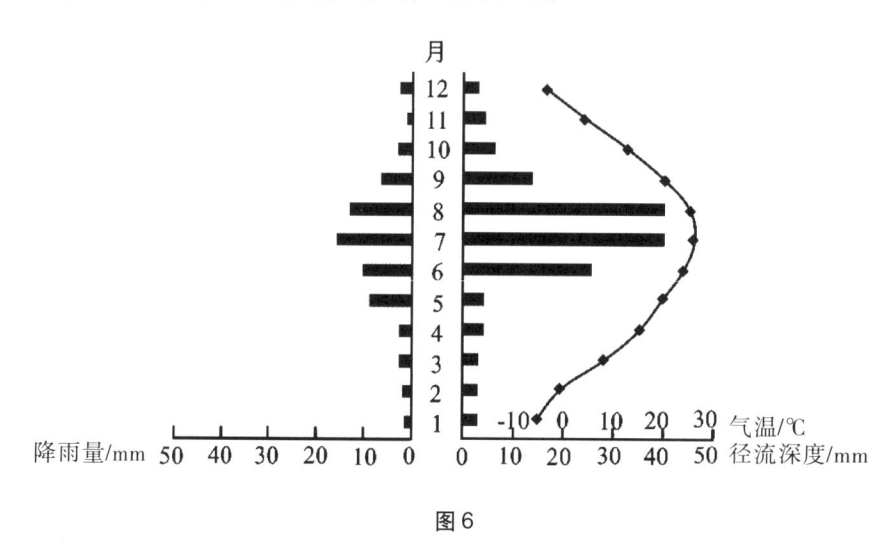

图6

该流域河流夏季补给来源主要是雨水和（　　）
A. 湖泊水　　　B. 地下水　　　C. 冰雪融水　　　D. 沼泽水

【参考答案】

C

【水平表现说明】

试题经由学科术语的定义，以及气温、降雨量、径流深度等地理要素的时间分布信息给定，创设了一个主题鲜明、构成要素复杂且相互关联的问题情境，属于在熟悉的情境中辨识地理要素和进行初步分析。试题的行为动词是分析、指出，对学生的要求水平相对较低。试题通过在情境中的学习活动来培养学生的区域认知能力和综合思维能力。试题通过题干提示的区域词"我国"，限定了学生思考中区域搜索的范围；又通过对图中全年气温和降雨量的数值变化特点，推知该地为温带大陆性气候，年降雨量小于120毫米，应位于我国的西北地区。此过程淬炼了学生的区域认知能力。试题以"河流的主要补给来源"设问，转向了对综合思维能力的考查，属于"在简单、熟悉的情境中辨识地理要素并分析要素的相互关系"层级。在西北地区，夏季河流的主要补给水源是雨水和冰雪融水。综合来看，该题属于水平1层次：能说出河流的主要补给类型。

(2) 水平2示例。

【试题呈现】

(2019·海南卷) 锡林河是流经内蒙古自治区东部的一条内流河。流域内多年平均降水量约为300毫米,降水集中在6—8月,4月存在春汛,但伏汛不明显。据此完成1~2题。

1. 锡林河春汛最主要的补给水源是(　　)
A. 地下水　　B. 大气降水　　C. 冰川融水　　D. 冰雪融水
2. 锡林河伏汛不明显的主要原因是夏季(　　)
A. 冻土融化,下渗量大　　　　B. 生活用水量大
C. 植被繁茂,蒸腾量大　　　　D. 生产用水量大

【参考答案】

1. D　2. D

【水平表现说明】

题目以全文字的形式呈现,以真实地理事物为载体,创造了一个较为简单的探究情境。试题的行为动词是"识别、定位、判断、分析"。在素养考查上,题目兼具了"区域认知"和"综合思维"两个方面的考查。虽然设计的地理要素有"区域定位""年降水量""春汛、伏汛""陆地水体的补给类型"等,但基于学生对所设置区域的熟悉度,以及上述地理学科知识的高主干性,可以判断,题目整体上符合"综合思维"素养水平划分中的水平2——"能够对给定的简单地理事象,从多个地理要素相互影响、相互制约的角度进行分析"及"区域认知"素养水平划分中的水平2——"能够从区域的视角认识给定的简单地理事象,收集整理区域重要的信息"两项要求。综合来看,该题组属于水平2层次。

(3) 水平3示例。

【试题呈现】

(2012·广东卷) 图7为某次长江洪水过程洞庭湖入、出湖径流量的变化。读图,完成下题。

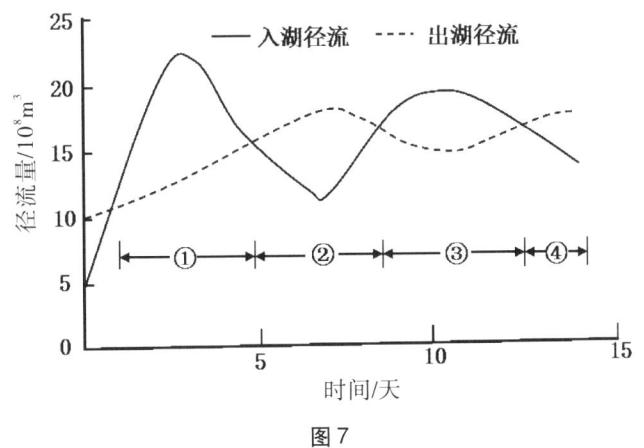

图7

这段时间洞庭湖对长江洪水产生蓄积作用的时段是（　　）

A. ①②　　　　B. ②③　　　　C. ①③　　　　D. ②④

【参考答案】

C

【水平表现说明】

题目通过一幅简单明了的水情过程统计图，辅以简短的题干文字说明，创设了一个学生既熟悉又陌生的、抽象的地理探究情境。题目的行为动词是"识别、定位、判断、分析"。在素养考查上，题目兼具了"区域认知"和"综合思维"两个方面的考查。题目通过题干中的"长江""洞庭湖"信息，标定了所考查地理事物的区域认知信息；又通过图例的"虚、实线"构造了地理要素的关联信息，考查综合思维素养。题目符合"区域认知"素养水平划分中的水平 3——"能够从空间格局的角度，解释自然环境整体性与差异性"和"综合思维"素养水平划分中的水平 3——"能够说明水的运动与变化规律"的要求。综合来看，试题属于水平 3 层次。

（4）水平 4 示例。

【试题呈现】

（2019·天津卷）吉林省珲春市是我国离海最近的内陆城市，辖区内的聚落多沿河谷分布。图们江流域的森林曾被大量砍伐，近年来由于保护措施得当，流域内的森林植被得以恢复。据此回答下题。

森林植被的恢复，会使图们江在俄、朝两国交界处河段的水文特征发生哪些变化？

【参考答案】

流量（水位）季节变化减小，含沙量减小。

【水平表现说明】

题目通过一段简明扼要的文字材料配合一个精巧设计的森林植被变化前后对比，创设了一个主题鲜明、思维结构复杂的探究情境。题目的行为动词是"判断、分析、模拟、应用"。在素养考查上，题目兼具了"综合思维"和"地理实践力"两个方面的考查。题目通过文字提示"森林曾被大量砍伐"到"植被得以恢复"，点出了对综合思维素养考查的主要方向；通过设问"植被恢复后"河流"水文特征的变化"，考查学生的地理实践力。整体来看，题目符合"综合思维"素养水平划分中的水平 4——"能够从自然环境各要素的物质运动和能量交换角度，分析水体的运动与变化规律及各要素之间的相互影响"及"地理实践力"素养水平划分中的水平 4——"能够分析与处理相关数据与信息，对地理事象进行科学解释与评价"。综合来看，该题属于水平 4 层次。

★选择性必修1.7 运用世界洋流分布图，说明世界洋流的分布规律，并举例说明洋流对地理环境和人类活动的影响

一、课程标准

运用世界洋流分布图，说明世界洋流的分布规律，并举例说明洋流对地理环境和人类活动的影响。

二、课标解读

1. 行为条件和行为动词

该内容要求可细化为：①运用世界洋流分布图，说明世界洋流的分布规律。②举例说明洋流对地理环境和人类活动的影响。

该内容要求的行为条件是"运用世界洋流分布图""举例"，行为动词是"说明"。

2. 主要概念和知识结构

该课标涉及的主要概念是洋流。

该内容要求知识的逻辑结构是：洋流分布现象—洋流分布规律—洋流对地理环境和人类活动的影响。具体知识结构如图1所示。

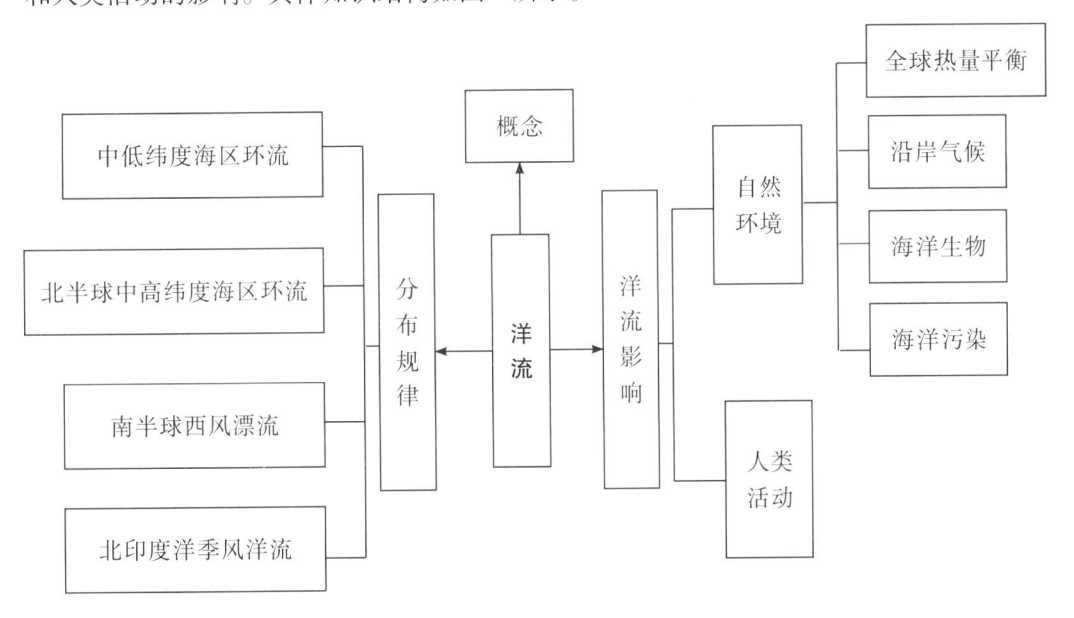

图1

3. 地理核心素养指向

（1）区域认知。

内容要求"用世界洋流分布图，说明世界洋流的分布规律"，指向了区域认知中"从区域的视角认识地理现象的意识和习惯"这一表现的培养。说明世界洋流的分布规律，需要学生能够将世界大洋洋流分成不同的海区进行有顺序的观察，如太平洋（北太平洋、南太平洋）、中低纬海区、中高纬海区、大洋东岸、大洋西岸；再对不同海区洋流流向、性质进行比较，进而总结归纳出世界洋流的分布规律。

（2）综合思维。

洋流对沿岸气候、海洋生物的影响体现了自然地理要素相互联系、相互影响的关系；指向综合思维中的"要素综合"这一表现的培养。

（3）人地协调观。

洋流对气候、对海洋生物，以及对海洋航行的影响直接或间接地影响着人们的生产和生活，体现了"地对人的影响"，指向人地协调观中"能够辩证看待自然环境对人类活动的各种影响"这一表现的培养。

4. 学业质量水平（表1）

表1

课标内容	水平层次	具体表现
①用世界洋流分布图，说明世界洋流的分布规律	水平1	能利用世界洋流分布图，将洋流分成不同海区进行观察；能归纳某一熟悉海区洋流分布的基本规律（区域认知）
	水平2	能利用世界洋流分布图，将洋流分成不同海区进行观察，比较不同海区洋流性质、流向的异同，进而归纳世界洋流的分布规律（综合思维、区域认知）
②举例说明洋流对地理环境和人类活动的影响	水平1	在简单、熟悉的情境中，简单分析洋流对自然环境和人类活动的影响（综合思维、人地协调观）
	水平2	对于给定的简单地理事象，简单分析洋流对自然环境和人类活动的影响（综合思维、人地协调观）
	水平3	对于给定的复杂地理事象，能够说明洋流对自然环境和人类活动的影响（综合思维、人地协调观）
	水平4	结合现实中的自然环境问题，能够从物质运动和能量交换的角度说明洋流对自然环境的影响，从人地关系系统的角度，分析洋流对人类活动的影响（综合思维、人地协调观）

三、典例示范

1. 课标内容①：用世界洋流分布图，说明世界洋流的分布规律

（1）水平1示例。

【试题呈现】

读图2，完成下题。

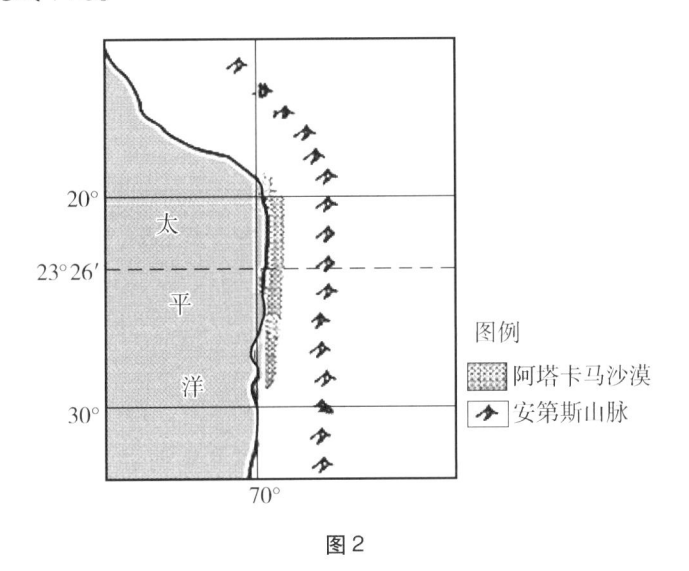

图2

与阿塔卡马沙漠西侧太平洋洋流运动规律一致的是（　　）

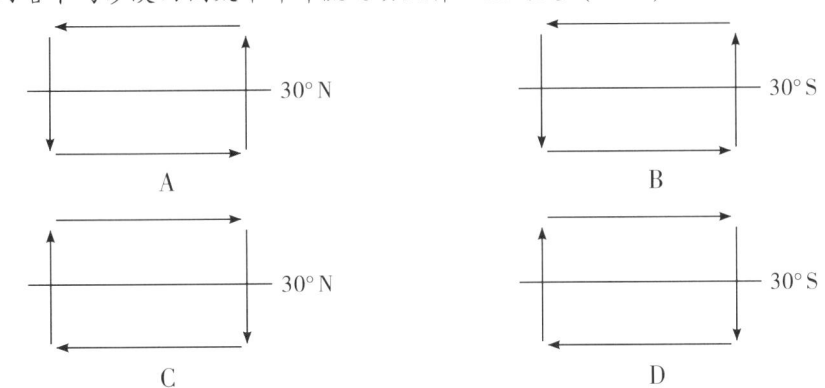

A. （30°N，顺时针方向外侧）
B. （30°S，逆时针方向外侧）
C. （30°N，逆时针方向外侧）
D. （30°S，顺时针方向外侧）

【参考答案】

B

【水平表现说明】

试题材料给出南太平洋副热带海区局部区域图，并通过选项呈现环流示意图，创设了一个简单的学习情境，考查学生对太平洋以副热带为中心的大洋环流分布模式的识记，考查的区域和内容学生较为熟悉。考查的核心素养为区域认知，表现为能利用世界洋流分布图，将洋流分成不同海区进行观察，能归纳某一熟悉海区洋流分布的基本规律。综合来看，试题属于水平1层次。

（2）水平2示例。

【试题呈现】

（2014·安徽卷）欧洲鳗孵化于马尾藻海，幼体随着洋流到达欧洲西部沿海，然后进入河流生活，成年后回到马尾藻海，产卵后死亡。读图3，完成下题。

图3

欧洲鳗从马尾藻海西南部迁往欧洲，首先借助的洋流属于（　　）
①以副热带为中心的大洋环流　②以副极地为中心的大洋环流　③寒流　④暖流
A. ①③　　　　B. ①④　　　　C. ②③　　　　D. ②④

【参考答案】

B

【水平表现说明】

试题设置了欧洲鳗迁移与洋流的关系这一给定的简单情境，考查北大西洋海区洋流分布模式和洋流性质，需要学生能够将洋流置于特定区域去认识，体现了区域认知核心素养。试题要求学生能利用世界洋流分布图，将洋流分成不同海区进行观察，比较不同海区洋流性质、流向的异同，进而归纳世界洋流的分布规律。综合来看，该题属于水平2层次。

2. **课标内容②：举例说明洋流对地理环境和人类活动的影响**

（1）水平1示例。

【试题呈现】

纽芬兰渔场曾是世界四大渔场之一。图4为纽芬兰岛附近海域示意图。据此完成下题。

图4

纽芬兰渔场形成的主要条件是（　　）

A. 寒流流经　　B. 暖流流经　　C. 寒暖流交汇　　D. 西风漂流流经

【参考答案】

C

【水平表现说明】

试题呈现了纽芬兰渔场与洋流关系的示意图，考查洋流对渔场的影响，情境简单。考查的知识为洋流对海洋生物的影响。主要考查的核心素养是综合思维和人地协调观，表现为在简单、熟悉的情境中，简单分析洋流对自然环境和人类活动的影响。综合来看，该题属于水平1层次。

（2）水平2示例。

【试题呈现】

（2016·江苏卷）图5为世界某区域示意图。读图，完成下题。

图中甲洋流（　　）

A. 自南向北流

B. 导致流经海域海水等温线向南凸出

C. 使沿岸减温减湿

D. 利于海洋渔场的形成

【参考答案】

B

图5

【水平表现说明】

试题呈现大西洋副热带海区局部洋流示意图，需要学生通过海陆分布、纬度位置判断洋流性质，并分析这一性质的洋流对水温、气温、渔场的影响，情境较简单。考查的知识为洋流模式分布、洋流的影响。主要考查的核心素养为综合思维和人地协调观，表现为对于给定的简单地理事象，简单分析洋流对自然环境和人类活动的影响。综合来看，该题属于水平2层次。

(3) 水平3示例。

【试题呈现】

(2018·海南卷)图6示意我国近海海面年蒸发量的分布。部分海域蒸发强烈，出现了年蒸发量大于2 000毫米的高值区。据此完成下题。

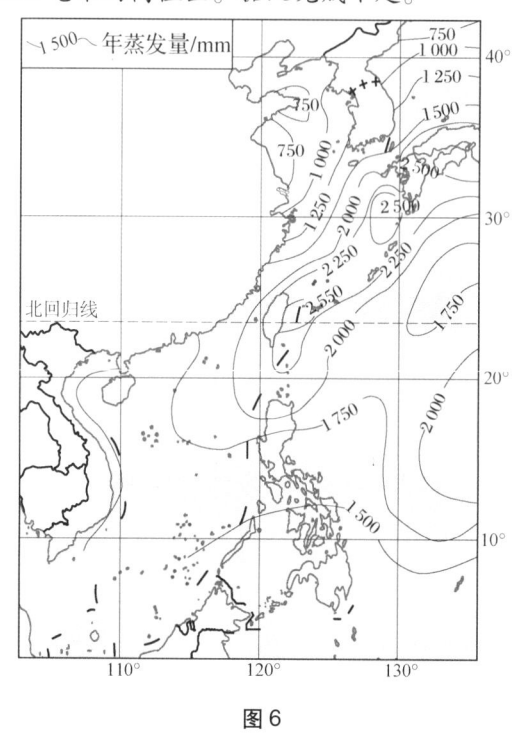

图6

形成年蒸发量高值区的原因是该海域（　　）

A. 海水流动快　　B. 有暖流经过　　C. 太阳辐射强　　D. 靠近陆地

【参考答案】

B

【水平表现说明】

试题呈现的是我国近海海面年蒸发量的分布示意图，需要学生能够判读等蒸发量线，探究蒸发量高的原因，情境相对复杂。考查的知识为等值线判断和洋流的影响。考查的核心素养主要为综合思维，表现为对于给定的复杂地理事象，能够说明洋流对自然环境的影响。综合来看，该题属于水平3层次。

(4) 水平4示例。

【试题呈现】

阅读图文材料，完成下列要求。

纳米布是世界上最古老、最干燥的沙漠之一。沙漠沿海地区几乎无降雨，但昼夜气温变化极小。读图7，回答下面问题。

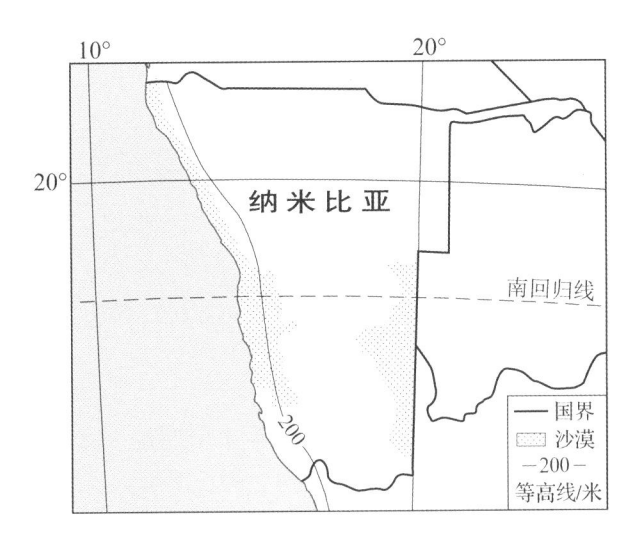

图7 纳米比亚沙漠

说明纳米布沙漠沿海地区昼夜气温变化极小的原因。

【参考答案】

该地区位于热带地区，蒸发旺盛，海洋水汽较多；水汽经过沿岸寒流流经洋面受冷凝结成雾。白天，浓雾对太阳辐射的削弱作用强，加之寒流的降温作用，气温偏低；夜晚，浓雾能够增强大气的保温作用，气温偏高。

【水平表现说明】

试题呈现的是纳米布沙漠分布示意图，要求学生探究纳米布沙漠气候干旱，沿海却雾天多、昼夜温差小这一地理现象。试题情境较为复杂，需要学生综合分析纬度、海陆位置、洋流多个因素共同作用对气温的影响。考查的核心素养主要为综合思维，表现为结合现实中的自然环境问题，能够从物质运动和能量交换的角度说明洋流对自然环境的影响。综合来看，该题属于水平4层次。

★选择性必修1.8 运用图表，分析海—气相互作用对全球水热平衡的影响，解释厄尔尼诺、拉尼娜现象对全球气候和人类活动的影响

一、课程标准

运用图表，分析海—气相互作用对全球水热平衡的影响，解释厄尔尼诺、拉尼娜现象对全球气候和人类活动的影响。

二、课标解读

1. 行为条件和行为动词

该内容要求可细化为：①运用图表，分析海—气相互作用对全球水热平衡的影响。②解释厄尔尼诺、拉尼娜现象对全球气候和人类活动的影响。

该内容要求的行为条件是"运用图表"，行为动词是"分析""解释"。

2. 主要概念和知识结构

该课标涉及的主要概念是海—气相互作用。

该内容要求知识的逻辑结构是：海—气相互作用原理—海气系统区域异常现象（厄尔尼诺、拉尼娜）及其影响。具体知识结构如图1所示。

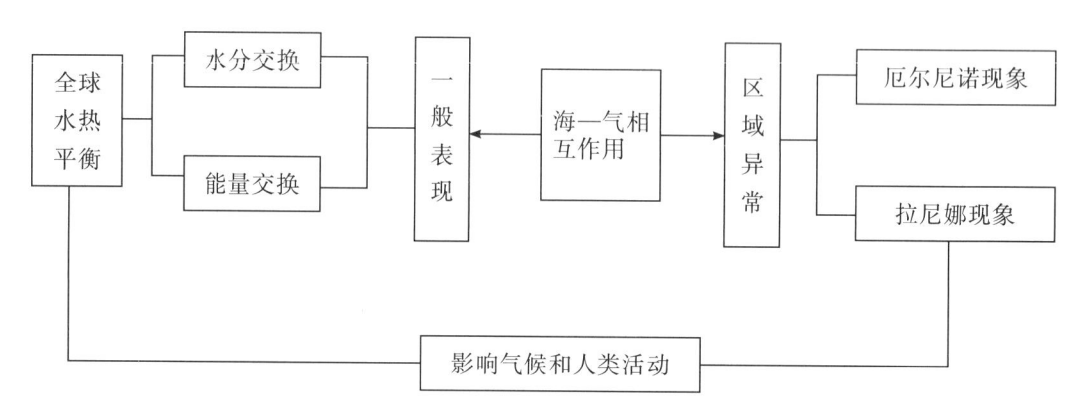

图1

3. 地理核心素养指向

（1）综合思维。

要素综合是综合思维的表现之一，是指能够从地理要素综合的角度认识地理事物的整体性，以及地理要素相互作用、相互影响的关系。海洋、大气是自然环境中的重要地理要素。海洋向大气输送水汽和热量，影响大气运动；海洋温度分布影响着大气环流；大气主要以风的方式向海洋输送能量，并影响大洋环流运动。大气环流和大洋环流共同维持着全球水热平衡，并深刻影响着全球气候，进而影响着人类活动。海洋和大气之间复杂的物质、能量交换过程正是要素综合的体现。

（2）人地协调观。

本条课标内容要求学生能够解释厄尔尼诺、拉尼娜现象对人类活动的影响，指向了人地协调观素养表现1——理解自然环境对人类活动的影响。

4. 学业质量水平（表1）

表1

课标内容	水平层次	具体表现
①运用图表，分析海—气相互作用对全球水热平衡的影响	水平1	在简单、熟悉的情境中，简单分析海洋和大气之间的相互影响（综合思维、区域认知）
	水平2	对于给定的简单地理事象，简单分析海洋和大气之间的水热交换过程（综合思维、区域认知）
	水平3	对于给定的复杂地理事象，能够分析海洋和大气之间的水热交换过程及其对全球水热平衡的影响（综合思维、区域认知）
	水平4	结合现实中的自然环境问题，能够分析海洋和大气之间的水热交换过程及其对全球水热平衡的影响（综合思维、区域认知）
②解释厄尔尼诺、拉尼娜现象对全球气候和人类活动的影响	水平1	在简单、熟悉的情境中，简单分析厄尔尼诺和拉尼娜现象对全球气候及人类活动的影响（综合思维、人地协调观、区域认知）
	水平2	对于给定的简单地理事象，简单分析厄尔尼诺和拉尼娜现象对全球气候及人类活动的影响（综合思维、人地协调观、区域认知）
	水平3	对于给定的复杂地理事象，能够说明厄尔尼诺和拉尼娜现象及其全球气候及人类活动的影响（综合思维、人地协调观、区域认知）
	水平4	结合现实中的自然环境问题，能够解释厄尔尼诺和拉尼娜现象及其对全球气候及人类活动的影响（综合思维、人地协调观、区域认知）

三、典例示范

1. 课标内容①：运用图表，分析海—气相互作用对全球水热平衡的影响

（1）水平1示例。

【试题呈现】

正常年份，赤道附近太平洋中东部的表层海水温度较低，大气较稳定，气流下沉；西部海水温度较高，气流上升。据此完成下题。

当赤道附近太平洋东部水温异常降低时，下图正确的是（　　）

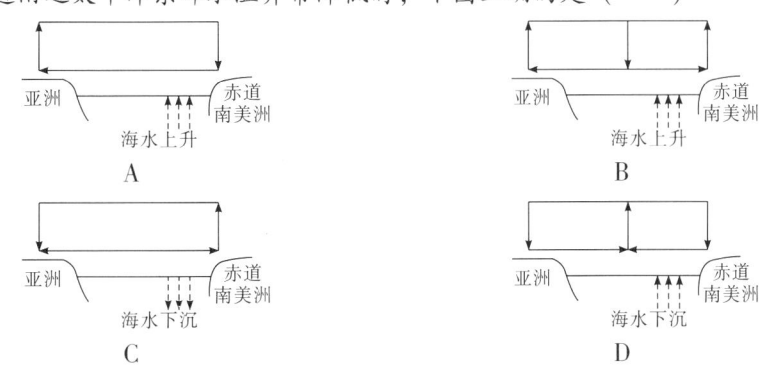

【参考答案】

A

【水平表现说明】

试题文字材料对正常年份赤道附近太平洋东西海温及其产生的大气环流做了说明，要求学生判断赤道附近太平洋东部水温异常降低时的大气环流。试题内容涉及拉尼娜现象，但通过文字和图像的呈现，将复杂现象简单化，情境较为简单。试题要求学生掌握基本的海—气相互作用知识。海温分布影响气温分布，气温分布差异引起热力环流。试题考查的核心素养是综合思维，表现为在简单的情境中，简单分析海洋和大气之间的相互影响。综合来看，该题属于水平1层次。

(2) 水平2示例。

【试题呈现】

图2示意阿拉伯海及其周边区域。据此完成下题。

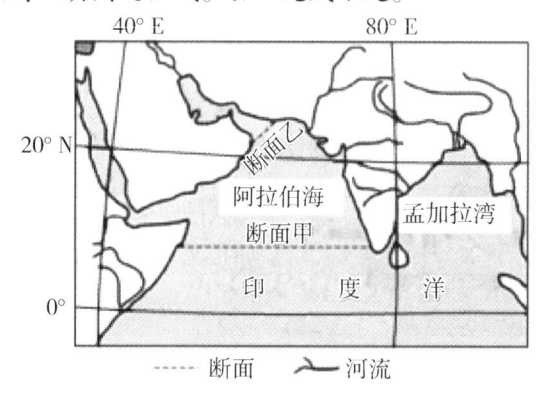

图2

阿拉伯海与近海面大气之间全年水热交换的总体特征为（　　）

A. 降水量大于蒸发量，海洋向大气输送热量

B. 降水量大于蒸发量，大气向海洋输送热量

C. 蒸发量大于降水量，海洋向大气输送热量

D. 蒸发量大于降水量，大气向海洋输送热量

【参考答案】

C

【水平表现说明】

试题呈现了阿拉伯海区域图，需要学生判断给定海域水热交换特征，情境较为简单，需要学生对海—气相互作用的过程有所掌握。该海域纬度低，蒸发量大于降水量。海洋吸收太阳辐射，通过潜热、长波辐射等方式向大气输送热量。试题考查的核心素养为综合思维，表现为在给定的简单的情境中，简单分析海洋和大气之间的相互影响及其过程。综合来看，该题属于水平2层次。

(3) 水平3示例。

【试题呈现】

阿拉伯半岛东面为波斯湾,西面为红海,两地夏季气温常达30℃以上,而索马里沿岸的气温最热季节一般不到25℃。读印度洋部分海域8月表层水温分布图(图3),回答下列问题。

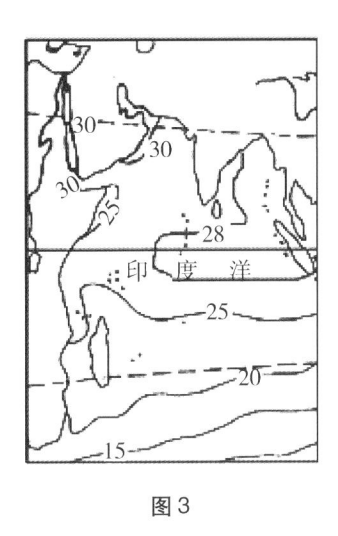

图3

与红海相比,索马里沿岸夏季气温较低,从海—气作用的角度解释原因。

【参考答案】

索马里沿岸海域比红海面积广阔,夏季气温受海洋影响大;索马里沿岸夏季为寒流,受寒流影响,气温降低。

【水平表现说明】

试题创设了一个给定的较为复杂的真实情境——夏季,纬度较低的索马里沿岸气温比纬度较高的红海和波斯湾低,需要学生从海—气作用的角度解释原因。试题考查学生对影响气温的因素的掌握情况;同时需要学生理解海、陆温度分布差异影响气温分布差异,海洋通过潜热、长波辐射等方式影响着气温,大气通过风影响海水运动、洋流通过改变海水温度的分布,进一步影响着气温的分布。试题涉及的知识原理较为综合。试题考查的核心素养为综合思维,表现为对于给定的复杂地理事象,能够分析海洋和大气之间的相互作用和水热交换过程。综合来看,该题属于水平3层次。

(4) 水平4示例。

【试题呈现】

印度洋偶极是指印度洋西部和东部海洋表面温度差。当印度洋西部的温度高于东部时,形成正偶极;当印度洋东部水温异常偏高时,形成负偶极。印度洋偶极深刻地影响着澳大利亚以及非洲的气温和降水等。据资料显示,2019年下半年印度洋偶极达到60年来最大值,澳大利亚成为最干最热的一年,非洲东部遭遇了史上最严重的蝗虫灾害。图4示意正常年份印度洋赤道上空的大气环流。据此回答下列问题。

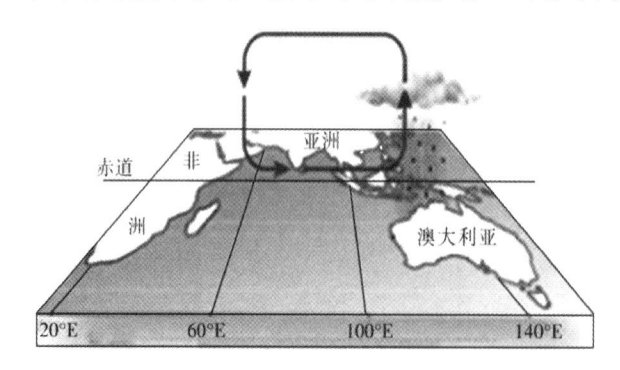

图4

分析印度洋偶极对非洲东部降水的影响，并说明其与非洲东部蝗虫灾害的关联性。

【参考答案】

印度洋西部水温异常偏高，改变印度洋赤道上空的大气环流。非洲东部上升气流增强，降水增多。正常年份，非洲东部气候干旱，植被稀疏，不利于蝗虫的繁殖；出现印度洋正偶极，非洲东部盛行上升气流，降水增多，土壤湿度增加，植被覆盖率提高，有利于蝗虫的繁殖。

【水平表现说明】

试题结合2019年澳大利亚旱灾和非洲蝗灾这一相关联的真实事件创设试题情境，考查了印度洋东西部海水温度分布对区域性大气环流的影响，进而影响降水分布，降水差异进一步导致了不同的自然灾害。试题考查的核心素养为综合思维，表现为能够根据海洋和大气之间的水热交换过程及其对全球水热平衡的影响，来分析现实中的自然环境问题。综合来看，该题属于水平4层次。

2. **课标内容②：解释厄尔尼诺、拉尼娜现象对全球气候和人类活动的影响**

（1）水平1示例。

【试题呈现】

厄尔尼诺和拉尼娜现象是赤道中东太平洋海温冷暖交替变化的异常表现，这种海温的冷暖变化过程构成一种循环。当这两种现象发生时，太平洋东、西岸的气温和降水都发生明显的变化。读图5，完成下题。

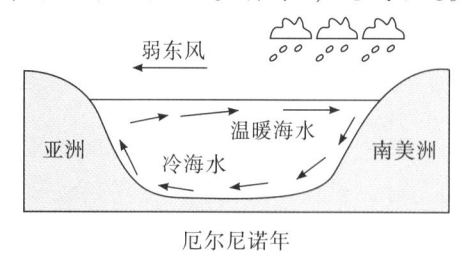

图5

在厄尔尼诺年,下列现象可能发生的是（ ）
A. 秘鲁沿岸更加干旱　　　　B. 印度尼西亚热带雨林地区易发生火灾
C. 秘鲁渔场渔获量增加　　　D. 澳大利亚东部暴雨成灾

【参考答案】

B

【水平表现说明】

试题通过图文呈现了简单的学习情境,较直观地考查学生对厄尔尼诺和拉尼娜现象所产生影响的掌握情况。考查的核心素养为综合思维,表现为在简单、熟悉的情境中,简单分析厄尔尼诺和拉尼娜现象对气候的影响。综合来看,该题属于水平1层次。

（2）水平2示例。

【试题呈现】

智利的阿塔卡马沙漠被称为"世界干极",平均年降水量小于0.1毫米。这里每隔一段时间,"沙漠开花"往往会和厄尔尼诺现象相伴发生。据此完成下题。

厄尔尼诺现象和"沙漠开花"往往同时出现,其主要原因是厄尔尼诺现象导致（ ）

A. 该地气候变暖　　　　B. 山区融水增多
C. 该地降水增多　　　　D. 昼夜温差增大

【参考答案】

C

【水平表现说明】

试题给定了厄尔尼诺现象引起秘鲁降水增多,降水增多导致沙漠植物开花这一情境,情境较简单,考查厄尔尼诺现象的影响这一知识。考查的核心素养为综合思维,表现为对于给定的简单地理事象,简单分析厄尔尼诺对气候的影响。综合来看,该题属于水平2层次。

（3）水平3示例。

【试题呈现】

秘鲁位于南美洲西部,西濒太平洋,沿海水温适于鱼类繁殖,渔业资源十分丰富,是世界渔业大国之一。

2016年,因受厄尔尼诺（东太平洋地区东南信风势力减弱）影响,渔业总产量下降。运用地理环境整体性原理简释产生这种现象的原因。

【参考答案】

当东南信风减弱时,会使南赤道暖流减弱,南美洲沿岸上泛海水减少,浮游生物锐减,鱼类大量死亡,渔业产量下降。

【水平表现说明】

试题给定厄尔尼诺（东太平洋地区东南信风势力减弱）现象导致秘鲁渔业总产量下降这一地理现象,考查学生能否对厄尔尼诺现象产生影响的原因机制进行准确表达。

考查的核心素养为综合思维和人地协调观,表现为对于给定的复杂地理事象,能够说明厄尔尼诺和拉尼娜现象及其对全球气候及人类活动的影响。综合来看,该题属于水平3层次。

(4) 水平4示例。

【试题呈现】

秘鲁鳀是栖息于东南太平洋近岸30海里(1海里=1 852米)50米水深内海域的冷水性鱼类,其生命周期短、繁殖能力强、生长迅速、洄游和游泳的能力都较弱,是世界上产量最丰富的鱼种之一。环境变化会极大地影响鱼种的资源变动。

说明厄尔尼诺现象对秘鲁鳀生长的不利影响。

【参考答案】

在厄尔尼诺形成的年份,东南信风较弱,南美洲西海岸冷水上泛减弱,赤道逆流增强并南下。较多的暖水被输送到秘鲁沿岸使水温增高,不利于秘鲁鳀这种冷水性鱼类生长。另外,秘鲁寒流减弱,上泛营养盐类减少,浮游生物减少,鱼类饵料不足,不利于秘鲁鳀生长。

【水平表现说明】

试题给定厄尔尼诺现象对秘鲁鳀的生长有不利影响这一较复杂的地理现象,要求学生对厄尔尼诺现象形成原因有所掌握,并能够综合全面地对厄尔尼诺现象产生影响的原因机制进行准确表达。考查的核心素养为综合思维,表现为结合现实中的自然环境问题,能够解释厄尔尼诺和拉尼娜现象及其对全球气候及人类活动的影响。综合来看,该题属于水平4层次。

★选择性必修1.9 运用图表并结合实例,分析自然环境的整体性和地域分异规律

一、课程标准

运用图表并结合实例,分析自然环境的整体性和地域分异规律。

二、课标解读

1. 行为条件和行为动词

该课标可细化为:①运用图表并结合实例,分析自然环境的整体性。②运用图表并结合实例,分析自然环境的地域分异规律。

该课标的行为条件是"运用图表",行为动词是"分析"。

2. 主要概念和知识结构

该课标涉及的主要概念是自然环境、整体、自然带等。

该课标知识结构的逻辑是：整体性←自然环境→地域差异性。具体知识结构如图 1 所示。

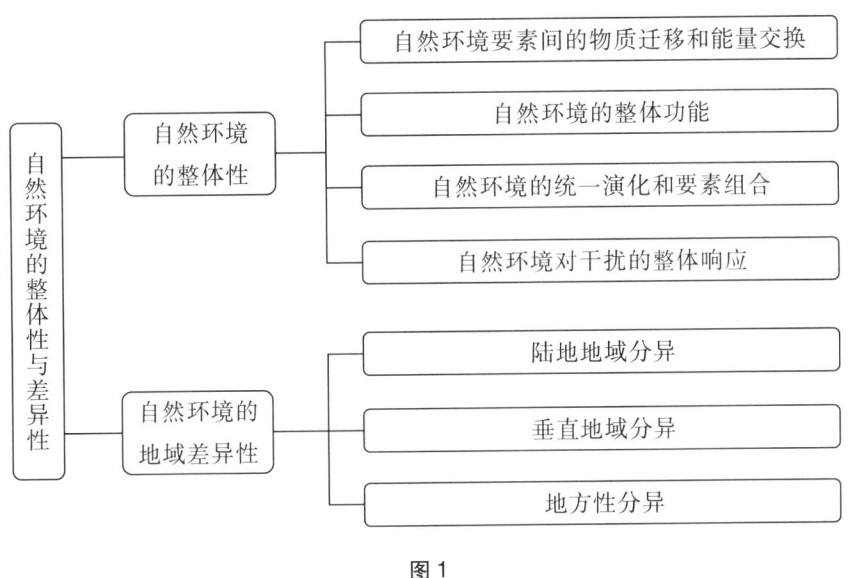

```
自然环境的整体性与差异性
├─ 自然环境的整体性
│   ├─ 自然环境要素间的物质迁移和能量交换
│   ├─ 自然环境的整体功能
│   ├─ 自然环境的统一演化和要素组合
│   └─ 自然环境对干扰的整体响应
└─ 自然环境的地域差异性
    ├─ 陆地地域分异
    ├─ 垂直地域分异
    └─ 地方性分异
```

图 1

3. 地理核心素养指向

（1）区域认知。

自然环境的整体性和差异性是以区域为载体的，离开区域就难以谈整体性和差异性，其中所涉及的区域尺度有大有小，大到全球，小到某个局部小区域。如在自然环境的差异性中，温度带分异和海陆分异是全球性的地域差异，而热带雨林带、温带落叶阔叶林带等差异的尺度较小，山和谷的差异、山体阴坡和阳坡的差异则属于更小尺度的地域差异，尤其地方性分异规律往往涉及的是局部小区域的特殊现象。因此，在教学时教师要注意引导学生关注区域的空间尺度，加强区域之间的比较和分析。

（2）综合思维。

自然环境是由地质、地貌、气候、水文、植被、动物和土壤等多个自然环境要素组成的，同时这些自然环境要素是变化的，不同区域的自然环境要素间存在着不同程度的物质迁移和能量交换，所以本节的学习对培养学生的综合思维能力至关重要，同时对学生的综合思维能力要求较高。综合思维要求学生能够从多个要素、不同时空的角度分析地理事象的发生、发展和演化。在分析自然环境的整体性时，"牵一发而动全身"，必须运用综合思维分析各要素之间的相互影响。在分析自然环境的差异性时，也必须运用综合思维从多个要素分析区域差异产生的原因。导致地方性分异规律的因素有很多，如局部地形的差别、小气候的差别、岩性和土质的差别及人类活动的影响等，在分析地方性分异规律时必须从多方面因素进行。

(3) 地理实践力。

为了加深学生对自然环境整体性的理解，可考虑设计一些合适的活动，让学生运用整体性的视角分析问题、解决问题。例如，让学生扮演自然环境要素的角色，交流彼此之间的物质迁移和能量交换过程；让学生拍摄一些身边的自然现象，在课堂上进行展示并运用整体性的视角进行解释；有条件的学校也可以结合研学，带领学生在大自然中对某些自然现象运用整体性的视角进行分析。为了加深学生对自然环境差异性的理解，可考虑让学生搜集自然环境中的地域差异性现象，并运用所学知识进行解释；也可把学生外出旅行的自然环境照片做比较，分析其产生差异的原因。

(4) 人地协调观。

自然环境各要素并不是孤立、互不相关的，某一或某些要素的改变会影响整体的发展和演化。人类活动会导致某一或某些因素的改变，从而影响区域整体的发展，因此我们在决策时一定要做好调查，运用整体性视角分析问题、解决问题。同时我们也要看到区域间是存在着差异的，不能用拿来主义解决问题，必须从本区域的实际出发，因地制宜，走符合当地情况的特色之路。另外，解决人地关系矛盾的办法，也不是唯一的，应从多个角度、多个方面论证解决，最终走出一条人地和谐的发展之路。

4. 学业质量水平要求（表1）

表1

课标内容	水平层次	具体要求
①运用图表并结合实例，分析自然环境的整体性	水平1	能在简单、熟悉的情境中，分析某一自然要素在自然环境形成和演化中的作用或少数几个自然环境要素的相互作用（区域认知、综合思维）
	水平2	能借助图表，在简单的情境中分析自然环境各个要素之间的相互作用（区域认知、综合思维）
	水平3	能运用图表并结合具体案例，从多个自然环境要素角度分析对当地自然环境特征的影响（区域认知、综合思维）
	水平4	对于给定的复杂情境，能够从自然环境物质运动和能量交换的角度分析某一要素的变化对整体的影响或某一区域的改变对其他区域的影响（区域认知、综合思维、人地协调观）
②运用图表并结合实例，分析自然环境的地域分异规律	水平1	能结合图表，根据陆地自然带的分布判断地域分异规律类型及主要影响因素（综合思维、区域认知）
	水平2	能根据图表，在简单的情境中分析地域分异规律的成因，并判断出指定区域相对应的自然带名称（综合思维、区域认知）
	水平3	对于给定的情境，能够从微观尺度着眼，从物质迁移和能量交换的角度，分析地方性分异规律的成因和表现（综合思维、区域认知）
	水平4	对于给定的复杂情境，能够从物质迁移和能量交换的角度，运用水循环、大气环流、生物循环等自然地理过程，分析地域差异的原因和表现（综合思维、区域认知）

三、典例示范

1. 课标内容①：运用图表并结合实例，分析自然环境的整体性

（1）水平1示例。

【试题呈现】

黄山市某地因菊花经济效益高，农民开垦坡地种菊花，因而出现了较为严重的生态问题，如图2所示。据此完成1~2题。

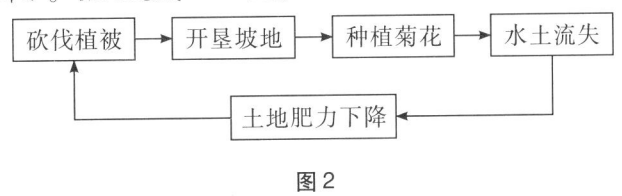

```
砍伐植被 → 开垦坡地 → 种植菊花 → 水土流失
   ↑                                      ↓
   └──────── 土地肥力下降 ←──────────────┘
```

图2

1. 植被破坏致使水土流失严重，这体现了（　　）
   A. 环境要素的相互制约　　　　　　B. 不同区域之间相互制约
   C. 地理要素间相互作用产生新功能　　D. 一个区域的变化影响到另一个区域
2. 若此种活动不加以限制，任由其发展，则最可能直接导致该地区（　　）
   A. 蒸发量增加　　　　　　　　　　B. 降水量增多
   C. 地表径流变化增大　　　　　　　D. 地下径流增多

【参考答案】

1. A　2. C

【水平表现说明】

试题通过农民开垦坡地种菊花引发了较为严重的生态问题，构造了一个简单、熟悉的地理情境，又通过一个关系示意图交代了开垦坡地种菊花引发生态问题的原因，其中所涉及的自然环境要素主要有植被、水、土壤等少数几个。试题通过文字信息直接告知事情的发生地在黄山市，黄山是我国知名度较高的景点，大家较为熟悉，对学生所具备的区域认知能力要求不高。结合题目中的关系示意图，学生不难判断坡地开垦种菊花导致植被这一自然因素发生变化，从而对其他自然要素产生影响，学生需运用综合思维能力完成，但要求不高。综合来看，该题组属于水平1层次。

（2）水平2示例。

【试题呈现】

读非洲刚果盆地自然环境各要素的关系图（图3），完成下题。

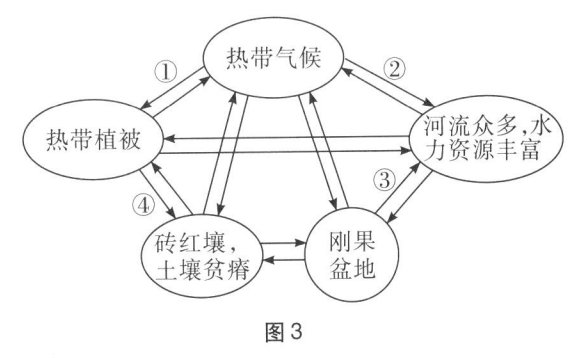

图3

下列环节与其作用对应正确的是（ ）

①终年高温多雨，形成了茂密的森林　②降水季节变化大，使流量季节变化大　③盆地内部坡度大，水力资源丰富　④地面植被生物量大，导致土壤贫瘠

A. ①②　　　　B. ①④　　　　C. ②③　　　　D. ②④

【参考答案】

B

【水平表现说明】

试题通过非洲刚果盆地自然环境各要素的关系图构造了一个相对简单的情境，但涉及气候、植被、土壤、地形、水等多个自然要素之间的相互联系。试题主要考查了学生的区域认知和综合思维能力。试题通过文字信息直接告知区域地点，虽然没有地图，但非洲刚果盆地也是大家较为熟悉的地方，所以对区域认知能力的要求不高。若要判断各环节的作用正确与否，学生必须要熟悉各个要素间的相互作用，是对地理多要素综合思维能力的考查。综合判断，该试题属于水平2层次。

（3）水平3示例。

【试题呈现】

（2020·江苏卷）阅读图文材料，完成下题。

材料一：尼日尔河源于富塔贾隆高原，注入几内亚湾，全长约4 200 km，流域面积210万 km²，在塞古－迪雷间的盆地形成大型内陆三角洲，在几内亚湾发育了巨型河口三角洲。

材料二：图4为"尼日尔河流域及降水分布示意图"，表2为"尼日尔河部分水文站年径流量与年输沙量统计表"。

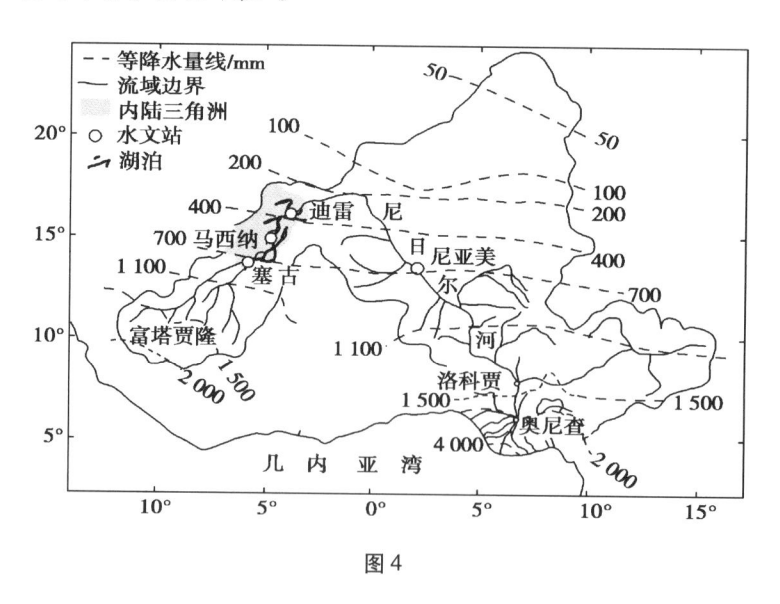

图4

表2

水文站	马西纳	迪雷	尼亚美	洛科贾	奥尼查
年径流量/km³	41	30	27	73	182
年输沙量/万吨	177	100	350	1 290	5 800

简析河口三角洲地区的自然地理环境特征。

【参考答案】

地形为低平原，河网密布；热带雨林气候，全年高温多雨；径流量大，含沙量大；自然带为热带雨林带。

【水平表现说明】

本题通过尼日尔河的简单文字介绍，尤其是尼日尔河流域及降水分布示意图和尼日尔河部分水文站年径流量与年输沙量统计表，创设了一个相对复杂的情境，但河口三角洲、热带雨林气候是学生较为熟悉的内容，所以试题情境复杂但不陌生。情境中的信息较多，给定的地理事物较为复杂，多个信息之间的联系也相对复杂，对学生在情境中进行信息的提取、分析、综合、归纳的能力要求较高。试题要求学生能对图示区域进行准确的定位，能够通过区域位置及降水量分布等信息对河口所在地区的气候等特征进行准确判断，可见试题对学生的区域认知能力有较高要求。在此基础上，学生从气候、水文、地形、植被等方面对河口三角洲地区的自然特征进行综合分析判断，体现了对学生综合思维能力的考查。综合来看，该题属于水平3层次。

(4) 水平4示例。

【试题呈现】

(2019·全国卷Ⅰ) 阅读图文资料，完成下题。

随着非洲板块及印度洋板块北移，地中海不断萎缩，里海从地中海分离。有学者研究表明，末次冰期晚期气候转暖，里海一度为淡水湖。当气候进一步转暖，里海北方的大陆冰川大幅消退后，其补给类型发生变化，里海演变为咸水湖，但目前湖水盐度远小于地中海的盐度。图5示意里海所在区域的自然地理环境。

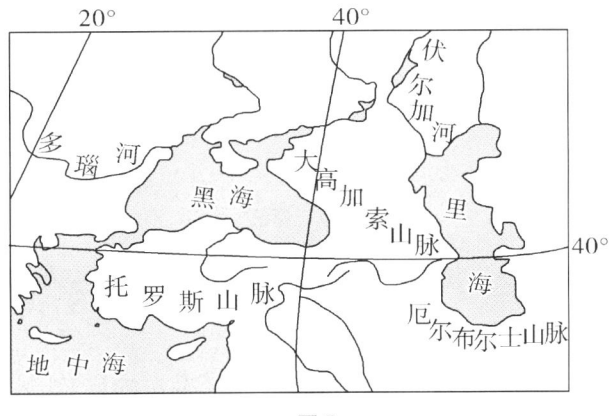

图5

板块运动导致的山脉隆起改变了区域的地貌、水文和气候特征。分析这些特征的变化对里海的影响。

【参考答案】

山脉隆起，里海与海洋分离，形成湖泊（湖盆）；山脉隆起，导致里海汇水面积缩小，湖泊来水量减少，湖泊面积缩小；山脉隆起，阻挡湿润气流，导致干旱，推动湖泊向内陆湖演化。

【水平表现说明】

本题以里海的演化过程为背景材料，虽然给出的材料信息量不多，但文字信息具有较强的地理学术味道，涉及地壳运动对地理环境的影响、气候与湖泊盐分的关系、板块边界问题等内容，对学生来说是既陌生又复杂的情境，理解起来需要一定的时间，且对学生的思维要求很高。从学生的区域认知能力来说，他们对地中海、里海所在地区并不陌生，但由于涉及里海的演变，又是板块构造影响所致，对学生整体的区域认知能力提出了更高要求。山脉隆起导致区域的地貌、水文和气候特征发生变化，而这些变化对里海的影响要分别从山脉对地貌、气候及水文的变化进行分析，体现了某一要素发生变化会对其他要素发生变化，从而对整体产生影响。这对学生的综合思维要求非常高。综合来看，该题属于水平4层次。

2. 课标内容②：运用图表并结合实例，分析自然环境的地域分异规律

（1）水平1示例。

【试题呈现】

图6是"某区域自然景观分布图"。读图，完成1~2题。

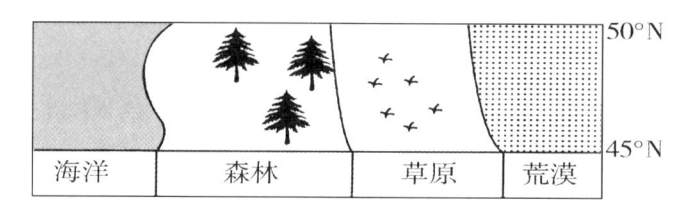

图6

1. 图示植被类型的变化，体现了（　　）

A. 由赤道到两极的地域分异　　B. 从沿海向内陆的地域分异

C. 垂直地域分异　　D. 非地带性分异

2. 该区域植被景观差异产生的基础因素是（　　）

A. 光照　　B. 热量　　C. 水分　　D. 土壤

【参考答案】

1. B 2. C

【水平表现说明】

题目通过"某区域自然景观分布图"构建了一个简单的情境。题目通过海陆及纬

度等信息告知本区域位于中纬度大陆西岸，可见本题所考查的区域认知能力要求不高。同时本题对思维能力的考查要求也不高，仅通过森林、草原和荒漠景观的变化，就不难判断主要影响因素是水分，考查的是从沿海向内陆的地域分异规律。综合来看，该题组属于水平1层次。

（2）水平2示例。

【试题呈现】

（2020·山东高三一模）我国西南横断山区被公认为全球生物多样性的关键地区。表3为对横断山区不同海拔区域蝶类物种多样性的研究结果。据此，完成1~2题。

表3

自然带	Ⅰ	Ⅱ	Ⅲ	Ⅳ	Ⅴ	Ⅵ
海拔/m	<1 000	1 000~2 000	2 000~2 500	2 500~3 000	3 000~3 500	>3 500
植被类型	热带季雨林	常绿阔叶林	常绿落叶混交林	针阔混交林		高寒灌丛草甸
蝶类种数	349	452	201	136	125	100

1. 自然带Ⅴ的植被类型最可能是（　　）
A. 热带草原　　B. 常绿硬叶林　　C. 常绿阔叶林　　D. 针叶林
2. 与Ⅰ相比，自然带Ⅱ蝶类种数较多的原因可能是（　　）
①光照时间长，且强度大　②地形变化大，生物种类多　③年降水量多，且变率小　④人类干扰少，植物种类多
A. ①②　　　　B. ②④　　　　C. ①③　　　　D. ③④

【参考答案】

1. D　2. B

【水平表现说明】

题目主要通过"对横断山区不同海拔区域蝶类物种多样性的研究结果"表创造了一个较为简单的情境，重点考查垂直地域分异规律及不同海拔范围内生物的差异性。在素养考查上，题目对区域认知的考查难度不大，我国西南横断山区也是大家较为熟知的区域。在综合思维方面，须从水热等因素对不同海拔高度的自然带和生物多样性进行分析，难度也不大。总体来看，该题组属于水平2层次。

（3）水平3示例。

【试题呈现】

阅读图文资料，完成下列要求。

我国东南部典型的丹霞地貌具有"顶平、身陡、麓缓"的特征，山块之间常形成被陡崖围合的沟谷。典型丹霞地貌海拔大多在300~400米之间，相对高度不超过200米，难以达到通常意义上产生垂直分异的高差，却形成了特殊的植被分异现象

（如图7所示）。

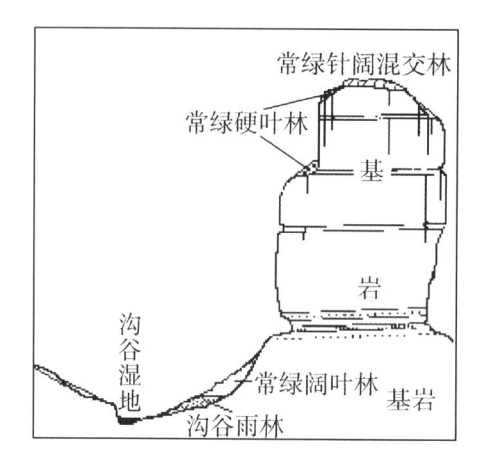

图7

分析丹霞地貌底部沟谷地带发育季雨林的原因。

【参考答案】

沟谷地势低，地表径流汇集；沟谷地形封闭，光照相对较弱，蒸发量较小，水分充足，有利于发育喜湿的季雨林。

【水平表现说明】

题目主要通过丹霞地貌不同部位的植被分布图，构造了一个特定的简单情境。本题对区域认知能力的考查要求不太高，我国东南部大家较为熟悉，但涉及的丹霞地貌可能很多人就较为陌生了。一个区域植被的形成是水、热、土、光等多种因素共同作用的结果，而且必须在局部微观尺度下从物质迁移和能量交换的角度考虑分析，所以此题对学生的思维能力要求较高。综合来看，该题属于水平3层次。

（4）水平4示例。

【试题呈现】

（2017·全国卷Ⅰ）阅读图文资料，完成下列要求。

山地垂直带内部的分异规律，日益为地理学研究所重视。在山地苔原带，植物多样性存在随海拔升高呈单峰变化的规律：在山地苔原带下部，少数植物种类通过种间竞争获得优势，植物多样性较低；随着海拔升高，环境压力变大，种间竞争减弱，植物多样性升高；在更高海拔区域，适宜生存的植物种类减少。地理科考队调查某山峰的苔原带（海拔2 000～2 600米）时发现，该苔原带部分地区存在干扰，导致优势植物数量减少，植物多样性异常；阴、阳坡降水量与坡度差别不大，但植物多样性差异显著（如图8所示）。

植被多样性

```
高
                    ----- 阳坡
                    ——— 阴坡
低
   2 000 2 100 2 200 2 300 2 400 2 500 2 600  海拔/m
```

图 8

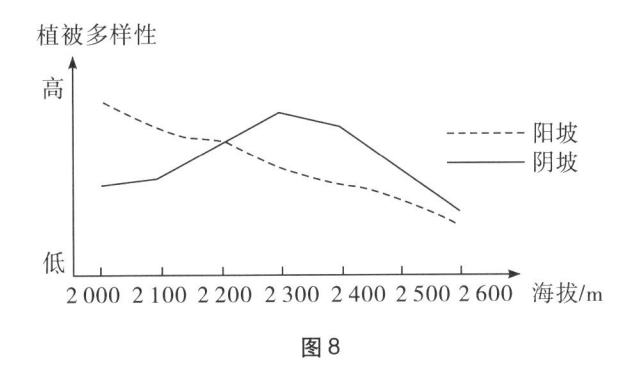

说明从 2 300 米至 2 600 米，阴、阳坡植物多样性差异逐渐缩小的原因。

【参考答案】

随着海拔升高，适宜生存的植物种类减少；随着海拔升高，阴、阳坡面积减小，坡面差异对植物多样性的影响减弱；阴、阳坡相互影响（水分、热量交换作用）增强。

【水平表现说明】

题目主要通过文字信息构造了一个学生较为陌生且复杂的情境。陌生主要表现在大家对山地苔原带了解不多，对所涉及的内容为不同高度生物多样性的变化更是知之甚少，属于典型的学术情境，需要较强的阅读理解能力。复杂主要表现在不同海拔高度、阴阳坡和有无人类干扰等差异的分析，需要较高的逻辑思维能力。从核心素养来看，本题所涉及的区域认知能力要求较高，因为高山苔原带对学生来说是较陌生的，只能借助材料信息增加对苔原带的区域认知。本题对综合思维的考查要求也比较高。影响植物多样性的因素是多方面的，如面积、水、热、光照等，随着海拔的升高，阴阳坡的面积越来越小，物质迁移和能量交换更容易，导致水、热、光等因素差异缩小。学生对此问题是不容易说明清楚的，需要具备较强的综合思维能力。综合来看，该题属于水平 4 层次。

选择性必修 2

★选择性必修2.1 结合实例，说明区域的含义及类型

一、课程标准

结合实例，说明区域的含义及类型。

二、课标解读

1. 行为条件和行为动词

该课标的行为条件是"结合实例"，行为动词是"说明"。

2. 主要概念和知识结构

该课标涉及的主要概念是区域、尺度、空间尺度、层级等。

该课标知识结构如图1所示。

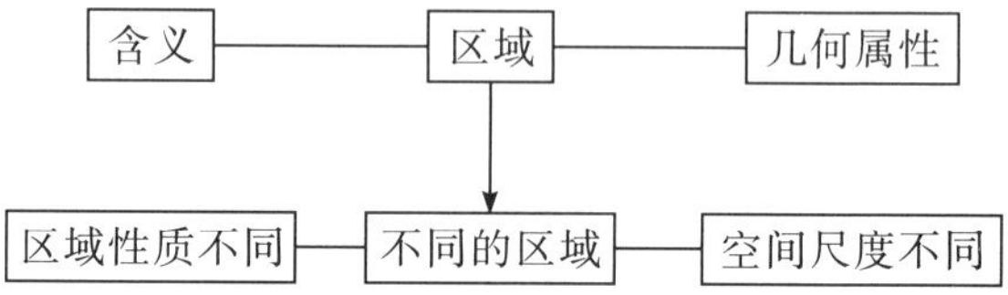

3. 地理核心素养指向

区域认知：以对区域的含义、类型的透彻理解构建区域认知方法。区域的含义、类型是关于区域的基础知识，是区域认知素养形成的前提。结合具体实例对区域的定义、几何属性、类型划分进行阐释，使学生理解人们划分区域的目的与意义。依据空间尺度划分区域层级是认识区域的重要方法，结合具体实例让学生理解不同空间尺度的区域认识方式不同；同一空间尺度的区域由于地理位置、面积等要素不同，发展的条件与发展方向也有所差异。结合课本两个活动或加入学生身边熟悉的案例，让学生充分探究，学以致用，培养学生"用区域的方法认识世界"的能力。

图1

4. 学业质量水平要求（表1）

表1

课标内容	水平层次	具体要求
结合实例，说明区域的含义及类型	水平1	能结合实例，说出区域的概念，了解区域的几何属性（区域认知）
	水平2	能结合实例，指出区域边界的属性，判别区域划分的标准（区域认知）
	水平3	能结合实例，判别区域划分的依据及意义（区域认知）
	水平4	能结合实例，从区域空间尺度的方式分析问题，懂得"划区"是人们认识世界的重要视角和思维方式（区域认知）

三、典例示范

课标内容：结合实例，说明区域的含义及类型

（1）水平1示例。

【试题呈现】

（2021·河北秦皇岛高二期末）图2为"中国建筑气候区划图"。据此完成下题。

图2 中国建筑气候区划图

图中（　　）

A. 各区域内部特征完全一致　　B. 各区域的分布范围相当

C. 各区域是按照单一指标划分的　　D. 各区域之间的边界清晰明确

【参考答案】

C

【水平表现说明】

试题通过中国建筑气候区划图创设了一个简单的情境，区域划分指标单一，地理要素简单，主要考查学生对区域的概念及几何属性的掌握，体现了对区域认知素养的考查。试题通过呈现中国建筑气候区划图，考查学生能否通过信息得知不同建筑气候区的划分依据是气候要素，四个选项从四个不同角度考查学生对区域几何属性的识记，能力要求较低。综合来看，该试题属于水平1层次。

（2）水平2示例。

【试题呈现】

（2021·广东揭阳高二期末）区域是地理学的主要研究对象之一，不同区域的自然环境、人类活动都存在差异。图3为某区域示意图。读图，完成下题。

图3

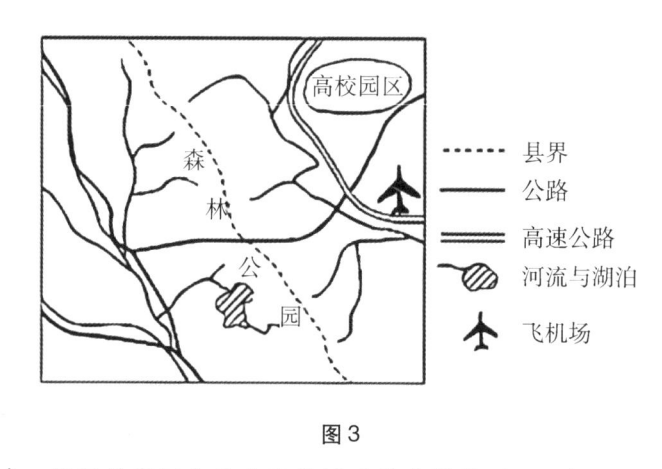

图示区域中，县级界线划分的主要依据及其边界是（　　）

A. 河流、明确的　　　　B. 山脉、明确的
C. 交通线、模糊的　　　D. 湖泊、模糊的

【参考答案】

B

【水平表现说明】

试题通过一幅区域图创设了一个相对简单的情境，地理要素虽多但较为明确，设问角度清晰，属于简单、熟悉的地理情境。试题设问区域内县级界线划分的依据及边界特点，首先考查学生的信息获取能力，即通过读图得出县界与河流的分水岭（山脉）重合；其次考查学生对区域边界属性的掌握，知道行政界线是一种明确的地理界线。两个考查角度指向学生的区域认知素养。综合来看，该题属于水平2层次。

（3）水平3示例。

【试题呈现】

（2017·全国Ⅱ卷）19世纪50年代，淮河自洪泽湖向南经长江入海；黄河结束夺淮历史，改从山东入海。1968年，南京长江大桥建成通车；自1999年，江苏境内又陆续建成了多座长江大桥。江苏习惯上以长江为界分为苏南和苏北两部分（见图4）。据此完成1~2题。

图4 苏北苏南

1. 目前，在洪泽湖以东地区，秦岭—淮河线（　　）
A. 无划分指标依据　　　　　B. 与自然河道一致
C. 无对应的自然标志　　　　D. 两侧地理差异显著

2. 习惯上苏南、苏北的划分突出体现了长江对两岸地区（　　）
A. 自然地理分异的影响　　　B. 人文地理分异的影响
C. 相互联系的促进作用　　　D. 相互联系的阻隔作用

【参考答案】

1. C 2. D

【水平表现说明】

试题通过江苏境内河流分布、湖泊分布、桥梁建设及区域划分等地理事象构建了一个相对复杂的情境，地理要素较多，学生需根据题目设问提取不同地理事象进行答题，能力要求较高。第1题考查秦岭—淮河这条重要地理界线在江苏洪泽湖以东的特点。试题要求学生理解秦岭—淮河一线是一条相对模糊的，大致与秦岭、淮河重合的地理界线，考查学生对区域界线属性的理解，同时考查学生的信息获取能力。第2题要求学生根据题干中长江大桥的建设理解长江对江苏的阻隔作用，考查学生的信息获取能力，并能了解长江两岸沿岸的苏南、苏北在自然地理、人文地理方面没有显著差异，考查学生的区域认知素养。综合来看，该题组属于水平3层次。

(4) 水平4示例。

【试题呈现】

(2018·全国Ⅰ卷)乌裕尔河原为嫩江的支流。受嫩江西移、泥沙沉积等影响,乌裕尔河下游排水受阻,成为内流河。河水泛滥,最终形成面积相对稳定的扎龙湿地。扎龙湿地面积广大,积水较浅。读图5,回答下列问题。

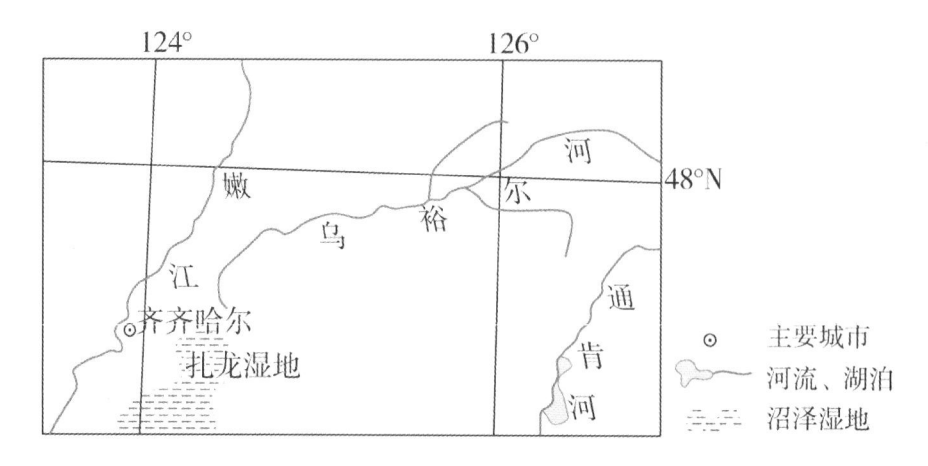

图5

分析从乌裕尔河成为内流河至扎龙湿地面积稳定,乌裕尔河流域降水量、蒸发量数量关系的变化。

【参考答案】

降水量基本不变化,蒸发量逐渐增大,二者数量关系由降水量大于蒸发量最终变为降水量等于蒸发量。

【水平表现说明】

试题通过一个小尺度的内河流与湿地的演变机理创设了一个相对复杂的、陌生的情境。情境中的信息较多,涉及多种地理要素,多个地理要素之间联系也相对复杂,对学生在情境中进行信息的提取、分析、综合、归纳的能力要求较高。试题行为动词为"分析",要求学生调动高阶思维。试题要求学生具备"空间尺度"意识,能敏感地意识到"乌裕尔河流域"这个空间范围,在这个较小的闭合空间尺度内,分析地表径流、降水量、蒸发量三要素之间的动态平衡关系。试题对区域认知及综合思维素养要求较高。综合来看,该题属于水平4层次。

★选择性必修2.2 结合实例,从地理环境整体性和区域关联的角度,比较不同区域发展的异同,说明因地制宜对于区域发展的重要意义

一、课程标准

结合实例,从地理环境整体性和区域关联的角度,比较不同区域发展的异同,说明因地制宜对于区域发展的重要意义。

二、课标解读

1. 行为条件和行为动词

该课标可细化为:①结合实例,从地理环境整体性角度,说明因地制宜对区域发展的重要意义。②结合实例,从地理环境差异性与关联的角度,比较不同区域发展的异同,说明因地制宜对于区域发展的重要意义。

该课标的行为条件是"结合实例""从地理环境整体性与区域关联性角度",行为动词是"比较""说明"。

2. 主要概念和知识结构

该课标涉及的主要概念是区域整体性、区域关联性、区域差异、区域要素、自然要素、人文要素、因地制宜。

该课标知识结构如图1所示。

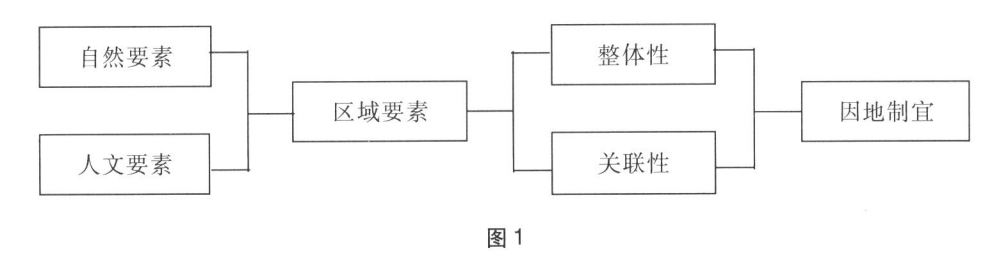

图1

3. 地理核心素养指向

(1)综合思维。

以区域要素综合培养学生的综合思维。课本通过浙江青田稻鱼共生系统、韩国河回村村落分布以及阿曼法拉吉灌溉系统等真实案例的阐述,引导学生明确区域要素分为自然、人文两大类。以问题教学形式深入剖析案例,引导学生学会分析区域要素是如何相互影响、相互作用的,帮助学生理解区域要素间的相互影响与相互作用是如何

影响区域地理现象的发生及区域发展方向的,从而构建区域要素综合思维。

(2) 区域认知。

以区域对比构建区域认知素养。区域差异是普遍存在的,课本列举了京津冀、长江三角洲及松嫩平原等不同区域案例,通过不同区域的地理位置、自然条件、社会经济发展水平、文化习俗的差异对比,使学生具备区域对比意识。通过区域对比,加深对区域的认知,提升区域认知素养。

(3) 人地协调观。

以区域如何因地制宜发展分析构建人地协调观。从区域整体性、差异性及关联性角度认知区域的最终目的是充分理解"因地制宜"的意义,在教学中需对区域案例的分析进行总结提升,设置基于区域因地制宜发展的真实问题情境,引导学生从人地协调发展的角度理解区域自然与人文现象,从而建构人地协调观。

4. 学业质量水平要求(表1)

表1

课标内容	水平层次	具体要求
①结合实例,从地理环境整体性角度,说明因地制宜对区域发展的重要意义	水平1	能说出区域要素的组成(区域认知、综合思维)
	水平2	能结合实例,说明区域两个要素之间的相互关系(综合思维)
	水平3	能结合实例,说明区域多个要素间的相互关系,理解区域的整体性(区域认知、综合思维)
	水平4	能结合实例,从地理环境整体性角度,分析区域现象,说明因地制宜对区域发展的意义(区域认知、综合思维、人地协调观)
②结合实例,从地理环境差异性与关联的角度,比较不同区域发展的异同,说明因地制宜对于区域发展的重要意义	水平1	能结合实例,从给定的角度比较不同区域发展的异同(区域认知)
	水平2	能结合实例,从多个角度比较不同区域的发展的异同,说出不同区域的特点(区域认知、综合思维)
	水平3	结合实例,从地理环境差异性角度,比较不同区域发展的异同,说明因地制宜对于区域发展的重要意义(区域认知、综合思维、人地协调观)
	水平4	结合实例,从地理环境差异性与关联性角度,比较不同区域发展的异同,说明区域协调发展的重要意义(区域认知、综合思维、人地协调观)

三、典例示范

1. 课标内容①：结合实例，从地理环境整体性角度，说明因地制宜对区域发展的重要意义

（1）水平1示例。

【试题呈现】

图2

说出图2中景观包括了哪些地理要素。

【参考答案】

自然要素：气候、地形、地貌、水文、土壤、生物；人文要素：聚落、农业、交通

【水平表现说明】

试题通过一幅景观图，创设了一个简单而现实的情境，设问明确。学生仅需知道区域要素包括哪些便能回答此问题。本题属于水平1层次。

（2）水平2示例。

【试题呈现】

（2021·广东清远高一期末）图3为某植物景观图。据此完成1~2题。

1. 图中植物茎叶肉质化是为了（　　）

A. 防强光　　　B. 储水分

C. 抗风沙　　　D. 耐高温

2. 该植物反映了生存地区（　　）

A. 雨热同期的环境

B. 干湿季明显的环境

C. 终年炎热干燥的环境

D. 四季分明的环境

图3

【参考答案】

1. B 2. C

【水平表现说明】

试题通过一幅植被景观图，创设了一个较为简单的情境，地理要素单一，设问角度简单。试题仅需学生能判断与"植物茎叶肉质化"最相关的一个要素。"植物茎叶肉质化"是一种非常常见的生活现象，是植物应对干旱环境储存水分的一种适应表现，对学生的综合思维素养要求低，符合"综合思维"水平1——"能从两个地理要素相互作用的角度进行分析"的要求。综合来看，本题组属于水平2层次。

(3) 水平3示例。

【试题呈现】

(2016·海南卷) 福建海坛岛面积276.61平方千米，人口约35万人，地势低平，是大陆距离宝岛台湾最近的地方。当地盛传"光长石头不长草，风沙满地跑，房子像碉堡"的民谣。

1. 该民谣反映了当地气候的突出特点是（　　）

A. 降水多　　　B. 风力大　　　C. 日照强　　　D. 气温高

2. 依据当地自然环境特征，推测海坛岛传统民居的特点是（　　）

A. 高大、屋顶尖、窗大　　　B. 低矮、屋顶缓、窗大

C. 高大、屋顶尖、窗小　　　D. 低矮、屋顶缓、窗小

3. 当地居民主要从事（　　）

A. 渔业　　　B. 林业　　　C. 种植业　　　D. 牧业

【参考答案】

1. B 2. D 3. A

【水平表现说明】

试题通过对福建海坛岛的文字描述构建了一个有一定认知冲突的生活、生产情境，涉及气候、民居、生产活动等几种地理要素，属于较为简单、熟悉的情境。试题要求学生能从材料中获取信息并突破认知障碍，理解由于"风力大"而导致在湿润地区出现的"干旱"现象，对学生的分析、推断能力有一定要求，需学生具备一定的区域认知素养。对特殊自然环境如何影响当地民居及生产活动的判断，要求学生理解地理环境的整体性特点，即区域多个要素相互影响、统一发展，要求学生具备一定的综合思维素养。综上，本题组属于水平3层次。

(4) 水平4示例。

【试题呈现】

(2021·广东卷) 热融湖是因热融作用引起地表塌陷形成的凹坑集水而成。近年来，我国青藏高原上的热融湖发展迅速，在一些地区形成了繁星一样的"星宿海"，冬季湖泊冰面可见一串串甲烷气泡冻结在冰层中。有些热融湖也会出现停止生长的现象，湖盆会被水生植物、泥炭和沉积物充填。图4示意青藏高原热融湖景观。

分析青藏高原热融湖的发展对当地自然地理环境的影响。

【参考答案】

热融湖易成片出现，会提升湖泊周边地温，加速周边冻土融化，破坏冻土层的稳定，导致湖岸崩塌、地表塌陷，改变地表形态；热融湖使土壤水分发生变化，改变土壤物理化学性质；热融湖蓄水成湖，改变当地的地表和地下径流状况；热融湖升温加速冻土融化，冻土层中的有机物分解为甲烷等温室气体，释放土壤中储存的碳元素，加剧全球变暖，冻土融化会破坏生态环境，影响动植物栖息地，破坏生态系统。

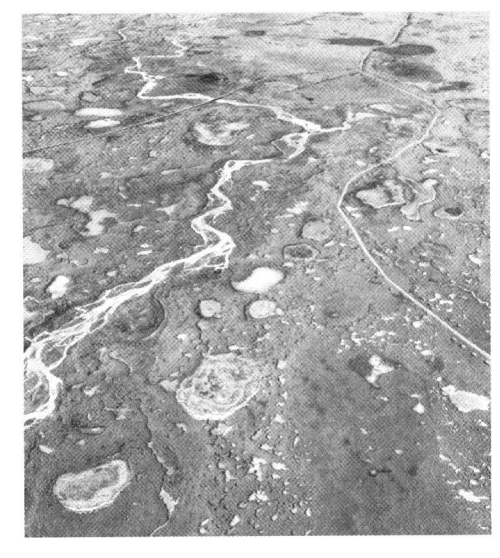

图4

【水平表现说明】

试题通过关于青藏高原热融湖的文字介绍及一幅热融湖景观图构建了一个有一定认知难度的真实的学术情境。试题涉及多种地理要素，并有"热融作用""星宿海""湖盆""泥炭"等学术名词，对学生的分析、综合、推理能力要求较高，考查学生的区域认知及综合思维素养。试题行为动词是"分析"，设问角度较为明确，即热融湖的发展对"自然地理环境"的影响。试题要求学生较为深刻地理解地理环境"整体性"特点，明确自然地理要素包括气、地、水、土、生等，并能结合区域背景分析热融湖的发展如何影响以上地理要素。试题引导学生建立"因地制宜"的区域发展意识，培养学生的人地协调观。综上，本题属于水平4层次。

2. **课标内容②：结合实例，从地理环境差异性与关联的角度，比较不同区域发展的异同，说明因地制宜对于区域发展的重要意义**

（1）水平1示例。

【试题呈现】

（2020·北京卷）粮画是中国传统农业文化的艺术表现形式之一。某同学选取各省级行政区主要作物为材料，创作《我的祖国》粮画（见图5）。《我的祖国》粮画渗透中国传统农业文化，体现农业生产与艺术的融合，增强审美体验，激发爱国情感。据此完成下题。

图中序号代表省级行政区，其中大豆、玉米和水稻产量均位居前列且为粮食主产区的是（　　）

A. ①　　　　B. ②
C. ③　　　　D. ④

图5

【参考答案】

A

【水平表现说明】

试题通过"粮画"制作及中国区域图构建了一个简单的生产情境,从粮食生产角度设问,设问角度明确。试题仅要求学生能对四个省级行政区的名称进行判断,并能对四个省的粮食生产条件进行对比。由于四个省区地理位置差异较大,对学生的区域认知素养要求较低。综上,本题属于水平1层次。

(2) 水平2示例。

【试题呈现】

(2020·浙江卷) 表2为2019年我国四大地区部分指标统计表。据此完成1~2题。

表2

指 标	四大地区			
	甲	乙	丙	丁
土地面积占全国比例/%	8.2	10.7	9.5	71.6
人口占全国比例/%	7.7	26.5	38.6	27.2
人均GDP/万元	4.7	5.9	9.4	5.4

注:数据未包括我国香港、澳门特别行政区和台湾省

1. 甲、乙、丙、丁中代表中部地区的是(　　)

A. 甲　　　　B. 乙　　　　C. 丙　　　　D. 丁

2. 我国四大地区中(　　)

A. 东北地区工业以先进制造业为主体

B. 西部地区处于低水平均衡发展状态

C. 中部地区的城市化水平低于东北地区

D. 东部地区第一产业比重高于西部地区

【参考答案】

1. B　2. C

【水平表现说明】

试题通过我国四大地区多项指标的对比创设了一个较为简单的生产、生活情境,涉及多种地理要素的比较,设问角度较为明确。试题要求学生对我国四大地区的空间范围、人口分布、经济发展水平、城市化水平、产业特点及发展水平有一定的认知,并根据试题设问进行对比与判断,对学生的区域认知、综合思维素养有一定要求。综上,本题组属于水平2层次。

(3) 水平3示例。

【试题呈现】

(2018·江苏卷) 材料一：图6为"陕西省一月和七月平均气温等温线分布及部分城市年均降水量图"。

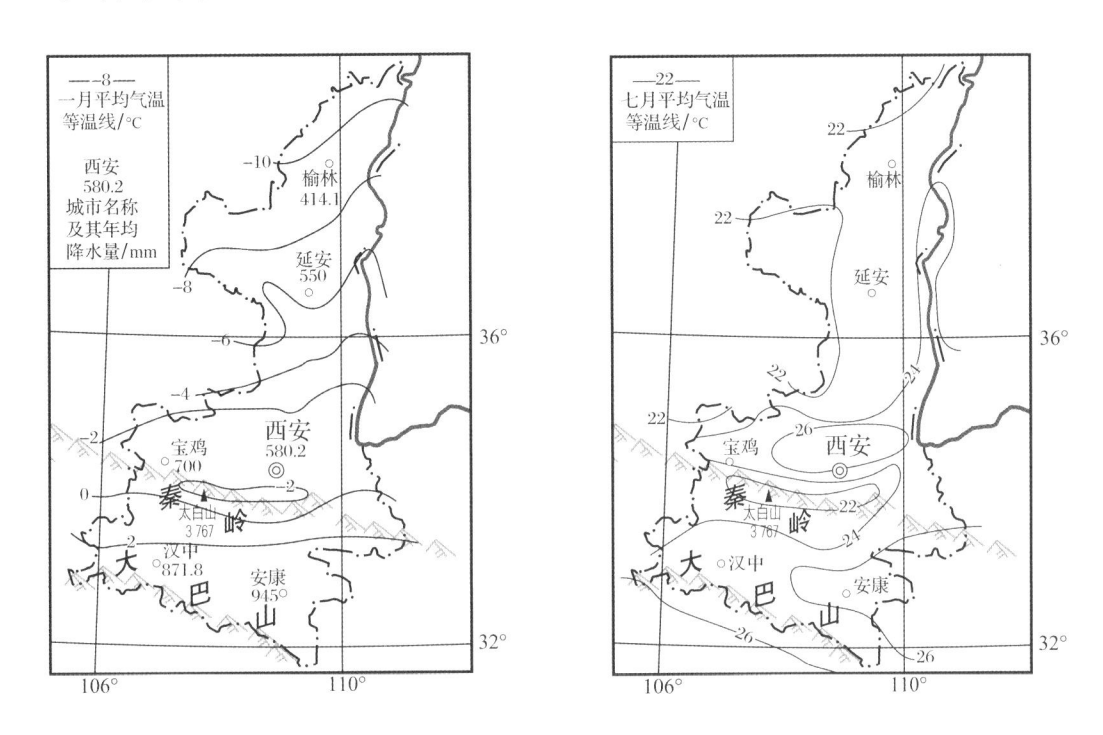

图6 陕西省一月和七月平均气温等温线分布

材料二：陕西省可以划分为陕南、关中和陕北三大地理单元。图7为陕西省沿109°E经线地形剖面示意图。

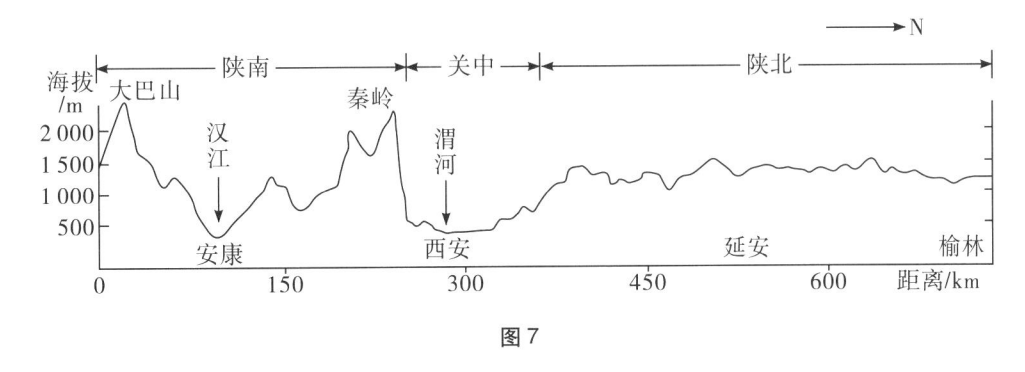

图7

材料三：太白山是秦岭最高峰，海拔3 767米，其南北坡地理环境差异明显。图8为"太白山南北坡气温垂直递减率逐月变化图"。

图8

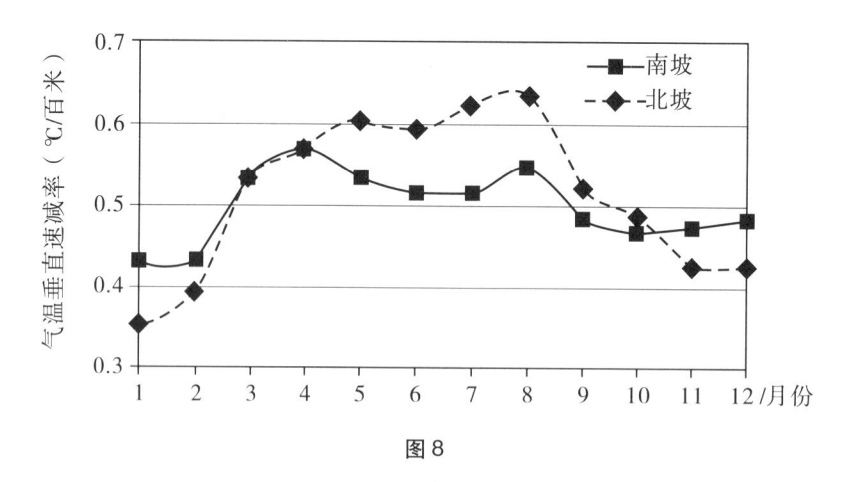

陕西省三大地理单元的农业发展方向分别是什么？

【参考答案】

陕南：农林结合（水田农业和林业结合）；关中：种植业为主（旱作为主）；陕北：农林牧结合

【水平表现说明】

试题通过陕西省内部三大地理单元划分及不同地理单元的气温、降水、地形等要素的差异对比构建了一个较为复杂的生产情境，空间尺度中等，地理要素多样，对学生的对比、分析、归纳、综合、推断能力要求较高。试题要求学生对陕西省内三大地理单元划分，尤其是秦岭在地理单元划分中的作用有一定认知，对学生的区域认知素养要求高。试题要求学生能通过三大地理单元气温、降水、地形等要素的综合对比分析，推断三大地理分区的农业发展方向，考查学生的信息获取及调动和运用基础知识的能力，对综合思维素养及人地协调观有一定要求。综上，本题属于水平3层次。

(4) 水平4示例。

【试题呈现】

(2021·广东卷) 上海市嘉定区是我国著名的汽车生产基地，1958年我国第一辆"凤凰牌"轿车即在此诞生。昆山市、太仓市是江苏省苏州市的两个县级市，有较强制造业基础。近年来，嘉定区着力引进总部经济与研发产业，昆山、太仓两市大力发展汽车零部件生产。为了进一步提升汽车产业区域竞争力，2018年嘉定区与苏州市签订战略合作协议，共同推进嘉（定）—昆（山）—太（仓）协同创新核心圈建设，合力打造世界级汽车产业中心。图9示意2008年、2017年嘉—昆—太地区汽车先进零部件制造业热点分布。

```
      2008年                      2017年
   N                            N
```

太仓　　　　　　　　　　　太仓

昆　嘉　　　　　　　　昆　　　嘉
山　定　　　　　　　　山　　　定

图例：■ 热点区域　□ 过渡区域　□ 冷点区域　— 县界
　　　▨ 次热点区域　▨ 次冷点区域　　　　— 省级界　⋯ 镇界

图9

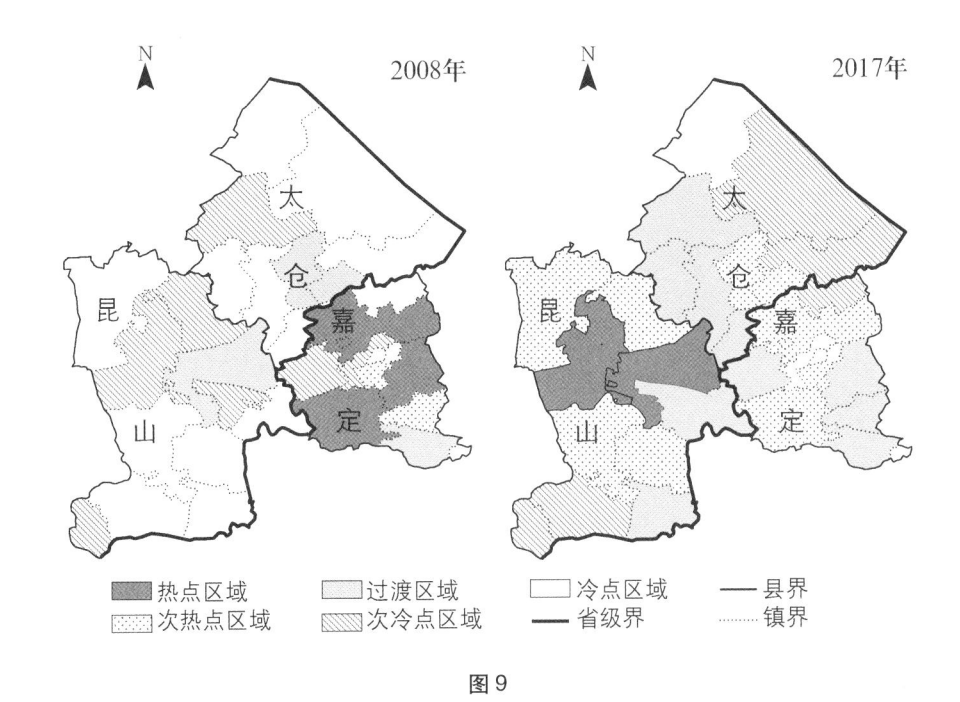

从产业协同的角度，提出嘉—昆—太地区汽车产业发展的合理化建议。

【参考答案】

三地需将各优势互补发展，嘉定区应发挥其资金、技术和人才优势，昆、太两市发挥土地、劳动力、政策优势；嘉定区立足汽车研发，昆、太两地应该积极发展汽车零部件制造业，构建汽车产业链；扩大产业规模，形成规模效应；加大科技投入，提升汽车零部件制造水平，向高端制造业发展，提升竞争力；加强一区两市之间的交通基础设施建设，提升三地运输效率。

【水平表现说明】

试题通过一段文字和一幅区域对比图，创设了一个复杂而真实的生产情境。设问指向明确，但有设问限定——"从产业协同的角度"，对学生审题能力要求高。学生需要根据图文信息获取嘉—昆—太三地汽车产业发展条件及现状的差异，再根据区域差异分析区域之间如何互补而实现协调发展。本题对学生地理信息获取与解读的能力、描述和阐述地理现象的能力、论证和探讨地理问题的能力要求较高。综合来看，本题属于水平4层次。

★选择性必修2.3 以某大都市为例，从区域空间组织的视角出发，说明大都市辐射功能

一、课程标准

以某大都市为例，从区域空间组织的视角出发，说明大都市辐射功能。

二、课标解读

1. 行为条件和行为动词

该课标的行为条件是"以某大都市为例，从区域空间组织的视角出发"，行为动词是"说明"。

2. 主要概念和知识结构

该课标涉及的主要概念是城市、大都市、城市群、城市带。

该课标知识结构的逻辑是：地理概念理解—地理概念应用。具体知识结构如图1所示。

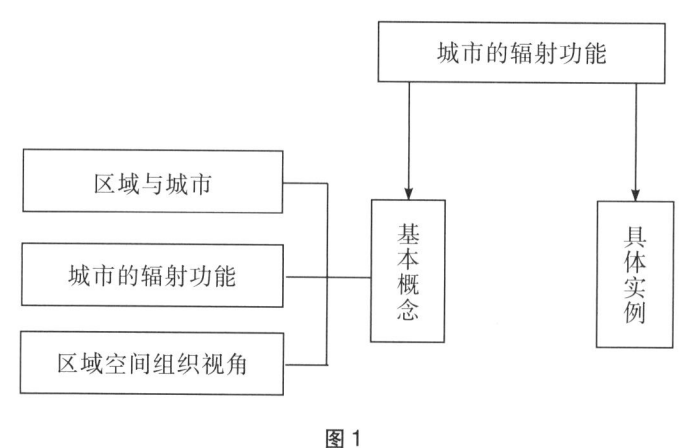

```
                    ┌──────────────┐
                    │ 城市的辐射功能 │
                    └──────┬───────┘
                           │
┌─────────────┐            │
│  区域与城市  │──┐         │
└─────────────┘  │   ┌────┴────┐   ┌────────┐
┌─────────────┐  ├──→│基本概念 │   │具体实例│
│城市的辐射功能│──┤   └─────────┘   └────────┘
└─────────────┘  │
┌─────────────┐  │
│区域空间组织视角│─┘
└─────────────┘
```

图1

3. 地理核心素养指向

（1）区域认知。

以"尺度思维"构建区域认知方法。大都市、城市群、城市带等概念的解读就是从不同的空间尺度认识城市及其与区域的关系的。课本中纽约案例的分析先从最小的空间尺度——纽约开始；然后空间尺度逐渐放大，探讨纽约对周边地区、城市带、美国、世界的影响。在案例分析过程中，要重视分析不同空间尺度城市辐射作用的差异，不断向学生渗透"尺度思维"，以提升区域认知素养。

(2) 综合思维。

以时空、要素、地方综合分析培养学生综合思维。课本以"郑州—中原城市群""纽约—波士华城市带""武汉城市圈"等为例探讨城市的辐射功能，城市的发展历程分析涉及要素综合与地方综合，城市在区域中的作用及其变化涉及要素综合、时空综合。教学过程中，引导学生从区域综合的角度分析城市的分布与发展，深入理解城市与区域之间的相互关系，理解要素相互作用、相互影响的关系，提高综合思维素养。

4. 学业质量水平要求（表1）

表1

课标内容	水平层次	具体要求
以某大都市为例，从区域空间组织的视角出发，说明大都市辐射功能	水平1	能结合实例，判断区域核心城市及其基本功能（区域认知、综合思维）
	水平2	能结合实例，说出城市成为区域中心的原因和优势（区域认知、综合思维）
	水平3	能结合实例，判断城市辐射功能的表现，理解城市与城市之间的相互作用关系（区域认知、综合思维）
	水平4	能结合实例，从区域空间组织角度，说明城市的辐射功能，理解城市与区域之间的相互作用关系（区域认知、综合思维）

三、典例示范

课标内容：以某大都市为例，从区域空间组织的视角出发，说明大都市辐射功能

(1) 水平1示例。

【试题呈现】

（改编）图2为某地域城市分布图。读图，完成1~2题。

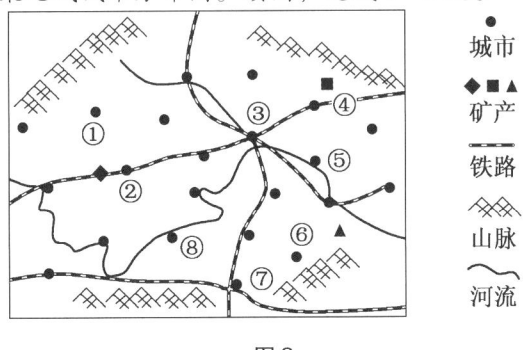

图2

1. 最有可能发展成为最高等级城市的是（ ）
A. ①　　　B. ②　　　C. ③　　　D. ④
2. 下列城市及其服务职能对应正确的一组是（ ）
A. ①—摩托车　②—小汽车　③—高级商务车
B. ③—中小学　④—大学　⑤—中小学
C. ④—银行　⑤—信用社　⑥—股票交易所
D. ⑥—电影院　⑦—录像厅　⑧—歌剧院

【参考答案】
1. C　2. A

【水平表现说明】

试题以一幅区域城市分布图创设了一个简单的生活情境，分布图中出现了多种明确的地理要素，要求学生综合所给的各地理要素对城市等级及不同城市的服务职能进行判断。试题考查学生的信息获取能力，学生仅需根据图中交通线的布局就能推断城市等级高低，结合认知常识推断出不同服务职能与城市的对应关系。题目对区域认知、综合思维素养要求较低。综合来看，该题组属于水平1层次。

（2）水平2示例。

【试题呈现】

（2021·山东高三期中）国家中心城市是指居于国家战略要津、肩负国家使命、引领区域发展、参与国际竞争、代表国家形象的现代化大都市。在资源环境承载条件和经济发展基础较好的地区规划建设国家中心城市，既是引领全国新型城镇化建设的重要抓手，也是完善对外开放区域布局的重要举措。图3为我国国家中心城市分布示意图。据此完成1~2小题。

1. 确定国家中心城市的主要依据是（ ）
①经济发展水平　②地理位置
③矿产资源　④人口数量
A. ①②　　　　B. ③④
C. ②④　　　　D. ①③

图3

2. 国家中心城市在区域发展中的主要作用是（ ）
A. 优化产业结构　　　B. 辐射带动区域发展
C. 缓解人口就业压力　D. 降低人口老龄化水平

【参考答案】

1．A　2．B

【水平表现说明】

试题以"国家中心城市"的定义、简介及分布图构建了一个较为简单、熟悉的学术情境。试题以"确定国家中心城市的主要依据"考查学生的信息获取与解读能力，其中"地理位置"的选取要求学生能准确解读分布图，有一定的区域认知素养要求；"矿产资源"的排除要求学生能调用知识，准确理解"资源环境承载条件"，对综合思维素养有一定要求。"国家中心城市在区域中的作用"仅要求学生从文字材料中获取信息。综合来看，该题组属于水平2层次。

（3）水平3示例。

【试题呈现】

（2020·山东卷）同城化是指两个或两个以上相邻城市紧密联系、协调发展、共享发展成果的现象。公路客流能够反映城市间的日常人口流动方向和强度，是分析判断城市间关系的重要指标。图4示意安徽省2011年8月行政区划调整前的中心城市间公路客流状况。滁州的首位客运流向为南京，次位客运流向为合肥，两个方向的客流量相差很小。据此完成下题。

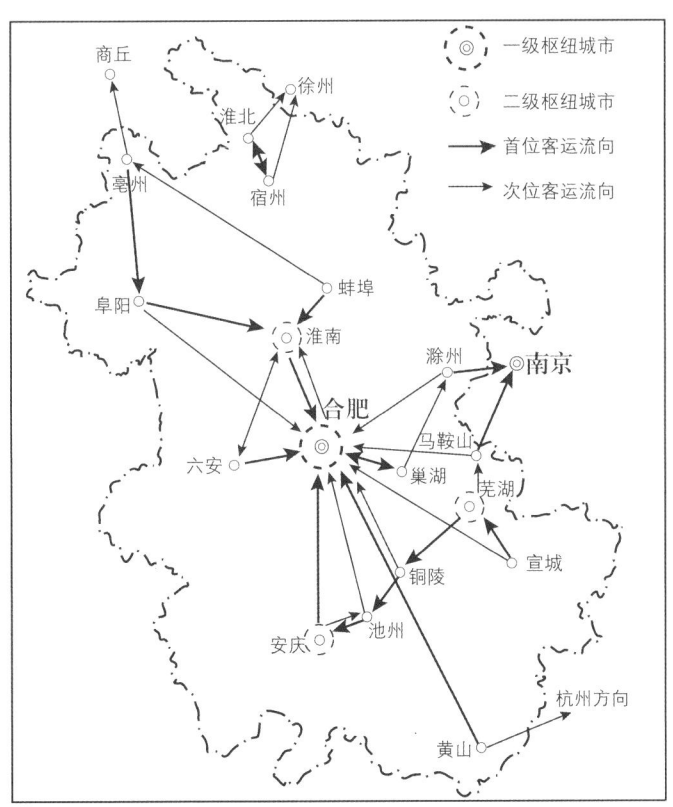

图4

下列城市组合中，最适宜推进同城化的是（　　）

A. 安庆—池州　　B. 合肥—巢湖　　C. 亳州—阜阳　　D. 芜湖—铜陵

【参考答案】

B

【水平表现说明】

试题以中小空间尺度——安徽省内不同等级城市、城市之间公路客流流向分布图及"同城化"文字介绍构建了一个较为复杂的学术情境，涉及多种地理要素，同时还包括"同城化""公路客流""首、次客运流向"等学术术语，对学生的分析、理解、综合能力要求较高。"最适宜同城化"城市组合的判断要求学生能准确解读文字信息，以及理解"同城化"的定义及其与"公路客流"之间的关系，并能从图中获取准确信息进行推断，对学生的区域认知、综合思维素养有比较高的要求。综合来看，该题属于水平3层次。

（4）水平4示例。

【试题呈现】

（2020·全国Ⅲ卷）马来西亚曾为世界最大的锡精矿生产国。自1986年开始实施工业化战略，经济持续数年高速增长，迅速进入新兴工业化国家的行列。20世纪80年代，该国锡矿资源枯竭，最大的锡矿坑积水成湖，周边矿场废置。自1990年起，该国利用该矿坑湖和废置矿场，陆续建起集主题公园、高尔夫俱乐部及球场、酒店和度假村、购物中心和商业城、国际会展中心、高档住宅区等为一体的休闲城。该休闲城成为闻名世界的旅游和休闲中心。图5示意该休闲城的位置。据此回答下列问题。

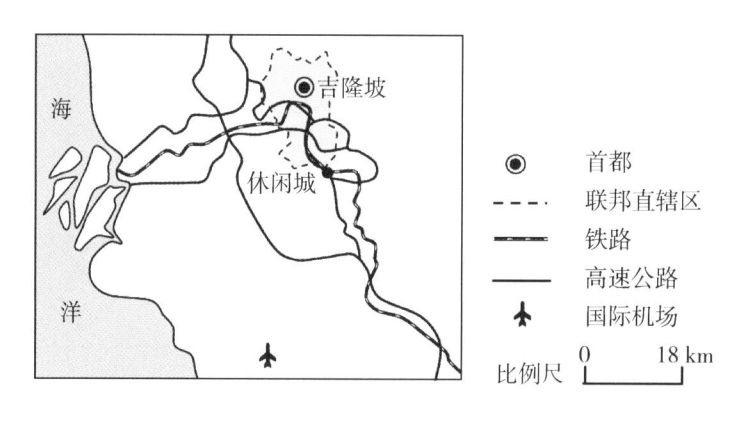

图5

该休闲城定位高档。从马来西亚经济发展背景出发，分析该休闲城主要的客源市场。

【参考答案】

马来西亚经济迅速发展，国内居民生活水平迅速提高，对休闲需求和休闲层次要求急剧提升，吉隆坡是首都，高消费人口集中，是最直接的客源地，国内其他地区也成为重要的客源市场；在经济全球化背景下，马来西亚经济的迅速发展密切了与世界其他地区的联系，使吉隆坡吸引更多国际（政务、商务等）人员和游客，且高档休闲城具有品牌效应，因此，国际高消费人群成为重要的客源群体。

【水平表现说明】

试题以一个相对小尺度的马来西亚锡矿坑整治改造为世界闻名休闲城的发展过程创设了一个现实生产情境。此情境由于具有微观、远域等特点，学生相对陌生。试题行为动词为"分析"，需要学生调动高阶思维加以分析与解答。"分析该休闲城的主要客源市场"即考查该休闲城的辐射范围，要求学生能从文字材料中获取"该休闲城成为闻名世界的旅游和休闲中心"，能从图中获取休闲城与首都的位置关系、不同交通方式对休闲城辐射范围的影响等信息，对学生的获取与解读信息的能力要求高，考查学生的区域认知素养。试题还要求学生能理解"该休闲城定位高档""从马来西亚经济发展背景出发"两个限定条件，结合限定条件分析休闲城的客源市场，对学生论证和探讨地理问题的能力要求较高，考查学生的综合思维素养。综合来看，该题属于水平4层次。

★选择性必修2.4　以某地区为例，分析地区产业结构变化过程及原因

一、课程标准

以某地区为例，分析地区产业结构变化过程及原因。

二、课标解读

1. 行为条件和行为动词

该课标可细化为：①结合实例，说明产业结构的概念、影响因素及其与经济发展水平的关系。②结合实例，分析产业结构变化的过程及原因。

该课标的行为条件是"以某地区为例"，行为动词是"分析"。

2. 主要概念和知识结构

该课标涉及的主要概念是产业结构等。

该课标知识结构的逻辑是：地理概念—地理规律—规律应用。具体知识结构如图1所示。

图1

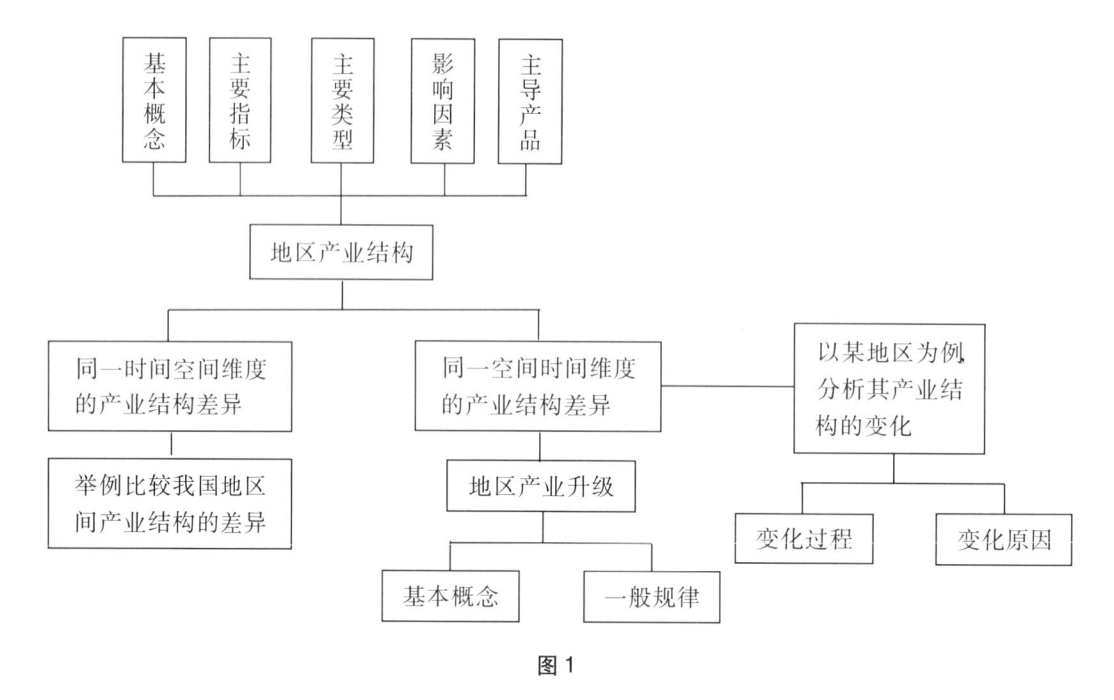

3. 地理核心素养指向

（1）区域认知。

从区域的视角认识产业结构，以此来培养学生的区域认知能力。不同版本的教材在落实本条课标时均选择全国具有代表性、典型性且产业转型升级过程相对完整的地区，例如人教版以"上海市"为例，湘教版以"休斯顿"为例，鲁教版以"珠江三角洲"为例。本节教学内容注重引导学生充分了解"某地区"的区域位置、区域特征、区域背景、区域发展等方面，形成从空间和区域的视角认识地理事物和现象的意识。例如，在分析"不同地区产业结构差异"时，引导学生用比较法认识区域差异；在分析"某地区产业结构的变化"时，引导学生动态地认识不同时间维度的同一区域。

（2）综合思维。

以时空综合分析培养学生的综合思维。人教版教材中"比较现阶段中国四大地区产业结构的异同"这一活动以空间为线，研究"产业结构"，通过分析同一时间不同地区产业结构的差异来分析产业结构的影响因素以及产业结构与经济发展的关系。教材中"地区的产业结构变化"这部分内容以时间为线，研究"产业结构"随着时间的推移影响产业结构的各要素出现了变化，区域产业结构也发生着变化，从而实现产业升级。在教学过程中，应引导学生从空间和时间综合的角度分析地理事物和现象的发生、发展和演变。

以要素综合分析培养学生的综合思维。产业结构的影响因素包括资源禀赋、技术条件、分工深化等多方面的自然和人文要素。在分析产业结构的变化及原因时，需要引导学生综合分析各个要素是如何相互联系、共同作用，影响产业结构变化的。

(3) 地理实践力。

利用图表绘制等实践活动培养学生的地理实践力。教材设计了活动"分析我国四大地区产业结构的差异",该活动要求学生根据表格,将现阶段中国四大地区的产业结构比例用饼状图表示出来。在这一活动中,通过图表的绘制,强化学生的行动能力,落实地理实践力的培养。

(4) 人地协调观。

以人地的相互作用培养学生人地协调观。本节教材既说明了区域人文要素对产业结构的影响,又说明了区域的产业结构变化对区域的影响,旨在帮助学生树立因地制宜、人地和谐的区域协调发展观。另外,学生通过本节课的学习,掌握产业升级的一般规律,可以对教材案例以外地区的产业发展提出建议,促进区域可持续发展。

4. 学业质量水平要求(表1)

表1

课标内容	水平层次	具体要求
①产业结构的概念、影响因素及其与经济发展的关系	水平1	能再现地区产业结构的概念,简单罗列影响地区产业结构的因素及对经济发展的影响(综合思维、区域认知)
	水平2	能从主导产业角度具体说出地区产业结构的概念,能够举例说明地区产业结构的影响因素及其与经济发展水平的关系(综合思维、区域认知)
	水平3	能根据图文资料详细说出产业结构的内涵;能够在真实情境中,多角度分析产业结构的影响因素及其与经济发展的关系(综合思维、区域认知)
	水平4	能根据图文资料详细说出产业结构的内涵;能够分析比较同一时间不同地区产业结构影响因素的不同,并说明其与经济发展水平的关系(综合思维、区域认知)
②分析产业结构变化的过程及原因	水平1	能根据材料,概括某地不同阶段产业升级的总体特征和原因(综合思维)
	水平2	能根据更多图文材料,多角度分析某地产业结构升级的特点及原因(综合思维)
	水平3	能够通过自主收集材料,从多角度分析产业结构升级的特点及原因,并尝试规划该地未来产业发展方向(综合思维、地理实践力、人地协调观)
	水平4	能够掌握产业结构转型升级的规律及分析其原因,并将其运用到其他任意城市,比较其差异,同时对城市未来的产业发展提出建议(综合思维、地理实践力、人地协调观)

三、典例示范

1. 课标内容①：产业结构的概念、影响因素及其与经济发展的关系

(1) 水平1示例。

【试题呈现】

(2021·浙江卷改编) 表2为2019年全国及四大地区人口增长幅度（与2012年相比）、三次产业结构统计表。据此完成1~3题。

表2

地区		全国	甲	乙	丙	丁
人口增长率/%		3.4	-1.7	4.5	2.6	4.2
三次产业结构/%	第一产业	7.2	13.2	4.6	8.2	11.0
	第二产业	39.1	34.4	38.9	41.8	37.0
	第三产业	53.7	52.4	56.5	50.0	51.1

1. 甲是（ ）
A. 东部地区　　B. 中部地区　　C. 西部地区　　D. 东北地区
2. 我国不同地区产业结构的差异，直接原因是（ ）
A. 自然条件差异　　　　　　B. 经济发展不平衡
C. 国家政策不同　　　　　　D. 开发历史长短
3. 四大地区中（ ）
A. 主导丁地区发展的因素是高科技
B. 人口增幅最大的地区，城市化水平最高
C. 吸纳外资能力由强到弱依次为丙、甲、丁、乙
D. 乙、丙地区第二产业比重较高，以重型工业为主

【参考答案】

1. D　2. B　3. B

【水平表现说明】

试题创设了"我国及四大地区人口增长幅度、产业结构"这一简单的情境，在此基础上要求学生能够通过图表中四大地区产业结构信息判断甲具体为哪个地区。本题目要求学生能够从区域认知的角度判断不同地区产业结构的差异。试题2要求学生在试题1的基础上了解产业结构差异的原因。试题3则要求学生能应用综合思维简单分析产业结构对经济发展的影响。综合而言，本试题属于水平1层次。

(2) 水平 2 示例。

【试题呈现】

(2020·江苏卷节选) 图 2 为 2008—2017 年黄石市 GDP 和三次产业结构统计图,图 3 为 2008—2017 年黄石市轻重工业产值统计图。据此回答下列问题。

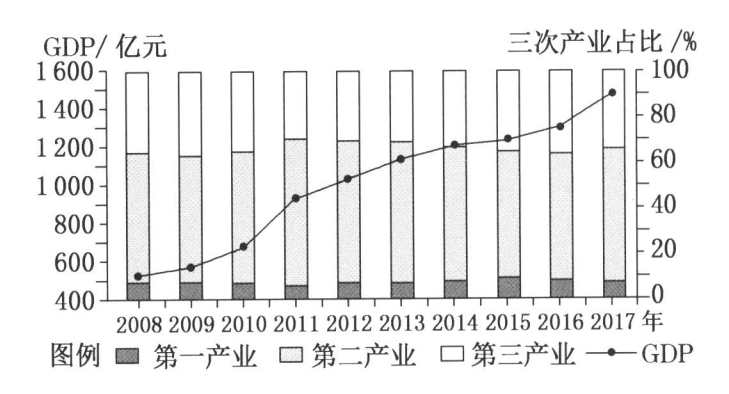

图 2

图 3

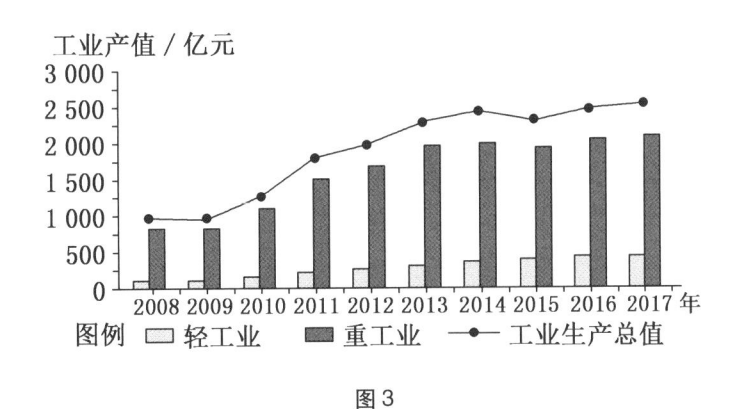

简述当前黄石市产业结构特点。

【参考答案】

以第二产业为主;第二产业中重工业占主导;第一、第三产业占比较低;第三产业占比大于第一产业。

【水平表现说明】

试题创设了"黄石市产业结构"这一简单且熟悉的情境。试题要求学生根据图文资料,简单描述当前黄石市产业结构特点。试题中"当前"这一时间限定词,要求学生有一定的时间维度概念。当学生注意到"当前"这个重要的时间限定词时,表格信息就得到简化。本题的行为动词是"简述",也就是"简单地描述",从行为动词上来看本题相对较为简单,只需要进行较为简单的图文转换即可。综合来看,该题属于水平 2 层次。

（3）水平3示例。

【试题呈现】

（2020·北京卷）某国1998年和2018年社会经济主要数据如表3所示。读表，完成下题。

表3

年份	就业人口/百万人	城镇化率/%	国内生产总值/千亿美元	产值比重/%			就业人口比重/%		
				第一产业	第二产业	第三产业	第一产业	第二产业	第三产业
1998	28	79	6	5	38	57	12	28	60
2018	31	81	14	2	38	60	5	25	75

与1998年相比，该国2018年（　　）

①第一产业产值上升　②劳动密集型工业比重下降　③服务业就业人数增加　④大量人口从城市向农村迁移

A. ①③　　　　B. ①④　　　　C. ②③　　　　D. ②④

【参考答案】

C

【水平表现说明】

本题通过某地社会经济数据表格创设了一个虽不陌生，但相对复杂的情境。情境中的信息较多，多个信息之间的联系也相对复杂。试题对学生在情境中进行信息的提取、分析、处理的能力有较高的要求；试题要求学生能准确区分和理解就业人数、城市化水平、国内生产总值、产值比重、就业人口比重等相关概念，并且能够灵活运用各要素之间的关系，计算第一产业产值、劳动密集型工业比重的变化、服务业就业人数等，体现出试题对学生综合思维能力的较高要求。综合来看，本题属于水平3层次。

（4）水平4示例。

【试题呈现】

（2021·浙江卷）加快培育和发展战略性新兴产业是我国经济社会高质量发展的有力支撑。图4为战略性新兴产业重点领域示意图。据此完成下题。

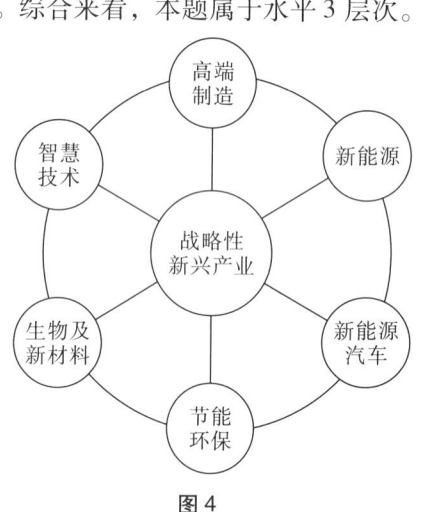

与传统产业相比，战略性新兴产业的布局（　　）

A. 更加灵活和复杂

B. 更凸显交通运输的作用

C. 更依赖自然资源

D. 更趋向市场广阔的地方

图4

【参考答案】

A

【水平表现说明】

本题创设了"战略性新兴产业"这一陌生的情境，图文信息虽然看起来简单，但对提取信息和分析信息的能力要求高。试题选项中的 B 和 D 均为干扰项，具有较强的迷惑性，它要求学生具有联想、比较、总结等高阶思维。这属于一种复杂的综合思维活动。综合来看，该题属于水平 4 层次。

2. **课标内容②：分析产业结构的变化过程及原因**

（1）水平 1 示例。

【试题呈现】

（2020·广东学考）近年来，我国不少城市文化创意产业迅速发展，对其影响最小的是（　　）

A. 城市文化氛围　　　　　　B. 城市自然环境
C. 人才引进政策　　　　　　D. 文化产业政策

【参考答案】

B

【水平表现说明】

本试题情境与文字材料简单。试题对综合思维的考查仅要求学生能说出创意产业迅速发展所包含的相关要素，符合水平 1 层次的要求。

（2）水平 2 示例。

【试题呈现】

（2019·浙江卷）图 5 为浙江省三次产业产值比重与城镇人口比重变化统计图。据此完成 1~2 题。

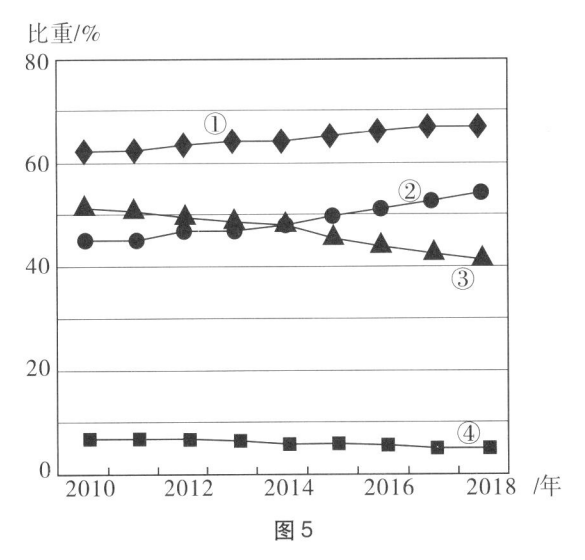

图 5

1. 图中曲线表示第二产业比重的是（ ）
A. ①　　　　B. ②　　　　C. ③　　　　D. ④
2. 图中折线反映了（ ）
A. 城镇人口比重显著下降　　　　B. 第一产业产值逐年下降
C. 第三产业发展是城市化的主要动力　　D. 第二产业比重变化与城市化呈正相关

【参考答案】
1. C 2. C

【水平表现说明】
试题通过浙江三大产业比重和城镇人口变化图构建了较为简单的地理情境。但情境中涉及三大产业、城镇人口四条折线，为本题增加了一定的难度。试题1要求学生根据产业升级的一般规律以及我国城市化的特点进行判读，符合综合思维水平2——"能够对给定的简单地理事象，从多个地理要素角度进行分析"的要求。试题2要求学生能够从城市化曲线与三大产业曲线相关性分析城市化与产业结构变化的关系，相对比较简单。综合来看，该题组符合水平2层次的要求。

（3）水平3示例。

【试题呈现】
图文资料见第299页水平2示例。
简析当前黄石市第二产业转型升级的方向。

【参考答案】
轻型化（提高轻工业比重）；高附加值化（提升产品的附加值）；高科技化（积极发展高新技术产业）；加强传统优势工业技术改造

【水平表现说明】
试题以"黄石市产业结构变化图"设置较为复杂的情境。该试题行为动词是"简析"，对学生的分析、总结、概括能力要求较高。"当前"是一个时间限定词，需要学生有"时间维度"的意识。"第二产业转型"限定了答题方向，要求学生根据黄石市现有的第二产业的特点和问题进行简要分析，并为第二产业的发展提出合理的建议，符合综合思维、人地协调观水平3的要求。

（4）水平4示例。

【试题呈现】
（2021·山东卷）山西省大同市是中国大型煤炭能源基地之一，素有"煤都"之称。近年来，大同市多措并举，实现了从"煤都黑"到"大同蓝"的转型。在此过程中，大同市大力发展新能源，把太阳能、风能、煤炭资源富集优势转化为绿色产业优势，打造"新能源产业之都"，并积极融入京津冀协同发展。自2017年以来，大同市相继建设能源改革科技创新产业园和新能源产业城，培育和发展氢能与燃料电池先导、储能蓄能、新能源汽车装备制造、光伏全产业链和煤炭清洁高效利用五大产业集群。图6示意大同市新能源产业链。据此回答下列问题。

```
┌──────────┐    ┌────────┐   ┌──────┐                       ┌──────────┐
│ 水、煤、 │───▶│制氢储氢│──▶│ 氢能 │──┬──▶┌──────┐───────▶│工业生产  │
│化工尾气等│    └────────┘   └──────┘   │   │ 燃料 │        │燃料电池  │
└──────────┘                            │   └──────┘        │氢燃料汽车│
                                        │                   └──────────┘
                                        │   ┌──────┐        ┌──────────────┐
                                        ├──▶│ 供热 │───────▶│住宅及公共建筑│
                                        │   └──────┘        └──────────────┘
┌──────┐    ┌────────┐    ┌────────┐    │   ┌────┐   ┌────┐   ┌──────┐
│太阳能│───▶│光伏组件│───▶│光伏发电│───▶│   │电力│──▶│电网│──▶│生产  │
└──────┘    └────────┘    └────────┘    │   └────┘   └────┘   │生活  │
                                        │                     └──────┘
┌──────┐    ┌──────┐     ┌────────┐     │
│ 风能 │───▶│风电机│────▶│风机发电│─────┘
└──────┘    └──────┘     └────────┘
```

图6

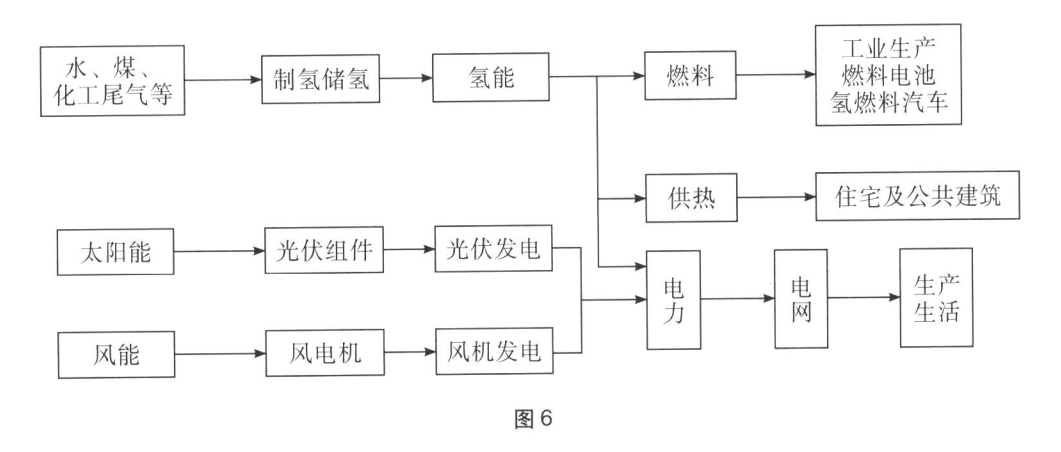

分析发展新能源产业对大同市产业结构优化的作用。

【参考答案】

改变以煤为主的产业结构，构建以新能源为基础的产业体系，促进产业结构多元化；有利于提高研发能力，带动产业创新，促进高新技术产业发展（促进产业结构升级）；提高清洁能源使用比例，促使产业向低碳、绿色、可循环方向发展。

【水平表现说明】

试题以"大同能源产业升级过程"创设了复杂、陌生的情境。试题文字材料内容较多，图中大同新能源产业链中部门多、联系复杂，对获取有效地理信息能力要求高。试题要求学生有较强的时空综合能力，需要学生采用对比法，对大同产业升级前后进行对比，分析发展新能源产业对大同产业结构优化的作用。新能源产业对自然、人文多要素会产生影响，需要学生运用要素综合等分析思路进行系统性、地域性的解释。本试题符合水平4层次的要求。

★选择性必修2.5 以某资源枯竭型城市为例，分析该类城市发展的方向

一、课程标准

以某资源枯竭型城市为例，分析该类城市发展的方向。

二、课标解读

1. **行为条件和行为动词**

该课标可细化为：①资源枯竭型城市的概念和生命周期。②以某资源枯竭型城市

为例，分析该类城市发展的方向及措施。

该课标的行为条件是"以某资源枯竭型城市为例"，行为动词是"分析"。

2. 主要概念和知识结构

该课标涉及的主要概念是资源型城市、资源枯竭型城市、资源枯竭型城市转型。

该课标知识结构的逻辑是：地理概念—地理规律—案例分析。具体知识结构如图1所示：

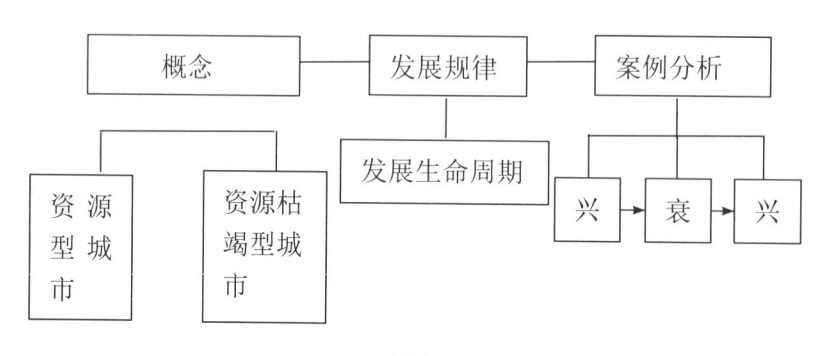

图1

3. 地理核心素养指向

（1）区域认知。

在空间定位的基础上分析地理要素，以此来培养区域认知。课本以焦作为案例分析资源枯竭型城市的转型发展。区域认知是分析区域发展条件的基础，也是焦作市因地制宜发展的前提。课本图2.27右图，比例尺较小，可以看出焦作的空间定位——位于河南省西北部，南临黄河；左图比例尺较大，通过图中各地理要素的分析，可知焦作煤炭资源丰富，交通便利等区位条件。在教学过程中，应合理使用地图，训练强化识图能力，培养提取图中信息的能力及图文转换的能力。

（2）综合思维。

以时空综合培养综合思维力。随着自然资源的开发，同一资源型城市呈现不同的生命周期阶段。不同的资源枯竭型城市的发展应因地制宜，在一般发展规律下，呈现不同的发展路径。在教学过程中，应引导学生在不同的时空背景下，动态地、综合地分析地理事物，以培养学生时空综合的思维能力。

以要素综合培养综合思维力。分析资源枯竭型城市的转型之路应在各要素综合作用下进行。焦作因矿产资源丰富，水资源充足，可发展有色金属冶炼；因独特的地质地貌等自然旅游资源和人文旅游资源，可发展旅游业；因特殊的土质、水和气候条件，可种植铁棍山药等。这些发展方向均是利用焦作优势自然要素和人文要素。在教学过程中，应引导学生对各要素综合分析，优化学生的综合思维能力。

（3）人地协调观。

以"因地制宜的发展原则"来构建人地协调观。资源枯竭型城市发展的原则是因地制宜。课本案例无论是焦作，还是日本北九州的发展转型之路都是根据自身情况，利用优势资源和条件，促进城市可持续发展。在教学中，应帮助学生建立正确的发展观，培育学生的人地协调观。

4. 学业质量水平要求（表1）

表1

课标内容	水平层次	具体要求
①资源枯竭型城市的概念和生命周期	水平1	能够说出资源枯竭型城市的概念和在各阶段生命周期对应的名称，知道各阶段生命周期的特征（综合思维，人地协调观）
	水平2	能够描述资源枯竭型城市周期发展与资源的关系并判断其所处的生命周期位置（综合思维，人地协调观）
②以某资源枯竭型城市为例，分析该类城市发展条件、方向及措施	水平1	能简单分析案例中资源枯竭型城市发展的方向，但方法认识不够完整（综合思维，人地协调观）
	水平2	能归纳分析案例中资源枯竭型城市发展的方向，但不能实际运用到新的案例中（综合思维，人地协调观）
	水平3	能为案例中资源枯竭型城市的转型发展提出方向；能归纳分析资源枯竭型城市发展方向的一般方法，并实际运用到新的案例中（综合思维，人地协调观）
	水平4	能在真实案例和问题情境中，有层次、有条理地分析案例中城市的发展方向；能归纳分析资源枯竭型城市发展方向的方法，并实际运用到新案例中；还能因地制宜地为新案例城市的发展献计献策（综合思维，人地协调观）

三、典例示范

1. **课标内容：①资源枯竭型城市的概念和生命周期**

（1）水平1示例。

【试题呈现】

以下城市中可能会成为资源枯竭型城市的是（　　）

A. 大庆、玉门、克拉玛依、石家庄　　B. 大庆、抚顺、阜新、匹兹堡

C. 多特蒙德、伊春、郑州、长沙　　D. 玉门、抚顺、郑州、西安

【参考答案】

B

【水平表现说明】

本题考查内容为资源枯竭型城市概念。本试题要求学生对资源分布有一定的认知，A、C、D 选项中均有一些出名的城市明显不是资源枯竭型城市，用排除法可以简单得到答案，大大降低了学生对资源这一地理要素空间分布认知的要求。从区域认知上来看，本试题属于"能够认识区域特征"这一要求。从综合思维上来看，本试题要求学生对资源与资源枯竭型城市两个地理要素之间的关系进行关联，属于低阶思维。总体来看，试题符合水平 1 层次的要求。

（2）水平 2 示例。

【试题呈现】

黑龙江省鹤岗市是东北重要的老工业基地，百年煤城。目前，鹤岗市在尚有 26 亿吨煤炭资源有待开发的条件下，自身发展却面临诸多困难。据统计，截至 2020 年 11 月 1 日零时，鹤岗市常住人口为 89.1 万人，与 2010 年第六次全国人口普查的 105.9 万人相比，减少 16.8 万人，下降 15.81%。鹤岗人正努力把鹤岗从"一煤独大"到"多业并举"。读图 2，完成下题。

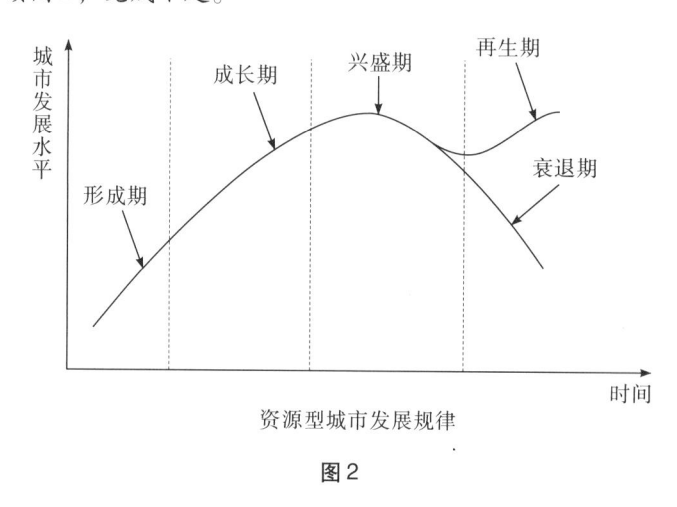

图 2

2020 年鹤岗市在城市发展水平中处于（　　）

A. 成长期　　　B. 兴盛期　　　C. 衰退期　　　D. 再生期

【参考答案】

C

【水平表现说明】

本试题创设"鹤岗市城市发展"这一较为简单的情境。学生在知道资源枯竭型城市具有兴起—繁荣—衰退或振兴周期性发展规律的基础上，要知道衰退期具有资源枯竭、产业单一、经济效益下降、人口减少等特点。可通过材料获取鹤岗市人口减少、产业单一等特点，并结合问题中"2020 年"这一时间限定判断 2020 年鹤岗市处于衰退期。本题对获取地理信息、低阶思维能力有一定的要求，但要求较低。总体来看，试题符合水平 2 层次的要求。

2. 课标内容②：以某资源枯竭型城市为例，分析该类城市发展条件、方向及措施

（1）水平1示例。

【试题呈现】

宁夏石嘴山市位于贺兰山东麓，煤炭资源丰富，号称"塞上煤城"，同时硅石（主要作为太阳能光伏板原料）、草场资源也很丰富。近年来，该市积极调整产业结构，成为我国资源枯竭型城市转型的缩影。据此完成1~2题。

1. 石嘴山市被列为资源枯竭型城市最可能是因为（　　）
   A. 水资源枯竭　　　　　　　B. 煤炭资源枯竭
   C. 硅石资源枯竭　　　　　　D. 草场资源枯竭

2. 最适宜石嘴山市转型发展的产业是（　　）
   A. 以煤炭为主的能源工业　　B. 服装加工等劳动密集型产业
   C. 生物制药等高新科技产业　D. 生态农业和光伏设备制造业

【参考答案】

1. B　2. D

【水平表现说明】

试题创设了资源枯竭型城市——宁夏石嘴山市这一简单、清晰的地理情境。第1题要求学生简单地获取文字材料——"塞上煤城"，进行简单加工即可得出答案。这属于对学生低阶思维的考查。第2题要求学生从石嘴山市当地条件出发，依据因地制宜的原则，选择最适宜的产业。题干文字材料提供了石嘴山市优势条件的信息，学生如果能简单地将草场资源丰富和生态农业联系在一起，将硅石（主要作为太阳能光伏板原料）丰富和光伏设备制造业联系在一起，能够从两个地理要素相互作用的角度进行分析，就可以顺利解答。这符合综合思维水平1——"能从两个地理要素相互作用的角度进行分析"的要求。总体来看，这两道题符合水平1层次的要求。

（2）水平2示例。

【试题呈现】

稀土是一种不可再生资源，它的有效元素含量很低，有"工业维生素"之称。图3为江西赣州稀土开采和利用状况。据此完成下题。

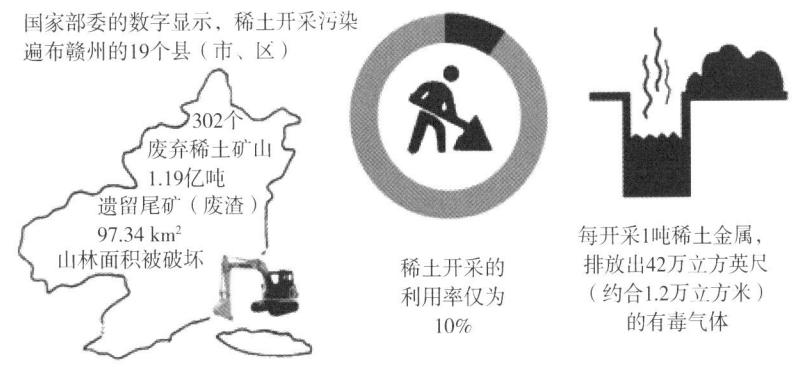

图3

赣州稀土开采是我国矿产资源开采的缩影，目前我国在矿产资源开采过程中存在的主要问题有（　　）

A. 进口矿产，后续资源不足
B. 乱采滥挖，破坏环境，浪费严重
C. 地质条件复杂，矿产的开采较为困难
D. 矿产资源分布不均，增加了运输的负担

【参考答案】

B

【水平表现说明】

本题创设了地理情境——"赣州稀土开采"。这个地理情境较简单。第1题要求学生分别从三幅图中推断出矿产资源开采存在着乱采滥挖、利用率低下、污染环境等三个问题。这对学生获取地理信息能力及逻辑推理能力有一定的要求，但要求较低。总体来看，试题符合水平2层次的要求。

（3）水平3示例。

【试题呈现】

（2019·全国Ⅲ卷）德国鲁尔区曾是以煤炭、钢铁产业为主的传统工业区，经过综合整治，经济由衰落走向繁荣，环境污染严重的局面得到根本改善。目前，该区有500多万人口，50多座城市，老龄人口比重高居德国之首。该区医疗保健业发达，拥有100多家医院、近万名医生及数以千计的保健站、药店等。波鸿市人口近40万，是重要的生物制药基地，多所大学的医学研究处于世界领先水平。2009年，鲁尔区医疗保健中心落户波鸿市，并新建保健园。图4示意鲁尔区的城市建成区和波鸿市的位置，图5示意鲁尔大学、生物制药科学园和保健园在波鸿市的位置。

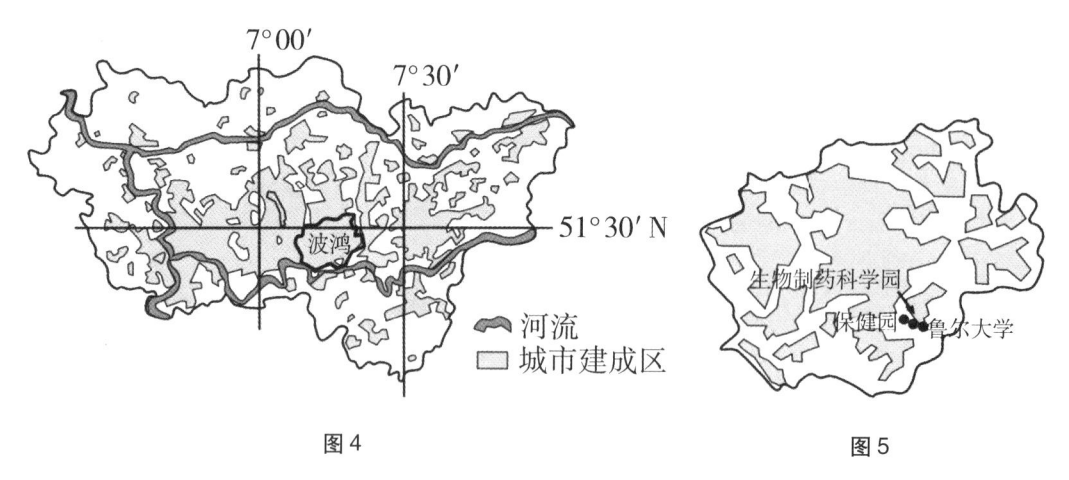

图4　　　　　　　　　图5

分析鲁尔区医疗保健业发达的原因。

【参考答案】

鲁尔区是德国也是世界重要的工业区，经济发达，医学研究水平高；曾经环境污

染严重，健康问题多，对医疗保健需求高；老龄人口比重大，对医疗保健需求大。

【水平表现说明】

试题以德国鲁尔区振兴与发展的过程创设较为复杂的地理情境。试题的行为动词为"分析"，需要学生调动高阶思维加以分析与解答。本试题从鲁尔区—波鸿市—保健园，空间尺度逐步缩小，这符合区域认知素养划分水平3——"从空间—区域尺度认识区域"的要求。在分析鲁尔区医疗保健业发达的原因时，需要结合材料中"环境污染严重""老龄人口比重高居德国之首"等多重鲁尔区衰落原因的信息。鲁尔区这些衰落的原因恰巧成为鲁尔区发展医疗保健业的区位条件。试题要求学生用发展的眼光看待问题，对学生时空综合有较高的要求。综合来看，试题符合水平3层次的要求。

(4) 水平4示例。

【试题呈现】

（2020·全国Ⅲ卷）马来西亚曾为世界最大的锡精矿生产国。自1986年开始实施工业化战略，经济持续数年高速增长，迅速进入新兴工业化国家的行列。20世纪80年代，该国锡矿资源枯竭，最大的锡矿坑积水成湖，周边矿场废置。自1990年起，该国利用该矿坑湖和废置矿场，陆续建起集主题公园、高尔夫俱乐部及球场、酒店和度假村、购物中心和商业城、国际会展中心、高档住宅区等为一体的休闲城。该休闲城成为闻名世界的旅游和休闲中心。图6示意该休闲城的位置。据此回答下列问题。

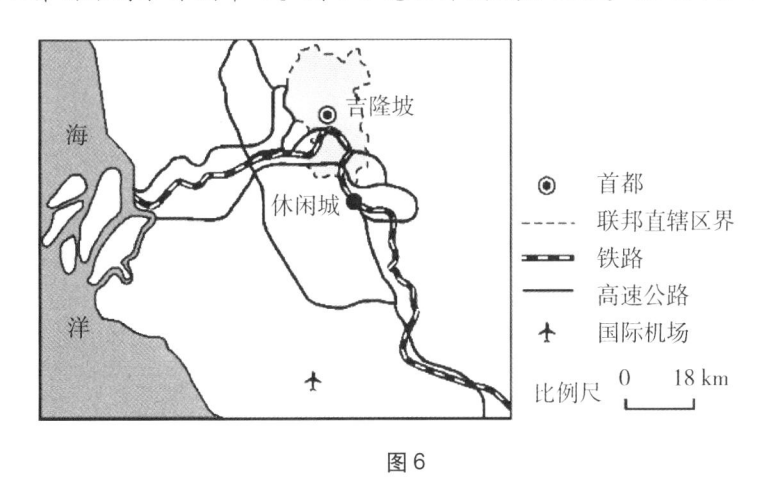

图6

说明废置矿场和矿坑湖为建设该休闲城提供的有利条件。

【参考答案】

废置矿场土地价格低，拆迁方便、投入低；矿坑湖水面较开阔，可作为休闲城环境景观营造的核心。

【水平表现说明】

试题以一个相对小尺度的马来西亚锡矿坑整治改造为世界闻名休闲城的发展过程创设了一个现实的生产情境。此情境由于具有微观、远域等特点，学生相对陌生。试题行为动词为"说明",需要学生调动高阶思维加以分析与解答。本试题要求学生不仅知道资源枯竭型城市发展要因地制宜,而且能够依据"因地制宜"的原则分析"废置矿场和矿坑湖为建设该休闲城提供的有利条件",并进行有条理的阐述。因此,本题符合人地协调观和综合思维的水平4层次的要求。

★选择性必修2.6 以某生态脆弱区为例,说明该类地区存在的环境与发展问题,以及综合治理措施

一、课程标准

以某生态脆弱区为例,说明该类地区存在的环境与发展问题,以及综合治理措施。

二、课标解读

1. 行为条件和行为动词

该课标可细化为:①运用资料,说出某生态脆弱区自然环境的特点并说明其存在的环境与发展问题。②运用资料,说明某生态脆弱区综合治理的措施。

该课标的行为条件是"以某生态脆弱区为例",行为动词是"说明"。

2. 主要概念和知识结构

该课标涉及的主要概念是生态脆弱区、北方农牧交错带、土地退化等。

该课标知识结构的逻辑是:发现问题—解决问题。具体知识结构如下图1所示:

```
生态脆弱区          生态脆弱区的         生态脆弱区的
定义及分布    →    环境与发展问题   →   综合治理措施
```

图1

3. 地理核心素养指向

(1) 区域认知。

以"导引地图法",培养学生认知区域位置与区域特征的能力。"生态脆弱区的分布和自然环境"的解读需要学生认知生态脆弱区的区域位置和区域特征。课本通过"图2.11 我国北方农牧交错带分布范围示意"不仅引导学生认识我国北方农牧交错带的分布范围,而且通过等降水量线引导学生认识到北方农牧交错带分布在半干旱与半湿润地区的过渡地带。这些都为分析该带的自然环境特征奠定了基础。

（2）综合思维。

以要素综合、时空综合培养学生综合思维。生态脆弱区的环境与发展问题是该区气候、地形、土壤、水文、人类活动等多要素共同作用的结果。课本中北方农牧交错带的主要环境和发展问题是土地退化，该问题受自然和人文因素的综合影响。在教学过程中应该引导学生认识到各要素之间相互作用、相互影响、相互联系构成一个整体，培养学生地理要素的综合思维。

以时空综合培养学生综合思维。生态脆弱区在综合治理前后，随着时间的推移，环境特征发生了很大的变化。课本案例中"乌兰察布市实施退耕还林（草）"中详细介绍了从1994年至2008年通过耕地实施退耕还林（草）工程促进农业产业结构调整，提高了土地利用率，实现农民脱贫致富。与此同时，生态环境得到优化。在本案例分析过程中，要不断向学生渗透用发展的眼光看待地理问题，通过时空综合培养学生的综合思维。

（3）人地协调观。

以"生态脆弱区的治理和发展要尊重自然规律"的观念，帮助学生建立科学的人地发展观。本课标的核心是如何因地制宜地发展生态脆弱区，在农牧交错带提出综合治理策略，要从土地适宜性出发，宜农则农，宜牧则牧，要以地养地，自然恢复，这些无不渗透人地协调观。

4. 学业质量水平要求（表1）

表1

课标内容	水平层次	具体要求
①运用资料，说出某生态脆弱区自然环境的特点并说明其存在的环境与发展问题	水平1	能说出生态脆弱区的概念、分布，以及某生态脆弱区存在的环境与发展问题（区域认知）
	水平2	能够简述生态脆弱区自然环境特点，说出生态脆弱区的分布和位置；能够说明某生态脆弱区存在的环境和发展问题及其形成原因（区域认知，综合思维）
	水平3	能够简述生态脆弱区某个或部分要素的特点；能够说出某生态脆弱区位置范围，并结合其分布描述其自然环境某个或部分要素的特点；能够说明某生态脆弱区存在的环境和发展问题及其形成原因。（区域认知，综合思维）
	水平4	能够准确描述生态脆弱区各要素的特点，并分析各要素之间的关联性；能够结合材料情境说明各个生态脆弱区存在的环境和发展问题及其形成原因（区域认知，综合思维）

续上表

课标内容	水平层次	具体要求
②运用资料，说明某生态脆弱区综合治理的措施	水平1	能够针对生态脆弱区存在的环境和发展问题说出自己的建议和看法（人地协调）
	水平2	能够针对生态脆弱区存在的环境和发展问题提出部分综合治理措施（人地协调）
	水平3	能够针对生态脆弱区存在的环境和发展问题提出因地制宜的综合治理措施（人地协调）
	水平4	能够针对生态脆弱区存在的环境和发展问题提出因地制宜的综合治理措施；能归纳综合治理的一般方法，并迁移运用到给定的其他案例（人地协调）

三、典例示范

1. 课标内容①：运用资料，说出某生态脆弱区自然环境的特点并说明其存在的环境与发展问题

（1）水平1示例。

【试题呈现】

生态脆弱区是指生态系统抗干扰能力弱，易于退化且难以恢复的地区。下列不属于生态脆弱区的是（　　）

A. 农牧交错带　　B. 绿洲边缘　　C. 东部季风区　　D. 沿海滩涂

【参考答案】

C

【水平表现说明】

试题创设了"生态脆弱区"这一简单、熟悉的情境。本题考查学生对生态脆弱区基本概念和基本特征的掌握，只需要学生能够知道生态脆弱区的基本概念为生态交错带，基本特征为生态系统稳定性差。这符合区域认知水平1——能够认识和归纳区域特征。因此，综合来看，该题属于水平1层次。

（2）水平2示例。

【试题呈现】

图2为我国生态环境脆弱区及主要生态环境问题（森林破坏、草地退化、土壤侵蚀、生物多样性锐减）分布图，图中a、b、c、d表示生态环境问题。据此完成下题。

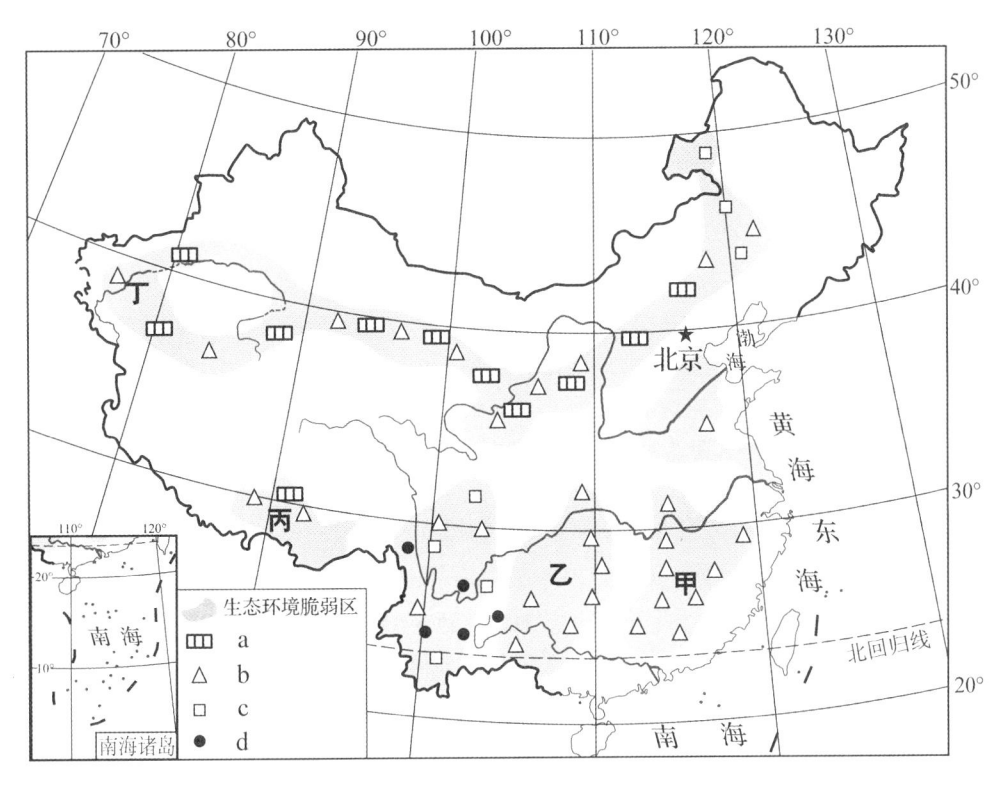

图2

图中生态环境问题 a 为（   ）

A. 森林破坏　　B. 土壤侵蚀　　C. 草地退化　　D. 生物多样性锐减

【参考答案】

C

【水平表现说明】

试题以一幅大尺度的"我国生态环境脆弱区分布"地图创设一个较为简单、熟悉的情境，给定的地理事物较为简单，信息的联系也相对单一，但情境中的信息较多。首先试题通过现实的区域图，要求学生能进行准确的区域定位；其次要求学生调动我国各区域的特征等知识进行解答。试题主要考查了学生的区域认知和综合思维能力，符合水平2层次要求。

（3）水平3示例。

【试题呈现】

民勤绿洲位于河西走廊三大内流河之一的石羊河的最下游，地处巴丹吉林和腾格里两大沙漠的三面包围之中，东南距黄河约200 km，年均降水量110 mm，年均蒸发量2 646 mm。绿洲与荒漠的交错带生态环境脆弱，绿洲区过量开采地下水会使交错带生态环境退化，形成"生态裂谷"。图3示意民勤北部荒漠草场至县城（绿洲）地下水位变化。读图，完成1~2题。

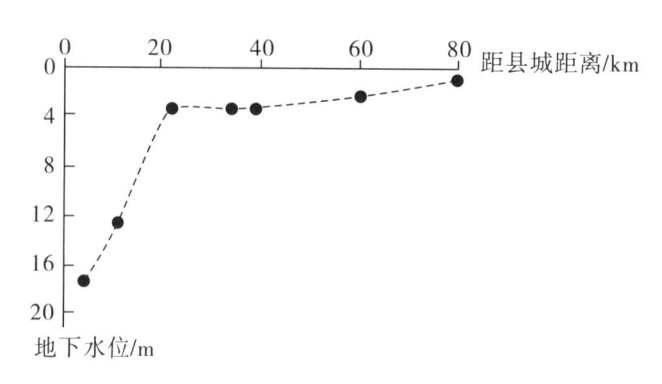

图3

1."生态裂谷"的位置最可能位于距县城（　　）

A. 0～20 km　　　　　　　　B. 20～40 km

C. 40～60 km　　　　　　　D. 60～80 km

2."生态裂谷"附近的地带（　　）

A. 植被覆盖率较高　　　　　B. 风力侵蚀作用较弱

C. 地下水流向荒漠区　　　　D. 固定沙丘可能转为流动沙丘

【参考答案】

1．A　2．D

【水平表现说明】

试题通过"民勤北部荒漠草场至县城（绿洲）间的生态裂谷"创设复杂的地理情境。第1题需要学生从文字材料中获取生态裂谷概念的信息，结合图中地下水水位下降明显的区域进行答题。本题对学生提取地理信息、加工地理信息要求比较高。第2题考查学生是否能根据给定的复杂地理事象，认识生态裂谷，正确地系统分析该区植被、水文、地貌等多要素间相互影响、相互制约的关系，对综合思维能力要求较高。总体来说，本题组符合水平3层次要求。

（4）水平4示例。

【试题呈现】

（2021·河北卷）陕北延安至榆林间的森林草原区（图4）黄土丘陵沟壑地貌发育，图5为该区自沟壑底部到丘陵顶部自然植被分布的典型剖面示意图。长期的坡面耕作打破了生态平衡。1999年以来，该区域实施了大规模退耕还林还草工程，大范围坡耕地转为林草地，在植被覆盖率提高、水土流失减弱的同时，坡面林地土壤也出现了明显干燥化趋势，给林木正常生长带来潜在威胁。据此回答下列问题。

图4

图5

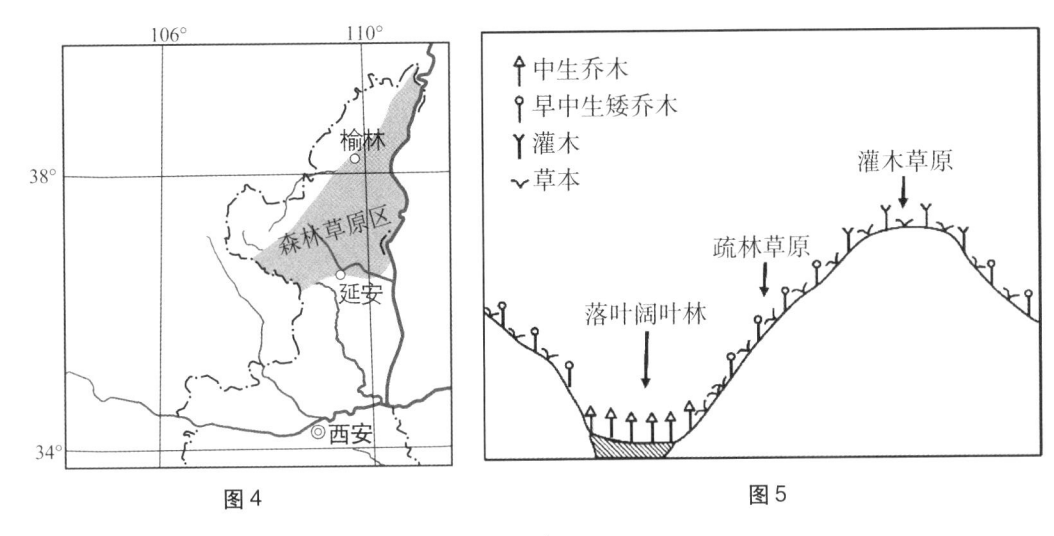

据图4、图5分析该区自然植被空间分异的原因。

【参考答案】

该地位于黄土高原地区,沟壑纵横,地势起伏大,水热变化大;谷地蒸发量小,土壤含水率高,土壤肥沃,以落叶阔叶林为主;坡面坡度大,水土流失严重,蒸发量大,植被以疏林草原为主;坡顶海拔高,水热条件差,植被以低矮的灌木丛和草本植被为主。

【水平表现说明】

试题创设了从中尺度的"森林草原区"到微尺度的"沟壑底部到丘陵顶部"真实的、复杂的情境。试题的行为动词为"分析",考查学生能否运用自然地理环境整体性和差异性的原理进行综合分析,对该地区自然植被分异进行系统性、地域性解析。在真实的、复杂的情境下,试题对空间尺度转换要求高,既需要从中尺度的图4中分析出该区域地处过渡带的生态脆弱区水土流失现象严重;又需要从微尺度的图5中,从海拔、水分、土壤、光照等多要素相互联系、相互作用分析垂直地域分异的原因。这属于水平4的区域认知、综合思维能力考查的要求。

2. 课标内容②:运用资料,说明某生态脆弱区综合治理的措施

(1) 水平1示例。

【试题呈现】

(2021·广东学考)从可持续发展的角度看,黄河上游区域最适宜发展的能源工业是(　　)

A. 水电工业　　B. 核电工业　　C. 煤炭工业　　D. 石油工业

【参考答案】

A

【水平表现说明】

题目构建了简单直接的问题情境。学生能够快速调取熟悉的学习情境"黄河上游

落差大，蕴含着丰富的清洁能源——水能"。题目整体上符合"区域认知"素养水平划分中的水平1——"能够根据提示，将简单、熟悉的地理事象置于特定区域加以认识"的要求。综合来看，该题属于水平1层次。

（2）水平2示例。

【试题呈现】

（2021·河北卷改编）陕北延安至榆林间的森林草原区（图6），黄土沟壑地貌发育。

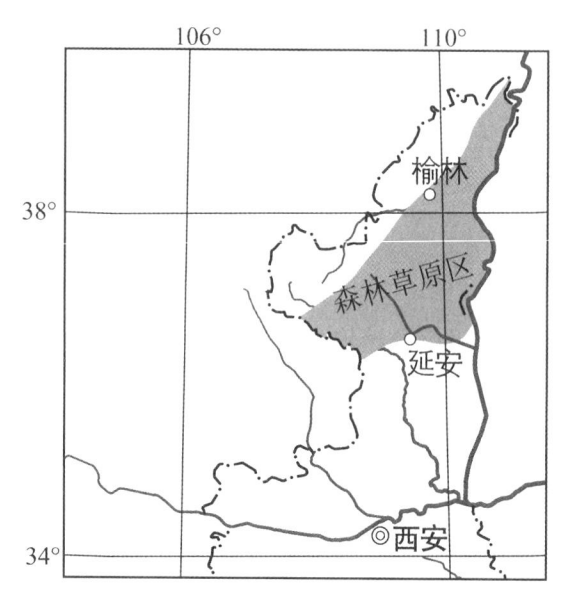

图6

在治理该区水土流失时，该地区大规模地植树种草。说出该地植被合理配置的原则以及主要依据的自然条件。

【参考答案】

原则：因地制宜；主要依据的自然条件：水分条件，土壤条件。

【水平表现说明】

试题创设了"陕北延安至榆林间的森林草原区水土流失"这一相对较简单的情境。试题要求学生能理解人地协调发展的重要性，知道"因地制宜"是可持续发展的重要路径。这符合"人地协调观"水平2的层次要求。试题要求学生能够在生态脆弱区综合治理中，简单说出生物措施的依据，能够对多个自然要素进行简单删选，符合"综合思维"水平2的层次要求。综合来看，本试题基本符合水平2层次要求。

（3）水平3示例。

【试题呈现】

（2020·金园卷Ⅰ）治沟造地是陕西省延安市对黄土高原的丘陵沟壑区，在传统打坝淤地的基础上，集耕地营造、坝系修复、生态建设和新农村发展为一体的"田水路林村"综合整治模式，实现了乡村生产、生活、生态协调发展（图7）。据此完成1~2题。

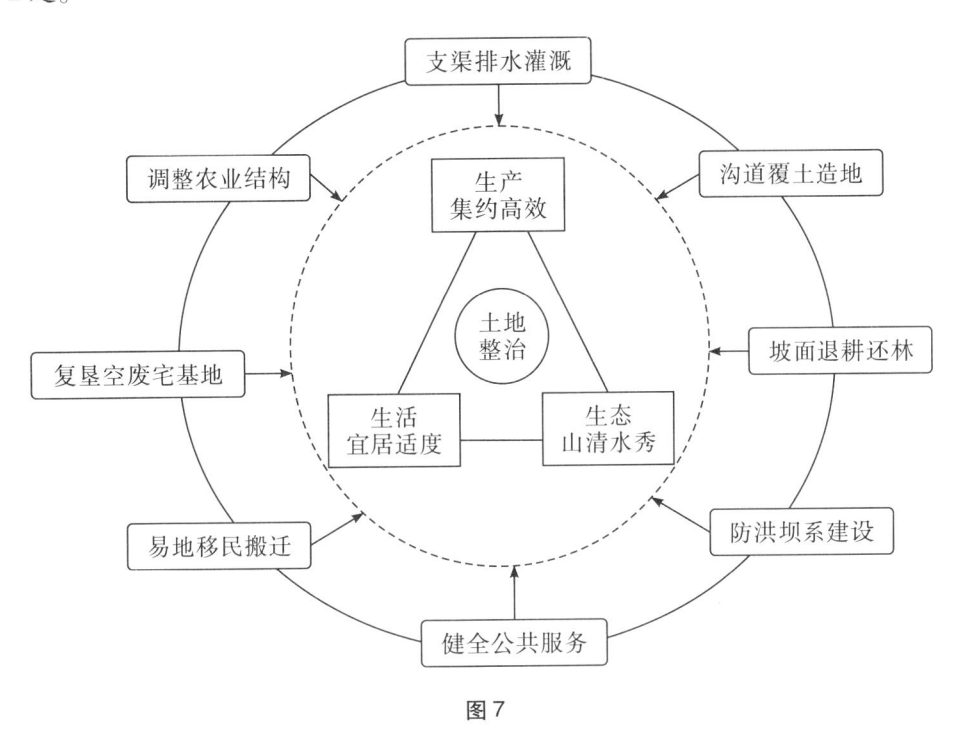

图7

1. 与传统的打坝淤地工程相比，治沟造地更加关注（　　）
A. 增加耕地面积　　　　B. 防治水土流失
C. 改善人居环境　　　　D. 提高作物产量
2. 推测开展治沟造地的地方（　　）
①居住用地紧张　②生态环境脆弱　③坡耕地比例大　④农业生产精耕细作
A. ①③　　　B. ①④　　　C. ②③　　　D. ②④

【参考答案】
1. C　2. C

【水平表现说明】
试题通过黄土高原治沟造地的治理方法创设了一个看似简单、实则新颖的地理情境。图中信息量大，在乡村生产、生活、生态协调发展的基础上，实施了一系列的综合治理方法。这需要学生有较强的获取地理信息及加工地理信息的能力。第1题考查学生是否能采用对比法，敏锐地发现治沟造地与传统的打坝淤地相比，更关注新农村建设，改善人居环境。第2题对图文信息细节进行处理，由复垦空废宅基地可推理出该地居住用地并不紧张，由坡面退耕还林则可推理出原坡耕地比例大。本试题对学生对于图文细节的处理与逻辑推理等高阶能力要求较高。总体来看，该题组符合水平3

层次要求。

(4) 水平 4 示例。

【试题呈现】

(2020·山东卷改编) 西柳沟是黄河内蒙古段的一级支流，流域面积 1 356km² (图8)，是黄河粗泥沙的重要来源区之一。2019 年 5 月，某中学地理研学小组在水土保持专家许教授指导下，对西柳沟开展了以"黄河上游流域治理与生态文明建设"为主题的考察活动。他们来到西柳沟上游，放眼望去，沟壑纵横，植被稀疏。当地农民说这里"遇水成泥、遇风成沙"。两天后，他们到达中游的风沙区，只见河流两岸有新月形沙丘分布。许教授说这里每年冬春季节常有大风和沙尘暴出现。穿过沙漠继续北行，研学小组发现地势变得低平，河流蜿蜒，河岸两侧遍布绿油油的农田。龙头拐水文站工作人员介绍，每逢汛期，这里会泛滥成灾，入黄口处常形成沙坝，造成黄河干流严重淤堵。

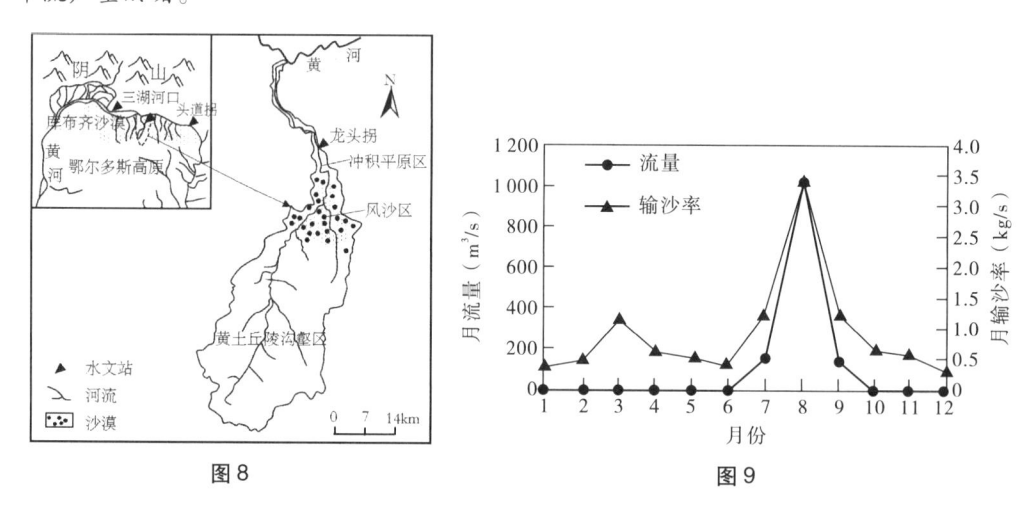

图 8

图 9

通过本次研学活动，研学小组对西柳沟流域的自然地理概况、水土流失状况等有了深入了解，对西柳沟流域治理有了一定认识。为减少西柳沟入黄泥沙，请分别对黄土丘陵沟壑区、风沙区和冲积平原区提出针对性的治理措施。

【参考答案】

黄土丘陵沟壑区：加强沟道坝系建设（淤地坝、谷坊等），缓坡修梯田，挖鱼鳞坑；实施退耕还林还草、植树造林、封育等水土保持措施，蓄水拦沙。

风沙区：设置沙障（草方格等）防风固沙；结合工程措施引洪入沙；恢复植被。

冲积平原区：疏浚河道；引洪淤地（引洪灌溉）。

【水平表现说明】

试题根据西柳沟流域自然地理差异创设了"黄土丘陵沟壑区""风沙区""冲积平原区"三个较复杂、相对陌生的地理情境。本试题考查学生对三个地理区域主要的生态环境问题的认知，黄土丘陵沟壑区主要是水土流失问题，风沙区主要是土地荒漠化问题，冲积平原主要是洪涝灾害问题。三大区域生态环境问题不同，试题要求学生针对不同区域、不同的生态环境问题，全面地、系统地、因地制宜地提出治理措施。从区域认知、人地协调观等地理素养的考查上看，本试题符合水平4层次要求。

★选择性必修2.7　以某区域为例，说明产业转移和资源跨区域调配对区域发展的影响

一、课程标准

以某区域为例，说明产业转移和资源跨区域调配对区域发展的影响。

二、课标解读

1. 行为条件和行为动词

该课标可细化为：①以某区域为例，说明资源跨区域调配对区域发展的影响。②以某区域为例，说明产业转移对区域发展的影响。

该课标的行为条件是"以某区域为例"，行为动词是"说明"。

2. 主要概念和知识结构

该课标涉及的主要概念是资源跨区域调配、西气东输、调水工程、产业转移、产业转出区、产业承接区等。

根据课标的要求，"资源的跨区域调配"这节重点落实"以某区域为例，说明资源跨区域调配对区域发展的影响"。这里的区域，主要指资源调入区和调出区。要理解资源调配可能产生的影响，首先从资源跨区域调配的原因入手；再以西气东输为例，从西气东输工程的基本概念出发，让学生了解西气东输；然后从能源资源生产和消费的地区差异大、中国的能源消费结构和西部是我国油气资源未来开发的战略重点之一三个方面分析了西气东输的主要原因；最后分别从资源的调出区和调入区入手，说明西气东输对西部和东部各自产生的影响，以澳大利亚东南部的雪山调水工程作为活动案例，让学生学会知识的迁移。

"产业转移"这节重点落实课标内容"以某区域为例，说明产业转移对区域发展的影响"。这里的区域，主要指产业转出区和承接区，可以是具体的企业所在地区，也可能指更上一级区域，如国家。本节以东亚、东南亚产业转移为例，先讲述了影响产业转移的因素，然后说明产业转移对区域的影响。

3. 地理核心素养指向

（1）区域认知。

课本教学内容从西气东输的案例分析西部地区、东部地区资源和经济发展的差异，

认识资源跨区域调配的必然性,从东亚和东南亚的案例分析产业转出区和转入区的地理环境差异,提高学生的区域认知素养。

(2)综合思维。

结合图文材料,综合分析资源跨区域调配的原因、调配路线的选择以及该工程对区域发展的影响,综合分析影响产业转移的主要因素及产业转移对区域发展的影响,提高学生的综合思维素养。

(3)人地协调观。

通过对资源跨区域调配的原因分析,通过产业转移对转出区和转入区生态环境质量的影响的学习,帮助学生树立人地协调观。

4. 学业质量水平要求(表1)

表1

课标内容	水平层次	具体要求
①说明资源跨区域调配对区域发展的影响	水平1	能说出资源跨区域调配对调入区、调出区的部分影响(人地协调观、地理实践力)
	水平2	能说明资源跨区域调配对调入区和调出区的经济、社会、生态的影响,并能从有利和不利两方面分析(人地协调观、地理实践力)
	水平3	能结合区域差异、具体资源综合、辩证评价对调入区和调出区的影响(人地协调观、地理实践力)
	水平4	能结合具体案例,说出资源跨区域调配对区域发展和资源利用的重要意义(人地协调观、地理实践力)
②以某区域为例,说明产业转移对区域发展的影响	水平1	根据产业转移案例,能简单分析影响产业转移的主要因素(区域认知、综合思维)
	水平2	能结合产业转移案例,分析影响产业转移的主要因素(区域认知、综合思维)
	水平3	能结合产业转移具体案例,综合分析产业转移对产业转出区和承接区的经济、环境、社会影响(人地协调观、地理实践力)
	水平4	能结合现实生活中具体产业转移案例,综合分析产业转移对产业转出区和承接区的经济、环境、社会影响,辩证分析正面影响和负面影响(人地协调观、地理实践力)

三、典例示范

1. 课标内容①：说明资源跨区域调配对区域发展的影响

（1）水平1示例。

【试题呈现】

图1为我国部分资源跨区域调配路线图，图中a、b、c为我国三条资源调配路线。读图，完成下题。

对上述三种资源跨区域调配的说法，正确的是（   ）

①显著改善调入区的能源消费结构
②利于提高调入区的资源保护意识
③利于调入区的生态、社会和经济的可持续发展
④资源跨区域调配是资源的空间分布与消费需求分布不匹配导致的

A．①②③　　　B．①③④　　　C．①②④　　　D．②③④

图1

【参考答案】

D

【水平表现说明】

题目构建了一个相对比较简单的资源跨区域调配的情境。试题考查学生对几大资源跨区域调配工程的了解。课本重点以西气东输为例，介绍资源跨区域调配对调入区和调出区的影响。本题考查学生对资源跨区域调配的几大工程的判断，以及资源跨区域调配对调入区和调出区的部分影响。本题考查了学生的区域认知和地理实践力等核心素养。综合评定，本题属于水平1层次。

（2）水平2示例。

【试题呈现】

（2016·长沙模拟）能源是支撑国家繁荣和经济可持续发展的重要基础。读下图，完成相关问题。

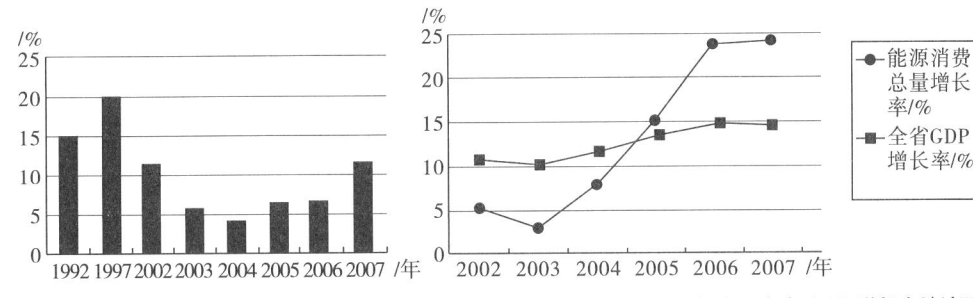

图2　广东省能源自给变化图　　图3　广东省能源消费总量增长率和全省GDP增长率统计图

(1) 为解决图2、图3所反映出的问题，广东省应采取的有效措施有哪些？

(2) 试分析我国修建西气东输二线工程的意义。

【参考答案】

(1) 节约能源，提高能源利用率；开发太阳能、风能、核能、沼气能等新能源，使能源结构多样化；调整产业结构，发展低能耗产业；进行能源的跨区域调配，如西电东送、西气东输等。

(2) 开发西部地区的天然气资源，变资源优势为经济优势；管道建设带动沿线地区相关产业的发展，促进就业；缓解输入地区的能源短缺，调整能源结构，改善大气质量，促进相关产业的发展；对确保我国能源安全有重要意义。

【水平表现说明】

题目通过两幅图片创设情境，结合具体案例，辩证认识资源跨区域调配对调入区、调出区经济、环境、社会的影响，并能对区域的发展提出科学合理的措施。此题主要是考查学生读图获取信息的能力，学生要从图2和图3知道广东省的问题出在能源自给率低，但是能源消费量大，明显出现了能源需求量和自给率不匹配，因此措施之一就是要跨区域调配资源，结合区域自然资源的开发和环境保护实例，能够从国家安全的高度，理解资源和环境安全对人地协调发展的重要性，建立和谐发展的观念，体现了对学生人地协调观的考查。综上，本题属于水平2层次的要求。

(3) 水平3示例。

【试题呈现】

(2015·广东卷) 山东省南部的南四湖，是微山湖、昭阳湖、独山湖、南阳湖等四个相连湖泊的总称，是南水北调东线工程的重要通道，沿湖地区工业以煤炭、电力、造纸为主。图4为南四湖地理位置示意图。根据材料，结合所学知识，完成下列问题。

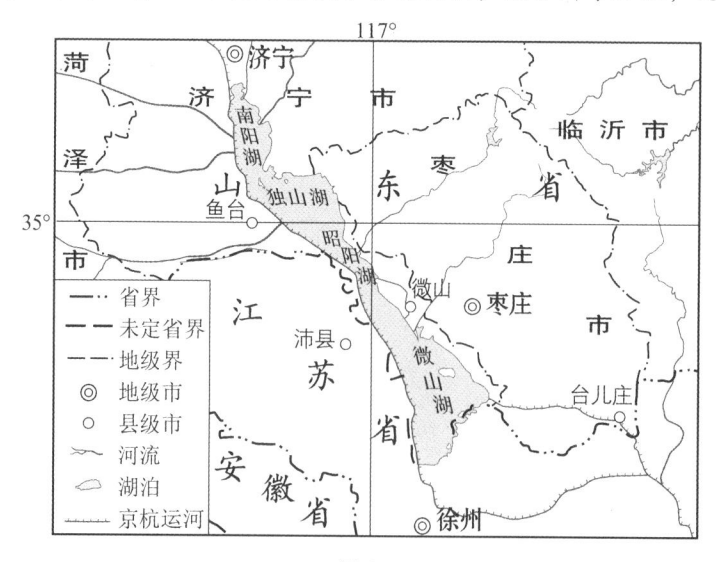

图4

分析南水北调东线工程通水后对南四湖地理环境可能带来的有利影响。

【参考答案】

增加水量,扩大湖水面积,调节气候(缩小温差,增加空气湿度);利于保护生物栖息地(生物的多样性);利于通航;利于发展养殖业及旅游业。

【水平表现说明】

题目通过"南水北调重要通道——南四湖"创设简单情境,但情境中的信息较多,对学生在情境中进行信息的获取、分析、综合、归纳的能力有一定的要求。试题主要考查了学生的地理实践力和综合思维能力。试题通过区域图,要求学生从图中获取信息,让学生能够归纳出南水北调对南四湖的地理环境带来的有利影响。此题的难度较高,学生须从对地理环境带来的影响方面进行分析、归纳。综合来看,该题属于水平3层次。

(4) 水平4示例。

【试题呈现】

(2019·全国卷改编)云南省宾川县位于横断山区边缘,高山地区气候凉湿,河谷地区气候干热。为解决河谷地区农业生产的缺水问题,该县曾在境内山区实现小规模调水,但效果有限。1994年"引洱(海)入宾(川)"工程竣工通水,加之推广节水措施,当地农业用水方得以保障。近些年来,宾川县河谷地区以热带、亚热带水果为主的经济作物种植业蓬勃发展。图5示意宾川县的地形。

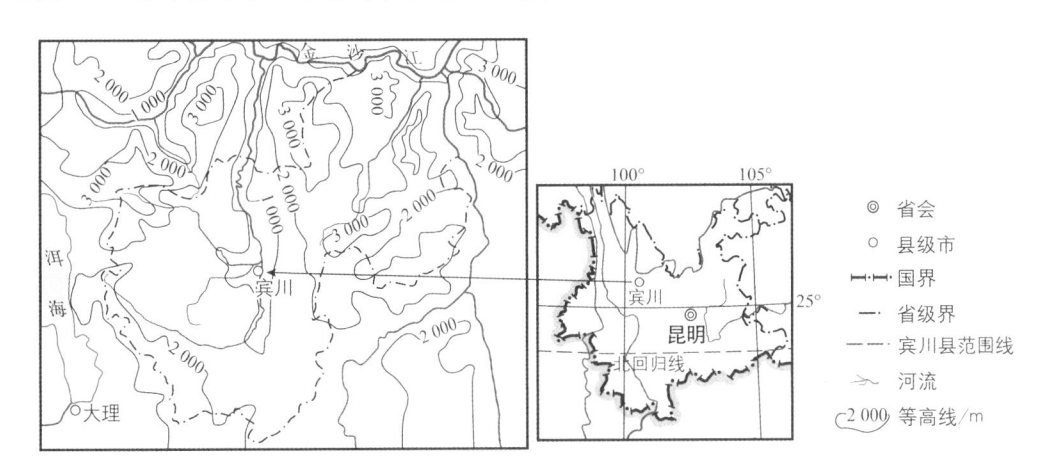

图5 宾川县的地形

试分析"引洱入宾"工程对宾川发展的重要意义。

【参考答案】

农业用水得到保障;当地可以发展以热带、亚热带水果为主的经济作物种植业;吸引相关企业投资,发展水果加工业;加大宣传力度,开拓水果销售市场;促进以水果种植为基础的旅游产业化。

【水平表现说明】

本题情境属于给定的简单地理事象，除了图中的景观，材料中还有山峰、植被、水等信息，学生需要综合多方面的因素来判断当地的植被类型，另外还要对我国的气候和植被等区域特征有基本的了解。学生从材料中得知，河谷的气候干热，说明首先是缺水，那么"引洱入宾"工程首先解决的就是水资源短缺问题；然后再结合当地的气候得出可以发展以水果为主的经济作物的种植业，还可以发展工业。本题对学生的区域认知、综合思维和地理实践力等地理核心素养有所考查，需要学生具备推测和分析能力。综合来看，此题符合水平4层次的要求。

2. 课标内容②：以某区域为例，说明产业转移对区域发展的影响

（1）水平1示例。

【试题呈现】

（2016·全国卷）自20世纪70年代开始，日本家电企业将组装工厂向国外转移。图6示意日资家电组装工厂转移目的地随时间的变化。据此完成下题。

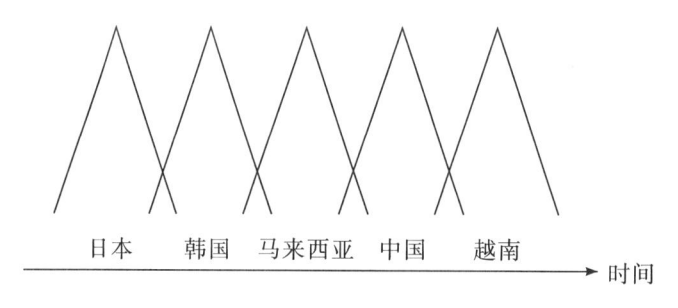

图6

影响日资家电组装工厂不断转移的主要因素是（　　）

A. 市场规模　　　B. 劳动力成本　　　C. 原材料成本　　　D. 技术水平

【参考答案】

B

【水平表现说明】

试题通过日本家电组装工厂向国外转移的案例构建了一个简单的情境，给定的地理事物相对简单，最主要的信息均在图里。学生在做题时要看懂图的意思，了解家电组装工厂发生了多次产业转移，而且是属于劳动力导向型工业，日本组装产业从日本相继转移到了欠发达的国家，那么出现产业转移的因素自然是劳动力因素。试题主要考查了学生的区域认知和综合思维能力。根据评价目标，此题要求学生能根据现实生活中具体产业转移的案例，综合分析影响产业转移的因素。综合判断，此试题属于水平1层次。

(2) 水平2示例。

【试题呈现】

(2016·全国卷) 我国是世界闻名的陶瓷古国。明清时期，"瓷都"景德镇是全国的瓷业中心，产品远销海内外。20世纪80年代初，广东省佛山市率先引进国外现代化陶瓷生产线，逐步发展成为全国乃至世界最大的陶瓷生产基地。2003年，佛山陶瓷主产区被划入中心城区范围，陶瓷产业向景德镇等陶瓷产地转移。据此完成下题。

促使佛山陶瓷产业向外转移的主要原因是佛山（　　）

A. 产业结构调整　　　　　　B. 原材料枯竭

C. 市场需求减小　　　　　　D. 企业竞争加剧

【参考答案】

A

【水平表现说明】

本题以佛山的瓷业和景德镇的产业基础设置了一个情境，材料中包含了多个信息，学生要从佛山"率先引进"中分析出产业在佛山迅速发展的原因，从"佛山陶瓷主产区被划入中心城区"分析出佛山产业转移的因素是因为产业结构进行了调整，这里主要考查学生从案例中分析出产业转移对转出地和承接地产生的影响。本题的核心素养是考查学生的人地协调观和综合思维能力，综合来看，属于水平2层次。

(3) 水平3示例。

【试题呈现】

(2016·全国卷Ⅲ) 与2014年相比，2015年上海市常住人口减少了10.41万人，外来常住人口更是减少了14.77万人，这是近20年首次出现的人口负增长。调查发现减少的外来常住人口主要流向上海周边的中小城市。上海市已制定"十三五"期间人口增长由数量型向质量型转变的策略。据此完成1~2题。

1. 导致2015年上海市外来常住人口减少的主要原因是近年来上海市（　　）

A. 产业转型升级　B. 食品价格大增　C. 环境质量下降　D. 交通拥堵加重

2. 上海市减少的外来常住人口多流向周边中小城市，主要原因是这些中小城市（　　）

①服务设施齐全　②承接了上海市转移的产业　③适宜就业机会多　④生态环境较好

A. ①③　　　　　B. ①④　　　　　C. ②③　　　　　D. ②④

【参考答案】

1. A　2. C

【水平表现说明】

此题设置了上海市城市人口变化的情境，材料主要是从上海市人口迁移的问题出发，分析上海市人口迁移的主要原因是产业转移引起，进而考查学生是否掌握产业转移对转出区和承接区带来的影响。材料中重点提到上海市已制定了"十三五"期间人口增长由数量型向质量型转变的策略,说明上海市今后是以引进高素质人才为主,间接分析出此地人口的迁移主要是因为产业转移。核心素养方面考查了学生人地协调观和综合思维的能力。综合来看,该题组符合水平3层次的要求。

(4) 水平4示例。

【试题呈现】

(改编) 由于粮棉争地的矛盾,我国从20世纪90年代开始采取限制东中部主要棉花产区发展的政策,并针对纺织业提出了"东锭西移"。棉纺织产业链包括棉花种植、纺纱、织布、印染、服装加工等环节。目前新疆是我国最大的产棉基地,2016年棉花产量达359.4万吨,占全国棉花总产量的68%左右。近年来,新疆棉纺纱锭的产能增长迅速,但在新疆本地转化为棉布的比例很低。2016年,新疆产布1.76亿米,仅占全国布匹产量的0.2%。图7为新疆棉花主产区分布图。

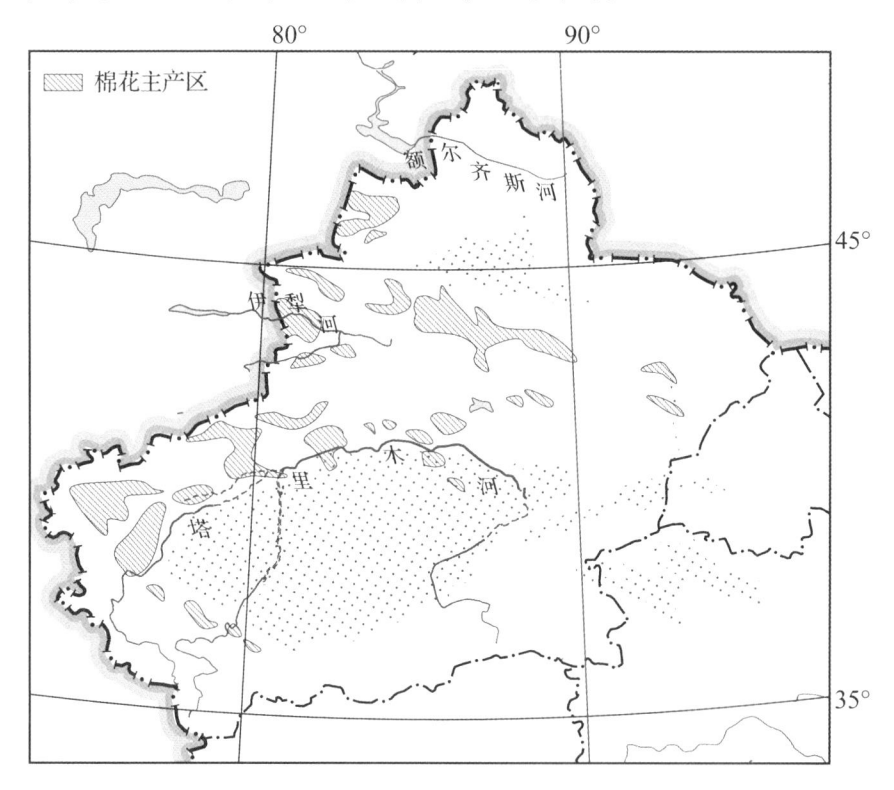

图7

说出"东锭西移"对东部和西部地区经济发展的影响。

【参考答案】

对东部:纺织业向外转移,可使区域内的生产要素集中到新的主导产业,有利于区域产业结构升级;能够减少外来务工人员涌入东部发达地区,降低对城市人口的压力;减轻城市污染。

对西部：纺织业向内转移，可使区域内增加就业机会；促进区域的工业化和城市化发展；促进西部地区经济发展；但会给西部地区带来环境污染问题。

【水平表现说明】

本题以"东锭西移"创设情境，棉纺织产业属于原料导向型工业，其向西部新疆转移可以靠近原料产地，并且为西部增加就业机会，从而发展经济，对东部来说可以减少外来人口务工，这样可以减少城市人口，从而减轻城市人口对城市带来的各种压力，包括对城市环境的污染。本题考查学生结合现实生活中的具体产业转移的案例，分析产业转移对区域的影响的能力，要求学生能够辩证分析正面影响和负面影响。此题考查的学生核心素养能力是人地协调观和地理实践力。问题的行为动词是分析。综合来看，该题属于水平4层次。

★选择性必修2.8 以某流域为例，说明流域内部协作开发水资源、保护环境的意义

一、课程标准

以某流域为例，说明流域内部协作开发水资源、保护环境的意义。

二、课标解读

1. 行为条件和行为动词

该课标可细化为：①结合材料分析、理解流域内协调发展的必要性和重要性。②以某流域为例，说明流域内部协作开发水资源、保护环境的意义。

该课标的行为条件是"以某流域为例"，行为动词是"说明""分析"。

2. 主要概念和知识结构

该课标涉及的主要概念是水系、流域、区域协作发展和水土保持措施等。

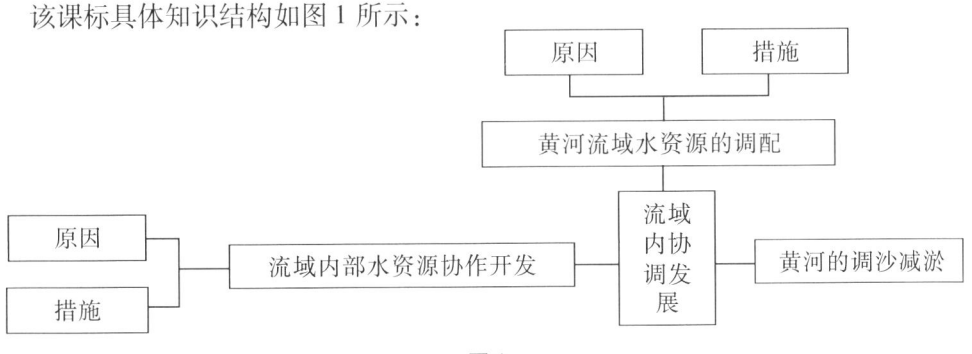

该课标具体知识结构如图1所示：

图1

3. 地理核心素养指向

（1）综合思维。

流域具有整体性强、关联度高的特点，需要利用综合性思维分析流域的协调开发。例如，流域上中下游的水资源利用和水环境的污染、保护受流域内其他区域的影响；流域内一个区域地表形态的变化受另一个区域物质运动的影响，流域上中下的河流地貌具有高度关联性。同时，河流通常流经多个行政区，作为自然区域的流域跨越了多个行政主体区。上述河流和流域的特性，使流域整体协调开发具有必要性。

（2）人地协调观。

课本选取中华民族的母亲河——黄河作为案例进行教学，从黄土高原重披绿装到黄河下游的地上悬河不再升高，从黄河曾经的断流到如今的不断流等，处处渗透了人地协调观，培养学生的爱国主义情感。本节课要学生理解河长制的实施是为了流域水环境的治理和水资源的开发，除了政策、技术、法律等措施外，流域的开发和保护还需要我们身边每个人切实行动起来，以实际行动保护我们身边的每条河流。

4. 学业质量水平要求（表1）

表1

课标内容	水平层次	具体要求
①结合材料分析、理解流域内协调发展的必要性和重要性	水平1	能根据流域特征，说明流域内协调发展的必要性和重要性（综合思维、区域认知）
	水平2	能结合具体案例，分析流域协调发展的必要性和重要性（综合思维、区域认知）
②以某流域为例，说明流域内部协作开发水资源、保护环境的意义	水平1	能结合流域特征，说出流域水质等水环境问题，并提出应对的措施（人地协调观）
	水平2	能结合流域的自然和人文特征，分析流域协作开发利用水资源的方式；能简单说明协作开发水资源的意义（区域认知、综合思维、人地协调观）
	水平3	能结合流域特征，分析流域水质等水环境问题的原因，并针对性地提出解决措施，说明流域内部保护环境的意义（综合思维、人地协调观）

三、 典例示范

1. 课标内容①:结合材料分析、理解流域内协调发展的必要性和重要性

(1) 水平1示例。

【试题呈现】

(2021·北京卷)洱海流域面积约2 565平方千米,2017年居住人口86万。该地农业生产涵盖种植、养殖和水产捕捞等,工业生产包括食品加工等,旅游业发展迅速。图2为洱海流域示意图。读图,回答下列问题。

说明洱海流域特征对水体污染的影响。

【参考答案】

流域较封闭,河流数量多,人口密度大、居民点多,生产部门多,生产和生活污水汇入河湖,易造成污染。

【水平表现说明】

试题以洱海流域的概况和一幅洱海流域示意图创设一个简单的情境,使学生从中得到洱海流域的特征,即自然特征和人文特征。学生从图上可直接得知其自然特征是洱海流域较封闭;从文字材料得知其人文特征是流域面积2 565平方千米,人口86万,推知人口密度大。材料还给出农业和工业的分布信息,以及河流数量多。分析洱海流域特征对水体污染的影响,让学生体会流域协调发展的必要性和重要性,此题难度不大。核心素养考查了学生区域认知和综合思维的能力。综合来看,该题属于水平1层次。

图2

(2) 水平2示例。

【试题呈现】

(2020·全国卷)竹排江是南宁市主要内河之一,由北向南贯穿市区,其上游河段叫那考河。20世纪90年代开始,沿河养殖业兴起,大量污水和垃圾进入那考河,那考河一度变成"纳污河"。从2015年起,当地政府按照海绵城市建设理念,实施了河道截污、河道生态、沿岸景观工程以及污水厂建设等,由"点源治理"转变为"适度集中、就地处理、就地回用"的流域综合治理。如今那考河沿岸成为水清岸绿的滨江公园。

简述采用"适度集中、就地处理、就地回用"模式治理那考河污染的意义。

【参考答案】

节约治污成本；提高水的循环利用率；实现垃圾的无害化处理和资源化利用；有效减少污染物入河；降低污染物的影响范围和强度（对下游的影响）；改善全流域的环境和城市人居环境。

【水平表现说明】

试题通过竹排江的上游河段那考河的相关资料创设一个情境。从20世纪90年代的那考河在开发的过程中存在的问题出发，对比2015年起对该流域进行了一系列的整治，对那考河下游带来的不同影响。该题主要从材料中获取信息，综合推理，考查了学生是否能结合具体的案例，分析流域协调发展的必要性和重要性。核心素养上考查了学生"区域认知""综合思维"两个方面的能力。综合判断，该试题属于水平2层次。

2. **课标内容②**：以某流域为例，说明流域内部协作开发水资源、保护环境的意义

（1）水平1示例。

【试题呈现】

（2017·浙江省普通高校招生选考考试）图3为美国田纳西河流域示意图。据此完成1~2题。

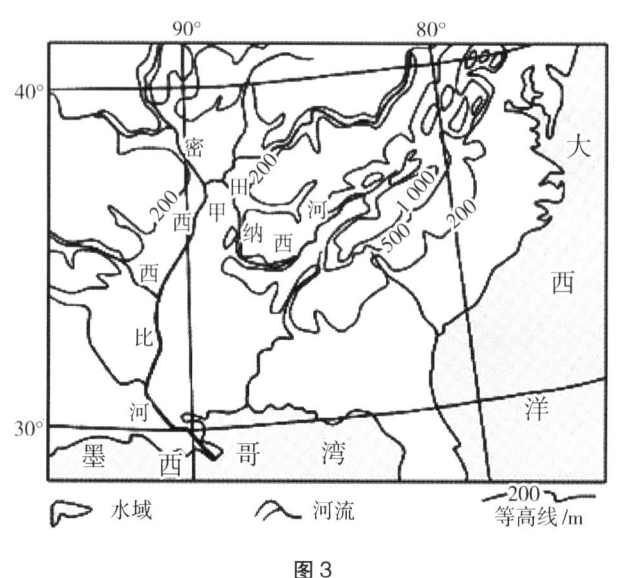

图3

1. 田纳西河能够进行梯级开发的主要原因是（　　）
   A. 洪涝灾害多发　　　　　　B. 土地荒芜严重
   C. 河流落差大　　　　　　　D. 流域面积广大

2. 甲地综合治理和开发的主要措施是（　　）
   A. 建立公园，增加旅游经济收入　　B. 种棉花和玉米等，发展种植业
   C. 植树造林，减轻水土流失　　　　D. 种植牧草，发展乳畜业

【参考答案】

1．C 2．B

【水平表现说明】

题目构建了一个非常简约但又直接有效的问题情境。从田纳西河流域的示意图出发，图中给出了等高线，可以看出田纳西河流域的地形状况：落差大，适合梯级开发；甲地地势平坦且靠近河流，适合发展种植业。本题考查学生是否能结合流域特征，说出流域的环境问题，提出流域开发的措施。核心素养考查了学生的区域认知和综合思维能力。综合来看，该题组属于水平1层次。

（2）水平2示例。

【试题呈现】

（2016·全国卷）某河流位于浙江东部，下游河床受径流与潮汐共同影响：枯水期，以潮流带来的泥沙淤积为主；汛期，上游下泄的径流冲刷河床。图4示意该河下游某地1962年两个时期河床断面形态，其中，甲是河床最低时期的断面。1964年在该河上游建成水库；2000年，在该河河口建成大型水闸。据此完成1~2题。

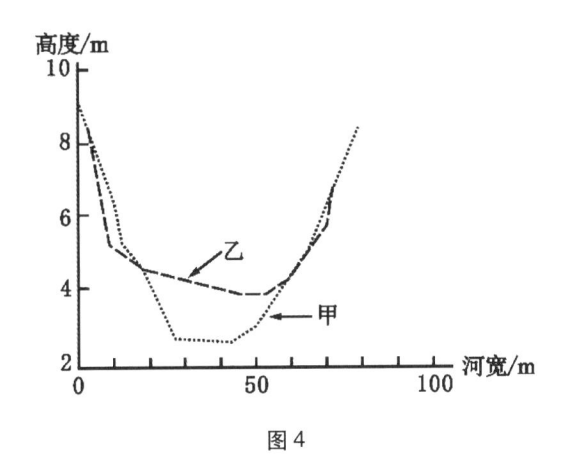

图4

1．水库竣工后，水库下游河流（　　）

A．径流量增大　　B．河道淤积　　C．流速加快　　D．河床展宽

2．在该河河口修建大型水闸的主要作用是（　　）

A．切断潮流泥沙补给　　　　　B．加速汛期洪水下泄

C．提高潮流冲淤能力　　　　　D．拦截河流入海泥沙

【参考答案】

1．B 2．A

【水平表现说明】

题目结合浙江东部的某河流为例创设情境，给出了信息"下游河床受径流与潮汐共同影响：枯水期，以潮流带来的泥沙淤积为主；汛期，上游下泄的径流冲刷河床"。学生可以从这段材料得知，该河流上游建水库后可能会对下游带来影响：有水库拦截，

就相当于减少了河流的流量,这样下游就主要受潮流的影响。河口修大型水闸当然也是为了减轻潮流带来的泥沙的影响。题目考查学生获取信息的能力,需要学生从材料中得知此河流的自然特征,分析出在流域开发过程中,对上游开发会影响下游,体现协作开发水资源的意义。核心素养方面主要考查学生的区域认知和综合思维能力。综合来看,该题组属于水平 2 层次。

(3)水平 3 示例。

【试题呈现】

(2016·全国卷)罗讷河发源于瑞士境内的冰川,在法国境内的流域面积占流域总面积的 94%,历史上曾是一条"野性"河流,经常洪水泛滥。19 世纪以来,法国对罗讷河进行多次整治,并于 1931 年成立"国立罗讷河公司",作为罗讷河综合整治和开发的唯一授权机构。图 5 示意罗讷河流域的地形。

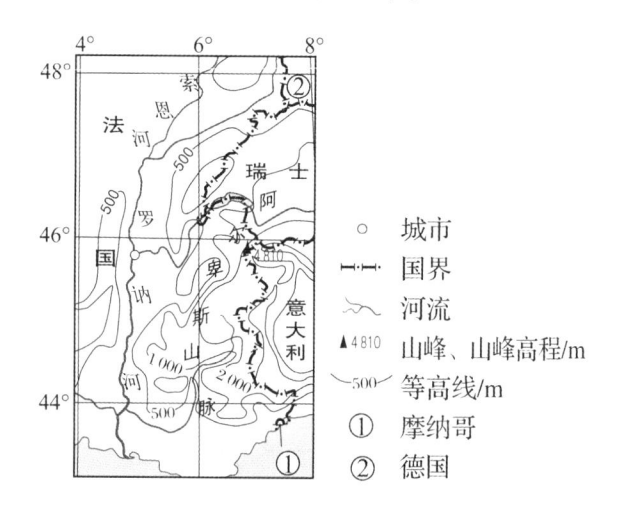

图 5 罗讷河流域

(1)分别指出罗讷河上游(瑞士境内)、北部支流(索恩河)和地中海沿岸支流径流量的季节变化。

(2)表 2 列出罗讷河整治不同阶段的主要措施。请在下列整治和开发目标中进行选择,完成表 2。

整治和开发目标:防洪 改善水质 发电 增加生物多样性
土地开发 开采河沙 改善航运条件

表 2

阶段	时间	主要措施	主要整治和开发目标
第一阶段	19 世纪 40 年代至 20 世纪 20 年代	整治河道,裁弯取直,消除河道分汊	①_____、_____

续上表

阶段	时间	主要措施	主要整治和开发目标
第二阶段	20世纪20—80年代	进行梯级开发,整理河谷滩地等	②_____、_____、_____
第三阶段	20世纪90年代以来	恢复弯曲河道及河道分汊	恢复河流生态

(3) 说明法国为整治和开发罗讷河而成立"国立罗讷河公司"的原因。

(4) 说明"恢复弯曲河道及河道分汊"对恢复河流生态的作用。

【参考答案】

(1) 上游(瑞士境内):有春汛,夏季径流量大,冬季为枯水期。

北部支流(索恩河):全年径流量比较稳定,无明显枯水期。

地中海沿岸支流:夏季为枯水期,冬季为丰水期。

(2) ①改善航运条件　防洪

②发电　改善航运条件　土地开发　(防洪)

(注:填写顺序不分先后)

(3) 因为河流跨多个行政区,涉及水资源利用、航运、防洪、发电、土地利用等多方面的利益,由国家唯一授权机构才能协调各行政区、各部门的利益,并从河流整体进行综合整治,以实现整治效益最大化。

(4) 恢复河流的自然状态(自然河道、沿岸湿地等),扩展河道宽度,延长河流长度,降低河流流速和洪水峰值;恢复河流生态系统,增加生物多样性;增强河流的自然生产力和对污染的净化能力。

【水平表现说明】

题目以法国的罗讷河的整治和一幅该流域的地形图为背景设置情境,考查学生从材料和图上获取相关信息的能力。如材料介绍了罗讷河的地形等自然特征。从问题设置来看,前面小题为后面小题做了提示,第1小题考查学生分析罗讷河的气候特征,让学生推理出流域的流量特征,第1小题为后面的第2、第3小题做了相应的铺垫;针对流域的自然特征提出流域的综合开发的措施。此题考查学生能否分析该流域的自然特征,说出流域开发利用的几种常见方式;能否结合流域特征,分析流域整治的原因,并针对性地提出解决措施,说明流域内部保护环境的意义。该题考查了学生的综合思维能力和人地协调观。综合来看,该题属于水平3层次。

★选择性必修2.9　结合"一带一路"建设，说明国际合作的重要意义

一、课程标准

结合"一带一路"建设，说明国际合作的重要意义。

二、课标解读

1. 行为条件和行为动词

该课标可细化为：①结合实例，说出参与国际合作的国家，开展的具体合作及产生的影响。②结合"一带一路"建设的实例，说明国际合作的重要意义。

该课标的行为条件是"结合实例"，行为动词是"说明""分析"。

2. 主要概念和知识结构

该课标涉及的主要概念是国际合作、经济全球化、全球生产网络。

该课标知识结构如图1所示：

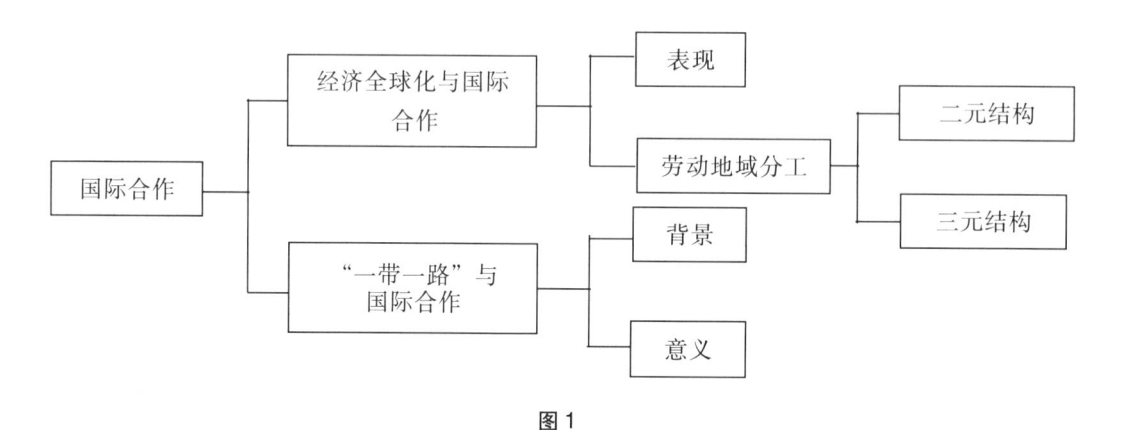

```
                    ┌─ 经济全球化与国际合作 ─┬─ 表现
                    │                        │                ┌─ 二元结构
国际合作 ──────────┤                        └─ 劳动地域分工 ─┤
                    │                                         └─ 三元结构
                    │                        ┌─ 背景
                    └─ "一带一路"与国际合作 ─┤
                                             └─ 意义
```

图1

3. 地理核心素养指向

（1）区域认知。

以区域的差异，分析区域的联系。地域分工存在的前提是区域差异，以及区域资源和经济发展水平存在差异。基于区域存在的诸多差异，学生从不同案例、不同角度进行区域比较、区域综合和区域联系，培养学生的区域认知能力。

（2）综合思维。

区域的差异推动区域联系，进而促进区域合作。本节内容首先要让学生了解国际

合作的背景，以及合作的方式随时代发展的变化，理解新型国际合作对区域发展的重要意义；然后通过不同的案例，引导学生从不同的角度进行区域比较、区域综合和区域联系，从而促进学生综合思维核心素养的培养。

（3）人地协调观。

通过不同的案例，结合区域经济的差异，能够从国家安全的高度理解资源和环境对于人地协调发展的重要性，增强国际合作意识，建立和谐发展的观念。

4. 学业质量水平要求（表1）

表1

课标内容	水平层次	具体要求
①结合实例，说出参与国际合作的国家，开展的具体合作及产生的影响	水平1	能够说出国际合作的表现及影响（综合思维、区域认知、人地协调观）
	水平2	能结合经济全球化的案例，分析国际合作的表现及影响（综合思维、区域认知、人地协调观）
	水平3	能根据经济全球化的具体案例，综合分析国际合作的表现及产生的影响（综合思维、区域认知、人地协调观）
②结合"一带一路"建设的实例，说明国际合作的重要意义	水平1	结合"一带一路"建设的案例，能简单分析"一带一路"建设对国际合作的重要意义（综合思维、区域认知、人地协调观）
	水平2	结合具体案例，能分析"一带一路"建设对国际合作的重要意义（综合思维、区域认知、人地协调观）
	水平3	结合具体的"一带一路"案例，综合分析"一带一路"建设对国际合作的重大意义（综合思维、区域认知、人地协调观）

三、典例示范

1. **课标内容①：结合实例，说出参与国际合作的国家，开展的具体合作及产生的影响**

（1）水平1示例。

【试题呈现】

（2019·海南卷）2015年，我国某服装企业在卢旺达建立成衣制造厂，生产的服装20%在卢旺达销售，80%出口欧美国家。2015年中国商务部公布的数据显示，在非洲投资的中国企业超过2 500家，其中民营中小企业超过70%。据此完成下题。

该服装企业在卢旺达建立成衣制造厂的有利条件是（　　）

A. 基础设施好　B. 人工成本低　C. 本地市场大　D. 获取信息快

【参考答案】

B

【水平表现说明】

试题以我国某服装企业在卢旺达建制衣厂创设一个简单的情境,我国和卢旺达的条件不同,在设置工业时考虑了不同的优势,制衣厂是劳动力导向型工业,主导因素是劳动力,产业的目的是投入最少,获得最多,因此在卢旺达建制衣厂是因为劳动力因素。劳动力得到了就业机会,自然增强了卢旺达的经济,同时也促进了我国的经济发展。此题考查学生通过国际合作的案例,从卢旺达可以建制衣厂的优势条件出发,能够简单分析出国际合作的表现及影响。核心素养方面,主要培养学生的区域认知、综合思维和人地协调观。综合来看,该题属于水平1层次。

(2) 水平2示例。

【试题呈现】

(2017·海南卷) 2000年7月,连接丹麦哥本哈根和瑞典马尔默的厄勒海峡跨海工程竣工通车。该工程全长16千米,采用海底隧道和跨海大桥组合的方案(图2)。据此完成下题。

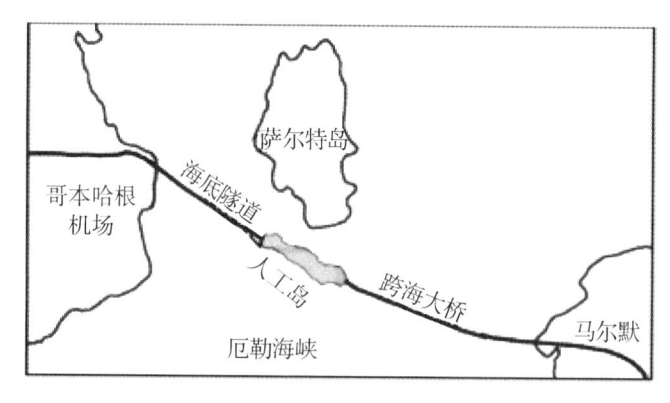

图2

区域差异为区域合作提供了条件,利于厄勒海峡两岸区域经济合作的条件是（　　）

A. 产业结构的差异　　B. 语言文化的差异
C. 社会福利的差异　　D. 交通规则的差异

【参考答案】

A

【水平表现说明】

试题通过连接丹麦哥本哈根和瑞典马尔默的厄勒海峡跨海工程竣工的案例创设了一个有关国际合作的情境。材料中提供了"区域差异为区域合作提供了条件"这个信息,使学生能够分析出厄勒海峡跨海工程利于两岸经济合作的条件是产业结构的差异,考查学生结合案例分析国际合作表现及影响的能力。核心素养考查了学生的区域认知、综合思维和人地协调观。综合判断,该试题属于水平2层次。

(3) 水平3示例。
【试题呈现】
(2016·全国卷) 目前,我国为保护棉农利益,控制国际棉花进口,国内的棉花价格约比国际市场高1/3;我国纺织行业工人工资一般为美国的1/4,是越南、巴基斯坦等国的3倍。我国一些纺织企业为利用国际市场棉花,在国外建纺纱厂,并将产品(纱线)运回国内加工。在我国同行业企业纷纷到越南、巴基斯坦等国建厂的情况下,总部位于杭州的K企业独自在美国建纺纱厂。2015年4月底,K企业在美国工厂生产的第一批110吨纱线运至杭州。据此完成1~2题。

1. 如果K企业将纺纱厂建在越南、巴基斯坦等国,利润比建在美国高,最主要的原因是越南、巴基斯坦等国(　　)
　　A. 离原料产地较近　　　　B. 离消费市场较近
　　C. 劳动生产率较高　　　　D. 劳动力价格较低

2. K企业舍弃越南、巴基斯坦等国而选择在美国建纺纱厂,考虑的主要因素可能是(　　)
　　A. 原料价格　　B. 劳动力价格　　C. 投资环境　　D. 市场需求

【参考答案】
1. D　2. C

【水平表现说明】
试题通过中国的纺织企业为了利用国际市场棉花,在国外建纺纱厂,并把产品运回国内进行加工的案例创设国际合作的情境。纺纱厂是劳动力导向型工业,学生要了解我国和越南、巴基斯坦的不同,因为经济不同最大的好处就是越南和巴基斯坦的劳动力会更廉价。K企业舍弃越南和巴基斯坦,选择在美国建厂。众所周知,美国经济发达,材料没有给出美国棉花价格的相关信息,美国劳动力价格高肯定不是优势。而在美国建纺纱厂,其后产品同样是返回国内加工,说明市场仍然是在中国,不在美国。分析下来,唯一的可能就是因为投资环境的问题。此题主要考查学生能否根据经济全球化的具体案例,综合分析国际合作的表现及产生的影响。学生要从材料里获取信息,综合分析国际合作产生的影响。此题考查了学生区域认知、综合思维和人地协调观等核心素养。综合判定,该题组属于水平3层次。

2. **课标内容②:结合"一带一路"建设的实例,说明国际合作的重要意义**
(1) 水平1示例。
【试题呈现】
(2017·江苏卷) 2019年,从安徽合肥发车,沿丝绸之路经济带发往中亚、欧洲的货运班列已突破百列。据此完成下题。

合肥发往中亚、欧洲的货运班列增加将有助于安徽省(　　)
　　A. 完善交通网络　　　　B. 做强能源产业
　　C. 改善环境质量　　　　D. 增加就业岗位

【参考答案】
D
【水平表现说明】
题目以合肥发往中亚、欧洲的班列构建了一个非常简约但又直接有效的情境。合肥是安徽省的省会城市，货运班列是发往中亚、欧洲的。学生可以从国际合作的意义出发，分析出合肥发往中亚、欧洲的货运班列增加将有助于安徽省增加就业岗位，其实就是考查了学生能否结合"一带一路"建设的案例，简单分析"一带一路"建设对国际合作的重大意义，考查了学生的综合思维、区域认知和人地协调观等核心素养。综合来看，该题属于水平1层次。

（2）水平2示例。
【试题呈现】
非洲是"一带一路"国际合作的重要组成部分。阅读图文资料，回答下列问题。

东非铁路多为百年前殖民地修建的"米轨"铁路（轨距1米）。2017至2019年，中国帮助肯尼亚修建了蒙内铁路（蒙巴萨—内罗毕）和内马铁路（内罗毕—马拉巴），取代了原来的"米轨"铁路，使东非地区货运成本大幅下降，运输时间大大缩短。

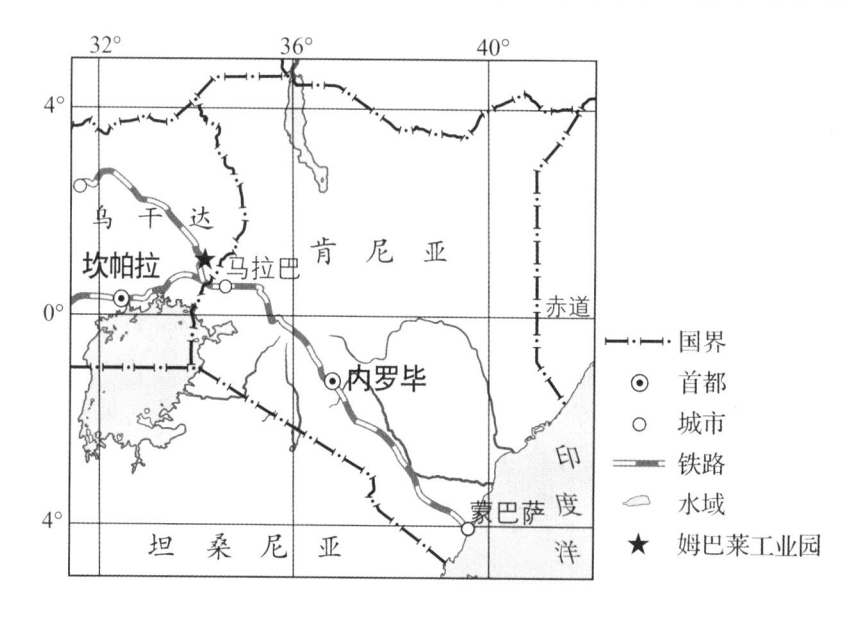

图3 肯尼亚铁路

简述中乌合作对乌干达社会经济发展的意义。
【参考答案】
促进产业升级，带动相关产业发展；增加就业，提高收入；促进文化交流。
【水平表现说明】
题目通过一幅东非铁路和姆巴莱工业园分布图及一段东非铁路的简单介绍材料，

创造了一个较为简单的探究情境。中国帮助肯尼亚建铁路就是国际合作，这种中乌合作对乌干达社会经济发展带来了影响。此题就是重点考查"一带一路"建设对国际合作的影响。此题通过东非铁路修建的好处和中国在姆巴莱建设工业园的案例，让学生分析中国在姆巴莱建设工业园的原因，分析中乌合作给乌干达社会经济发展带来的意义。在素养考查上，题目兼具了"区域认知""综合思维"和"人地协调观"三个方面的考查。可以判断，该题属于水平2层次。

（3）水平3示例。

【试题呈现】

（2019·上海市学业水平测试）印度尼西亚是我国重要的战略合作伙伴，"一带一路"发展蓝色航线，有三条航线一定要经过印度尼西亚。印度尼西亚森林覆盖率达7%，鱼类捕捞量仅次于中国，居世界第二。中国从印度尼西亚进口的比重，纸张、鱼类和经济作物占比高（表2）。据此回答下列问题。

表2

中国从印尼主要进口			中国向印尼主要出口		
HS章别	商品	占比/%	HS章别	商品	占比/%
27	矿物燃料及矿物油	34.18	84	机械设备及零件	16.77
15	动、植物油脂及其分解产品	12.16	85	电机、电气、音像设备及零部件	15.75
26	矿砂、矿渣及矿灰	8.22	27	矿物燃料及矿物油	5.60
38	杂项化学产品	6.24	72	钢铁	4.53
47	木浆及纤维素浆	5.07	75	钢铁制品	4.02

（1）从铁路密度和国土分布的角度阐述中国帮助印度尼西亚进行交通基础设施建设的理由。列举两例（除了铁路），中国能帮助印度尼西亚合作建设的基础交通设施。

（2）从印度尼西亚的海洋资源、农林产品、能源矿产角度分析中国和印度尼西亚经济合作的可行性。

【参考答案】

（1）现有铁路密度低且分布分散，只存在于部分岛屿；岛屿众多，东西狭长；中国具有建筑铁路、港口等基础设施的技术、资金、经验、设备和管理等优势；印度尼西亚经济落后，交通等基础设施不够完善，双方可优势互补，做到互利共赢。

桥梁（跨海大桥）；飞机场；港口；公路；高速铁路。

（2）海洋资源：印度尼西亚岛屿众多，海岸线曲折，渔业（捕捞渔业、水产品加工业、水产养殖业）资源丰富。

能源矿产：印度尼西亚石油、天然气、煤炭等能源资源丰富，开展能源矿产领域的合作既可以促进当地资源优势转变为经济优势，又能满足中国能源需求。

农林产品：印度尼西亚森林资源和热带经济作物种类丰富，满足中国初级农产品的需求，缓解中国土地资源压力。

中国和印尼互补性强，既能满足各自国民需求，带动两国经济发展，又能推动产业结构的升级与优化，双方的合作前景光明。

【水平表现说明】

题目通过中国从印度尼西亚进口的比重表创设一个较复杂的情境。材料中可看出印度尼西亚的铁路分布特点是分散的，而且密度低。中国既然可以帮助印度尼西亚建设交通基础设施，说明中国有技术，有资金，有经验。中国从印度尼西亚进口和出口的比重都很高，这样两国就有可以国际合作的前提条件。此题考查学生从材料中获取相关信息的能力，进而利用获得的信息分析中国在印度尼西亚修建铁路等交通设施的原因，从两国国民各自的需求出发，综合分析"一带一路"建设对两国合作在经济等方面的重大意义。在素养考查上，题目兼具了"区域认知""综合思维"和"人地协调观"三个方面的考查。综合来看，该题属于水平3层次。

选择性必修 3

★选择性必修 3.1 结合实例，说明自然资源的数量、质量、空间分布与人类活动的关系

一、课程标准

结合实例，说明自然资源的数量、质量、空间分布与人类活动的关系。

二、课标解读

1. 行为条件和行为动词

该课标可细化为：①结合实例，说明自然资源的数量与人类活动的关系。②结合实例，说明自然资源的质量与人类活动的关系。③结合实例，说明自然资源的空间分布与人类活动的关系。

该课标的行为条件是"结合实例"，行为动词是"说明"。

2. 主要概念和知识结构

该课标涉及的主要概念是自然资源、可再生资源、非可再生资源、品位、矿石品位、褐煤、烟煤、无烟煤等。

课程标准要求"结合实例，说明自然资源的数量、质量、空间分布与人类活动的关系"，说明授课的内容重点围绕实例展开，探讨的核心问题包括：一是概括自然资源的数量、质量与空间分布特征，二是说明自然资源的特征与人类生产、生活的关系。具体知识结构如图 1 所示：

```
        可再生   非可再生   自然      社会
                           属性      属性
           └──┬──┘         └───┬────┘
            类型              属性
              └────────┬───────┘
                    自然资源
            ┌───────────┼────────────┐
        数量特征      质量特征    空间分布特征
            └───────────┼────────────┘
                     人类活动
```

图 1

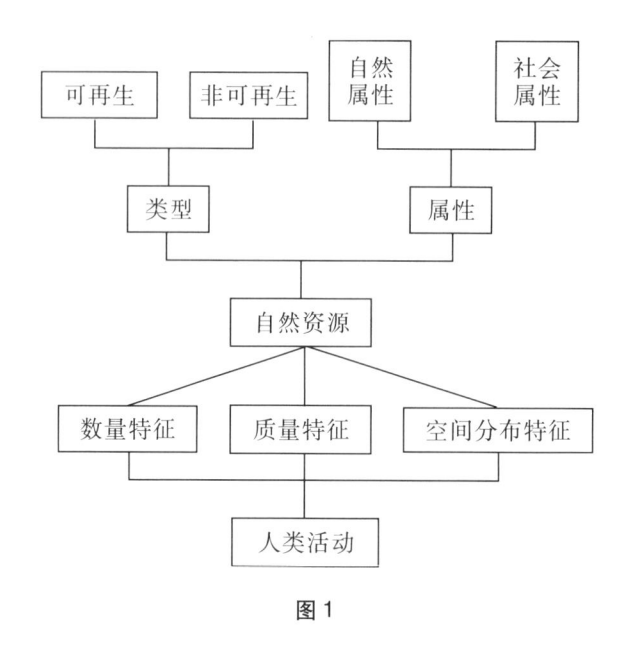

3. 地理核心素养指向

（1）区域认知。

自然资源在空间上的分布不均匀，但有规律可循。可再生资源受地球表面水热条件空间分异的影响，分布具有明显的地带性特点。例如，我国水资源的空间分布规律是南多北少，东多西少。矿产资源的形成受地质演化历史的制约，它们往往富集在某些特定地区。例如，我国北方多煤，南方多磷。所以，掌握自然资源的空间分布特征，需要学生具备一定的区域认知能力。

（2）综合思维。

本课程内容与其他模块内容有较多联系，同时又是后面学习资源安全、国家安全的基础，理论性强，逻辑复杂。数量、质量等特征的教学需要一定的数据支撑，不少地方需要借助数据的统计分析；时空差异显著，自然属性、社会属性的双重属性等内容的教学，要求在指导学生学习的过程中注意不同模块、不同学科知识的融合，培养综合思维。要求学生能够从自然资源综合开发的角度，分析自然资源的数量、质量、空间分布与人类活动的关系。

（3）地理实践力。

为了培养学生的地理实践力，可以布置学生课后调查家乡的某种自然资源的数量、质量和空间分布的情况，并说明它们与人类活动之间的关系，写成一篇乡土地理调查报告。

（4）人地协调观。

自然资源是人类活动与地理环境联系的纽带，自然资源特征与人类活动之间的关系是人地关系的重要表现形式。在人类生产建设过程中，既有人类活动顺应自然规律，造福社会的一面，节约、合理利用自然资源，维持人地关系协调发展；也存在人类活动违背自然规律,盲目、不合理利用自然资源的一面,不仅造成了自然资源的破坏和短缺,还会导致环境污染和生态破坏等问题,对地理环境产生严重的负面影响,加剧人地关系的矛盾,制约社会的可持续发展。分析自然资源特征与人类活动之间的关系时,注意渗透合理开发利用自然资源的人地协调观。

4. 学业质量水平要求(表1)

表1

课标内容	水平层次	具体要求
①结合实例,说明自然资源的数量与人类活动的关系	水平1	在简单、熟悉的情境中,能够根据提示,辨识区域自然资源数量特点或生产、生活信息,能简单建立起二者之间的联系(区域认知)
	水平2	在给定的简单情境中,能够简单概括区域自然资源数量特征或生产、生活发展变化情况,能简单分析二者的相互影响(综合思维、区域认知)
	水平3	在给定的复杂情境中,能够概括区域自然资源数量特征和生产、生活变化情况,能够较为全面地对二者之间的相互影响进行评价(综合思维、区域认知)
	水平4	结合现实中的自然资源开发利用问题,能够准确说出区域自然资源数量特征和生产、生活变化情况,能够全面地对二者之间的相互影响进行评价(综合思维、区域认知)
②结合实例,说明自然资源的质量与人类活动的关系	水平1	在简单、熟悉的情境中,能够根据提示,辨识区域自然资源质量特点或生产、生活信息,能简单建立起二者之间的联系(区域认知)
	水平2	在给定的简单情境中,能够简单概括区域自然资源质量特征或生产、生活发展变化情况,能简单分析二者的相互影响(综合思维、区域认知)
	水平3	在给定的复杂情境中,能够概括区域自然资源质量特征和生产、生活变化情况,能够较为全面地对二者之间的相互影响进行评价(综合思维、区域认知)
	水平4	结合现实中的自然资源开发利用问题,能够准确说出区域自然资源质量特征和生产、生活变化情况,能够全面地对二者之间的相互影响进行评价(综合思维、区域认知)
③结合实例,说明自然资源的空间分布与人类活动的关系	水平1	在简单、熟悉的情境中,能够根据提示,辨识区域自然资源空间分布特征或生产、生活信息,能简单建立起二者之间的联系(区域认知)
	水平2	在给定的简单情境中,能够简单概括区域自然资源空间分布特征或生产、生活发展变化情况,能简单分析二者的相互影响(综合思维、区域认知)
	水平3	在给定的复杂情境中,能够概括区域自然资源空间分布特征和生产、生活变化情况,能够较为全面地对二者之间的相互影响进行评价(综合思维、区域认知)
	水平4	结合现实中的自然资源开发利用问题,能够准确说出区域自然资源空间分布特征和生产、生活变化情况,能够全面地对二者之间的相互影响进行评价(综合思维、区域认知)

三、典例示范

1. 课标内容①：结合实例，说明自然资源的数量与人类活动的关系

（1）水平1示例。

【试题呈现】

(2017年6月广东省学考试题) 水资源开发利用率是指地区水资源实际用水量占可利用水量的比率。图2表示我国部分地区水资源开发利用状况。读图并结合所学知识，完成下题。

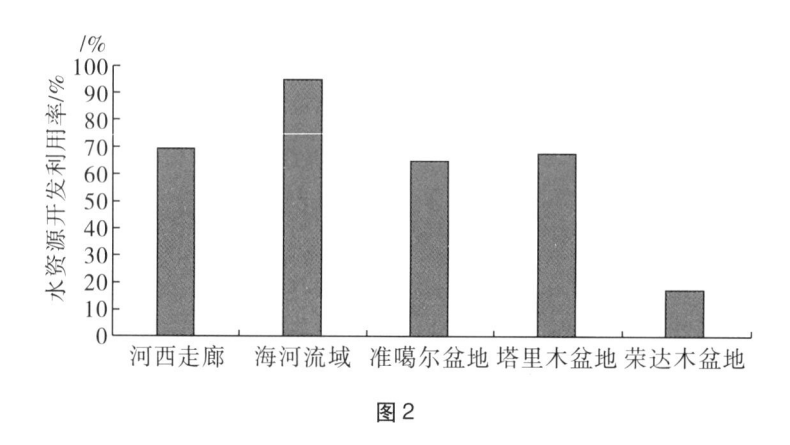

图2

由图可知，我国水资源开发利用率最低的地区是（　　）

A. 河西走廊　　B. 准噶尔盆地　　C. 塔里木盆地　　D. 柴达木盆地

【参考答案】

D

【水平表现说明】

试题用我国部分地区水资源开发利用状况创设情境，让学生在简单、熟悉的情境中，能够辨识日常生活区域的某些自然地理要素特征。试题通过考查我国水资源开发利用率最低的地区，说明自然资源的数量与人类活动的关系，考查学生的区域认知能力。该题通过读图表就可以直接选出答案，题目相对来说比较简单。综合来看，该题属于水平1层次。

（2）水平2示例。

【试题呈现】

(2014·课标卷Ⅱ) 降水在生态系统中被分为蓝水和绿水。蓝水是形成径流的部分（包括地表径流和地下径流）；绿水是被蒸发（腾）的部分，其中被植物蒸腾的部分称为生产性绿水，被蒸发的部分称为非生产性绿水。据此完成1~2题。

1. 下列流域中,绿水比例最大的是（   ）
   A. 塔里木河流域   B. 长江流域
   C. 雅鲁藏布江流域   D. 黑龙江流域
2. 在干旱和半干旱区,下列措施中,使绿水中生产性绿水比例提高最多的是（   ）
   A. 水田改旱地   B. 植树造林
   C. 覆膜种植农作物   D. 修建梯田

【参考答案】

1. A   2. C

【水平表现说明】

试题通过介绍生态系统中的蓝水和绿水为学生创设一个相对简单的学术情境,给定的地理事物较为简单,对学生在情境中进行信息的提取、分析、综合、归纳的能力有一定要求。试题要求学生自主辨识给定区域的某些自然要素特征,考查了学生的区域认知和综合思维能力。综合判断,该试题组属于水平2层次。

(3) 水平3示例。

【试题呈现】

(2021·全国甲卷) 2011年日本福岛核泄漏事件之后,德国宣布逐步放弃核电而重点发展光伏发电。图3示意2014年某日德国电力总需求和电力净需求的变化(电力净需求量=电力总需求量-光伏发电量)。据此完成1~2题。

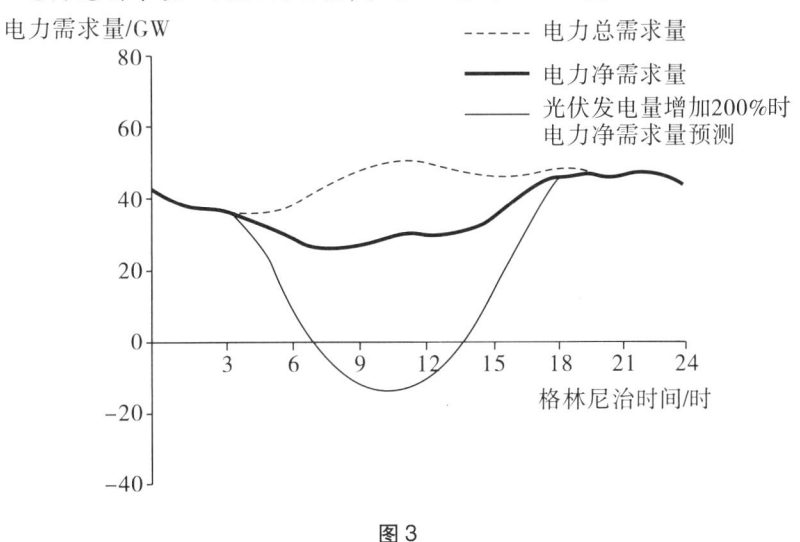

图3

1. 随着光伏发电量的增加,电力净需求量（   ）
   A. 全天性减少   B. 时段性增加   C. 时段性减少   D. 不发生变化
2. 降低夜间的电力净需求量,关键是发展（   ）
   A. 火力发电技术   B. 光伏发电技术
   C. 特高压输电技术   D. 电能储存技术

【参考答案】

1. C 2. D

【水平表现说明】

试题以某日德国电力总需求和电力净需求的变化为情境，是一组对学生来说非常陌生而抽象的学术情境。试题的解答过程需要学生不仅能准确地理解公式的含义，而且还要能够从复杂的图表中提取出有效的信息进行分析推理，对学生的思维要求很高，是一种复杂的综合思维活动，体现了对学生综合思维能力的考查。综合判断，该试题组属于水平3层次。

（4）水平4示例。

【试题呈现】

（2019·浙江卷）阅读材料，完成下列问题。

材料一：图4为坦桑尼亚略图。图5为图4中乙地降水量统计图。

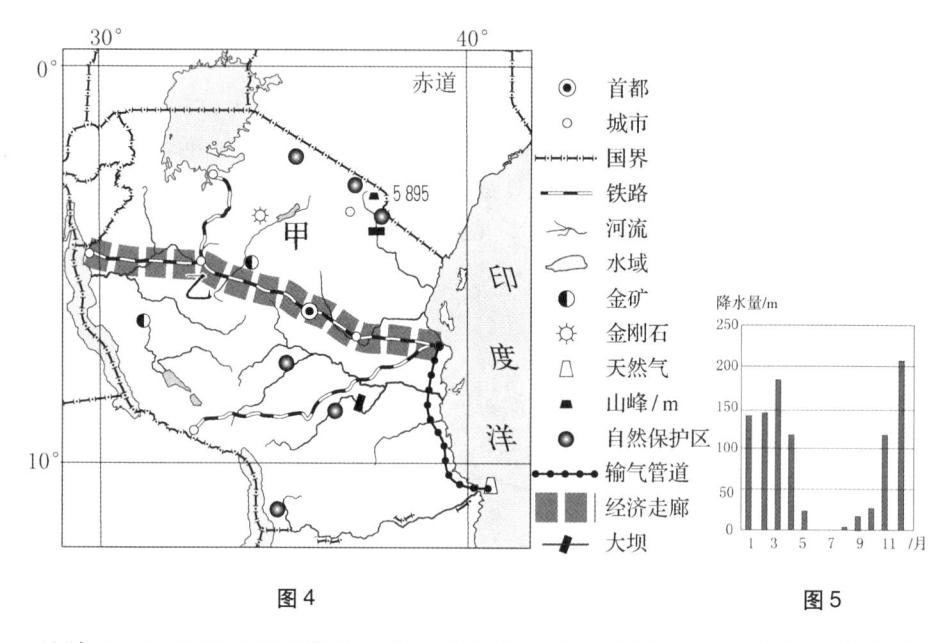

图4

图5

材料二：坦桑尼亚矿产资源丰富，境内大部分地区为高原，东部沿海地区有狭窄平原。自然保护区众多，约占国土面积的1/3。该国经济欠发达，交通、电力等基础设施相对落后。近年来，坦桑尼亚实施经济改革，东部沿海地区吸引了大量外资，经济获得了较快发展。

与开发水电相比，有人认为该国更宜利用天然气发电，请说明理由。

【参考答案】

天然气资源丰富；生产受季节影响较小；接近电力消费市场；有利于保护自然保护区；有利于保护河流生态环境。

【水平表现说明】

试题以坦桑尼亚资源开发利用这个现实中的自然资源开发利用问题为情境,考查学生是否能够准确说出区域自然资源数量特征和生产、生活变化情况,能否全面地对二者之间的相互影响进行评价。题目给出的文字材料和图表较多,提出的问题比较复杂,学生要解答好该题,需要具备特别好的区域认知和综合思维能力,可以很好地考查学生的区域认知和综合思维能力。综合判断,该试题属于水平4层次。

2. **课标内容②:结合实例,说明自然资源的质量与人类活动的关系**

(1) 水平1示例。

【试题呈现】

我国中部粮食主产区包括山西、安徽、江西、河南、湖北、湖南6省,土地面积占全国土地面积的10.69%,耕地面积约占全国耕地面积的24.06%,粮食产量占全国粮食产量的30%,在我国经济社会发展中具有重要地位。该区域人口众多,自然资源丰富,农业生产特别是粮食生产有明显优势。读我国中部粮食生产区分区图(图6)及各区域耕地面积及等级结构图(图7),完成下题。

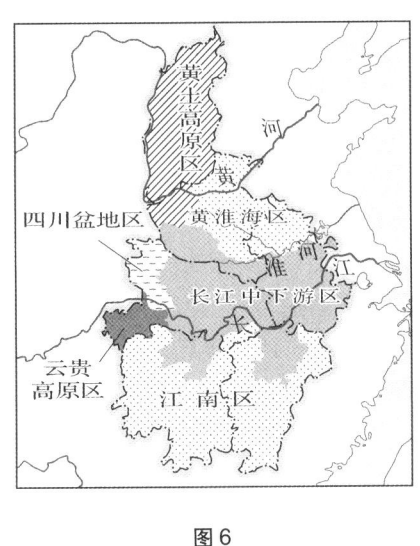

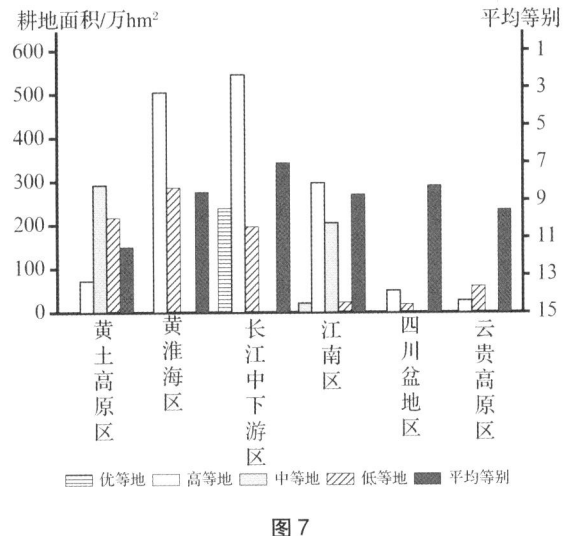

图6

图7

注:根据我国耕地质量等级调查与评定成果,将我国耕地划分为1~15等,1等地质量最好,15等地质量最差。

上图中耕地质量最优的地区是（　　）

A. 黄土高原区　　　　　　　　B. 黄淮海区

C. 长江中下游区　　　　　　　D. 四川盆地区

【参考答案】

C

【水平表现说明】

试题用我国中部粮食生产区分区图和各区域耕地面积及等级结构图创设情境,让学生在简单、熟悉的情境中,能够辨识日常生活区域的某些自然地理要素特征。试题通过考查我国耕地质量最优的地区,说明自然资源的质量与人类活动的关系,考查学生的区域认知能力。该题通过读图表就可以直接选出正确答案,题目相对来说比较简单。综合来看,该题属于水平1层次。

(2) 水平2示例。

【试题呈现】

题干见上文水平1示例。

图6中有一区域的耕地质量最差,为提高该地区的耕地质量,下列措施合理的是( )

A. 种植耐旱作物　　　　　　B. 全部施用农家肥
C. 修建水平梯田　　　　　　D. 大规模更换表土

【参考答案】

C

【水平表现说明】

试题用我国中部粮食生产区分区图及各区域耕地面积及等级结构图创设情境,让学生在给定的简单情境中,能够简单概括区域自然资源质量特征或生产、生活发展变化情况,能简单分析二者的相互影响。学生读图乙可以得知黄土高原的耕地质量最差,黄土高原耕地质量差与该地水土流失严重有很大关系,所以为提高该地区的耕地质量,下列措施合理的是修建水平梯田,减少水土流失。题目给定的地理事物较为简单,对学生在情境中进行信息的提取、分析、综合、归纳的能力有一定要求。试题要求学生自主辨识给定区域的某些自然要素特征,考查了学生的区域认知和综合思维能力。综合判断,该试题属于水平2层次。

(3) 水平3示例。

【试题呈现】

阅读材料,完成下列问题。

图8为我国跨流域调水某水源区示意图。该区域水源涵养能力突出,水质优良,承担着向京津冀(南水北调中线工程)和陕西渭河平原(引汉济渭工程)的调水任务。

图8

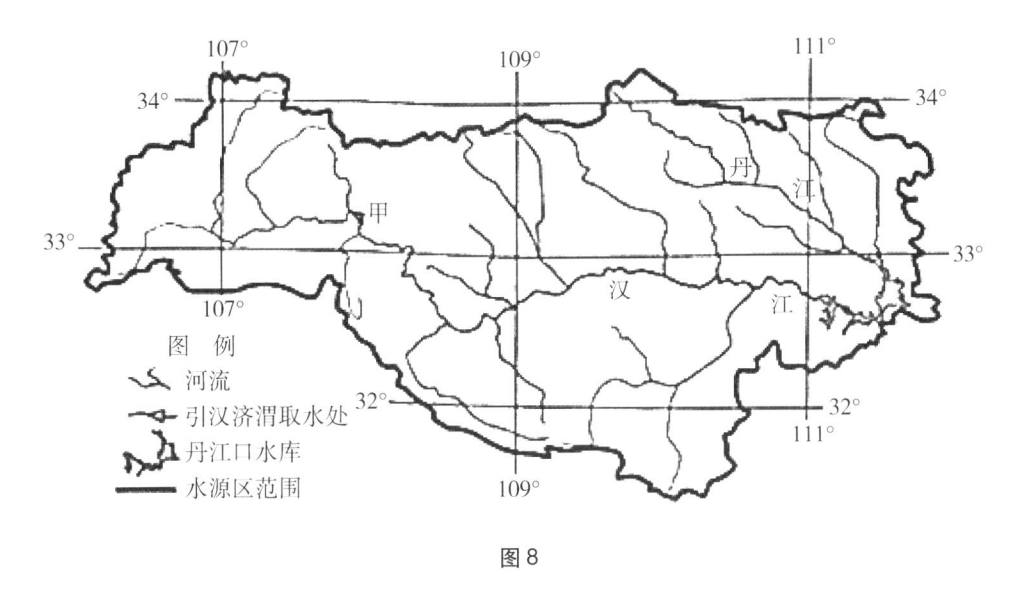

简析该水源区水质优良的主要原因。

【参考答案】

植被覆盖率高，开发强度较低，环境保护要求高。

【水平表现说明】

题目通过我国跨流域调水某水源区示意图以及简短的题干文字，创设出了一个较为复杂的情境。在素养考查上，题目兼具了"区域认知"和"综合思维"两个方面的考查。题目符合"在给定的复杂情境中，能够概括区域自然资源质量特征和生产、生活变化情况，能够较为全面地对二者之间的相互影响进行评价"的要求。综合判断，该试题属于水平3层次。

(4) 水平4示例。

【试题呈现】

阅读图文材料，完成下列各题。

材料一：全国耕地评定为15个等别，1等耕地质量最好。图9为2016年优、高、中、低等地面积比重图。

材料二：我国优等地主要分布在湖北省、湖南省、广东省，占全国优等地总面积的90.28%。

分析我国优等地面积占比较小的原因。

【参考答案】

我国优等地主要分布在湖北省、湖南省、广东省的江汉平原、洞庭湖平原和珠江三角洲，这些区域水热搭配较好，相比其他地区的耕地来说，所占

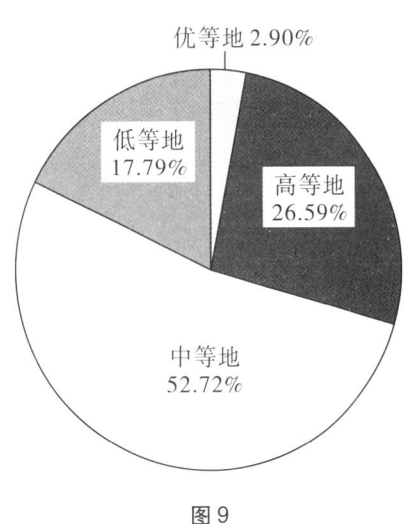

图9

面积较小；另外江汉平原、洞庭湖平原和珠江三角洲又是我国城镇化水平发展较快的地区，城郊部分优等地被挤占为建筑用地，导致这三处平原地区的优等地面积减小。

【水平表现说明】

题目通过我国2016年优、高、中、低等地面积比重图和我国优等地主要分布情况，要求学生分析我国优等地面积占比较小的原因，创设了一个看似简单实则较难的现实复杂情境。学生要解答好这道题目，需要知道我国优等地主要分布在湖北省、湖南省、广东省的江汉平原、洞庭湖平原和珠江三角洲，并且还要能够分析出这些地区优等地面积占比较小的原因：一是这些地区相比其他地区的耕地来说，所占面积较小；二是这些地区城镇化水平发展较快，城郊部分优等地被挤占为建筑用地，导致这些地区的优等地面积减小。本题对学生的区域认知、综合思维等地理核心素养有所考查，而且要求很高。整体来看，本题符合"结合现实中的自然资源开发利用问题，能够准确说出区域自然资源质量特征和生产、生活变化情况，能够全面地对二者之间的相互影响进行评价"的要求。综合判断，该试题属于水平4层次。

3. **课标内容③**：结合实例，说明自然资源的空间分布与人类活动的关系

（1）水平1示例。

【试题呈现】

受季风气候影响，我国水资源的季节分配和空间分布很不均匀。据此完成下题。

我国水资源空间分布特征是（　　）

A. 从西向东减少　　　　　　B. 东北多，西南少

C. 南丰北缺，东多西少　　　D. 北方多，南方少

【参考答案】

C

【水平表现说明】

本题对学生核心素养的要求主要体现在学生需要具备一定的区域认知能力。总体来看，该题符合水平1层次的要求。

（2）水平2示例。

【试题呈现】

（2021·辽宁卷）墨西哥拥有丰富的石油和天然气资源，但石油加工能力弱。2010年以来，墨西哥天然气消费量超过生产量，缺口逐年扩大，一半以上需从美国进口。目前墨西哥逐渐用天然气替代石油作为发电的主要燃料，并大力提高可再生能源的份额。图10为墨西哥及周边地区地理要素分布图。据此完成下题。

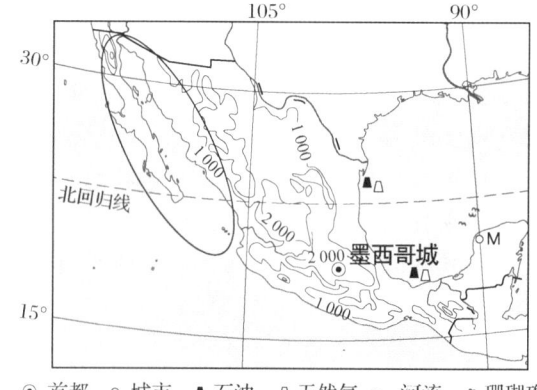

图10

墨西哥可再生能源主要分布在图中椭圆形区域的是（　　）

A. 水能　　　　B. 风能　　　　C. 太阳能　　　　D. 生物能

【参考答案】

C

【水平表现说明】

本题以一段文字材料和墨西哥及周边地区地理要素分布图创设情境，让学生判断图中椭圆形区域的可再生能源，属于"在给定的简单情境中，能够简单概括区域自然资源空间分布特征或生产、生活发展变化情况，能简单分析二者的相互影响"的要求。本题需要学生具备推测和简单分析能力，对学生的区域认知、综合思维等地理核心素养有所考查，但要求不太高。综合来看，该题符合水平2层次的要求。

（3）水平3示例。

【试题呈现】

阅读图文材料，完成下列各题。

图11为我国东部沿海部分省级行政区耕地、水资源对比图。

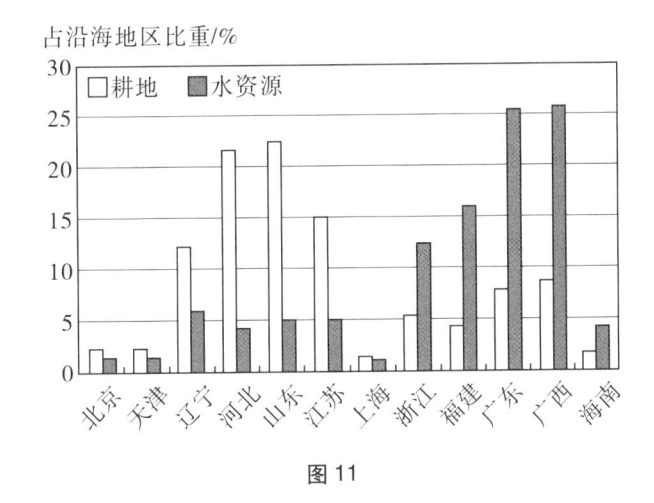

图11

根据材料，说出我国东部沿海部分省级行政区水资源与耕地资源的分布特点。

【参考答案】

水资源南多北少；耕地资源北多南少；水土配合不协调。

【水平表现说明】

本题通过我国东部沿海部分省级行政区耕地、水资源对比图，让学生根据材料，说出我国东部沿海部分省级行政区水资源与耕地资源的分布特点，属于"在给定的复杂情境中，能够概括区域自然资源空间分布特征和生产、生活变化情况，能够较为全面地对二者之间的相互影响进行评价"的要求。问题的行为动词是"说出"。试题着重考查了区域认知和综合思维。综合来看，该题属于水平3层次。

(4) 水平4示例。

【试题呈现】

阅读材料，完成下列问题。

材料一：为积极应对气候变化，我国制定了2030年前碳排放达峰行动方案，加大温室气体控制力度。常规能源短缺的福建省，根据当地自然条件，大力发展风电产业。福清市三峡海上风电国际产业园以生产大型海上风电设备为主，满足沿海地区风能开发对风电设备的需求。兴化湾年内风向多变、风力强劲，目前已发展成为全球最大的海上风电设备试验场。

材料二：图12为三峡海上风电国际产业园位置及海上风电场景观。

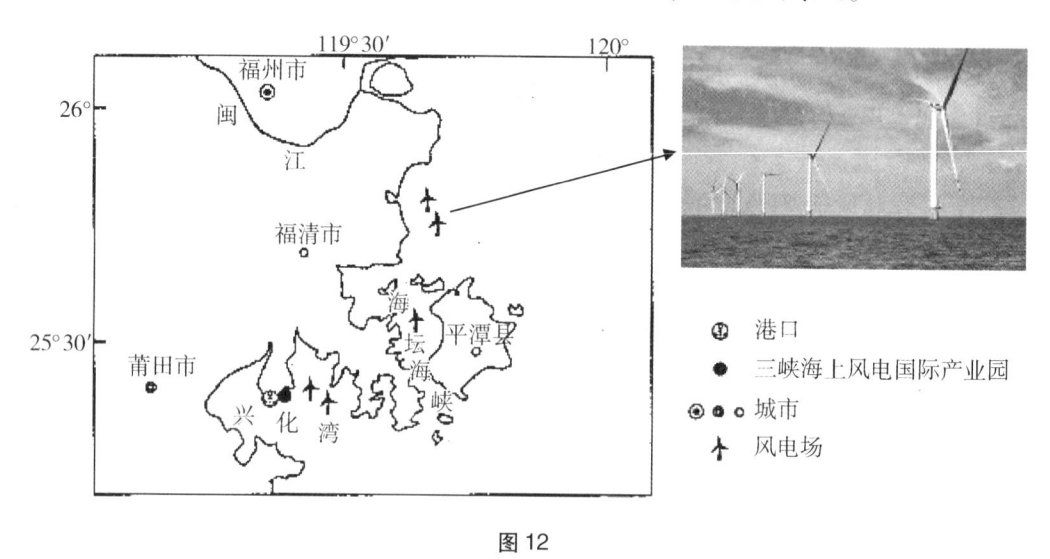

图12

与我国西北内陆地区相比，分析东南沿海开发风电的市场优势。

【参考答案】

东南沿海接近东部消费市场，输电距离较近，输电成本较低；东南沿海经济发达，电力需求量大，市场规模大。

【水平表现说明】

本题通过福清市三峡海上风电国际产业园位置及海上风电场景观图和一段较长的文字材料，创设了一个相对复杂的现实情境让学生分析：与我国西北内陆地区相比，东南沿海开发风电的市场优势。该试题情境对学生来说属于陌生的现实情境，对学生在情境中进行信息的提取、分析、综合、归纳的能力要求高。试题着重考查了区域认知和综合思维。问题的行为动词是"分析"。题目符合"结合现实中的自然资源开发利用问题，能够准确说出区域自然资源空间分布特征和生产、生活变化情况，能够全面地对二者之间的相互影响进行评价"的要求。综合来看，该题属于水平4层次。

★选择性必修3.2 以某种战略性矿产资源为例，分析其分布特点及开发利用现状

一、课程标准

以某种战略性矿产资源为例，分析其分布特点及开发利用现状。

二、课标解读

1. 行为条件和行为动词

该课标可细化为：①以某种战略性矿产资源为例，分析其分布特点。②以某种战略性矿产资源为例，分析其开发利用现状。

该课标的行为条件是"以某种战略性矿产资源为例"，行为动词是"分析"。

2. 主要概念和知识结构

该课标涉及的主要概念是战略资源、能源、石油、天然气、煤炭、低碳、化石能源、非化石能源、碳排放等。

根据课程标准的要求，授课的重点目标是帮助学生站在国家安全的高度，认识我国战略资源安全现状、问题及对应措施，结合实例了解资源问题对于国家安全的重要性。2016年我国确定了24种战略性矿产资源，其中包括石油、天然气、页岩气、煤炭、煤层气、铀等6种能源矿产资源。以石油战略资源为例，具体的知识结构如图1所示：

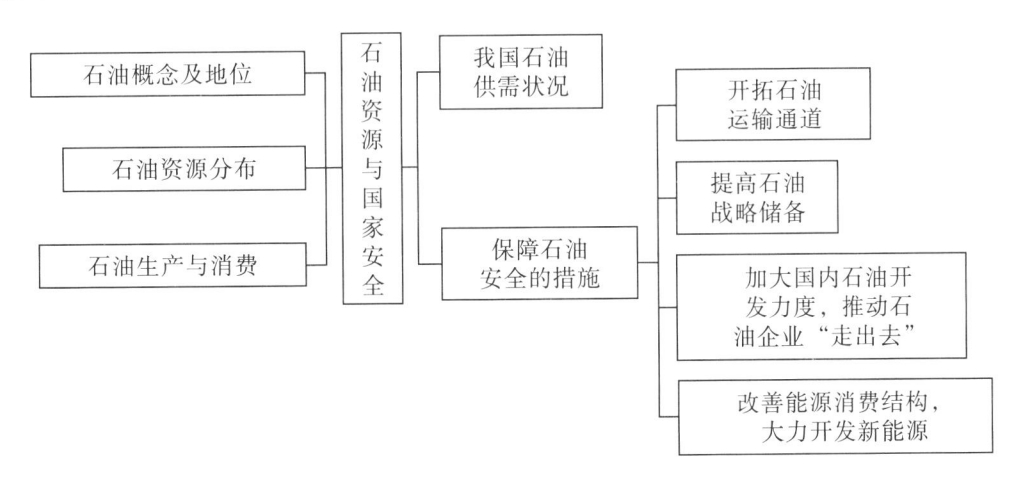

图1

3. 地理核心素养指向

（1）区域认知。

通过"中国煤炭和石油的生产和消费的空间格局"分布图，认识到我国能源消费的主要地区集中于东南部经济发达的地区，而大型煤炭生产基地集中在山西、内蒙古、陕西和新疆等地，石油、天然气资源主要赋存于北方地区和海域，能源资源供给与消费之间存在空间配置错位。通过分析我国能源供给与消费的空间配置错位，培养区域认知。

（2）综合思维。

课程标准对本部分教学要求的方法是"案例分析"。本节教材整体作为一个案例，在概述我国能源资源的分布和供需特点的基础上，从不同角度和多个层次说明我国能源供需的安全问题及其衍生的各种安全风险。教材通过数据、图表、实例、思考等方式，增强教材的可理解性、形象性和启发性，让学生通过对我国能源资源现状的直观了解，深化对资源安全丰富内涵的理解，同时培养学生的综合思维素养。

（3）地理实践力。

利用课外时间调查所在家乡汽油加油站的分布情况，把它们绘制在家乡地图上，分析汽油加油站这样布局的原因。

（4）人地协调观。

我国是一个能源生产大国和消费大国，拥有丰富的化石能源资源。我国是世界上少数几个以煤炭为主要能源的国家，一次性能源生产和消费的61%左右为煤炭，大量使用煤炭，使66%的中国城市大气中颗粒物含量以及22%的城市空气二氧化硫含量超过国家空气质量二级标准。长期以来，这种以煤炭为主的能源结构和单一的能源消费模式带来了严重的环境污染。伴随着经济的快速发展和能源需求量的持续增长，化石燃料燃烧所产生的温室气体排放给环境造成了越来越沉重的压力。当前，我国能源发展存在着能源消费结构不合理、能耗水平高、能源利用效率低等问题。通过本课程的学习，培养学生节约资源和保护环境的意识。

4. 学业质量水平要求（表1）

表1

课标内容	水平层次	具体要求
①以某种战略性矿产资源为例，分析其分布特点	水平1	在简单、熟悉的情境中，说出某种战略性矿产资源的分布特征（区域认知）
	水平2	在给定的简单情境中，能完整地归纳出某种战略性矿产资源的分布特征（综合思维、区域认知）
	水平3	在给定的复杂情境中，能够较为全面地分析出某种战略性矿产资源的分布特征（综合思维、区域认知）
	水平4	结合现实中的战略性矿产资源，通过图文等资料，能够全面地分析出某种战略性矿产资源的分布特征，并能分析其对我国能源安全的影响（综合思维、区域认知）

续上表

课标内容	水平层次	具体要求
②以某战略性矿产资源为例，分析其开发利用现状	水平1	在简单、熟悉的情境中，说出某种战略性矿产资源的开发利用现状（区域认知）
	水平2	在给定的简单情境中，能够简单分析某种战略性矿产资源的开发利用现状（综合思维、区域认知）
	水平3	在给定的复杂情境中，能够较为全面地分析某种战略性矿产资源的开发利用现状（综合思维、区域认知）
	水平4	结合现实中的战略性矿产资源开发利用问题，能够全面地分析出某种战略性矿产资源开发利用现状，能够运用供需平衡原理分析其对我国能源安全的影响（综合思维、区域认知、人地协调观）

三、典例示范

1. **课标内容①：以某种战略性矿产资源为例，分析其分布特点**

（1）水平1示例。

【试题呈现】

图2为我国"石油和煤炭资源主要分布图"，从图中可知我国的石油主要分布在（　　）

A. 东部沿海地区
B. 南方丘陵多山地区
C. 东北、华北和西北地区
D. 塔里木盆地、四川盆地

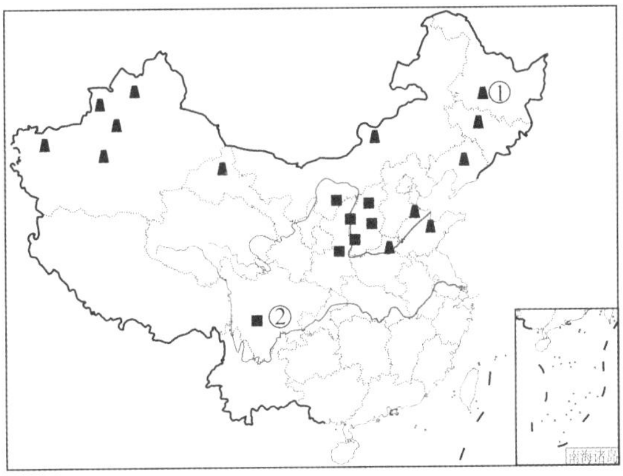

【参考答案】

C

图2

【水平表现说明】

试题用我国"石油和煤炭资源主要分布图"创设情境，让学生在简单、熟悉的情境中，通过图文资料，说出某种战略性矿产资源的分布特征。试题通过考查我国的石油分布，考查学生的区域认知。该题通过读图就可以直接选出答案，题目相对来说比较简单。综合来看，该题属于水平1层次。

(2) 水平2示例。

【试题呈现】

我国煤炭资源丰富，为保障国家能源安全，化解煤炭产能过剩和石油主要依赖进口等问题，我国大力发展煤制油技术，成功解决了煤制油过程中高耗水、高污染和低转换效率等问题。目前已在西北地区布局了一批煤制油企业，年产量可达3 000万吨。据此完成下题。

我国下列省区中，可大规模发展煤制油产业的是（　　）
A. 四川、云南　　B. 贵州、山西　　C. 青海、江西　　D. 广东、福建

【参考答案】

B

【水平表现说明】

试题通过一段文字材料介绍我国煤制油的情况，为学生创设一个相对简单的情境。试题给定的地理事物较为简单，对学生在情境中进行信息的分析、综合的能力有一定要求。试题要求学生能够归纳某些自然地理要素的空间分布特征，考查了学生的区域认知和综合思维能力。综合判断，该试题属于水平2层次。

(3) 水平3示例。

【试题呈现】

阅读图文材料，完成下列问题。

我国煤炭资源储量位居全球第四，占比为13%，内蒙古、山西和陕西是我国主要的煤炭产地。图3为2019年我国各省市煤炭产量统计图。

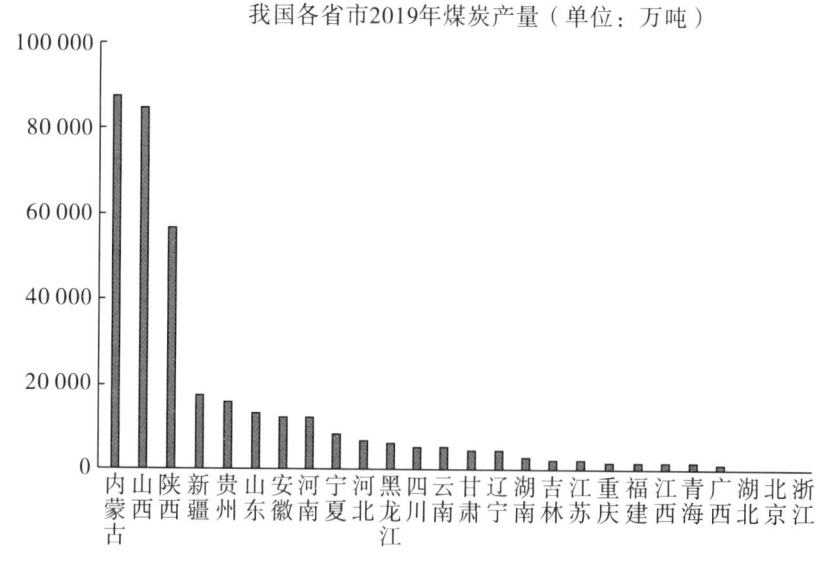

我国各省市2019年煤炭产量（单位：万吨）

图3

简述2019年我国各省市煤炭产量差异的空间分布特征。

【参考答案】

煤炭产量各省差异大,分布极不均衡;西部省份产量大(或内蒙古、山西、陕西三省产量最大),东部沿海省份产量小;北部省份产量大,南部省份产量小。

【水平表现说明】

题目用一段文字材料和2019年我国各省市煤炭产量统计图创设情境,考查学生的区域认知和综合思维能力。问题的行为动词是"简述"。题目符合"在给定的复杂情境中,能够较为全面地分析出某种战略性矿产资源的分布特点"的要求。综合来看,该题属于水平3层次。

(4) 水平4示例。

【试题呈现】

阅读材料,完成下列问题。

我国石油进口逐年增加,石油安全问题不容忽视。一般认为,当一国石油对外依存度达到49%时是一个重要的风险"警戒线"。推进中国石油进口渠道多元化、建立必要的战略石油储备,可以防止石油供应中断对国民经济造成的损失。图4为中国石油、天然气分布简图。

分别概括我国石油、天然气资源的分布特点,并说明这种分布特点对我国能源安全的影响。

【参考答案】

石油分布特征:北方多,南方少;天然气分布特征:中西部多、东部少。

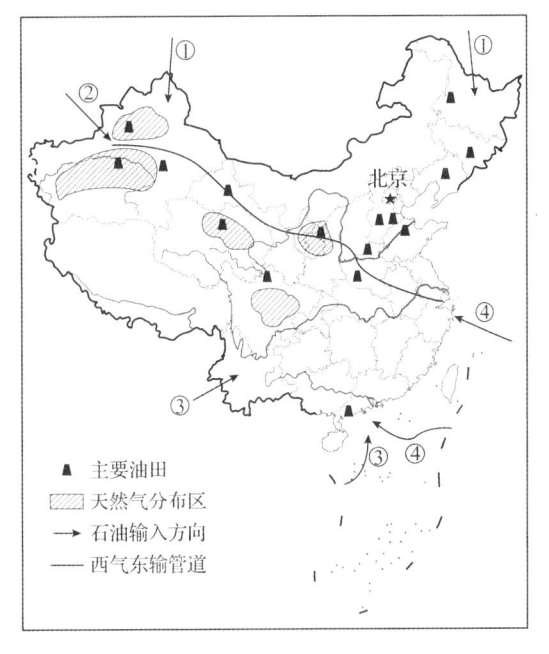

图4

影响:由于能源供给与消费空间配置错位,使我国能源在长距离运输过程中存在重大安全风险。

【水平表现说明】

本题通过一段文字材料和中国石油、天然气分布简图,创设了一个相对复杂的情境,让学生分别概括我国石油、天然气资源的分布特点,并说明这种分布特点对我国能源安全的影响。该试题对学生在情境中进行信息的提取、分析、综合、归纳的能力要求较高,着重考查了区域认知和综合思维。问题的行为动词是"概括"和"说明"。题目符合"结合现实中的战略性矿产资源,能够全面地分析出某种战略性矿产资源的分布特点,并能分析其对我国能源安全的影响"的要求。综合来看,该题属于水平4层次。

2. 课标内容②：以某种战略性矿产资源为例，分析其开发利用现状

（1）水平1示例。

【试题呈现】

（2019·广东省学考）目前，中国已成为世界上主要的石油消费国。图5为我国石油供需状况示意图。读图并结合所学知识，完成下题。

图5

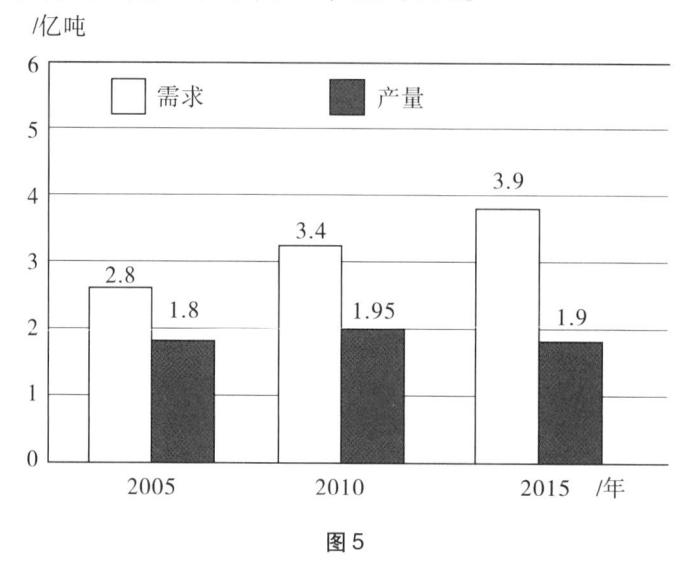

图中反映出我国石油供需变化特点的是（　　）

A. 石油生产量增长较快　　　　B. 石油进口量增长较快

C. 石油需求量增长缓慢　　　　D. 石油出口量增长较快

【参考答案】

B

【水平表现说明】

本题以我国石油供需状况示意图作为情境材料，让学生在简单、熟悉的情境中，能够根据图中的数据提示，辨识日常生活区域的某些自然地理要素特征。读图可知，我国石油需求量增长较快，石油生产量先增后降，基本稳定，我国石油缺口越来越大，供需矛盾日趋尖锐，需要较快增长的石油进口量来弥补缺口，据此分析本题选B。对学生核心素养的要求主要体现在学生的区域认知。总体来看，该题符合水平1层次的要求。

（2）水平2示例。

【试题呈现】

（2021·浙江卷）图6为我国2007—2017年石油消耗总量和对外依存度（石油净进口量/石油消耗总量×100%）统计图。据此完成下题。

图6

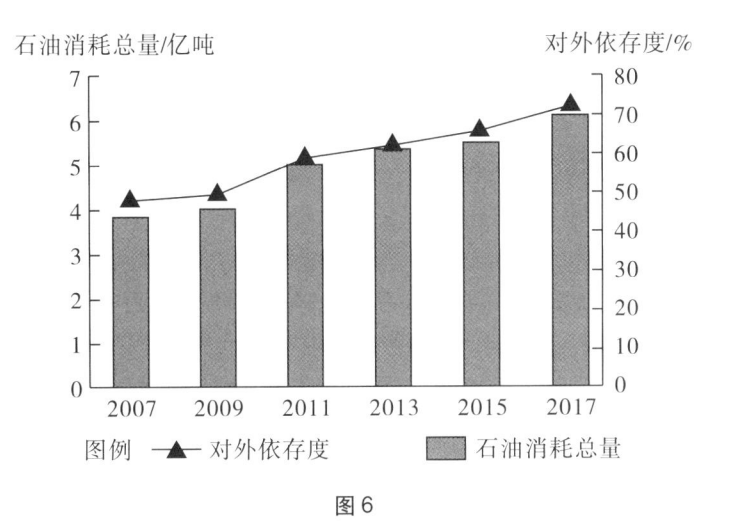

为降低我国石油的对外依存度，下列措施可行的有（　　）
①加强石油综合利用　②改善能源消费结构　③积极寻求新的进口通道　④加大国内石油开发力度

A. ①②　　　　　B. ①③　　　　　C. ②④　　　　　D. ③④

【参考答案】

C

【水平表现说明】

题目以我国2007—2017年石油消耗总量和对外依存度的图表作为探究情境，让学生在给定的简单情境中，简单分析某种战略性矿产资源的开发利用现状。根据材料，对外依存度＝石油净进口量/石油消耗总量×100%。图中显示对外依存度逐年上升，石油消耗总量也是逐年上升，故可得出我国石油净进口量逐年攀升。本题需要学生具备简单的分析能力，对学生的综合思维等地理核心素养有所考查，但要求不太高。综合来看，该题符合水平2层次的要求。

（3）水平3示例。

【试题呈现】

随着经济与社会的快速发展，我国对石油的需求量逐年增加。根据下列材料，结合所学知识，回答下列问题。

材料一：图7为2016年我国前7位石油进口国进口量占进口总量百分比的柱状图。

材料二：中巴经济走廊及北极航道示意图（图略）。

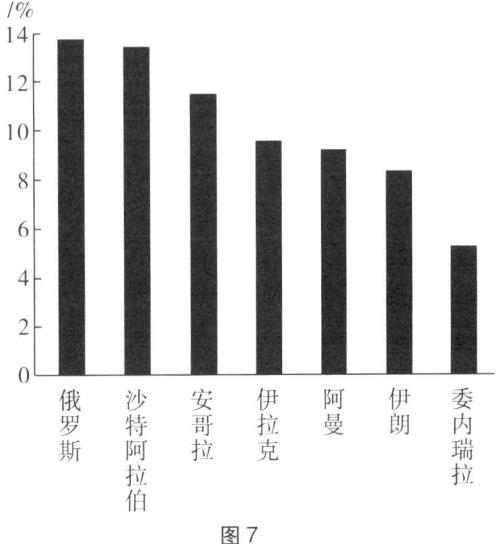

图7

提出我国在保障"石油能源安全"上应采取的主要措施。

【参考答案】

优化能源消费结构,积极开发清洁能源和可再生能源;调整产业结构,降低能源消耗;加强技术改造,提高能源开发利用的效率;拓宽石油进口渠道,增加石油战略储备。

【水平表现说明】

本题通过2016年我国前7位石油进口国进口量占进口总量百分比的柱状图等材料,让学生根据材料提出我国在保障"石油能源安全"上应采取的主要措施。问题的行为动词是"提出"。我国在保障"石油能源安全"上应采取的主要措施应从开源和节流两方面考虑。例如优化能源消费结构,积极开发清洁能源和可再生能源;调整产业结构,降低能源消耗,提高能源利用率;加强技术改造,提高能源开发利用的效率;拓宽石油进口渠道,增加石油战略储备,加强国内石油勘探;等等。试题符合"在给定的复杂情境中,能够较为全面地分析某种战略性矿产资源的开发利用现状"的要求。试题着重考查了区域认知和综合思维。综合来看,该题属于水平3层次。

(4) 水平4示例。

【试题呈现】

(2017·全国卷) 阅读图文材料,完成下列各题。

山西省焦煤资源丰富,其灰分和硫分含量较低,所生产的冶金焦供应全国并出口。据调查,1998年山西省有1800余家小焦化企业。随着国家相关政策和法规的实施,山西省逐步关停这些小焦化企业,至2014年已形成4个千万吨级焦化园区和14个500万吨级焦化园区,极大地改变了该产业污染严重的状况。图9示意1994年和2014年山西省焦化厂布局的变化。

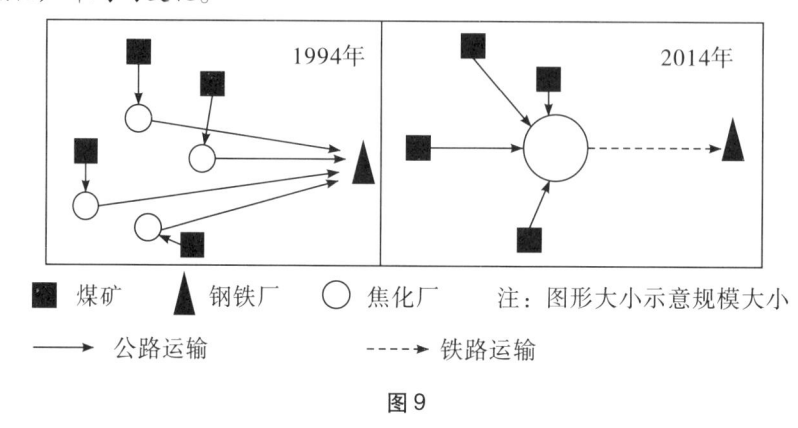

图9

(1) 说明20世纪90年代山西省焦化企业规模小、数量多的存在条件。

(2) 分析20世纪90年代山西省焦化产业生产过程中污染严重的原因。

(3) 指出20世纪90年代山西省焦化产业运输过程中存在的污染问题。

(4) 推测山西省建立大型焦化产业园区后,在生产过程和运输过程中,对减少环境污染可采取的措施。

【参考答案】

(1) 焦炭分布广泛，煤矿众多。小企业投资少（技术门槛低），临近煤矿，运输费较低。我国钢铁工业规模大，对冶金焦需求量大（市场需求大）。增加当地就业，有经济效益，地方政府有积极性。

(2) （企业规模小、数量众多）技术水平低，设备落后，（生产过程中）能耗大，废弃物排放量大，污染点多、面大。

(3) （企业分散，单厂原料和产品的量较少，采用公路运输）所以汽车（卡车）数量多，尾气排放量大，原料和产品装卸、运输过程中存在煤炭散落、煤粉漂浮等问题。

(4) 生产过程：（由于规模大，实力强）可以采用清洁技术和设备（减少能耗，提高资源利用率）；可以采用控制排放或回收再利用等技术和设备（减少废弃物排放量，降低废弃物对环境的危害）。

运输过程：（由于生产集中）可以修建铁路专用线，采用封闭运输。

【水平表现说明】

本题以我国山西煤炭工业发展为背景，通过山西焦化产业，考查焦化产业生产、运输过程中的污染问题及治理措施，旨在考查获取、解读地理信息的能力以及综合思维素养；针对焦化产业园存在的问题，理解人地协调发展的重要性，体现对人地协调观的考查。问题的行为动词分别是"说明""分析""指出"和"推测"。试题着重考查了区域认知和综合思维。试题符合"结合现实中的战略性矿产资源开发利用问题，能够全面地分析出某种战略性矿产资源开发利用现状"的要求。综合来看，该题属于水平4层次。

★选择性必修3.3 运用图表，解释中国耕地资源的分布，说明其开发利用现状，以及耕地保护与粮食安全的关系

一、课程标准

运用图表，解释中国耕地资源的分布，说明其开发利用现状，以及耕地保护与粮食安全的关系。

二、课标解读

1. 行为条件和行为动词

该课标可细化为：①运用图表，解释中国耕地资源的分布。②运用图表，说明中国耕地资源的开发利用现状。③运用图表，说明耕地保护与粮食安全的关系。

该课标的行为条件是"运用图表"，行为动词是"解释""说明"。

2. 主要概念和知识结构

该课标涉及的主要概念是耕地资源、粮食安全、粮食储备、耕地红线等。

课程标准要求"运用图表,解释中国耕地资源的分布,说明其开发利用现状,以及耕地保护与粮食安全的关系",因此,本节课的重点目标是帮助学生站在国家安全的高度,认识我国耕地资源保护与粮食安全的关系,理解耕地资源和粮食问题对国家安全的重要性。具体知识结构如图1所示:

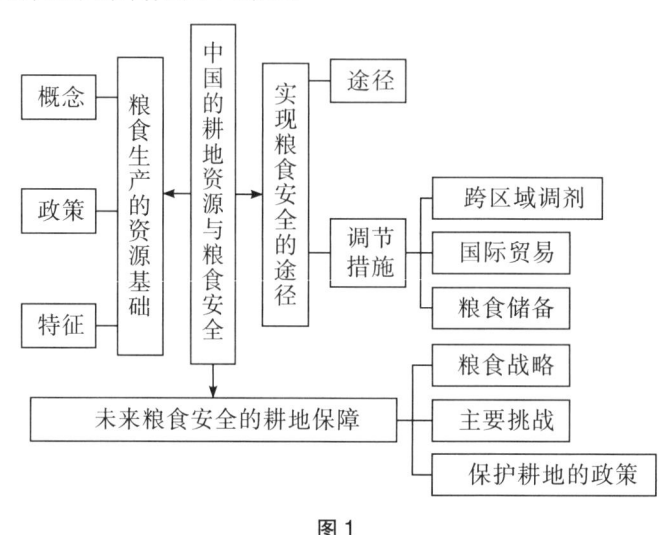

图1

3. 地理核心素养指向

(1) 区域认知。

运用中国耕地分布图、中国水资源分布图、中国各省区耕地平均质量图等,概括中国耕地空间分布不均、水土资源配置不佳等问题,探讨南方地区和北方地区的粮食生产区域差异:南方地区耕地质量高,水资源丰富,但是耕地数量不足,同时面临城市化、工业化对耕地的侵占和耕地的污染问题;北方地区耕地面积大,但是耕地质量较差,中、低产田较多,同时水资源不足。

(2) 综合思维。

粮食安全问题具有综合性,可以粮食生产、粮食贸易、粮食运输、粮食加工、粮食消费等众多环节展开,同时涉及自然要素和社会经济要素,在不同的时间和空间尺度有不同的表现。"粮食生产安全的资源基础"关注粮食生产环节,主要从耕地资源、水资源、气候资源等自然要素展开论证。"实现粮食安全的途径"以粮食生产(维持耕地面积和提高单产)为主,同时涵盖粮食贸易(利用国际粮食市场)和粮食运输(跨区域粮食调配)等,需从城市化、农业机械化、商贸物流、仓储等角度综合思考。

(3) 地理实践力。

利用周末时间,让学生调查家乡的耕地情况,包括耕地的数量、质量和突出问题,对保护耕地提出合理化建议。

(4) 人地协调观。

耕地是农业生产最基本的生产资料之一，一切优质高产的农作物及其栽培，都必须建立在一定数量和质量的耕地之上。我国存在人均耕地少、后备耕地资源有限、耕地质量总体欠佳、耕地污染和退化严重等突出问题。耕地是粮食生产的重要基础和保障，也是确保粮食安全的根基。粮食安全事关稳定，因此，做好耕地保护是事关安全稳定发展的重中之重。

4. 学业质量水平要求（表1）

表1

课标内容	水平层次	具体要求
①运用图表，解释中国耕地资源的分布	水平1	在简单、熟悉的情境中，能够根据提示，辨识中国耕地资源的分布（区域认知）
	水平2	在给定的简单情境中，能够简单概括中国耕地资源的分布情况（综合思维、区域认知）
	水平3	在给定的复杂情境中，能够较为全面地解释中国耕地资源的分布（综合思维、区域认知）
	水平4	能够从全球化的视角，准确全面地解释中国耕地资源的分布（综合思维、区域认知）
②运用图表，说明中国耕地资源的开发利用现状	水平1	在简单、熟悉的情境中，能够根据提示，辨识中国耕地资源的开发利用现状（区域认知）
	水平2	在给定的简单情境中，能够简单概括中国耕地资源的开发利用现状（综合思维、区域认知）
	水平3	在给定的复杂情境中，能够较全面地概括中国耕地资源的开发利用现状（综合思维、区域认知）
	水平4	在给定的复杂情境中，能够综合分析中国耕地资源的开发利用现状（综合思维、区域认知）
③运用图表，说明耕地保护与粮食安全的关系	水平1	在简单、熟悉的情境中，能够根据提示，说出耕地保护与粮食安全的关系（区域认知）
	水平2	在给定的简单情境中，能够简单概括耕地保护与粮食安全的关系（综合思维、区域认知）
	水平3	在给定的复杂情境中，能够准确全面概括耕地保护与粮食安全的关系（综合思维、区域认知）
	水平4	结合中国耕地保护实例，能够从国家安全的高度，说明耕地保护与粮食安全的关系，理解资源和环境安全对于人地协调发展的重要性，建立和谐发展的观念（综合思维、区域认知、人地协调观）

三、典例示范

1. 课标内容①：运用图表，解释中国耕地资源的分布

（1）水平1示例。

【试题呈现】

下面每一幅图表示我国一种土地利用状况的分布情况，下列叙述正确的是（　　）

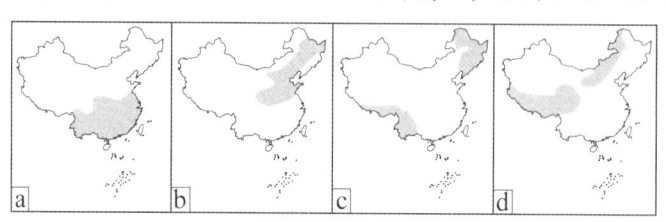

A. a水田、b旱地、c荒地、d林地　　B. a水田、b旱地、c林地、d草地

C. a旱地、b水田、c林地、d荒地　　D. a旱地、b水田、c荒地、d林地

【参考答案】

B

【水平表现说明】

本题以我国土地利用状况的分布情况作为情境材料，让学生在简单、熟悉的情境中，根据图中的信息提示，辨识中国耕地资源的分布特征，对学生核心素养的要求主要体现在学生需要具备一定的区域认知能力。总体来看，该题符合水平1层次的要求。

（2）水平2示例。

【试题呈现】

中国人口众多，解决好吃饭问题始终是治国理政的头等大事。目前，针对长期实施的"藏粮于仓、以丰补歉"战略带来的问题，中央提出"藏粮于地、藏粮于技"的粮食安全战略。图2示意我国四个省份的耕地面积和水资源总量。据此完成下题。

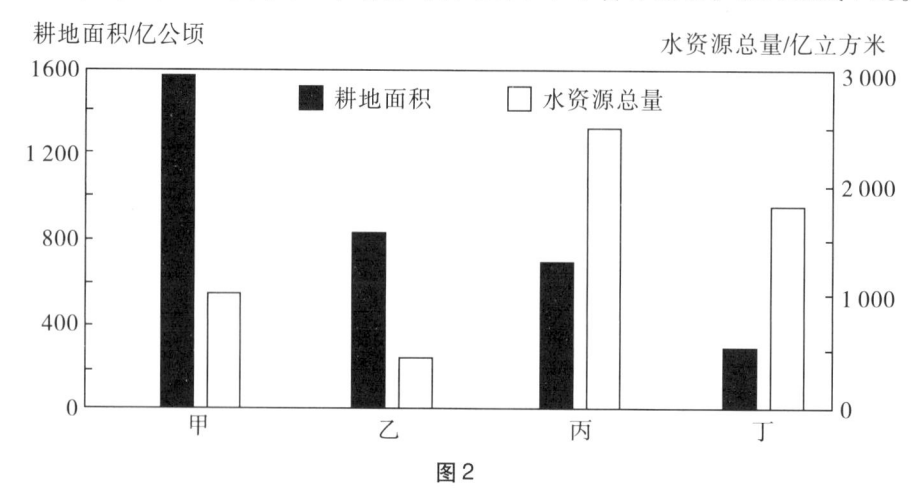

图2

推测甲、乙、丙、丁分别对应的省份（　　）

A. 广东、四川、黑龙江、河南　　B. 河南、黑龙江、广东、四川
C. 四川、河南、广东、黑龙江　　D. 黑龙江、河南、四川、广东

【参考答案】

D

【水平表现说明】

本题用一段文字材料和我国四个省份的耕地面积及水资源总量示意图创设情境，让学生推测甲、乙、丙、丁分别对应的省份，属于"在给定的简单情境中，能够简单概括中国耕地资源的分布"的要求。本题需要学生具备一定的推测能力和简单分析的能力，对学生的区域认知、综合思维等地理核心素养有所考查，但要求不太高。综合来看，该题符合水平2层次的要求。

（3）水平3示例。

【试题呈现】

(2019·全国Ⅱ卷) 阅读图文材料，完成下列要求。

云南省宾川县位于横断山区边缘，高山地区气候凉湿，河谷地区气候干热。为解决河谷地区农业生产的缺水问题，该县曾在境内山区实施小规模调水，但效果有限。1994年"引洱（海）入宾（川）"工程竣工通水，加之推广节水措施，当地农业用水方得以保障。近些年来，宾川县河谷地区以热带、亚热带水果为主的经济作物种植业蓬勃发展。图3示意宾川县的地形。

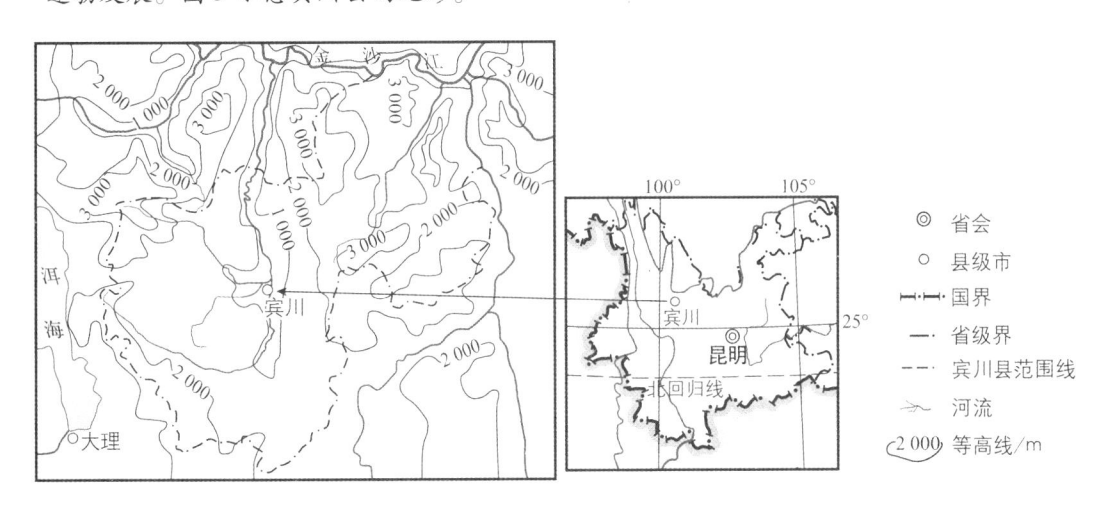

图3

指出宾川县地形的主要特点，并推测耕地分布及数量的特点。

【参考答案】

地形特点：山高谷深。耕地特点：耕地主要分布在谷地和山间盆地，数量少（或面积小、占土地面积比重小）。

【水平表现说明】

本题通过一段文字材料和宾川县的地形图对宾川县的自然地理和人文地理进行介绍，让学生根据材料指出宾川县地形的主要特点，并推测耕地分布及数量的特点。读图（注意图中县界线），宾川县总体地势较高，东北部海拔多在3 000米以上，境内大部分地区海拔在1 000、2 000米以上，河谷地带地势较低平且面积狭小，再结合材料"宾川县位于横断山区边缘，高山地区气候凉湿，河谷地区气候干热"，可推测宾川县的地形特征为（地势起伏大）山高谷深。耕地应分布在地势低平地区，因此宾川县的耕地主要分布在河谷、山间盆地等地势低平处；由于高山面积广、河谷面积狭小，宾川县耕地面积占土地面积的比重小、数量少。试题给出的材料比较充分，学生从文字材料和地形图的信息中就可以概括出题目答案来，属于"在给定的复杂情境中，能够较为全面地解释中国耕地资源的分布"的要求。问题的行为动词是"指出"和"分析"。试题着重考查了区域认知和综合思维。综合来看，该题属于水平3层次。

（4）水平4示例。

【试题呈现】

读"印度、美国、中国耕地比较图"（图4），回答下题。

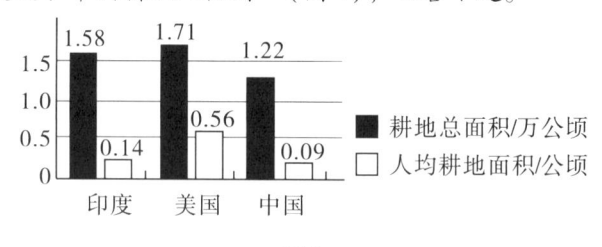

图4

分析中国耕地总面积少于美国的原因和人均耕地面积少于印度的原因。

【参考答案】

中国地形以山地、高原为主，山区面积广大，平原面积少，而美国平原面积广大，占国土面积的一半以上，利于开垦为耕地，故中国耕地面积远少于美国。印度山地面积少，平原面积大，德干高原低矮，易于开垦为耕地，印度是亚洲耕地面积最大的国家，故印度的人均耕地面积多于中国。

【水平表现说明】

本题通过印度、美国、中国耕地比较图创设了一个相对复杂的现实情境，让学生分析中国耕地总面积少于美国和人均耕地少于印度的原因。该题对学生在情境中进行信息的提取、分析、综合、归纳的能力要求高。试题着重考查了区域认知和综合思维能力。问题的行为动词是"分析"。题目符合"能够从全球化的视角，准确全面地解释中国耕地资源的分布"的要求。综合来看，该题属于水平4层次。

2. 课标内容②：运用图表，说明中国耕地资源的开发利用现状

（1）水平1示例。

【试题呈现】

6月25日是我国土地日。图5为我国土地利用类型构成图。读图，完成下题。

我国的耕地状况是（　　）

A. 比重较小，后备资源充足
B. 比重较小，后备资源不足
C. 比重较大，后备资源充足
D. 比重较大，后备资源不足

【参考答案】

B

图5

【水平表现说明】

本题以我国土地利用类型构成图作为情境材料，让学生在简单、熟悉的情境中，能够根据图中的信息提示，辨识中国耕地资源的开发利用现状，对学生核心素养的要求主要体现在学生需要具备一定的区域认知能力。总体来看，该题符合水平1层次的要求。

（2）水平2示例。

【试题呈现】

我国地域辽阔，人口众多，但人均耕地少、自然灾害频发。我国用占世界7%的耕地养活了占世界约20%的人口。为保障国家粮食安全，必须保有18亿亩耕地。图6为我国2012—2018年耕地面积和粮食产量变化图。读图，完成下题。

图6

造成我国耕地面积减少的原因可能是（　　）

①城市扩建　②围湖造田　③开荒耕作　④退耕还林

A. ①②　　　　B. ③④　　　　C. ①④　　　　D. ②③

【参考答案】

C

【水平表现说明】

本题用我国2012—2018年耕地面积和粮食产量变化图创设情境，让学生指出造成我国耕地面积减少的原因，属于"在给定的简单情境中，能够简单概括中国耕地资源的开发利用现状"的要求。本题需要学生具备一定的推测能力和简单分析能力，对学生的区域认知、综合思维等地理核心素养有所考查，但要求不太高。综合来看，该题符合水平2层次的要求。

（3）水平3示例。

【试题呈现】

（2020·浙江卷）阅读材料，完成下列问题。

材料一：西江梧州站多年平均径流量居全国第二位，多年平均输沙量5 570万吨/年，居全国第三位。随着西部大开发的实施，2017年梧州站输沙量减少至2 500万吨/年。图7为广西境内西江流域主要水库和甘蔗主产区分布示意图。图8为梧州站径流量、输沙量及南宁市降水量年内占比统计图。

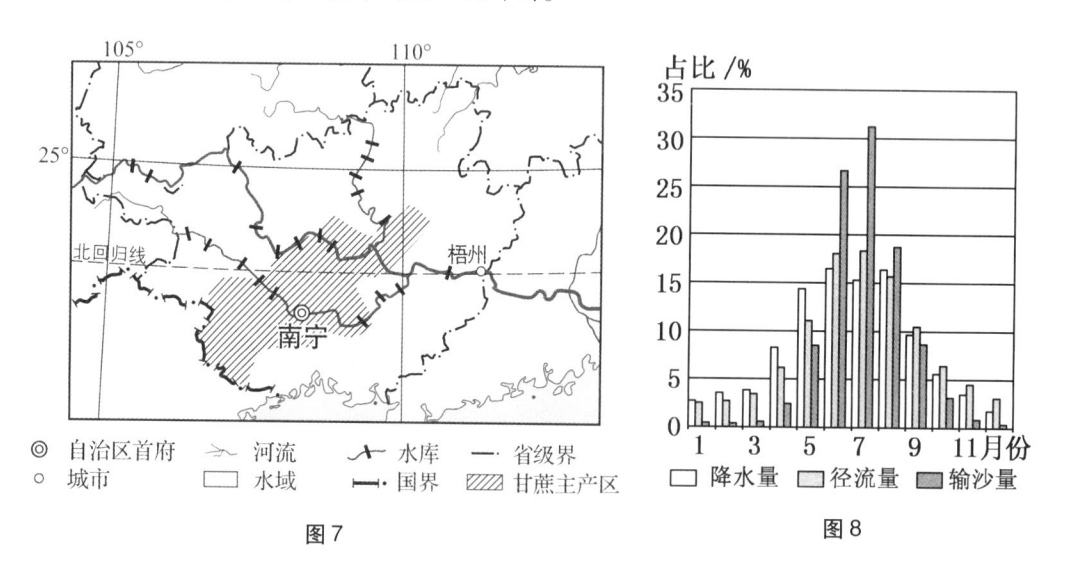

图7

图8

材料二：目前，广西是我国最大的甘蔗生产省区。表2为2000年至2017年广西森林覆盖率和农业生产相关统计数据表。

表2

统计指标	年份				
	2000	2005	2010	2014	2017
森林覆盖率/%	37.9	52.7	58.0	62.0	62.3
农作物播种面积/万公顷	625.9	634.4	589.7	618.6	614.3
稻谷播种面积/万公顷	230.2	210.0	209.4	202.6	192.3
甘蔗种植面积/万公顷	50.9	74.8	106.9	108.2	93.5
甘蔗单产/（吨/公顷）	57.8	69.0	66.6	73.5	81.4

简析广西主产区甘蔗种植的土地资源优势。

【参考答案】

河谷平原面积较广，地形平坦；土层深厚，土壤肥沃。

【水平表现说明】

本题通过一段文字材料和广西境内西江流域主要水库及甘蔗主产区分布示意图创设情境，让学生根据材料简析广西主产区甘蔗种植的土地资源优势。从土地资源角度分析，结合图7可知，广西河流众多，河谷平原面积较大，地形平坦，河流沉积了深厚的土壤，土壤肥沃。试题给出的材料比较充分，学生从文字材料和图7的信息中就可以概括出题目答案来，属于"在给定的复杂情境中，能够较全面概括中国耕地资源的开发利用现状"的要求。问题的行为动词是"简析"。试题考查了区域认知和综合思维。综合来看，该题属于水平3层次。

（4）水平4示例。

【试题呈现】

阅读图文资料，完成下列要求。

耕地撂荒是指在耕地利用过程中，生产经营者由于主观原因放弃耕种而造成的耕地处于闲置或未充分利用的状态。通过对2016年重庆东南部的酉阳县和武隆区以及重庆东北部的巫山县等3个县的12个比较典型的村庄调查发现，劳动力外出务工较多，耕地撂荒情况严重。巫山县、酉阳县和武隆区地处四川盆地东部，都是以丘陵山地为主，喀斯特地貌发育，生态脆弱，土地利用效率普遍偏低。图9分别为巫山县、酉阳县和武隆区分布示意图和四川盆地东部地貌景观图。

图9 重庆市

从耕地资源的角度分析三县（区）耕地撂荒的原因。

【参考答案】

耕地破碎，各地块分布较远，交通不便；耕地地块面积小，难以实现机械化操作；以丘陵山地为主，耕地坡度大，不利于耕作；多喀斯特地貌，耕地土壤肥力低。

【水平表现说明】

本题通过一段文字材料及巫山县、酉阳县和武隆区分布示意图以及四川盆地东部地貌景观图创设了一个相对复杂的现实情境，让学生从耕地资源的角度分析三县（区）耕地撂荒的原因。该题对学生在情境中进行信息的提取、分析、综合、归纳的能力要求高。试题着重考查了区域认知和综合思维。问题的行为动词是"分析"。根据材料进行分析，该地以丘陵山地为主，说明耕地资源坡度大，地形崎岖，不利于耕种；喀斯特地貌发育，说明土壤肥力低；喀斯特地区耕地破碎，地块之间距离远，交通不便；以丘陵山地为主，耕地坡度大，面积狭小，不利于机械化种植；等等。题目符合"在给定的复杂情境中，能够综合分析中国耕地资源的开发利用现状"的要求。综合来看，该题属于水平4层次。

3. 课标内容③：运用图表，说明耕地保护与粮食安全的关系

（1）水平1示例。

【试题呈现】

（2020·江苏卷）我国粮食产量自2004年以来连续16年增长，有效保障了国家粮食安全。图10为"我国不同区域三个年份粮食产量占比图"。读图，完成下题。

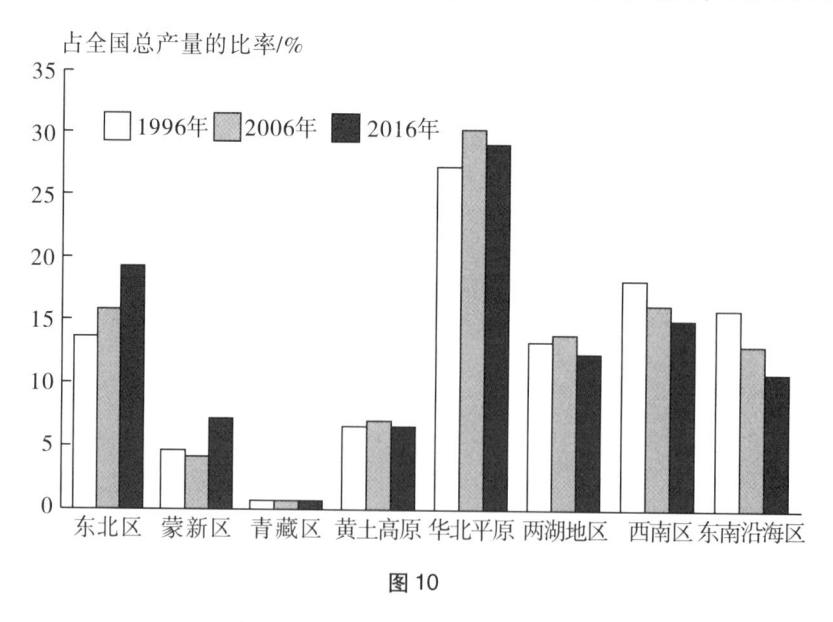

图10

下列区域中，对我国粮食安全贡献不断增大的是（　　）

A. 华北平原　　　B. 东北区　　　C. 西南区　　　D. 东南沿海区

【参考答案】

B

【水平表现说明】

本题以我国不同区域三个年份粮食产量占比图作为情境材料,让学生在简单、熟悉的情境中,能够根据图中的信息提示,说出耕地保护与粮食安全的关系。本题对学生核心素养的要求主要体现在学生需要具备一定的区域认知能力。总体来看,该题符合水平1层次的要求。

(2) 水平2示例。

【试题呈现】

(2019·全国卷Ⅲ)稻谷是重要的粮食种类,粮食的充分供给和区域平衡是保障粮食安全的重要任务。图11反映2014年我国不同省份的稻谷供需关系。据此完成下题。

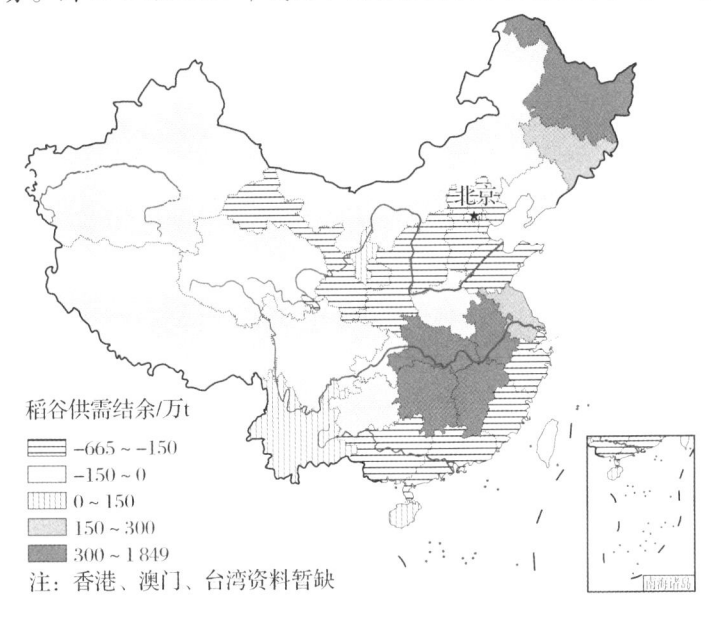

图11

与安徽省相比,黑龙江省稻谷供需盈余的主要条件是(　　)

A. 人均耕地多　　　　　　B. 农业劳动力多

C. 复种指数高　　　　　　D. 淡水资源丰富

【参考答案】

A

【水平表现说明】

本题用2014年我国不同省份的稻谷供需关系图创设情境,让学生指出与安徽省相比,黑龙江省稻谷供需盈余的主要条件,属于"在给定的简单情境中,能够简单概括耕地保护与粮食安全的关系"的要求。本题需要学生具备一定的推测能力和简单分析能力，对学生的区域认知、综合思维等地理核心素养有所考查，但要求不太高。综合来看，该题符合水平2层次的要求。

(3) 水平3示例。

【试题呈现】

粮食生产的空间转移系数是衡量一个地区一段时间内的粮食生产变化的指标，根据该指标的大小可将不同粮食生产区域划分为粮食生产转出区、粮食生产稳定区和粮食生产转入区三种类型。粮食生产转出区说明粮食生产呈现相对退化趋势，粮食生产稳定区是指粮食生产维持在相当水平，粮食生产转入区表明粮食生产具有稳步增长趋势。受自然和经济等众多因素的影响，我国各地区的粮食生产发生了巨大变化。如图12所示：

(a)

(b)

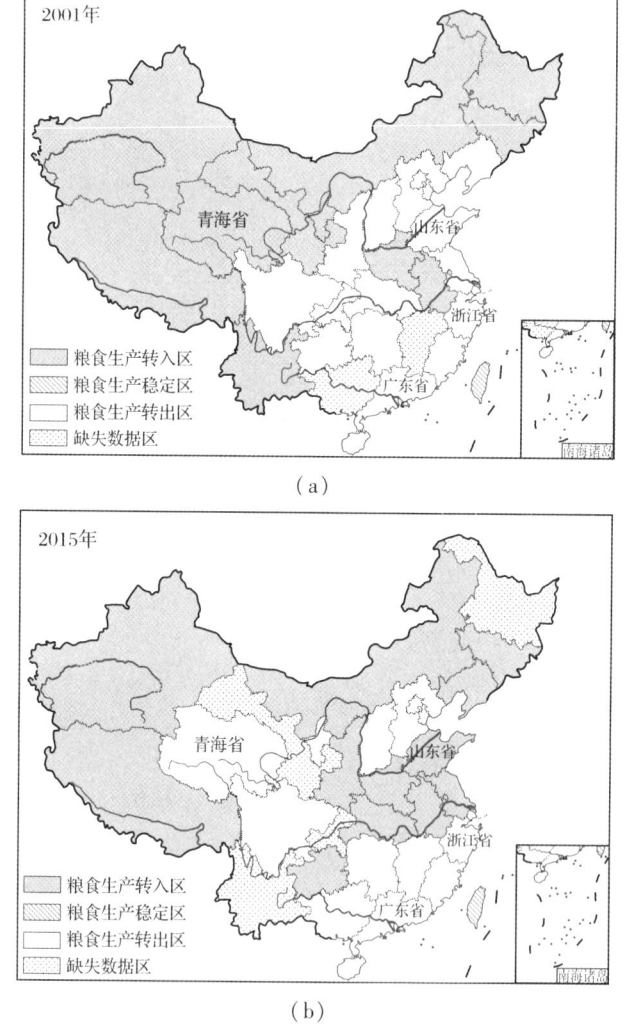

图12　2001、2015我国各地区粮食生产

据图简述青海省粮食生产区域类型的变化，并推测该变化发生的可能原因。

【参考答案】

变化:青海省从粮食生产转入区变为粮食生产转出区。

可能原因:退耕还草还牧;农业生产结构的调整;城镇化的发展,耕地面积减少。

【水平表现说明】

学生通过分析图文资料得出,青海省由2001年的粮食生产转入区变为2015年的粮食生产转出区,该省粮食生产呈现退化趋势。这种变化既有自然原因,也有社会经济原因。自然原因的大趋势是全球变暖,蒸发强烈,荒漠化加剧,但青海省位于青藏高原,属于高寒气候,气候变暖、热量增加对该省农业生产是有利的,所以自然原因不是造成该省粮食生产退化的主要原因,而社会经济原因成为主要原因。根据国家对西北地区生态环境的保护政策以及社会经济的发展,通过分析,可以得出退耕还草还牧,农业生产结构的调整,城镇化的发展,耕地面积减少,是造成青海省粮食生产退化的原因。问题的行为动词是"简述""推测"。试题着重考查区域认知和综合思维。综合来看,该题属于水平3层次。

(4) 水平4示例。

【试题呈现】

根据以下图文材料,回答下列问题。

中国是一个人口大国,粮食始终是事关国计民生的最重要的农产品。2003年我国开始实施鼓励农民种粮的惠农政策,引起了耕地面积与粮食产量变化的分异。图13是1999—2011年我国耕地面积与粮食产量变化图。

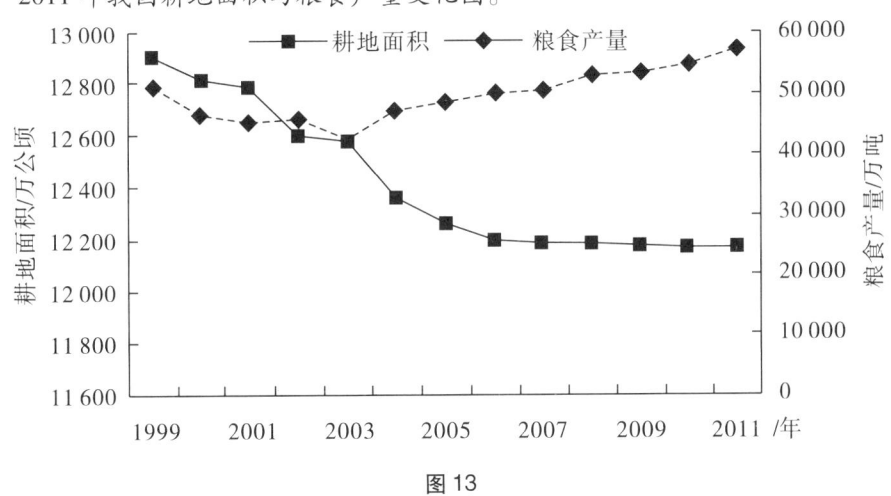

图13

我国耕地面积在不断减少,18亿亩红线面临着挑战。为保证粮食安全,在此严峻形势下,我国应采取的措施有哪些?

【参考答案】

严格控制非农业用地占用耕地;培育优良品种;依靠科技,提高单产;依靠科技,提高抗灾能力,加强农田水利基础设施建设;改造中低产田。

【水平表现说明】

本题通过一段文字材料和 1999—2011 年我国耕地面积与粮食产量变化图创设情境，让学生写出在我国耕地面积不断减少的情况下，为保证粮食安全，我国应采取哪些措施。这类试题的回答就是要根据原因找措施，所以想要写出保证粮食安全需要采取的措施，就需要知道我国在粮食安全方面存在什么问题，这对学生在分析、综合、归纳方面的能力要求高。试题着重考查了区域认知、综合思维和人地协调观。题目符合"结合中国耕地保护实例，能够从国家安全的高度，说明耕地保护与粮食安全的关系，理解资源和环境安全对于人地协调发展的重要性，建立和谐发展的观念"的要求。综合来看，该题属于水平 4 层次。

★选择性必修3.4　结合实例，说明海洋空间资源开发对国家安全的影响

一、课程标准

结合实例，说明海洋空间资源开发对国家安全的影响。

二、课标解读

1. 行为条件和行为动词

该课标可细化为：①结合实例，说明海洋空间资源的开发对国家资源安全的影响。②结合实例，说明海洋空间资源的开发对国土安全的影响。

该课标的行为条件是"结合实例"，行为动词是"说明"。

2. 主要概念和知识结构

该课标涉及的主要概念是海洋空间资源、海洋国土、海洋权益、海岸带、资源安全、国土安全。

该课标知识结构如图 1 所示：

图1

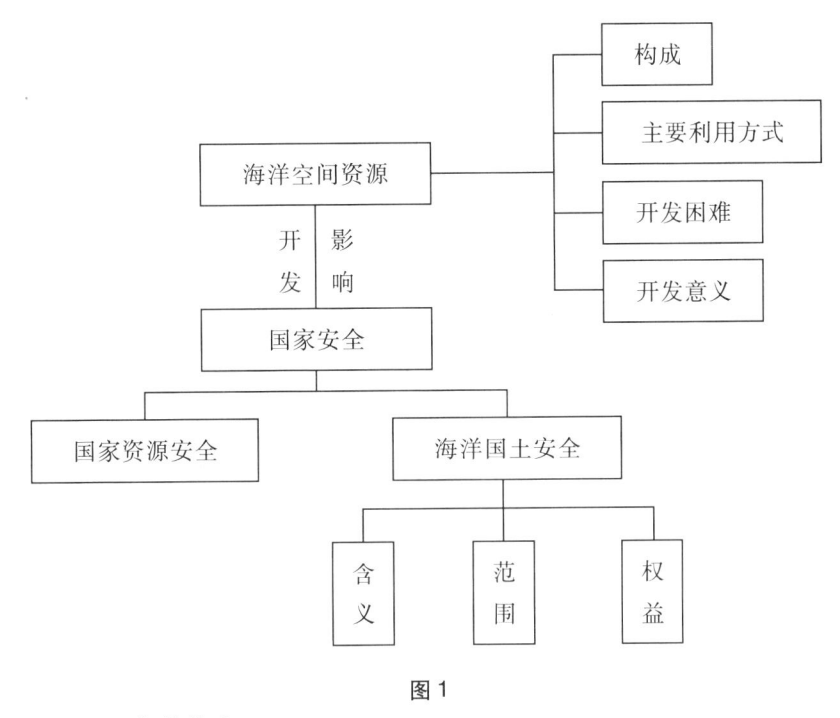

3. 地理核心素养指向

（1）区域认知。

以区域关联的思维方式认识海洋空间资源的开发，将海洋空间资源的开发和陆地空间资源的开发联系到一起。以陆地资源开发遇到的资源紧张、空间拥挤等现状为起点，认识到海洋资源开发可以缓解陆地资源的紧张状态，认识到海洋资源开发对于国家资源安全的重要性。从海洋空间带来的天然屏障作用以及交通通道作用认识到海洋空间资源对维护国家领土安全的重要性。

（2）综合思维。

从空间的角度，如何综合利用海洋空间资源，需要学生从海岸、海面、水体、海底四个空间角度综合分析。以前人们对海洋的利用仅限于潮间带的开发，比如滩涂养殖、盐田、旅游等，现在则拓展到海底存储、波浪能发电、海上钻井平台、人工岛、海底作业基地等方面，从时间的角度，培养学生以发展的思维看待地理事物。在海洋空间利用中要考虑多变的海洋气象状况、海水的运动、海水的腐蚀性、海冰的破坏性、工程设备的材料、工程设备的结构以及考虑深海活动要面临的黑暗、高压、低温、缺氧等环境，利于培养学生要素综合的思维。

（3）人地协调观。

关注人地矛盾。随着人口数量的不断增长，陆地上的生存空间越来越拥挤，海洋空间的开发显得尤为重要。如何科学、合理地开发海洋空间，如何通过海洋空间的开发来协调陆地空间开发中遇到的问题，针对相关问题进行评价及提出措施和对策可以培养学生科学的人地观念。

4. 学业质量水平要求（表1）

表1

课标内容	水平层次	具体要求
①海洋空间资源的开发对国家资源安全的影响	水平1	在简单、熟悉的情境中，能够简单列举海洋空间资源的主要开发利用方式（区域认知）
	水平2	在给定的简单情境中，分析海洋空间资源开发利用方式所面临的困难及开发的意义（区域认知、综合思维）
	水平3	在给定的复杂情境中，能因地制宜提出应对国家资源安全的海洋空间资源利用方式并陈述其意义（区域认知、综合思维、人地协调观）
	水平4	在现实情境中，能因地制宜提出海洋空间资源的开发利用方式，并较有逻辑地陈述开发利用方式选择的理由及其意义（区域认知、综合思维、人地协调观）
②海洋空间资源的开发对国土安全的影响	水平1	在简单、熟悉的情境中，能简单描述国家海洋国土的含义、范围及对应的权益（区域认知）
	水平2	在给定的简单情境中，能结合实例说明海洋空间资源开发对国家海洋国土安全的重大意义（区域认知、综合思维）
	水平3	在给定的复杂情境中，因地制宜提出海洋空间资源的开发利用方式，并有逻辑地陈述其对海洋国土安全的影响（区域认知、综合思维）

三、典例示范

1. 课标内容①：海洋空间资源的开发对国家资源安全的影响

（1）水平1示例。

【试题呈现】

读海洋开发利用方式示意图（图2），完成下题。

```
                          海洋开发
    ┌──────┬──────┬──────┬──────┬──────┬──────┬──────┐
  围海    滨海    海洋    港口    沿海    海洋    潮汐    滩涂
  造地    旅游    运输    建设    电站    牧场    发电    养殖
```

图2

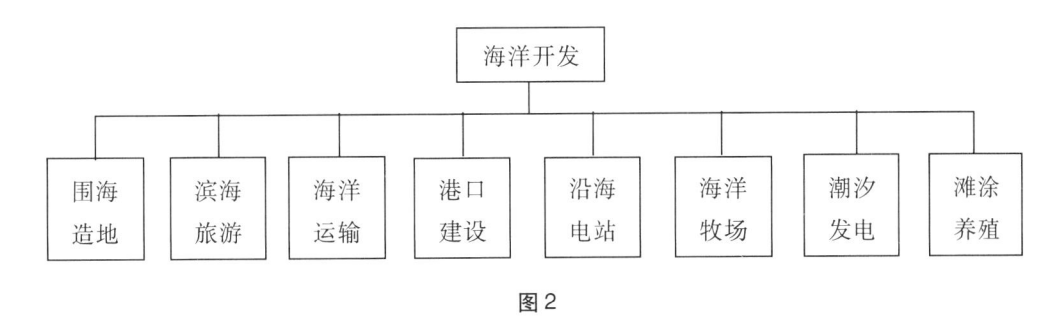

图中不属于海洋空间资源开发利用方式的是（　　）
A. 海洋牧场　　　B. 围海造地　　　C. 潮汐发电　　　D. 滩涂养殖

【参考答案】

C

【水平表现说明】

试题以结构图给定了简单的情境，即海洋开发利用的方式，需要学生从列举的开发利用方式中进行简单甄别，找出不属于海洋空间资源的开发利用方式的选项，主要考查识记内容，属于简单、直接的考查方式。试题创设的情境是比较单一的海洋资源开发背景，学生只需要将课堂内容中识记的部分简单加以迁移即可，对学生的考查要求相对较低。综合来看，该题属于水平1层次。

（2）水平2示例。

【试题呈现】

海洋牧场是指在一个特定的海域里，为了有计划地培育和管理渔业资源而设置的人工渔场。表2为影响海洋牧场选址条件结构图和我国东海海域四个地点的选址条件对比表（数值为某一条件的影响系数，数值越大表明该条件越优）。据此完成1~2题。

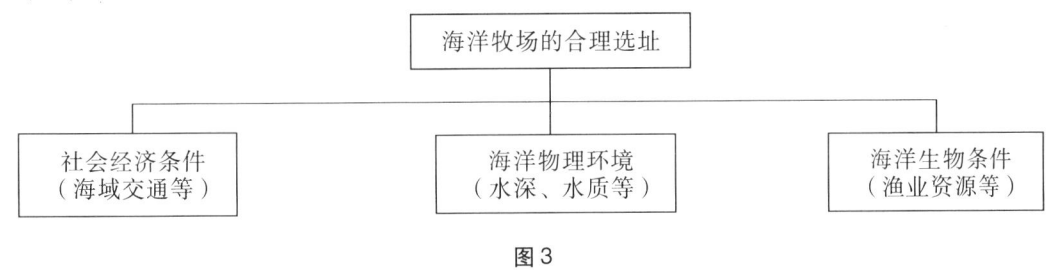

```
                    海洋牧场的合理选址
        ┌──────────────┬──────────────┐
   社会经济条件      海洋物理环境      海洋生物条件
  （海域交通等）    （水深、水质等）   （渔业资源等）
```

图3

表2

地点	社会经济条件	海洋物理环境	海洋生物条件
P_1	0.08	0.14	0.07
P_2	0.04	0.11	0.05
P_3	0.06	0.14	0.07
P_4	0.06	0.11	0.05

1. 综合考虑上述条件，东海建设海洋牧场最优的海区是（ ）
A. P_1 B. P_2 C. P_3 D. P_4
2. 建设"海洋牧场"的意义主要是（ ）
A. 拓展海洋运输空间 B. 实现海洋资源的可持续利用
C. 加大海洋渔业的捕捞力度 D. 减少工业对海洋环境的污染

【参考答案】
1. A 2. B

【水平表现说明】
试题以海洋牧场的社会经济条件、海洋物理条件、海洋生物条件构架了一个特定海域的情境背景材料，学生对构建的情境进行一定的区域认知，并综合情境内的要素和条件，分析出海洋牧场的最优区域选择以及说出海洋牧场建设的意义，需要学生具备一定的区域认知和综合思维，是对学生综合判断能力的考查。综合来看，该题属于水平2层次。

（3）水平3示例。

【试题呈现】
读江苏省海岸示意图（图4），完成下题。

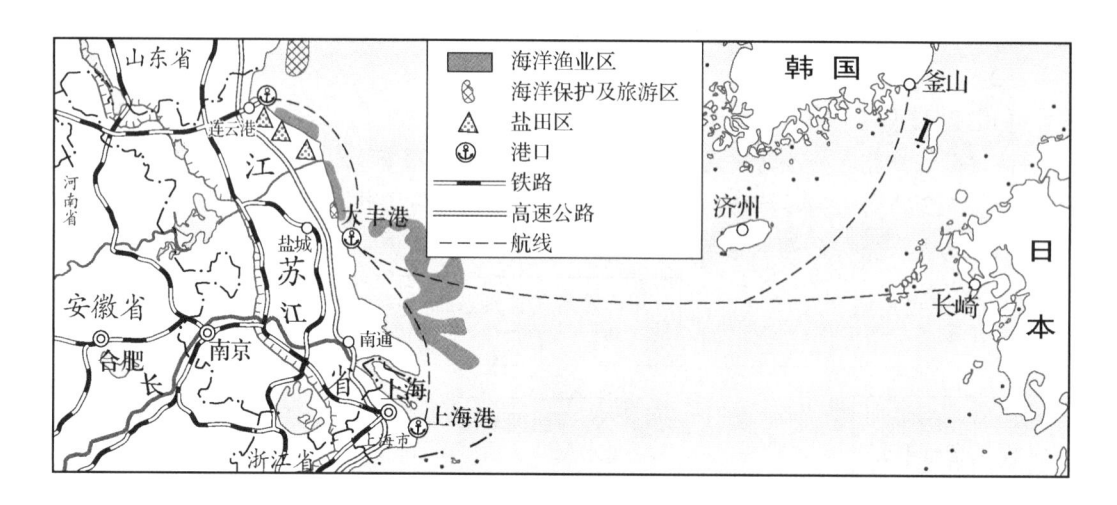

图4

关于连云港海洋资源开发利用的说法，正确的有（ ）
①春季多大风天气，蒸发旺盛，有利于晒盐
②实施海水淡化工程是解决当前用水紧张的主要途径
③海洋空间利用的主要方式是港口建设和海洋运输
④适宜大规模开发利用潮汐能
A. ①② B. ②③ C. ①③ D. ②④

【参考答案】

C

【水平表现说明】

本题通过一个相对小尺度的江苏省沿海岸的区域背景创设了一个相对复杂的情境。情境中的信息较多,对学生在情境中进行信息的提取、分析、综合、归纳的能力有较高要求。试题要求学生对图示区域的气候、水文、社会经济等方面有全面的认识,才能够因地制宜判断该地海洋资源的利用方式,是对学生区域认知、综合思维、人地协调观的全面考查。综合来看,该题属于水平3层次。

(4) 水平4示例。

【试题呈现】

阅读图文材料,回答下列问题。

岛礁海藻场是一种典型的近海栖息地,可为多种无脊椎动物和鱼类提供栖息空间,并提供摄食、产卵及避敌场所,是海洋中最具有生产力的生境之一。渔山列岛东南面岩礁林立,地形复杂,西北部较为平坦。列岛附近海域鱼类、贝类、藻类资源丰富。与快速增长的经济相比,渔山列岛渔业资源衰退,渔业经济增长乏力现象凸显。对此,有人提出开发海洋波浪能资源以带动岛屿发展。图5示意渔山列岛之北渔山岛四个方位海藻平均密度分布。

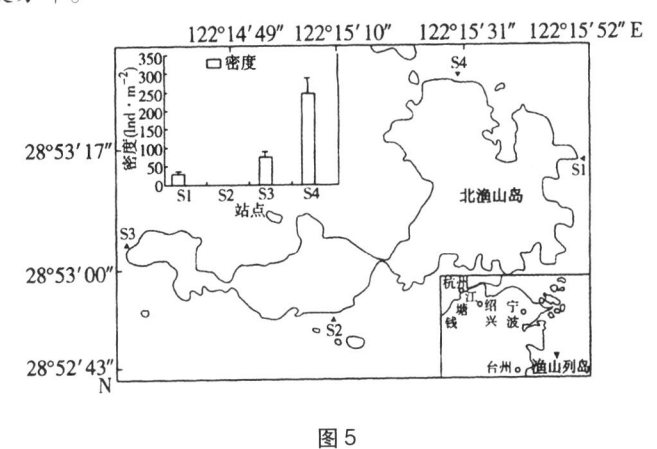

图5

针对渔山列岛的渔业资源和渔业经济现状,请你为当地政府提出几点可持续发展的建议(开发波浪能除外)。

【参考答案】

科学发展海水养殖业;加强宣传力度,提高渔民意识和综合素质;提高渔业文化,创立渔业品牌效应;加强海洋经济综合管理,重视海洋生态环境保护。

【水平表现说明】

本题材料给出了一个学生相对陌生的区域,题目给出的限定条件是"针对渔山列岛的渔业资源和渔业经济状况",行为动词是"提出",需要学生提取、分析材料,综合、归纳出当地渔业发展所遇到的资源和经济状况，在此基础上提出具有可持续发展要求的建议，对学生的综合思维、区域认知和人地协调观都具有较高的要求，提出的建议需要从法律、技术、宣传、政府、创新角度完成，对学生的发散思维也有较高的要求。综合来看，该题属于水平4层次。

2. **课标内容②：海洋空间资源的开发对国土安全的影响**

（1）水平1示例。

【试题呈现】

图6为各类海域示意图。读图，完成1~2题。

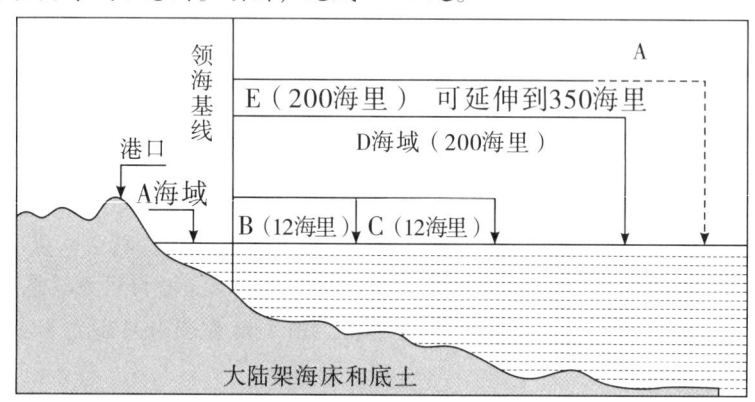

图6

1. 按《联合国海洋法公约》规定，C海域为甲国的（　　）

   A. 领海　　　　B. 毗连区　　　C. 专属经济区　　　D. 大陆架

2. 按《联合国海洋法公约》规定，甲国对D海域行使的权利包括可禁止其他国家（　　）

   A. 勘探和开发其自然资源　　　B. 铺设海底电缆

   C. 在该水域航行和飞越　　　　D. 铺设海底管道

【参考答案】

1. B　2. A

【水平表现说明】

题目构建了一个非常简约的示意图，只需要学生明确国家海洋国土安全的组成和海洋权益，同时进行简单判断即可。综合来看，该题属于水平1层次。

（2）水平2示例。

【试题呈现】

阅读资料，回答下列问题。

太平洋上某一岛国有个无人居住的小岛，由于海水的长期侵蚀，露出海面的岩礁石逐年缩小，涨潮时只有两块礁石露出海面不足半米。该国不惜投资巨款加固该岛。

分析该国政府加固该岛的原因。

【参考答案】

保护该小岛作为国家领土的法律地位；形成以小岛为中心向四周延伸12海里的领海权及领空领海基线向四周延伸200海里，扩大（面积达126 000平方海里的）专属经济区；开发相应海域丰富的海洋资源。

【水平表现说明】

题目并没有创设出一个具体的区域，而是创设出了海上岛屿这样一个情境。学生只需要认识到这是一个岛屿，同时明确海洋空间资源对国家海洋国土安全的意义，就可以分析出该国政府加固岛屿的原因。需要学生进行简单的区域认知，并做简单的信息收集和整理即可。综合来看，该题属于水平2层次。

(3) 水平3示例。

【试题呈现】

阅读材料，回答下列问题。

南海有丰富的生物资源，鱼、虾、蟹、贝等种类丰富。南海海底资源也十分丰富，尤其是海底石油和天然气储量巨大，其次是各种金属矿产资源。南海诸岛岛礁上环境优美、景色迷人。

(1) 分析南海海洋资源的开发对我国资源安全的影响。

(2) 近年来，我国加强了对南海的执法力度，维护了我国的海洋权益。试阐述我国维护海洋权益的重大意义。

【参考答案】

(1) 海洋生物资源的开发，为不断增长的人口提供一定量的食物；海洋矿产资源的开发，可以缓解资源紧缺的局面，保障国家资源安全；海洋空间资源的开发，可以为易燃、有毒、有放射性的资源提供储藏空间，还可提供旅游资源等。

(2) 有利于缓解陆地环境的压力，有利于增加我国资源的保有量；有利于巩固国防，维护国家安全；有利于强化全民海洋意识，树立海洋国土观念。

【水平表现说明】

题目以我国南海诸岛为区域背景，首先需要学生对区域自然地理背景有比较清晰的区域认知，才能够结合区域特征因地制宜提出海洋资源的开发利用方式，而开发利用方式的正确选择则需要学生对区域要素进行综合分析。南海诸岛对我国海洋国土安全具有特别重要的意义，学生阐述海洋权益需要从资源、国防、国土安全意识等多方面进行思考，有利于学生综合思维的培养以及海洋国土安全意识的形成。题目是对学生综合思维和区域认知的综合考查，属于水平3层次。

★选择性必修3.5 运用碳循环和温室效应原理，分析碳排放对环境的影响，说明碳排放国际合作的重要性

一、课程标准

运用碳循环和温室效应原理，分析碳排放对环境的影响，说明碳排放国际合作的重要性。

二、课标解读

1. 行为条件和行为动词

该课标可细化为：①运用碳循环和温室效应原理，分析碳排放对环境的影响。②运用碳循环和温室效应原理，说明碳排放国际合作的重要性。

该课标的行为条件是"运用碳循环和温室效应原理"，行为动词是"分析""说明"。

2. 主要概念和知识结构

该课标涉及的主要概念是碳循环、碳排放、低碳、温室效应、温室气体、国家安全。

该课标知识结构如图1所示：

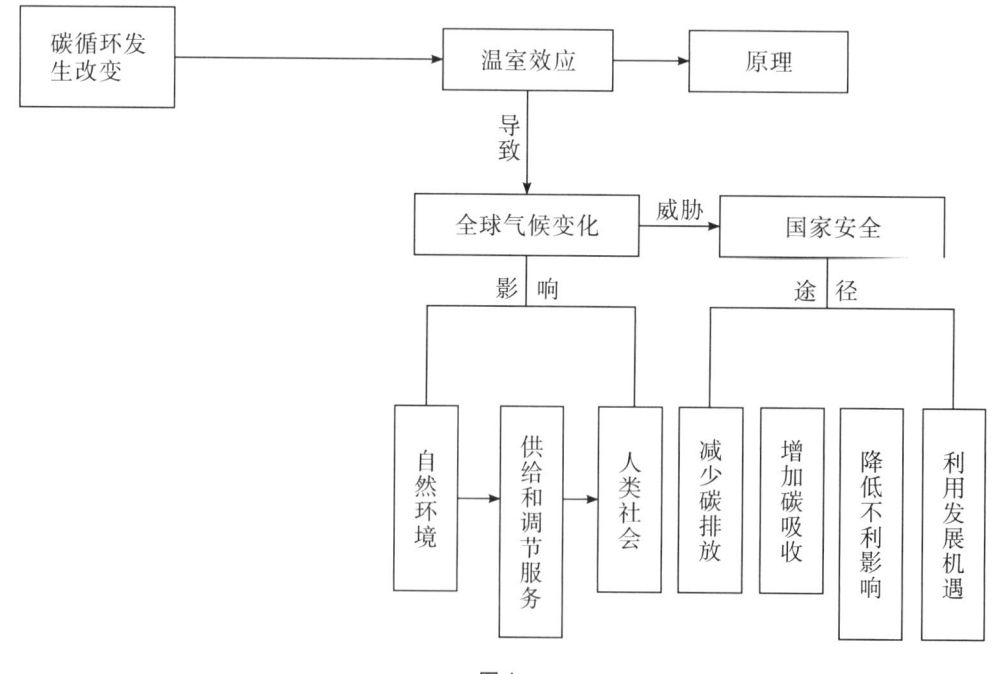

图1

3. 地理核心素养指向

(1) 区域认知。

以区域关联的认知方法认识全球变暖是全球尺度的地理问题，全球变暖问题需要利用区域合作的方式来解决。

(2) 综合思维。

以整体观念构建碳循环思维链，认识到碳循环构建岩石圈、大气圈、生物圈以及水圈的联系。全球变暖对人类的影响是对自然环境、供给和调节服务功能、人类社会的综合影响。

(3) 人地协调观。

通过全球气温变化与二氧化碳浓度的关系，认识到人类对自然资源的不合理利用会产生严重的全球气候问题。通过全球气候变化对国家安全的影响，从生存空间的丧失、资源危机、自然灾害频率的增强以及对经济社会的影响等方面构建人类命运共同体的思维，形成科学的人地协调观。

4. 学业质量水平要求（表1）

表1

课标内容	水平层次	具体要求
①运用碳循环和温室效应原理，分析碳排放对环境的影响	水平1	在简单、熟悉的情境中，正确阐述碳循环与温室效应的关系（综合思维）
	水平2	在给定的简单情境中，解释碳循环和温室效应的基本原理并分析其对环境的影响（综合思维）
	水平3	在给定的复杂情境中，能够结合材料较有逻辑地分析碳循环和温室效应对环境的影响（区域认知、综合思维）
②运用碳循环和温室效应原理，说明碳排放国际合作的重要性	水平1	在简单、熟悉的情境中，阐述碳减排国际合作的重要性（区域认知、人地协调观）
	水平2	在给定的简单情境中，能结合材料，提出应对全球变暖的具体措施（区域认知、综合思维、人地协调观）

三、典例示范

1. 课标内容①：运用碳循环和温室效应原理，分析碳排放对环境的影响

(1) 水平1示例。

【试题呈现】

下列关于温室效应的说法，正确的是（　　）

A. 其原理是二氧化碳增多，可以吸收更多的太阳辐射

B. 全球各地均升温，但升温幅度不同

C. 温室效应主要与化石燃料燃烧和植被破坏有关
D. 海平面上升对我国的影响比对小岛国家的影响大

【参考答案】

C

【水平表现说明】

试题以温室效应的文字材料为背景，考查学生对碳循环与温室效应关系的理解，需要学生理解碳循环环节改变对温室效应的影响，是对学生要素综合思维的基础性考查，难度较低。综合来看，该题属于水平1层次。

（2）水平2示例。

【试题呈现】

读图2，完成1~2题。

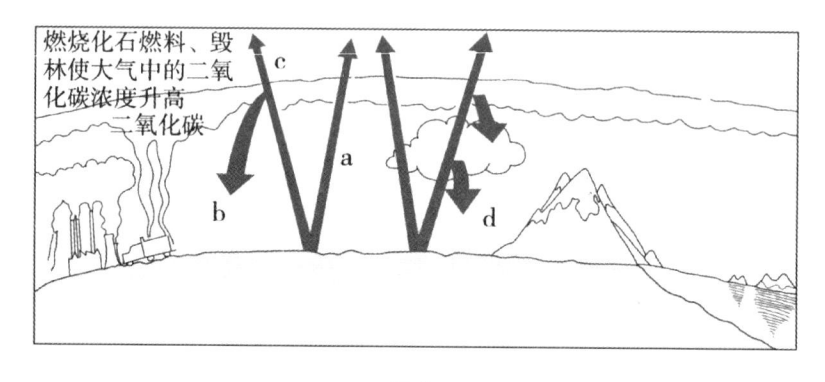

图2

1. 全球温室效应的形成与图中的哪些过程有关（　　）
A. a、b　　　　B. a、c　　　　C. b、d　　　　D. b、c

2. 近年来，全球温室效应加剧所带来的环境问题主要有（　　）
①全球海平面上升　②两极地区及陆地高山上冰雪消融　③城市形成光化学烟雾　④短期内，全球河流径流量减少
A. ①②　　　　B. ③④　　　　C. ②④　　　　D. ①③

【参考答案】

1. C 2. A

【水平表现说明】

试题以学生熟悉的大气受热过程示意图作为考查背景，是对温室效应基本原理的考查，需要学生调动已有的基础知识，对图中的辐射进行简单的判断并准确找出与温室效应有关的过程，是对综合思维的考查。学生要依据温室效应的原理，判断出温室效应在各种地理环境中所带来的影响，属于区域认知的考查。综合来看，该试题组属于水平2层次。

(3) 水平 3 示例。
【试题呈现】
科学家们考察了美国西北部某山岳冰川消融的状况（图 3）及产生的影响。据此完成下题。

图 3

对图中所示地区 1936—2015 年期间地表环境变化的表述，与实际情况相符的是（　　）
A. 年蒸发量始终不变　　　　　B. 河湖水量持续稳定增加
C. 生物种类保持不变　　　　　D. 地表淡水资源总量减少
【参考答案】
D
【水平表现说明】
本题需要通过图片提供的信息，准确判断出图中所示地区 1936—2015 年期间冰川消融，从而导致湖泊面积增大，又由于全球变暖，气温升高，年蒸发量随之增大；气温升高，有利于一些新的生物生长，生物种类会增加；河湖水量由于蒸发量增大，水量减少，地表淡水总量减少。这需要学生具备严密的逻辑思维以及进行综合的要素分析，是对学生综合思维的考查。综合来看，该题属于水平 3 层次。

2. **课标内容②：运用碳循环和温室效应原理，说明碳排放国际合作的重要性**
(1) 水平 1 示例。
【试题呈现】
21 世纪以来，太平洋岛国图瓦卢政府多次公开表示，他们对抗海平面上升的努力已经失败，计划举国搬迁，呼吁世界各国接纳图瓦卢的"环境难民"。据此完成 1~2 题。
1. 使图瓦卢成为第一个"环境难民国"的根本原因是（　　）
A. 冰川融化　　B. 全球变暖　　C. 海水膨胀　　D. 地面下沉
2. 为避免此类灾难的发生，国际社会正在采取减缓和适应措施。以下属于适应措施的是（　　）
①降低能耗　②建设抗御水旱灾害的水利工程　③植树造林　④改种高热量资源需求的作物类型　⑤征收碳税　⑥开展灾害保险业务
A. ①③⑤　　　B. ②④⑥　　　C. ①②③　　　D. ④⑤⑥

【参考答案】

1. B 2. B

【水平表现说明】

题目以图瓦卢被海水淹没为背景，主要考查全球变暖带来的危害。学生只要对全球变暖有基本的认识，就能够判断出图瓦卢被淹没的原因是全球变暖导致的海平面上升。应对全部变暖的措施通过列举的方式呈现，只需要学生进行简单判断即可。学生能够通过题目中建构的问题认识到全球变暖给环境带来的危害，从而树立节能减排的意识，也感受到碳减排的迫切需要。题目设置相对简单，试题难度较低，属于水平1层次。

（2）水平2示例。

【试题呈现】

20世纪90年代，某国政府在气候变化专业委员会（IPCC）发布的一项报告中指出：使全球气候逐步变暖的一个重要因素是人类在能源利用与森林砍伐中使二氧化碳浓度增加。

为避免温室效应给全球带来灾难性的后果，人类应采取哪些措施？（至少写3点）

【参考答案】

植树造林；控制人口数量；减少化石燃料的使用；推广节能技术；使用清洁能源；等等。

【水平表现说明】

题目设问相对比较简洁，只需要学生对全球变暖有一个比较简单的认识。题目也提供了"人类能源利用和砍伐森林是导致全球二氧化碳浓度增加的原因"这样一则材料，学生能够通过这个信息点提出植树造林和减少化石燃料燃烧这两个答案，只需要在此基础上进行简单的横向拓展就能够完善答案，属于区域认知素养水平中对简单的地理事项进行归纳。综合来看，该题属于水平2层次。

★选择性必修3.6　结合实例，说明设立自然保护区对生态安全的意义

一、课程标准

结合实例，说明设立自然保护区对生态安全的意义。

二、课标解读

1. 行为条件和行为动词

课标可细化为：①结合实例，说明生态退化的表现形式、影响及应对措施。②结合实例，说明设立自然保护区等生态保护措施对生态安全的意义。

该课标的行为条件是"结合实例"，行为动词是"说明"。

2. 主要概念和知识结构

该课标涉及的主要概念是自然保护区、生态退化、生态安全、生态修复。

该课标知识结构如图1所示：

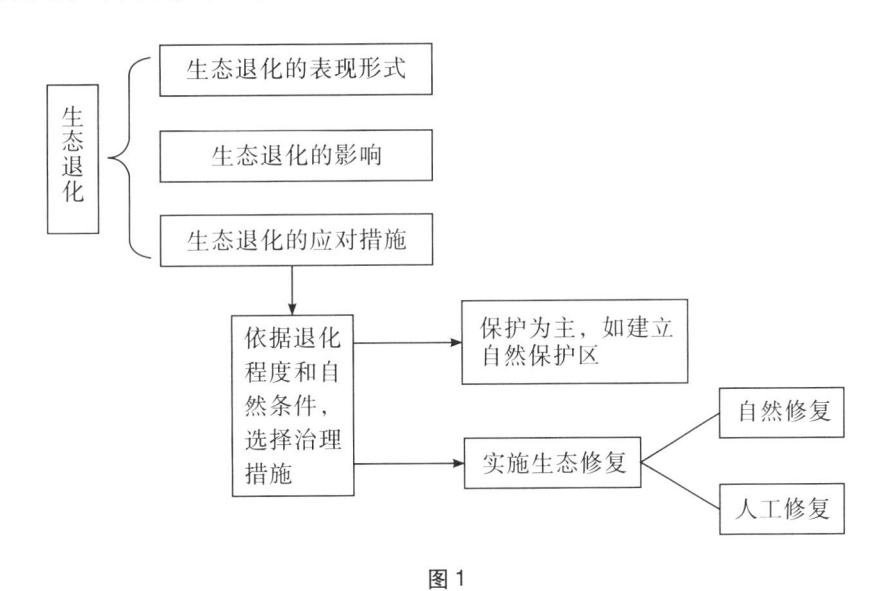

```
           ┌── 生态退化的表现形式
生态退化 ──┼── 生态退化的影响
           └── 生态退化的应对措施
                       │
                       ▼
              ┌─────────────┐     ┌──────────────────┐
              │ 依据退化    │────▶│ 保护为主，如建立 │
              │ 程度和自    │     │ 自然保护区       │
              │ 然条件，    │     └──────────────────┘
              │ 选择治理   │                          ┌── 自然修复
              │ 措施        │────▶ 实施生态修复 ─────┤
              └─────────────┘                          └── 人工修复
```

图 1

3. 地理核心素养指向

（1）区域认知。

理解区域生态退化的差异，以及生态退化修复措施的差异，培养学生的区域认知能力，学会认识区域现状及进行区域发展评价。

（2）综合思维。

学会运用实例针对某一区域的生态退化进行分析，同时认识设立自然保护区对区域生态环境修复的意义，从要素综合的角度进行区域环境问题的分析，从时空综合的角度培养学生从时间发展角度认识区域环境问题。

（3）人地协调观。

理解人类活动对地理环境的影响，同时评价和提出协调人地关系问题的措施，形成正确的价值观，提高生态环境保护的意识。

4. 学业质量水平要求（表1）

表1

课标内容	水平层次	具体要求
①结合实例，说明生态退化的表现形式、影响及应对措施	水平1	在简单、熟悉的情境中，能判断区域生态退化的表现形式（区域认知）
	水平2	在给定的简单情境中，能判断区域生态退化的形式，并简单分析其成因（区域认知、综合思维）
	水平3	在给定的复杂情境中，能准确分析区域生态退化的原因及其影响，并提出可行性应对措施（区域认知、综合思维）
	水平4	能在真实情境中结合现实地理环境判断区域生态退化的原因，并能够有逻辑地分析其给区域环境带来的影响，同时提出具有建设性的应对措施（区域认知、综合思维、人地协调观）
②结合实例，说明设立自然保护区等生态保护措施对生态安全的意义	水平1	在简单、熟悉的情境中，能针对不同生态退化问题，说出常见的生态保护措施（区域认知、人地协调观）
	水平2	能在给定的简单情境中，说明设立自然保护区等生态保护措施对生态安全的意义（区域认知、综合思维、人地协调观）

三、典例示范

1. 课标内容①：结合实例，说明生态退化的表现形式、影响及应对措施

（1）水平1示例。

【试题呈现】

读我国某区域图（图2），完成下题。

甲地区突出的生态环境问题是（　　）

A. 草地退化　　B. 次生盐渍化

C. 水土流失　　D. 围湖造田

【参考答案】

B

【水平表现说明】

试题以我国黄河为背景，考查学生的区域认知能力，分析甲地区（即宁夏平原）气候干旱、蒸发旺盛、种植业发达等区域地理背景，从而判断出该地的生态环境问题，水平难度较低，属于水平1层次。

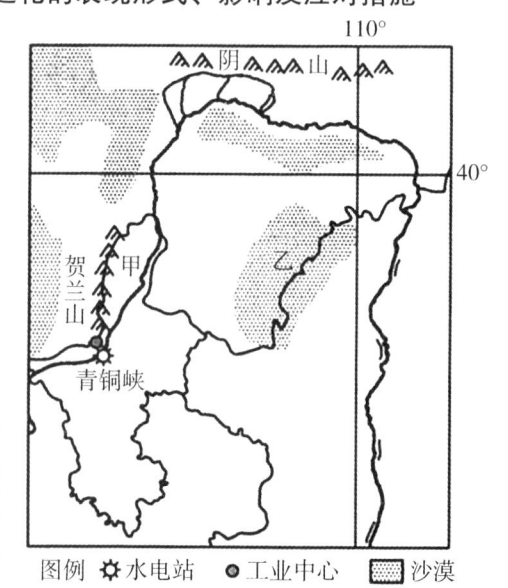

图2

(2) 水平2示例。

【试题呈现】

图3为我国局部地区主要生态环境问题分布略图。据此完成下题。

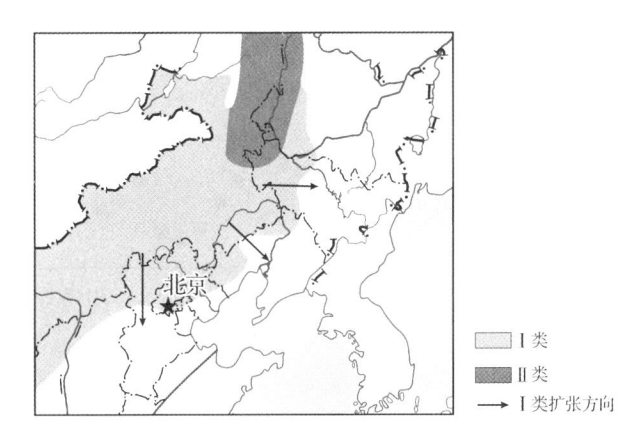

图3 我国局部地区主要生态环境问题分布

下列关于图示生态环境问题的类型与防治措施的对应，正确的是（　　）

A. Ⅰ类：水土流失—退耕还林；Ⅱ类：湿地破坏—退田还湖
B. Ⅰ类：土地荒漠化—退牧还草；Ⅱ类：森林破坏—合理采伐
C. Ⅰ类：土地荒漠化—退牧还草；Ⅱ类：黑土流失—合理垦殖
D. Ⅰ类：草原退化—合理放牧；Ⅱ类：沼泽萎缩—退耕还湿

【参考答案】

B

【水平表现说明】

试题以区域示意图作为情境的构建，需要学生对图中Ⅰ类和Ⅱ类区域的自然地理背景特征进行分析，是对学生区域认知能力的考查。在准确认知区域自然地理背景的基础上，需要学生调用生态退化的相关知识，并与区域实际情况相匹配，是对学生综合思维的考查。综合来看，该题属于水平2层次。

(3) 水平3示例。

【试题呈现】

每年秋季，生活在落基山脉东部的帝王蝶成群结队从美国北部、加拿大南部启程，飞往数千千米外的墨西哥山林越冬。次年二、三月，又一路北上，重回故土。美国得克萨斯州中部是回程第一站，在这里产下第一代帝王蝶。随后，第一代子帝王蝶将在5月到6月继续北上至美国北部和加拿大南部，产下第二代甚至第三代帝王蝶。8月末，新生的帝王蝶会重新回到墨西哥中部的越冬地。图4为"帝王蝶越冬地种群数量变化图"，表2为"2004—2018年影响帝王蝶种群规模因素权重表"。据此完成1~3题。

图4

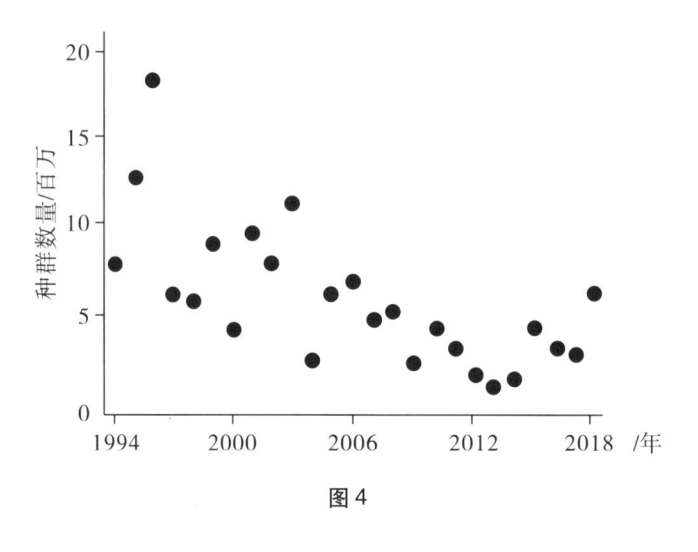

表2

影响夏季种群规模因素权重/%	影响冬季种群规模因素权重/%
晚冬帝王蝶种群规模（6）	夏季种群峰值规模（92）
繁殖地春季气温、降水（58）	秋季可供使用的花蜜数量（0.5）
繁殖地夏季气温、降水（30）	越冬地森林面积（7）
草甘膦使用状况（10）	—

1. 1994—2018年，越冬地帝王蝶种群数量（ ）
   A. 20世纪末缓慢增长　　　　B. 500万以下的年份占比>60%
   C. 21世纪初迅速下降　　　　D. 1 000万以上的年份占比<20%
2. 影响帝王蝶种群规模的因素（ ）
   A. 冬季规模与夏季规模呈负相关　B. 气候变化是种群变化最重要因素
   C. 草甘膦是种群锐减的首要因素　D. 迁徙中的死亡是种群萎缩的主因
3. 符合帝王蝶天性的保护性措施有（ ）
   ①控制草甘膦使用量　②建立自然保护区，引导就地生存　③减少碳排放　④加大科技投入，实施人工繁殖
   A. ①②　　　B. ①③　　　C. ②④　　　D. ②③

【参考答案】
1. D　2. B　3. B

【水平表现说明】

本题以帝王蝶种群数据为情境，在此情境中探讨帝王蝶的种群特征、影响其生存的因素以及选择保护性措施，是一个连续性的思维路径。本题需要学生充分分析给定的情境材料，以材料为基础分析出影响帝王蝶生存的主要因素是气候，其思维路径既

要考虑权重，也要考虑气温、降水以及冬夏季种群规模的关系，是对学生综合思维的考查。针对生物种群的退化，需要学生依据给定的情境，寻找出符合帝王蝶的保护性措施，考查学生的区域认知和综合思维。综合来看，该题组属于水平3层次。

(4) 水平4示例。

【试题呈现】

由于气候变化和人类不合理的经济活动等，干旱、半干旱地区和有旱灾的半湿润地区的土地发生了退化。图5示意我国不同地区土地退化强度、方向与退化等级（退化等级越高，土地生产能力越差）。据此完成1~2题。

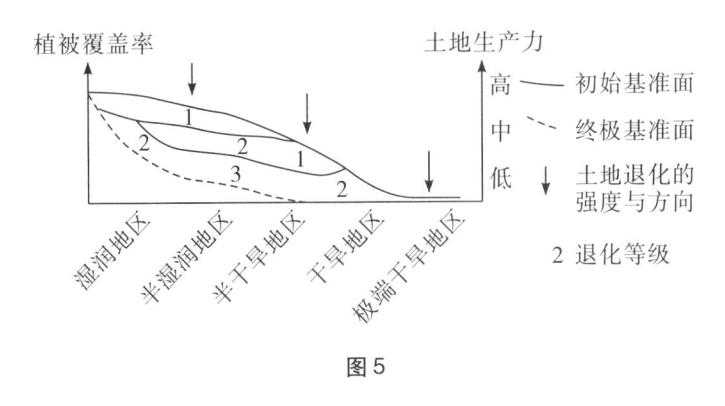

图5

1. 影响土地退化程度的主要自然因素是（　　）
A. 干湿状况　　B. 温度高低　　C. 地形分布　　D. 植被覆盖度
2. 土地退化程度最大的地区是（　　）
A. 极端干旱地区　　　　　B. 干旱地区
C. 半湿润地区　　　　　　D. 湿润地区

【参考答案】

1. A　2. C

【水平表现说明】

题目给出的是一幅比较抽象的示意图，图中给出的信息量比较大，需要结合初始基准面、终极基准面、土地退化方向、土地退化等级，同时还要结合湿润区、半湿润区、半干旱地区、干旱地区、极端干旱地区等区域差异，其中既包含了要素综合，也包含了区域认知。在此相对复杂的情境中，学生需要进行复杂的综合思维活动，并具备较强的逻辑推理，才能够完成此题。综合来看，该题属于水平4层次。

2. **课标内容②**：结合实例，说明设立自然保护区等生态保护措施对生态安全的意义

(1) 水平1示例。

【试题呈现】

神府煤矿区位于陕西省北部，是毛乌素沙地与黄土丘陵沟壑两大地貌类型交错过

渡地带，西部为风沙草滩，东部和南部为黄土丘陵沟壑区，生态环境脆弱，水土流失严重。神府煤矿是典型的高强度煤炭开发区，目前对该煤矿区采取保水开采（确立地下水位控制的阈值，减轻覆岩损伤的采矿技术）的方式采煤。图6示意神府煤矿开采强度分布。据此完成下题。

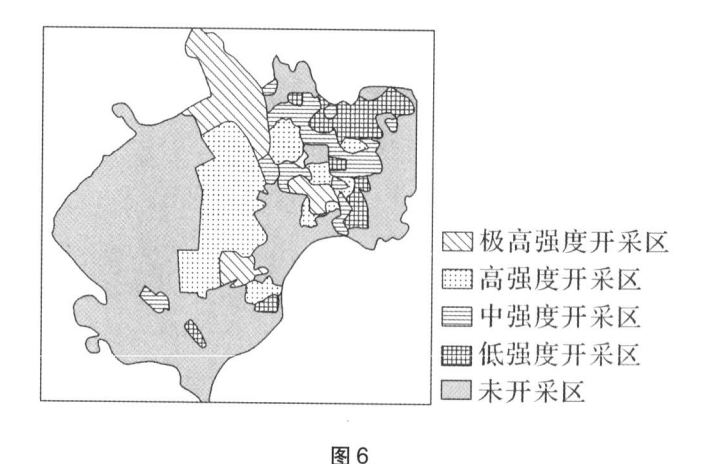

图6

为减轻煤炭开采造成的生态环境问题，最有效的措施是（　　）

A. 实施复垦，恢复地表植被　　　B. 跨流域调水，回灌采空区
C. 封闭开采区，使其自然修复　　D. 减少采煤量，控制开采强度

【参考答案】

A

【水平表现说明】

题目以山西煤炭开采为情境素材，学生只需要对矿产资源开采带来的环境问题有基本的了解，在此基础上就能够得出生态复垦的治理措施，是对学生区域认知和综合思维的基础性考查，属于水平1层次。

（2）水平2示例。

【试题呈现】

阅读图文材料，回答下列问题。

秦岭主峰太白山海拔达3 700 m，南北坡气候迥然不同，气温差异大。牛背梁国家森林公园位于秦岭东部，海拔1 000～2 802 m，是汉江、渭河支流的发源地，被誉为"天然基因库""西安市后花园"。2020年4月20日，习近平总书记在秦岭牛背梁国家级自然保护区考察生态保护情况时强调"各级干部要当好秦岭生态的卫士"。图7示意秦岭及周边地区地形。

图7

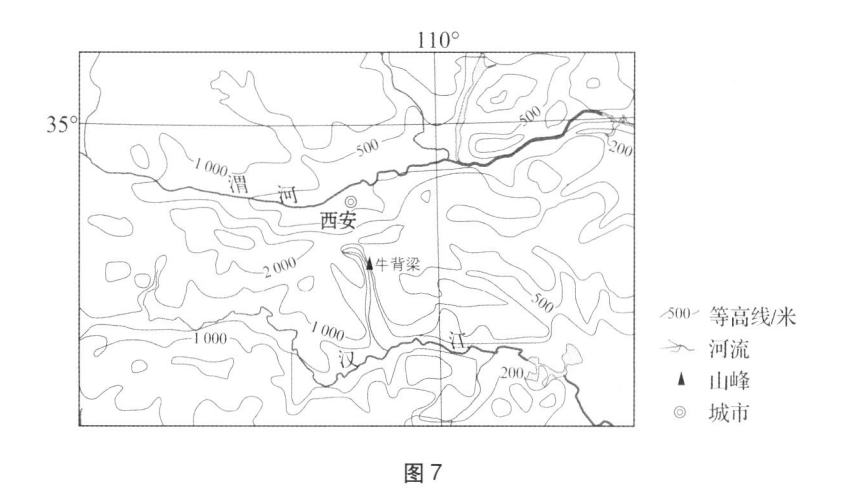

简述牛背梁自然保护区对周边河流的生态作用。

【参考答案】

该保护区处于河流发源地，利于提供优质水源；保持水土，减轻水土流失，有利于降低河流含沙量；涵养水源，调节径流，减轻旱涝灾害。

【水平表现说明】

题目构建了一幅小尺度的区域图，学生首先需要对文字材料中提供的海拔、气候、植被、水文等要素信息进行判断，再结合图片中的地形、水系及经纬度位置信息进行答题，是对学生区域认知中的要素综合进行考查，同时兼具综合思维的考查。虽然提供的要素较多，但是题干的行为动词是"简述"，故只需要收集整理区域信息，简单陈述自然保护区的生态作用即可。综合来看，该题属于水平2层次。

★选择性必修3.7　结合实例，说明污染物跨境转移对环境安全的影响

一、课程标准

结合实例，说明污染物跨境转移对环境安全的影响。

二、课标解读

1. 行为条件和行为动词

该课标可细化为：①结合实例，说明污染物跨境转移。②结合实例，说明污染物跨境转移对环境安全的影响。

该课标的行为条件是"结合实例",行为动词是"说明"。

2. 主要概念和知识结构

该课标涉及的主要概念是污染物、废弃物、有毒有害物质、跨国污染问题等。

该课标知识结构的逻辑首先是利用案例"墨西哥湾的原油泄漏"创设情境,围绕课程标准的要求"说明污染物跨境转移对环境安全的影响"进行核心问题设计,如环境污染对国家安全有什么影响,再把核心问题分解成突发性环境事件有哪些类型,如通过什么途径威胁国家安全,跨境污染的不同应对方式对国家安全有什么影响等不同层次的问题链,利用问题链贯穿整个课程内容,强化环境污染与国家安全之间的关系。

具体知识结构如图1所示:

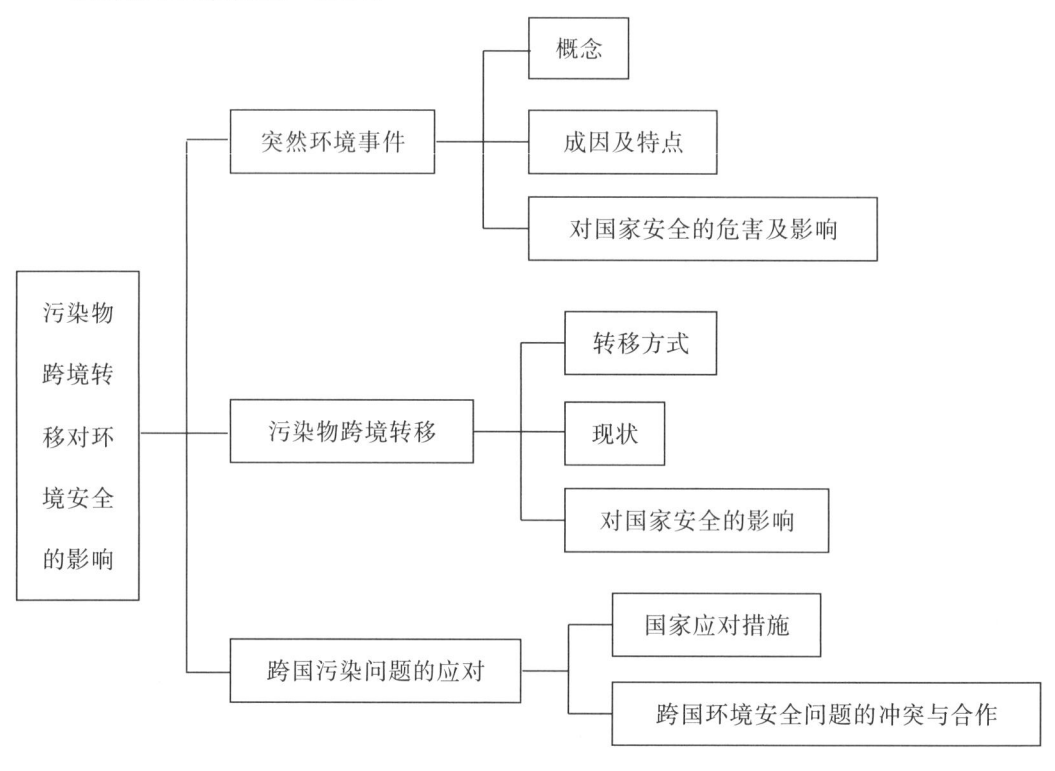

```
                          ┌─ 概念
          ┌─ 突然环境事件 ─┼─ 成因及特点
          │               └─ 对国家安全的危害及影响
污染物     │               ┌─ 转移方式
跨境转 ───┼─ 污染物跨境转移─┼─ 现状
移对环     │               └─ 对国家安全的影响
境安全     │               ┌─ 国家应对措施
的影响     └─ 跨国污染问题的应对
                          └─ 跨国环境安全问题的冲突与合作
```

图1

3. 地理核心素养指向

(1) 区域认知。

本课程标准的实施必须结合实例,比如瑞士巴塞尔的桑多斯化学公司仓库爆炸,大量有毒化学物质排入莱茵河,导致莱茵河下游的德国、法国、荷兰受到污染,荷兰托克公司的货船将毒污泥倾倒在科特迪瓦阿比让,造成十几人死亡,10万余人身体不适等环境恶化问题,要理解这些案例就需要学生知道莱茵河大致的地理位置、流经国家等地理背景,需要知道发达国家与发展中国家社会、经济发展水平上的差异,因此核心素养中的区域认知水平是理解本课程标准的基础,教学过程中必须不断提高学生的区域认知水平。

(2) 综合思维。

教材一开始先介绍突发环境事件的概念、成因与特点、对国家安全的危害和影响，看似突兀，但实际上是为了完善其与后面"污染物跨国转移""跨国污染的应对"等内容逻辑上的递进关系，例如自然因素主导的跨国污染往往是突发事件中泄漏或排放的高浓度污染物通过河流、大气等介质的传输威胁环境安全乃至国家安全，这样的安排更符合认知规律，更有利于培养学生的综合思维。同时，随着发达国家环保意识、环保费用的提高，其国内一些污染较重的企业为了降低成本，将污染物通过出口等方式运送到发展中国家，这部分内容要求学生结合实例，从自然地理环境整体性的角度说明污染物跨境转移对环境安全的影响，对学生的综合思维水平要求较高。

(3) 地理实践力。

本课程标准内容指出教学要求的方法是"结合实例"，教材中有多个或详或略的案例，有图片、活动等多样的形式，学生可以通过自主探究、合作讨论的方式，运用所学知识和地理技能，在给定的地理事物或现象的学习背景下，分析解决地理问题，锻炼了学生的动手能力和语言表达能力，培养了学生的地理实践力。

(4) 人地协调观。

污染物跨境转移不仅可以对输入国公众身体健康和财产安全损失、自然环境破坏和社会影响等造成直接影响，还可能对输出国和输入国的其他领域安全造成间接影响，因为输出国的污染物转移不可避免地对输入国的环境安全带来危害，输入国为了维护国家安全，会要求输出国承担责任，而输出国可能受到输入国经济、外交等各种手段的制裁或威胁，如果这种危机未能化解，双方甚至可能发生政治、经济和军事冲突，对国家安全产生严重影响。国家间只有减少冲突、加强合作，才能有利于国家安全。这就要求学生从国家和全球的高度理解污染物跨境转移带来的危害，并站在国家安全的高度理解相关的应对措施，激发学生的环境保护意识和国际合作意识，树立维护国家安全、发展利益的观念，培养核心素养中的人地协调观。

4. 学业质量水平要求（表1）

表1

课标内容	水平层次	具体要求
①结合实例，说明污染物跨境转移	水平1	能再现污染物跨境转移的主要方式，指出污染物跨境转移不同方式的差异（区域认知）
	水平2	能结合实例判断不同的污染物跨境转移的主要方式（综合思维、区域认知）
	水平3	能结合实例说明污染物跨境转移的原因（综合思维、区域认知、人地协调观）

续上表

课标内容	水平层次	具体要求
②结合实例，说明污染物跨境转移对环境安全的影响	水平1	能指出污染物跨境转移对环境安全的影响（区域认知）
	水平2	能结合实例说出污染物跨境转移对环境安全的影响（综合思维、区域认知）
	水平3	能结合实例，说明污染物跨境转移对环境安全的影响（综合思维、区域认知）
	水平4	能结合实例，从全球化的视角，综合分析污染物跨境转移对环境安全的影响，并从国际合作的视角理解解决全球性问题的重要性，增强国际合作意识，建立和谐发展的观念（综合思维、区域认知、地理实践力、人地协调观）

三、典例示范

1. 课标内容①：结合实例，说明污染物跨境转移

（1）水平1示例。

【试题呈现】

2006年8月，荷兰托克公司租用货船将数百吨有毒工业垃圾倾倒在非洲科特迪瓦阿比让市，造成10万余人因呼吸障碍或其他不良反应到医院就诊。该事件引发民众示威和骚乱，科特迪瓦政府承诺对受害者做出赔偿。

该有毒工业垃圾跨境转移的途径主要是（　　）

A. 洋流输送　　B. 大气输送　　C. 非法贸易　　D. 人员往来传播病毒

【参考答案】

C

【水平表现说明】

试题以荷兰托克公司向科特迪瓦倾倒有毒工业垃圾作为简单的情景材料，学生可以快速从文字材料中获取"租用货船"的信息，同时调用荷兰是发达国家，科特迪瓦是发展中国家的区域认识，从而确认这是属于污染物跨境转移中的含有有毒有害物质的产品贸易形式，考查了核心素养中的区域认知水平。综合来看，该题属于水平1层次。

（2）水平2示例。

【试题呈现】

（2021·山东临沂）酸雨是一种跨越国境的污染物，它可以随同大气转移到1 000千米以外甚至更远的地区。挪威矿物能源使用量不大，但其南部却是欧洲酸雨最严重的地区之一。读欧洲造成酸雨的主要工业废气排放扩散图（图2），完成下题。

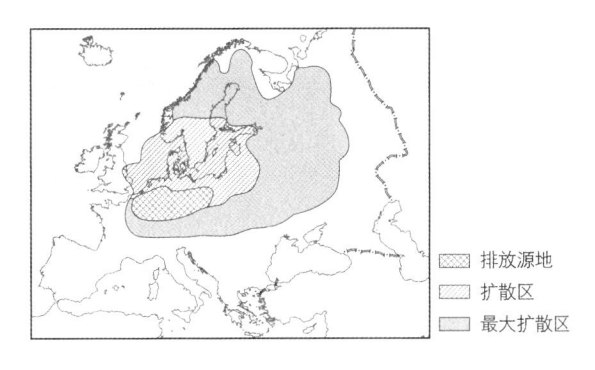

图2

挪威南部成为欧洲酸雨最严重地区之一的主要原因有（　　）
①该地矿物能源使用量大，工业废气排放多
②该地处于工业废气排放源地的下风向
③该地属于温带海洋性气候，降水多
④该地处于工业废气的最大扩散区
A. ①②　　　　B. ②③　　　　C. ③④　　　　D. ①④

【参考答案】
B

【水平表现说明】
试题通过欧洲主要工业废气排放扩散图以及挪威南部成为欧洲酸雨最重要的地区之一构造了一个相对简单的情景材料，给定的地理事物较简单，但对学生对图文材料进行获取、分析、综合处理的能力有一定的要求。文字材料中提及挪威矿物能源使用量不大，排除①选项；图片材料中可以分析出挪威的南部并未在最大扩散区，排除④选项；同时，学生需要调用世界地理背景知识，该地地处温带海洋性气候区，降水多，终年盛行西南风，挪威南部恰好处在废气排放源地的下风向。题目分析过程中，充分考查了核心素养中的区域认知水平以及综合思维能力。题目符合"能够归纳某些自然地理要素的空间分布特征，自主辨识给定区域的某些自然要素特征"的要求。综合来看，该题属于水平2层次。

（3）水平3示例。
【试题呈现】
（2021·河北衡水）莱茵河发源于瑞士境内阿尔卑斯山北麓，流经多个国家后，注入北海，是一条国际性河流。1986年11月1日，瑞士某化学公司仓库发生火灾，导致大量有毒化学物质排入莱茵河，引发了一场跨国界的环境灾难。为治理莱茵河水污染问题，沿岸国家共同成立了保护莱茵河委员会，委员会秘书长固定是荷兰人。2000年，沿岸各国又实施了"Rhine——莱茵河流域可持续发展计划"。经过共同的综合治理，今天的莱茵河水体干净清澈，两岸景观秀美迷人。

结合材料说明莱茵河水污染治理难度较大的原因。

【参考答案】

沿线地区人口密集，工农业发达，污染物排放多；中下游地势低平，水流缓慢，河流自净能力差；流经国家多，相互协调难度大。

【水平表现说明】

本试题以莱茵河的前期污染与后期综合治理创设一个相对复杂的情境材料，名义上考查莱茵河水污染治理难度大的原因，然而认真剖析后发现该题实质上一定程度在考查莱茵河污染物跨境迁移容易的原因。解题过程中需要学生从材料信息中获取莱茵河是一条跨国河流，这就注定河流流动过程中容易将污染物跨境迁移到多国，流经国家越多，治理难度也就越大；同时结合世界地理背景，学生需要提取沿线地区经济发达、人口众多、生产生活污染物排放量大的已有知识，排放量越大，治理难度也就越大；最后，学生还需要在提取该地地形平坦的知识基础上，灵活运用地形对河流自净能力的影响这个地理原理分析出河流自净能力越差，治理难度越大。整体上，该题考查了学生对欧洲西部的区域认知水平，以及对信息分析处理的综合思维能力，最后通过材料让学生直观认识到国际合作对和谐的人地关系的重要性，培养了学生的人地协调观。题目符合水平3的层次——"结合现实中的区域发展情境，归纳该类区域不同发展阶段可能遇到的人地关系问题，分析区域特有的环境治理和保护措施，理解环境安全对于人地协调发展的重要性，增强国际合作意识，建立和谐发展的观念"的要求。综合来看，该题属于水平3层次。

2. 课标内容②：结合实例，说明污染物跨境转移对环境安全的影响

（1）水平1示例。

【试题呈现】

2004年12月底，印度洋海啸袭击了索马里北部的海岸，也把大量的核废料和有毒废料搅翻到海岸沙滩之上。据悉，这些废料是1990年索马里战乱时，由瑞士和意大利等国的企业非法向该地倾倒的。据此完成下题。

下列属于这些废料带来的危害的是（　　）

A. 污染土壤　　B. 影响人体健康　　C. 污染水源　　D. 以上都是

【参考答案】

D

【水平表现说明】

试题以海啸影响下导致瑞士和意大利倾倒的核废料等被搅翻到海岸沙滩上作为直接有效的问题情境，学生可以快速抓住核废料这个关键信息进而确定其对环境安全的影响，对学生的要求较低，考查了核心素养中的区域认知水平，符合素养水平划分中的水平1——在简单的情境中，能够辨识地貌、大气、水、土壤、植被等自然地理要素，简单分析其中两个要素的相互作用，及其与人类活动的相互影响。综合来看，该题属于水平 1 层次。

（2）水平 2 示例。

【试题呈现】

几内亚比绍政府曾经和美国及西欧几个国家的废弃物处理公司秘密签订一项合同。合同规定：几内亚比绍政府在合同签订后 5 年内要接受这些公司 15 吨有毒废弃物，从而获得 6 亿美元现钞。这一合同后来因舆论压力而取消。据此完成下题。

下列有关材料中污染物跨境转移的叙述，正确的是（　　）

A. 不会带来危害，因几内亚比绍属热带气候，环境自净能力强
B. 几内亚比绍地广人稀，少量的污染物不会引起环境问题
C. 获得巨额的经济赔偿，有利于促进几内亚比绍的经济发展
D. 转移的污染物会给几内亚比绍带来环境污染

【参考答案】

D

【水平表现说明】

试题以几内亚比绍政府与美国及西欧几个国家废弃物处理公司秘密签订合同创设一个简单的情境材料，学生可以快速确定污染物的跨境转移必定对几内亚环境安全带来影响。但是在排除其他选项时，需要学生调用已知的区域地理背景以及基本的地理原理，比如热带气候之下有毒污染物更容易氧化而污染环境，考查了学生的区域认知水平及综合思维的能力，符合素养水平划分中的水平 2——"能够自主辨识给定区域的某些自然要素特征"的要求。综合来看，该题属于水平 2 层次。

（3）水平 3 示例。

【试题呈现】

（2019·全国Ⅰ卷）19 世纪中期，美国芝加哥市向注入密歇根湖的河流直接排污，严重影响了水质。当地通过修建人工运河和清淤工程，使原本流入密歇根湖的河流转而注入伊利诺伊河，连通了五大湖和密西西比河两大水系。图 3 示意运河及水系位置关系。

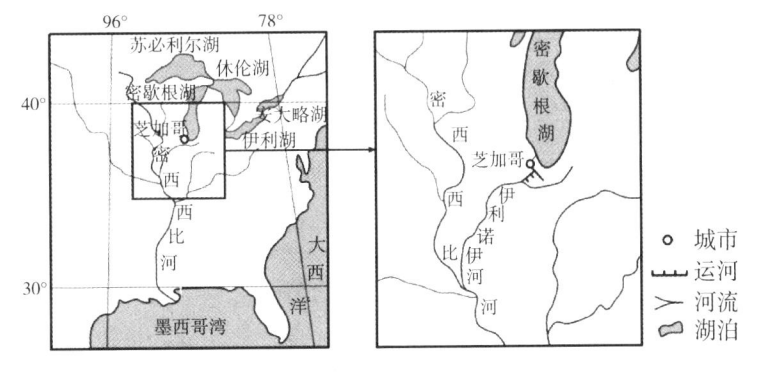

图 3

简述该工程对当时环境的影响。

【参考答案】

市区河道与密歇根湖附近水域污染程度降低，湖泊水质得以改善；伊利诺伊河在水量增加的同时污染物也增加，污染物还会通过河水和测渗过程污染周边及下游地区；伊利诺伊河是密西西比河的支流，密西西比河流域南北跨度大，其下游地区与五大湖地区地理环境差异巨大，水系连通后两大流域水生生物相互干扰，水生生态系统受到影响。

【水平表现说明】

试题以美国芝加哥市排污方式的改变和运河及水系位置关系图创设了一个复杂的地理情境材料，要求学生首先从题干信息获取芝加哥原有直接排污到密歇根湖的方式改变后，必定导致密歇根湖及其附近水域污染程度降低，水质改善；其次，原本流入密歇根湖的河流改而流向伊利诺伊河，伊利诺伊河在水量增加的同时污染程度也会增加，但与此同时，更需要学生综合思考河流的流动性及下渗等环节，从而分析出周边地区及下游地区的污染增加；结合图片信息，由于运河的修建以及河流的流动性，五大湖和密西西比河两大水系连通，连通后生态系统必将发生变化。在整个试题解答过程中，充分考查了学生对五大湖和密西西比河两大流域的区域认知水平、综合思维能力，符合素养划分水平中的水平3——"对于给定的复杂地理事象，能够分析发展中出现问题的原因，并对解决问题的对策做出解释"的要求。综合来看，该题属于水平3层次。

（4）水平4示例。

【试题呈现】

阅读材料，完成下列问题。

材料一：维多利亚湖位于东非高原（图4），大部分在坦桑尼亚和乌干达两国境内，一小部分属于肯尼亚。该湖的面积达69 400平方千米，是非洲最大的湖泊，世界第二大淡水湖，也是尼罗河的主要水库。湖面海拔1 134米，鱼类资源丰富。该湖区是非洲人口最稠密的地区之一，周围有很多工矿企业。

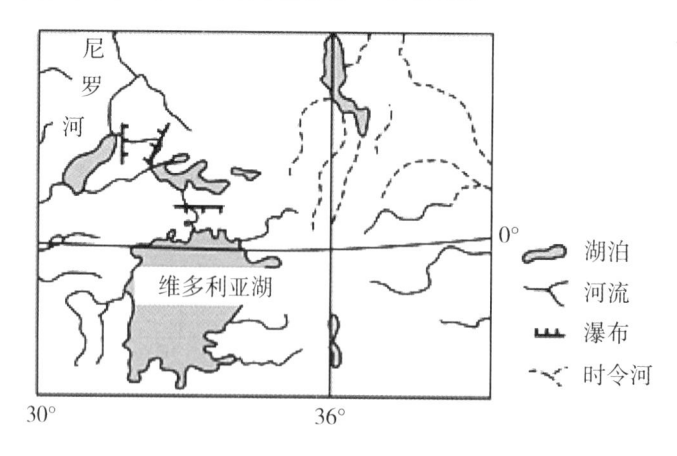

图4

材料二：2007年9月，乌干达渔业专家警告，维多利亚湖正在遭受由蓝细菌分泌的一种毒素的污染。这种毒素如进入人体，可能导致肝癌。

简述维多利亚湖蓝细菌毒素可能对国家安全产生影响的原因。

【参考答案】

蓝细菌毒素会危及人体健康，从而影响周边国家的国家安全；维多利亚湖是尼罗河的主要水库，湖泊污染会危及尼罗河沿岸国家的国家安全；蓝细菌毒素若得不到良好的治理，可能会引发国家间矛盾，可能成为经济、政治和军事等安全问题的触发器和放大器，影响区域间国家安全。

【水平表现说明】

试题以维多利亚湖蓝细菌毒素污染的真实生活案例作为情境材料，综合考查学生对信息的获取、分析、综合、处理的能力，对学生的要求较高。根据文字材料，学生能够快速获取蓝细菌毒素污染影响国家安全的第一个原因是危及人类健康。其次，学生需要提取文字信息中的"尼罗河的主要水库"，结合水体的流动性以及调动尼罗河流向的已知知识，综合分析出蓝细菌毒素污染会影响尼罗河沿岸国家的国家安全，对核心素养中的区域认知水平及综合思维能力要求较高。若蓝细菌毒素得不到良好的治理，作为污染物输入国的国家为了维护国家安全，会要求输出国承担责任，一旦国家间的矛盾未能及时化解，便可能引发国家间在政治、经济甚至军事上的冲突，思考过程中激发学生的环境保护意识和国际合作意识，培养核心素养中的人地协调观。整个试题从全球化的视角考查了污染物跨境转移对环境安全乃至国家安全的影响，并从国际合作的视角理解解决全球性问题的重要性，符合素养水平划分中的水平4——"能够从全球化的视角，综合分析环境问题对国家安全的影响，并从国际合作的视角理解解决全球性环境问题的重要性"的要求。综合来看，该题属于水平4层次。

★ 选择性必修3.8 举例说明环境保护政策、措施与国家安全的关系

一、课程标准

举例说明环境保护政策、措施与国家安全的关系。

二、课标解读

1. 行为条件和行为动词

该课标可细化为：①举例说明环境保护政策。②举例说明环境保护措施。③举例说明环境保护政策、措施与国家安全的关系。

该课标的行为条件是"举例"，行为动词是"说明"。

2. 主要概念和知识结构

该课标涉及的主要概念是公地悲剧、生态保护红线、风险预警、风险防控、应急预案、公众参与、环境意识、国际合作、国际环境公约等。

该课标知识结构首先利用"公地悲剧"等案例作为情境导入，引导学生明确制定相关的政策和采取有效的措施可以有限缓解环境问题带来的危害，从而减少对国家安全的威胁；其次结合国家划定生态保护红线、强化环境风险的预警和防控、妥善处置突发环境事件等实例，说明如何通过政策和措施保障国家在环境领域的国家安全；最后结合实例说明通过政策和措施推动公众参与解决环境领域的国家安全问题。具体知识结构如图1所示：

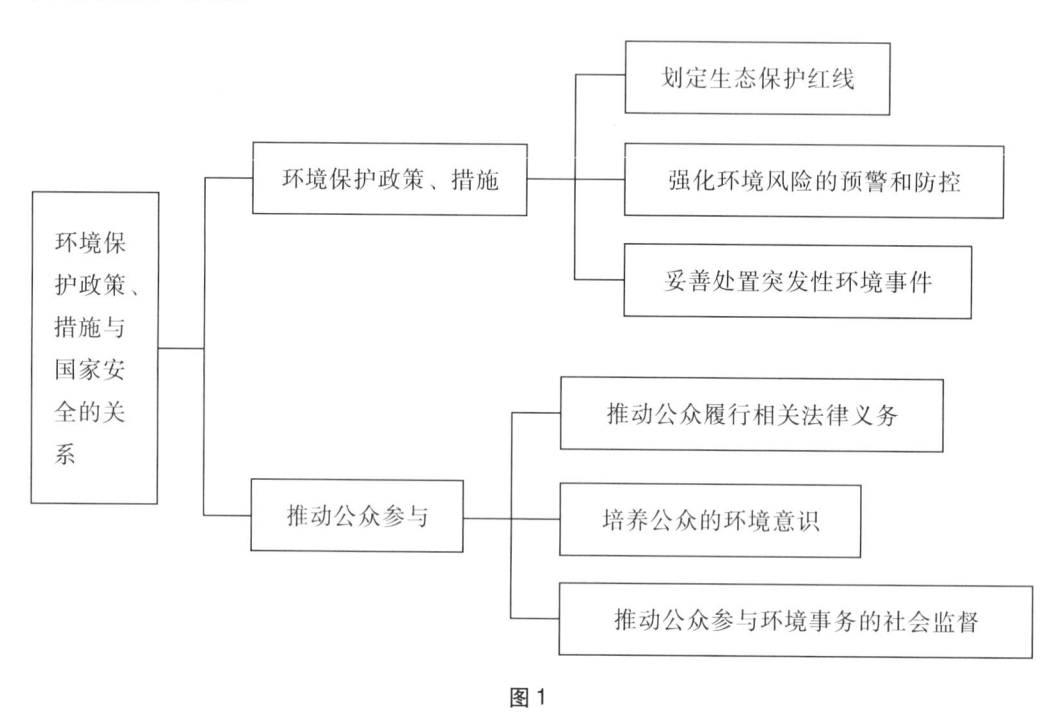

```
                          ┌── 划定生态保护红线
           ┌─ 环境保护政策、措施 ─┼── 强化环境风险的预警和防控
环境保护政策、│                  └── 妥善处置突发性环境事件
措施与国家安 ┤
全的关系    │                  ┌── 推动公众履行相关法律义务
           └─ 推动公众参与 ─────┼── 培养公众的环境意识
                              └── 推动公众参与环境事务的社会监督
```

图1

3. 地理核心素养指向

（1）区域认知。

有效的政策与措施的制定一定是建立在某区域的区域特征基础上的，这就要求引导学生收集全球或者某区域的环境信息，利用信息结合自然环境整体性原理对特定区域的自然地理特征、人文环境特征以及环境的演变过程进行分析，评估其发展过程中存在的环境问题，因地制宜制定合适的政策，采取有效的措施抑或评价区域决策的得与失，提出可行性建议，从而解决环境问题，保障国家安全。

（2）综合思维。

引导学生从区域背景甚至全球化背景出发，充分应用所获取的图片、文字、视频等信息与材料，运用空间分析方法综合分析人类在生产生活过程中的区位条件，以及发展过程、环境问题及其对国家安全的影响,理解推动公众参与、参与国际合作对解决环境问题的重要性,进而从维护国家安全的高度尝试提出解决问题的可行性建议。

(3) 地理实践力。

本节内容可以利用诸多案例和素材,引导学生从国家层面和个人层面理解解决环境问题,保障国家安全的措施和主要途径。与此同时,更重要的是重视迁移应用,引导学生设计区域发展问题的调查问卷,调查某区域存在的环境问题,以及当地政府在环境保护领域采取的政策与措施,进而说明这些政策、措施的作用与目的;也可引导学生创设诸如编制学校突发环境预案,进而开展学习活动和交流展示,帮助学生了解环境保护政策、措施对保障国家安全的作用。

(4) 人地协调观。

结合生活中的实际案例,让学生了解各种区域性或全球性环境问题都会影响国家安全,为了国家安全,人类活动必须遵循自然规律,与自然和谐相处,建立和谐发展的观念;应该增强国际合作意识,站在国际合作的高度,认识环境问题的现状与对策;应该理解政策、措施在解决环境问题中的作用,在学生作为公民应该担负的责任等方面培养学生的家国情怀。

4. 学业质量水平要求(表1)

表1

课标内容	水平层次	具体要求
①举例说明环境保护政策	水平1	能够找出环境保护政策的相关语句(区域认知)
	水平2	能够结合具体案例,简单说出环境保护政策(综合思维、区域认知)
	水平3	能够结合具体案例,说明环境保护政策(综合思维、区域认知、人地协调观)
②举例说明环境保护措施	水平1	能够找出环境保护措施的相关语句(区域认知)
	水平2	能够结合具体案例,简单说出环境保护措施(综合思维、区域认知、地理实践力、人地协调观)
	水平3	能够结合具体案例,说明环境保护措施(综合思维、区域认知、人地协调观)
③举例说明环境保护政策、措施与国家安全的关系	水平1	能够找出环境保护政策、措施与国家安全的关系的相关语句(区域认知)
	水平2	能够结合具体案例,简单说出环境保护政策、措施与国家安全的关系(综合思维、区域认知、人地协调观)
	水平3	能够结合具体案例,说明环境保护政策、措施与国家安全的关系(综合思维、区域认知、地理实践力、人地协调观)

三、典例示范

1. 课标内容①：举例说明环境保护政策

（1）水平1示例。

【试题呈现】

（广东省2020年1月普通高中学业水平合格考试）目前我国很多城市开始启动生活垃圾分类工程，其所产生的积极作用是（　　）

A. 缓解城市热岛效应　　　　B. 提高垃圾利用效率
C. 减轻城市交通拥堵　　　　D. 增加环卫工人数量

【参考答案】

B

【水平表现说明】

试题以垃圾分类这个生活实例为情境，让学生在简单的、熟悉的情境中根据文字信息找出我国环境保护政策的相关语句进而选出正确选项，对学生的能力要求较低，核心素养的落实体现在区域认知上，属于水平1层次。

（2）水平2示例。

【试题呈现】

（2021—2022学年度9月月考）2017年1月，中共中央、国务院印发《关于加强耕地保护和改进占补平衡的意见》，提出加强耕地数量、质量、生态"三位一体"保护，在耕地保护方面制定了一系列开创性改革措施。结合我国人均耕地变化图（图2），完成下题。

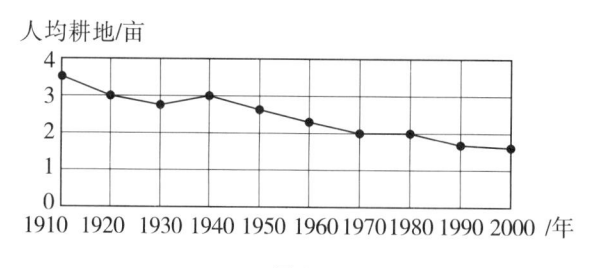

图2

为了保证我国粮食自给，应该采取的措施有（　　）

①开垦草原　②围湖造田　③提高单位面积产量　④改善耕地质量

A. ①②　　　B. ②③　　　C. ③④　　　D. ①④

【参考答案】

C

【水平表现说明】

试题以中共中央、国务院印发《关于加强耕地保护和改进占补平衡的意见》以及我国人均耕地变化图作为一个简单的情境材料，让学生在简单的情境中根据图文信息分析出我国人均耕地资源减少的同时，说出我国对耕地资源的保护政策——加强耕地数量、质量、生态"三位一体"，对学生在情境中进行信息的提取、分析、综合的能力有一定的要求。试题主要考查了学生的区域认知水平和综合思维能力，属于水平2层次。

（3）水平3示例。

【试题呈现】

（2019·海南卷）近年来，随着攀登珠穆朗玛峰人数增多，产生的废弃物增多，所引发的环境问题已引起世人关注。我国登山管理部门相继提出控制登山人数、成立高山环保基金会、制定登山管理办法等措施，以减少对珠穆朗玛峰地区环境的不利影响。

分析珠穆朗玛峰地区废弃物增多易引发环境问题的原因。

【参考答案】

珠穆朗玛峰地区海拔高，废弃物难以分解，清理废弃物难度大；生态环境脆弱，易退化，难恢复。

【水平表现说明】

试题以我国登山部门制定珠穆朗玛峰登山管理办法等措施为情境案例，给定一个复杂的地理事项，要求学生通过分析人类活动对自然环境影响的强度和方式说明当地产生环境问题的原因，对学生在情境中进行信息的提取、分析的能力有一定的要求。在此基础上，学生需要考虑珠穆朗玛峰这个特殊区域的自然地理特征，说明政策制定的合理性，对学生的区域认知水平和综合思维能力均做了考查；而且在此过程中需要学生理解个人、社会和国家在环境保护中应担当的责任，考查了学生的人地协调观。综合来看，该题属于水平3层次。

2. 课标内容②：举例说明环境保护措施

（1）水平1示例。

【试题呈现】

（2021·江苏泰州）2020年4月，深圳首条野生动物专属"生态长廊"——大鹏新区"排牙山—七娘山"生态节点生态长廊顺利完工。该"生态长廊"位于主干道坪西快速公路之上，采用横向架空设计，是保证大鹏半岛南北向连通的重要生物通道。廊道旁种植了丰富的植物。图3示意野生动物专属"生态长廊"。据此完成下题。

图3

"生态长廊"采用架空设计的主要目的是（　　）

①方便野生动物迁徙　②减少野生动物穿越公路时造成的伤亡　③避免司机因避让发生交通事故　④让游客进入生态廊道与野生动物近距离接触

A．①②③　　　　B．②③④　　　　C．①②④　　　　D．①③④

【参考答案】

A

【水平表现说明】

试题以深圳首条野生动物专属"生态长廊"为情境材料，给学生提供一个直观、简单的地理事项，要求学生快速在文字材料中获取信息——"采用横向架空设计，是保证大鹏半岛南北向连通的重要生物通道"，考查了学生区域认知水平，符合素养水平划分中的水平 1——"能够说出简单、熟悉的地理事象所包含的相关要素，并能从两个地理要素相互作用的角度进行分析"的要求。综合来看，该题属于水平 1 层次。

（2）水平 2 示例。

【试题呈现】

（2017 年上海卷）"水到白洋阔连天"，被誉为"华北之肾"的三百里白洋淀，在建设雄安新区过程中成为生态保护重点。白洋淀（淀为浅湖）是华北地区主要的淡水湿地分布区。自 20 世纪 80 年代以来，白洋淀流域人口激增，工农业发展较快，大量开采地下水，上游大批水库截水，毁林开荒，水土流失严重，河道淤积，入淀水量明显下降。

读图文资料，回答问题。

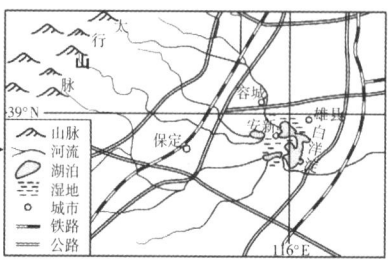

图 4　白洋淀及周围地区地理简图　　　　图 5　白洋淀蒸发量年内变化

（1）2017 年 4 月 1 日，我国正式发布设立雄安新区的重要决定。从人文地理角度，概述白洋淀所在的雄安新区的区域开发优势条件。

（2）从气候的角度，分析白洋淀 1、2 月和 5、6 月水位偏低的原因。

【参考答案】

（1）交通：公路、铁路网络密集，交通便捷；临近北京空港，航空运输便捷。科技：临近北京，便于引进先进的产业、技术和人才。政策：政府政策扶持。人口：现阶段人口较少，城市开发程度低，开发成本低，发展空间宽阔。

(2) 1、2月：此时受冬季风控制，降水量较少；5、6月：此时夏季风未临，降水量较少；气温回升快，蒸发量较大。

【水平表现说明】

第（1）题重点考查学生的区域认知素养。从人文地理方面来看，雄安新区交通便利，公路、铁路网络密集，交通便捷；临近北京空港，航空运输便捷；临近北京，便于引进先进的产业、技术和人才。政策优势明显，有政府政策扶持；从人口方面来看，雄安新区现阶段人口较少，城市开发程度低，发展空间宽阔。第（2）题考查学生的区域认知素养。1、2月，北方地区受到冬季风控制，寒冷干燥，降水量较少，所以白洋淀水位较低；5、6月，夏季风还未来临，降水量较少，另外气温回升快，蒸发量较大，所以白洋淀水位较低。综合来看，试题属于水平2层次

(3) 水平3示例。

【试题呈现】

（2018·海南卷）阅读图文资料，完成下列要求。

20世纪70年代以来，我国对图6所示区域的水土流失进行了大规模治理，重点实施了退耕还林（草）等生物治理措施。在年降水量大于400毫米的地区，林草植被得到较好恢复。在年降水量小于400毫米的地区（地表1米以下一般存在含水量极低的干土层），人工连片种植的树木普遍生长不良，树干弯曲，根基不稳，枝叶稀疏，总也长不大，被当地人称为"小老头树"。

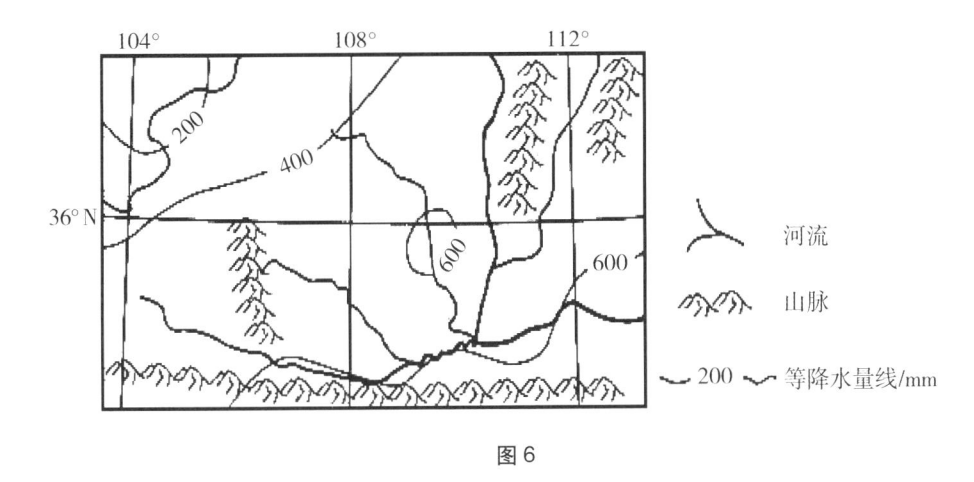

图6

(1) 分析当地出现"小老头树"的环境条件。
(2) 分析在年降水量400毫米以下区域植树造林对生态环境造成的不良结果。
(3) 说明"小老头树"现象对于生态建设的启示。

【参考答案】

(1) 年降水量少（低于400毫米），地下水位低，树木生长所需水分不足；地表1米以下存在干土层，影响树木根系发育和下扎；风大，易动摇树木根系。

（2）树木生长不良（形成"小老头树"）；树木（"小老头树"）影响林下草本植物的生长，植被防止水土流失的功能减弱（不利于当地自然植被的恢复）；树木（"小老头树"）会蒸腾更多水分，树木根系吸水会使地下土层更干，导致区域环境更干燥。

（3）在生态建设过程中，应尊重自然规律，因地制宜（宜林则林，宜草则草）；在生态脆弱地区，应减少人工干预。

【水平表现说明】

试题以我国某地区重点实施退耕还林（草）等生物措施大规模治理水土流失为基础情境材料，构建了某片区域树木生长不良，出现"小老头树"的复杂地理事项，重点考查学生获取信息、分析信息、综合运用地理原理的能力。解答此试题过程中，学生首先需要根据"小老头树"的特征反推其生存环境特征，充分考查学生核心素养中的区域认识水平以及综合思维能力；其次，需要调动自然环境整体性原理分析年降水量 400 毫米以下区域植树造林对生态环境造成的不良结果，对学生的综合思维能力要求较高；最后，在理解年降水量 400 毫米以下区域植树造林对生态环境造成不良后果的基础上，需要说明由此得出的生态建设启示，理解因地制宜、人地协调的重要性，充分落实了对学生核心素养中人地协调观的考查。题目符合水平划分中的水平 3——分析区域环境治理和保护措施，对某区域环境保护决策是否合理进行论证，能够在地理实践中主动发现问题、探索问题，保持求真、求实的科学态度。综合来看，该题属于水平 3 层次。

3. **课标内容③：举例说明环境保护政策、措施与国家安全的关系**

（1）水平 1 示例。

【试题呈现】

2011 年 11 月 28 日至 12 月 11 日，《联合国气候变化框架公约》第 17 次缔约方会议在南非德班召开。大会通过决议，决定实施《京都议定书》第二承诺期并启动绿色气候基金。据此完成下题。

下列哪个国家最急切盼望《京都议定书》第二期承诺能坚决早日执行（　　）

A. 俄罗斯　　　　B. 美国　　　　C. 中国　　　　D. 马尔代夫

【参考答案】

D

【水平表现说明】

试题以联合国气候大会召开作为简单的情境材料，信息比较单一，学生可以快速从材料中获取《京都议定书》以及绿色气候基金这两个信息，明确大会要解决的问题是全球变暖，进而调动四个国家区域特征的地理知识进行选择。试题对学生核心素养的要求主要体现在通过辨识某些自然地理要素特征从而达到一定的区域认知能力。总体来看，该题符合水平 1 层次的要求。

（2）水平2示例。

【试题呈现】

（2020·全国卷Ⅰ）治沟造地是陕西省延安市对黄土高原的丘陵沟壑区，在传统打坝淤地的基础上，集耕地营造、坝系修复、生态建设和新农村发展为一体的"田水路林村"综合整治模式，实现了乡村生产、生活、生态协调发展（图7）。据此完成1~3题。

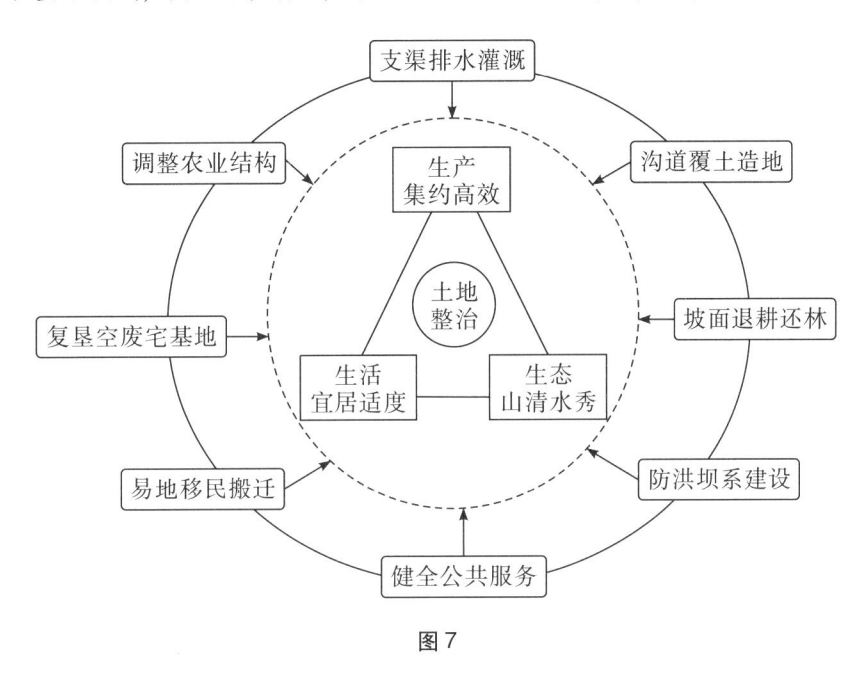

图7

1. 与传统的打坝淤地工程相比，治沟造地更加关注（　　）
A. 增加耕地面积　　　　　　B. 防治水土流失
C. 改善人居环境　　　　　　D. 提高作物产量
2. 治沟造地对当地生产条件的改善主要体现在（　　）
A. 优化农业结构　　　　　　B. 方便田间耕作
C. 健全公共服务　　　　　　D. 提高耕地肥力
3. 推测开展治沟造地的地方（　　）
①居住用地紧张　②生态环境脆弱　③坡耕地比例大　④农业生产精耕细作
A. ①③　　　B. ①④　　　C. ②③　　　D. ②④

【参考答案】

1. C　2. B　3. C

【水平表现说明】

试题以延安市对黄土高原的丘陵沟壑区的综合整治为情境材料，给学生创设了一个简单的、小区域的地理事项，考查学生获取、分析图文信息，灵活调动地理原理解答问题的能力。解题过程中，需关注该地位于黄土高原，要求学生调用黄土高原区域特征的地理背景，推测出治沟的地方生态环境脆弱、坡耕地比例大，落实了核心素养中对学生区域认知水平的考查；治沟造地对生产条件的改善需要学生把关注点落实在"生产条件"上，与此同时关注图中"生产集约高效"这个信息，进而做出正确选择，考查了学生核心素养中的区域认知水平和综合思维能力；最后与传统的打坝淤地工程相比，治沟造地集耕地营造、坝系修复、生态建设和新农村发展为一体，实现了乡村生产、生活、生态协调发展，强化了人类与环境协调发展的观念，使学生理解环境保护政策对国家安全以及国家可持续发展的重要性，落实了核心素养中人地协调观的考查。综合来看，本试题符合水平 2 层次——结合某国家发展战略，简单分析其地理背景，辨识人类活动影响地理环境的主要方式，以及出现的人地关系问题，说明人地协调发展和走可持续发展之路的必要性。综合来看，该题组属于水平 2 层次。

(3) 水平 3 示例。

【试题呈现】

(2018·全国Ⅱ卷) 素有"华北之肾"之称的白洋淀具有重要的生态服务价值。白洋淀分布广泛的芦苇，曾是当地居民收入的重要支撑。但前些年由于其经济价值减弱，居民管护芦苇的积极性下降，大量芦苇弃收，出现了芦苇倒伏水中的现象。雄安新区设立后，管委会全面贯彻习近平总书记关于"建设雄安新区，一定要把白洋淀修复好、保护好"的指示精神，高度重视白洋淀的生态环境保护，积极推行芦苇的资源化综合利用，大大提高了当地居民管护、收割芦苇的积极性。

说明当地居民积极管护、收割芦苇对白洋淀生态环境保护的意义。

【参考答案】

管护好芦苇，可维持芦苇对白洋淀水体的净化功能，利于改良水质，提高白洋淀生态环境质量；收割芦苇，能减少芦苇倒伏、腐烂数量。

【水平表现说明】

试题以雄安新区设立后管委会对白洋淀生态环境保护的高度重视为生活情境，引导学生理解环境保护政策、措施对于区域可持续发展乃至国家安全的重要性，正如习近平总书记所说："建设雄安新区，一定要把白洋淀修复好，保护好。"本题需要学生结合白洋淀的特殊地理特征，综合分析出芦苇对白洋淀生态环境保护的意义，考查了核心素养中的区域认知水平以及综合思维能力，符合水平 3 层次——"分析区域环境治理和保护措施；能够说明环境是影响国家安全的重要因素，理解个人、社会和国家在保护自然资源和环境中应担当的责任"的要求。综合来看，该题属于水平 3 层次。